FONDAPOL

DES IDÉES POUR LA CITÉ

L'aventure d'un think tank

Création graphique et mise en pages :
Rudy Nimsguerns

www.editionsducerf.fr
24, rue des Tanneries
75013 Paris

ISBN 978-2-204-16792-5

FONDAPOL

DES IDÉES POUR LA CITÉ

L'aventure d'un think tank

sous la direction de
Dominique Reynié

LES ÉDITIONS DU CERF

Sommaire

TROISIÈME PARTIE
NOS IDÉES POUR LA CITÉ

La Fondapol, des idées au service de l'intérêt général

Par Nicolas Bazire,
président du conseil de surveillance

En 2008, lorsque mon ami Grégoire Chertok m'a proposé de rejoindre le conseil de surveillance de la Fondation pour l'innovation politique, j'ai accepté sans hésiter. J'avais eu l'occasion à plusieurs reprises de rencontrer le président Monod. J'avais ainsi pu mesurer l'étendue des qualités intellectuelles et humaines qu'il avait su mettre au service d'une longue carrière tournée vers l'intérêt général. Lui succéder à la présidence de ce conseil de surveillance était une tâche exaltante.

Contribuer, même modestement, au débat d'idées, si important dans un pays aussi politique que la France, me paraissait non seulement très stimulant intellectuellement mais également particulièrement nécessaire.

Think tank qui se veut libéral, progressiste et européen, la Fondapol a la tâche de promouvoir ces valeurs. Sous la direction inspirée de Dominique Reynié et selon le vœu de ses fondateurs, au premier rang desquels je veux citer Grégoire Chertok, qui assure la vice-présidence du conseil de surveillance, je crois que jour après jour, la Fondapol y parvient malgré des moyens plus que modestes et ceci dans une indépendance totale.

Comment ne pas voir que le libéralisme économique, l'aspiration au progrès comme l'approfondissement de la construction européenne sont à la fois menacés et plus nécessaires que jamais ?

La liberté économique a prouvé sur tous les continents et tout au long du XXe siècle sa supériorité radicale sur les systèmes concurrents. Supériorité effective, concrète, mesurable qui n'empêche pas qu'en France une partie de l'opinion comme des « élites » politiques de ce pays se refusent toujours à l'admettre. Alors même que les modèles alternatifs ont toujours conduit non seulement à l'échec mais également à la disparition des libertés les plus essentielles, la bataille des idées doit être constamment menée.

La recherche du progrès paraissait, pour sa part, naturelle tant elle était consubstantielle de l'aventure humaine. Elle est aujourd'hui remise en cause par un faisceau d'idéologies diverses au nom de la protection de la « Planète », objet d'un culte nouveau et totalitaire. La croissance serait mauvaise par nature, si l'on ose s'exprimer ainsi. À nous donc de reprendre inlassablement le fil du raisonnement : sans croissance il n'est guère de progrès possible.

Quant à l'aspiration européenne, l'instabilité croissante du monde, l'émergence ou la résurgence de nouvelles zones de tensions ou de conflits, jusqu'en Europe, sont là pour témoigner qu'elle doit toujours être nourrie, expliquée et défendue. Les forces centrifuges sont à l'œuvre. Pas pour le bien commun.

Au cœur des débats, toujours mue par la recherche de l'intérêt général, l'équipe de la Fondapol dirigée par Dominique Reynié, appuyée sur un conseil scientifique de grande valeur animé par Christophe de Voogd, s'emploie à nourrir des débats souvent brûlants et plus que jamais indispensables.

Réapprendre à défendre la démocratie

Par Dominique Reynié,
directeur général de la Fondapol

Les vingt années qui viennent de s'écouler, au cours desquelles la Fondapol a inscrit ses travaux, témoignent d'une époque troublée. Les systèmes publics, locaux, nationaux et internationaux, font face à des enjeux cruciaux. Tous les pays sont touchés. En France, la désagrégation de la scène politique s'est clairement manifestée lors des élections législatives des 30 juin et 7 juillet 2024 qui n'ont débouché sur aucune majorité parlementaire, ni absolue ni relative. Combinée avec la fragmentation des forces politiques, l'absence de majorité, présidentielle ou parlementaire, met en évidence l'état du pays en révélant de très grandes faiblesses, en particulier la situation des finances publiques qui hypothèquent son avenir. Par ailleurs, la France se montre plus fragile au moment où le monde devient bien plus dangereux et suscite l'inquiétude dans l'opinion. Mais s'il faut déplorer une telle situation, au moins le choc qu'elle provoque aura peut-être le mérite d'éveiller les consciences et de conduire une partie des citoyens préoccupés vers un civisme plus critique et plus constructif dont le pays a besoin.

C'est le moment de faire preuve de créativité et de partager les idées propres à restaurer et à libérer les capacités dont le pays est doté. Ce contexte historique réclame donc des ressources intellectuelles pour alimenter et stimuler une réflexion collective plus disponible dans une société plus impliquée parce que plus inquiète. Fournir de telles ressources est le rôle des partis et des syndicats, des médias, des universités, des administrations, des organisations religieuses ou encore, bien sûr, des think tanks. C'est précisément la vocation de la Fondapol. Notre fondation s'est fortement engagée dans cet espace public et sa raison d'être est d'œuvrer au débat et à l'avènement des idées.

Cependant, dans cette constellation d'institutions destinées à produire ses idées, les think tanks occupent une place singulière. D'abord, s'ils contribuent à l'élaboration des idées, tout comme les partis et les syndicats, le contenu de leurs propositions n'est pas arrimé aux enjeux de la mobilisation électorale. Ensuite, si les think tanks publient des travaux à caractère scientifique, ils ne relèvent pas des mêmes règles que celles qui président à la production académique, par nature plus éloignée des attentes en matière de politiques publiques. Enfin, si les think tanks fournissent de l'information, notamment dans le domaine des données statistiques et d'opinion, ce n'est pas le but de leur activité mais l'une de ses conséquences, à la différence des médias. Les think tanks, contribuent à fournir des recommandations susceptibles d'éclairer, voire d'inspirer, les responsables d'institutions publiques, d'entreprises privées, d'associations, et bien sûr les membres des pouvoirs exécutifs, locaux et nationaux, ainsi que les élus.

Dans les temps de grande transformation et de rupture, le travail des idées revêt une importance majeure. Pour les décideurs, il s'agit d'agir dans un monde beaucoup plus difficile à interpréter puis d'arbitrer dans un contexte où l'erreur d'appréciation peut avoir des conséquences néfastes, voire dramatiques. Le think tank est alors exactement dans son rôle qui est de mobiliser l'expertise au service du débat public et de l'intérêt général. C'est à cette tâche que s'emploie la Fondation pour l'innovation politique, la Fondapol, qui est une « fondation reconnue d'utilité publique » depuis 2004. Ce statut décrit parfaitement ses convictions, ses efforts et le sens de ses travaux, conformément aux valeurs dans lesquelles elle se reconnaît, les valeurs de liberté, de progrès et de l'humanisme européen.

Cet ouvrage veut refléter ces valeurs. Il veut aussi illustrer, pour le saluer, le travail de tous les think tanks et rappeler leur rôle clé face aux immenses défis de l'époque, à un moment où l'avenir de la démocratie est menacé. Sur le plan intérieur, les radicalisations politiques et religieuses, les plateformes numériques transnationales et la désinformation menacent gravement le débat public. Ce moment de doute est aussi le produit de forces libérées par la globalisation qui offre des opportunités inédites de développement et d'affirmation aux nouvelles puissances, pour la plupart offensives. Pour la première fois depuis son avènement, la démocratie a perdu l'assurance d'inspirer le monde. Il nous appartient de réapprendre à défendre la démocratie. Le présent ouvrage est ainsi un hommage à tous ceux qui se sont engagés dans les travaux de la Fondapol, et d'abord ses fondateurs, ses auteurs, ses équipes, les membres de ses instances, ses partenaires, ses soutiens et tous ses interlocuteurs.

Nos remerciements

Nous exprimons notre reconnaissance à tous nos donateurs et nous adressons un grand merci à nos auteurs que l'on retrouvera dans la troisième partie de cet ouvrage. Enfin nous remercions tous les membres de nos instances et des équipes, cités ci-dessous, qui ont fait naître la Fondapol et la font vivre depuis 2004.

Alexandre Agache – Roya Aghakhani – Syar Ahmady – Christine Albanel – Yaëlle Albo – Séverine Allano – Anaïs Allemand – Frédéric Allemand – Felissa Alvarez – Rogelio Alvarez – Simon Amat – Loraine Amic – Julien André – Marie André – Olivier Archambeau – Fiona Arpaillange – Ali Ihsan Aydin – Ferghane Azihari – Bernard Bachelier – Agathe Bailleul – Hadia Baïz – René Barbier de La Serre – Cyrille Bardon – Arwa Barkallah – Axel Basth – Constance Bataille – Pauline Bataille – Marion Baudier-Melon – Nicolas Bazire – Guillaume Bazot – Charles Beigbeder – Stuart Bell – Alban Bellavoine – Sarah Benamar – Carine Benedictus – Antoine de Bengy-Puyvallée – Emmanuel Benhamou – Alexis Benoist – Bruno Bensasson – Marie-Éva Bernard – Valérie Bernis – Michel Bettan – Barid Baran Bhattacharya – Christian Bidégaray – Cyrille Billaud – Florence Biot – Jean de Boishue – Manon Borel – Kaltoum Bouhayati – Abdellah Bouhend – Aymeric Bourdin – Thomas Bourgeois – Alexandre Bousez – Pierre Braun – Rebecca Breitman – Guillaume Brisset – Philippe Brongniart – Charles-Antoine Brossard – Natasha Caillot – Bertrand Caltagirone – Alexis Camberlyn – Alice Candy – Yves Cannac – Aldo Cardoso – Marine Caron – Marie-Claire Carrère-Gée – Élisabeth de Castex – Pascal Cauchy – Antonin Cavelier – Carine Chaix – Audelin Chappuis – Agathe Charlanne – Constance Charlanne – Ségolène Charlanne – Diane de Charry – Sophie Chassat – Solène Chataigné – Julie Chateau – Minyia Chatterji – Cécile Chavel – Nadine Cherfan – Grégoire Chertok – Fatouma Cissé – Mathieu Claouet – Lauren Clark – Sophia Clément-Mavroudis – Georges Clémentz – Katy Cogos – Lou Salomé Cohen – Laurent Cohen-Tanugi – Pierre Colson – Margot Coquet – Alexandrine Correia-Magro – François Costantini – Stéphane Courtois – Gehrard Cromme – François Daburon – Laura Dagg – Julien Damon – Cyril Danielou – Laure Darcos – Laurence Daziano – Edern De Barros – Clément De Caro – Franck Debié – Victor Delage – Guy Delivet – Corinne Deloy – Hélène Delsupexhe – Chantal Delugian – Sibel Demircan – Virginie Denise – Sophie Des Beauvais – Vincent Destrez-Ostrowski – Albane Devouge – Léna Di Scala – Zéphirin Diabre – Cheick Modibo Diarra – François Dorléans – Charlotte Duc-Bragues – Éric Dupetitmagneux – Antoine Durand – Jules Duribreu – Florent Dussidour – Etienne Dutheil – François Ewald – Elvire Fabry – Ambroise Fahrner – Geneviève Férone-Creuzet – Claire Firmin – Anne Flambert – Anne-Catherine Fleury – Erwan Floc'h – Alexis Flot – Anne Fornacciari – Louise Fornacciari – Marc Fornacciari – Lucie Fougeron – Louis Fouqueau – Alexis Fourmont – François Fravongviengkham – Auguste Fuguet – Nicola Gaddoni – Lucie Gaillot – Éric Garcia – Carole Garreta – Baptiste Gauthey – Alexis Gendry – Nicolas Gérard – Amarine Gerber – Bronislaw Geremek – Léa Ghilini – Pierre Giacometti – Alexis Gibellini – Lola Girard – Pauline Girot de Langlade – Patricia Gisclon – Hélène Gisserot – Héloïse Godinho – Anne Goirand – Emmanuel Goldstein – Delphine Gondebert – Julien Gonzalez – Capucine Goyet – Camille Grand – Élisa Grandjean – Bénédicte du Grandlaunay – Caroline Grégoire – Raphaël Grelon – Élisabeth Grosdhomme – William Guebhardt – Pierre Guenoun – Tristan Guerra – Jean-Baptiste Guglielmi – Florian Guidat – Madeleine Hamel – Twefik Hamel – Katherine Hamilton – Pierre-Adrien Hanania – Matthieu Hanisch – Mathieu Haumesser –

Paola Hazan – Florelle Henry – Raphaël Heslot – Joëlle Hist – France Hofnung – Grégory Houillon – Hugues Hourdin – Alexandre Houssard – Rémi Hugues – Delphine Isenbart – Benjamin Israël – Miroslava Ivanova – Camille Jaffiol – Brice Jannin – Karman Jassal – Léa Jeannin – Gaël Jeanson – Dora Jéridi-Raulin – Changjian Jiang – Pierre Jouanne – Mélodie Jourdain – Ethan Kapstein – Craig Kennedy – Yu Keping – Patrick Kron – Paul La Combe – Katia Labat – Olivier Labesse – Josée Lai Woa – Morice de Lamarzelle – Karl Lamers – Alain Lancelot – Guillemette Lano – Dominique Latournerie – Julia Laureau – Caroline Lorriaux – David Lauzin – Nicole Le Douarin – Alice Le Faucheur – Olivier Le Guay – Erwan Le Noan – Alexandre Lebeau – Cassandre Lebouc – Thomas Lebreton – Dominique Lecourt – Anne Levade – Jean-Daniel Levy – Blanche Lochmann – Pierre Louette – Chloé Lourenço – Patrick Lozes – Mathieu Lyoen – Loïse Lyonnet – Margaux Magalhaes – Léo Major – Faïsa Mansouri – Alexia Marchina – Grazyna Marcinkowska – Guillermo Marmolejo Arias – David Mascré – Marine Mathé – Sean Mc Stravick – Zoé McKenzie – Yves Meny – Francis Mer – Arthur Mesnil – Anne Michaut – Jean Michel – Luuk van Middelaar – Pauline Minaud – Julia Minkowski – Julien Monardo – Jérôme Monod – Matthieu Moreau – Claire-Marie Morinière – Sasha Morinière – Valéry Morron – Apolline Mourier – Pierre-François Mourier – Bérénice Moustial – Élise Muir – Enzo Mus – Arnaud Mylle – Tobie Nathan – Sarah Nerozzi-Banfi – Nathalie Neveu – Zina Niculescu – Rudy Nimsguerns – Carole Noblot – Julie Noyer – Arnaud Odier – Diane d' Oléon – Nadia Omrani – Dorçaf Ouertatani – Maude Paillard-Coyette – Jérôme Paillot – Pauline Pannier – Laurence Parisot – Lucas Paszkowiak – Jean-Claude Paye – Vissith Pen – Pascal Perrineau – Claude Phelip – Sara Pini – Enora Pollet – Claire Poncet – Jacques Pradon – Guillaume Prigent – Baptiste Protais – Sébastien Proto – Xavier Quérat-Hément – Naïm Ramalingon – Michael Rameil – Willy Ramos-Delvalle – Miandra Ratrimoarivony – Jean Raynaud – Joseph de Reboul – Julien Rémy – Stéphanie Renard-Jakobson – David Reynié – Dominique Reynié – Fabien Ribalca – Salomé Rieuf – Hadrien Riffaut – Léa Riffaut – Nicolas Rigaudière – Robin Rivaton – Claire Robert – Axel Robin – Hervé Rony – Frédéric Rouvillois – Salima Saa – Claude Sadaj – Guillaume Sadowski – Julien de Sanctis – Monique Sassier – Éva Schmite – Dominique Schnapper – Andreas Schockenhoff – Clémentine Scotto – Jean Senié – Valentine Serino – Aïssatou el Hassane Sidibe – Davor Simac – Jean-Loup Simon – Gaël Sirello – Alain-Gérard Slama – Ivo Sokatchev – Théo Soulet – Branislav Stanicek – Joséphine Staron – Anna Stellinger – Florent Stoffer – Frédéric Strack – Laetitia Strauch-Bonart – Alain Sussfeld – Cédric Tartaud-Gineste – Mathilde Tchounikine – Valérie Terranova – Violaine Théry – Louise Thin – Bastien Thomas – Alice Tiounine – Thibaud Toffier – Dominika Tomaszewska – Isabelle Tracq-Sengeissen – Damien Tresallet – Elizaveta Turgeneva – Matthieu Turpain – Mélanie Ullmo – Catherine Vallet – Grégoire Vanco – Rémi Velez – Christophe Versailles – Alexandre Vesperini – Domitille Viel – Guillem Vigué – Laurence Villeneuve – Jean-Didier Vincent – Lambert Volpi – Christophe de Voogd – Valentin Weber – Raphaël Wintrebert – Gérard Worms – Ayse Ylmaz – Mathieu Zagrodzki – Shora Zamani – Nargès Zaroui – Maïté Zeller – Marion Zeller – Laura Zulke

« C'est une vérité constante que l'existence de toutes les choses de ce monde a un terme. Mais celles-là seules remplissent toute la carrière que le ciel leur a généralement marquée, qui se maintiennent dans leur ensemble avec une telle régularité, qu'elles ne peuvent éprouver de changement, ou que, si elles en éprouvent, c'est plutôt pour leur bien que pour leur mal. Comme je parle ici de corps composés, tels que les républiques ou les religions, il m'est démontré qu'il n'y a pour eux de salutaire que les changements qui les ramènent à leur principe. Ainsi les mieux constitués, ceux dont l'existence se prolonge davantage, sont ceux auxquels leurs institutions permettent de se renouveler le plus souvent, ou qui, par quelque accident heureux, étranger à ces institutions, peuvent parvenir à ce renouvellement. »

Nicolas Machiavel,
Discours sur la première décade de Tite-Live,
Livre III, chapitre premier.

PREMIÈRE PARTIE

HÉRITAGE ET ORIGINES

1. HISTOIRE DE LA FONDAPOL

2. LE 11 RUE DE GRENELLE, L'ESPRIT DU LIEU

Une belle aventure intellectuelle

Entretien de Grégoire Chertok, vice-président du conseil de surveillance de la Fondapol avec Dominique Reynié

10 juillet 2024

Dominique Reynié — Vous êtes le vice-président de la Fondation pour l'innovation politique, la Fondapol, mais vous en êtes aussi l'un des fondateurs, aux côtés de Jérôme Monod. Dans le cadre de son vingtième anniversaire, peut-on faire ensemble un retour sur les origines de la Fondapol ?

Grégoire Chertok — L'idée est de Jérôme Monod. Il était à l'époque conseiller politique du président Chirac. Il avait son bureau à l'Élysée au bout de « l'aile Madame », ce petit bureau où le président Félix Faure est décédé. Il a créé un groupe de travail, qui s'est ensuite mué en association de préfiguration, dans lequel il y avait notamment Marc Fornacciari, Laurent Wauquiez, François Ewald ou encore Aldo Cardoso qui nous a rejoints assez vite… Jérôme Monod attachait une grande importance aux idées et il avait la conviction que c'était trop compliqué de le faire au sein de la direction des études de l'UMP, pour plusieurs raisons : la première c'est qu'il voulait que ce soit de la politique non politicienne et donc aller sur le fond, aller sur la substance, aller sur le temps long et ne pas être juste au service d'une action politicienne et à la merci de l'actualité. La deuxième raison c'est qu'il voulait couvrir un large spectre d'intérêt et la troisième c'est qu'il avait la conviction qu'un certain nombre d'intellectuels, d'universitaires, de chercheurs seraient plus à l'aise s'ils collaboraient avec une structure indépendante d'un parti.

D. R. — Le projet de la Fondation pour l'innovation politique, date de 2002. Il est difficile de ne pas établir un lien avec le « 21 avril 2002 », ce premier tour de l'élection présidentielle a bouleversé beaucoup de monde, provoquant notamment la création de l'UMP, par Alain Juppé et Jérôme Monod, avec l'objectif de réunir l'UDF et le RPR en un seul et même parti ?

G. C. — Oui, il y a évidemment un lien avec le 21 avril 2002. C'était la première élection qui obligeait le président de la République à intégrer l'idée que son succès était dû en partie à des électeurs qui ne partageaient pas ses idées politiques ; ça c'est quand même une notion très importante. Et qui évidemment, dans une démocratie bipartisane n'a pas lieu d'être.

D. R. — D'où l'idée de créer cette fondation ?

G. C. — Oui, sachant que le PS avait déjà la sienne, la Fondation Jean-Jaurès, et que l'UDF se reconnaissait dans la Fondation Robert-Schuman. Ces deux fondations existaient depuis 1992. Au fond, la droite n'avait pas de fondation intellectuelle en raison d'une espèce d'autocensure ou de syndrome de Stockholm qui consistait à dire « nous ne pouvons pas être de droite et réfléchir, nous ne pouvons pas être à la fois de droite et intellectuels ». Ce projet tenait très à cœur à Jérôme Monod et l'écueil principal de ce projet était le procès d'intention qui lui était fait, à une époque où le complotisme commençait à exister et où le populisme commençait à se faire jour avec Jean-Marie Le Pen au second tour… L'écueil pressenti, anticipé, a été que cette Fondation allait être considérée comme un moyen astucieux pour contourner la règle sur le financement des partis politiques et pour récupérer de l'argent auprès des entreprises pour en réalité financer le parti politique. Donc Jérôme Monod y tenait beaucoup mais le défi principal, c'était de trouver la bonne distance par rapport aux partis en général et à l'UMP en particulier.

D. R. — Le soupçon était donc immédiat…

G. C. — Nous étions très conscients de ce risque. Donc nous avons été plus royalistes que le roi dans la rédaction des statuts. D'abord, en libérant totalement la Fondapol du financement des partis. Ça, c'est pour l'indépendance financière, c'était la première précaution. La deuxième précaution était que le conseil de surveillance ne pouvait pas accueillir en son sein des hommes et des femmes politiques de premier plan. C'est ce que précise le point 2.3 de notre Charte déontologique, pour bien marquer la séparation : « *Un membre du gouvernement ou du parlement français, ainsi que toute personne ayant des responsabilités exécutives dans un parti politique français ne peut être membre d'une instance dirigeante de la Fondation (Il est entendu par instance dirigeante : le conseil de surveillance, le directoire, le conseil scientifique et d'évaluation, le comité d'audit, le comité d'éthique)* ». Troisièmement, nos efforts visaient à atteindre une gouvernance irréprochable avec, en plus du conseil de surveillance et du comité d'audit, un conseil scientifique et d'évaluation et enfin un comité d'éthique. C'est aussi de là qu'est né le fait que les membres du conseil de surveillance appartiennent à des collèges différents. Pour rappel, il y a ceux qui relèvent des fondateurs, ceux des personnalités qualifiées et ceux de la convention générale. C'était l'idée que, fondamentalement, personne ne pourrait mettre la main sur la Fondation, et donc qu'elle avait par la composition même de son conseil de surveillance une forme d'indépendance.

D. R. — Pourquoi toutes ces préventions ?

G. C. — C'était pour être sûrs que ni un parti ni un donateur ni le gouvernement ni l'État ne pourraient jamais, au fond, d'un coup d'un seul en tout cas, et sans que cela se voie, prendre le pouvoir dans la Fondation. C'est très important, les institutions. La gouvernance, c'est très important également. En fait, c'est quelque chose qui ne se voit pas quand ça va bien, mais quand ça va mal, la gouvernance est essentielle… Nous avons eu ensuite toute la procédure de reconnaissance d'utilité publique, qui est une procédure très lourde. Cela a duré près de deux ans. Ils n'ont pas pris les choses à la légère, ils les ont prises d'autant moins à la légère qu'il y avait ces critiques un peu dans l'air, et nous avons été très fiers d'obtenir ce statut qui, au-delà des aménagements fiscaux qui accompagnent l'effort de nos donateurs, était une vraie reconnaissance.

Au surplus, notre façon de travailler n'avait juste rien à voir avec celle d'un parti, ni même avec celle d'une direction des études d'un parti, et nous ne répondions à aucune demande, commande, etc. Voilà dans quel esprit nous avons constitué une gouvernance qui était assez lourde, par rapport au budget modeste de la Fondapol, mais nous nous voulions absolument irréprochables. Pour bâtir la Fondation, le comité d'éthique a été particulièrement précieux pour éclairer nos choix et nos décisions.

Je crois aussi que la composition du conseil de surveillance a toujours été, au fond, l'illustration d'une ouverture sur la société civile, sur les grands commis de l'État, sur des gens totalement irréprochables, et je pense que ce n'est pas par hasard si, 20 ans après, nous n'avons pas eu à subir d'autre procès d'intention que celui du tout début.

Après être passé au crible, notre dossier a été accepté. Le décret accordant à la Fondapol le statut de Fondation reconnue d'utilité publique est paru au *Journal Officiel* le 15 avril 2004. Il porte la signature du Premier ministre Jean-Pierre Raffarin et de Dominique de Villepin, le ministre de l'Intérieur. Quand nous avons eu le tampon du ministère de l'Intérieur, nous étions très fiers.

D. R. — Quelles ont été les réactions ?

G. C. — Je crois qu'il n'y a eu aucune voix vraiment positive. C'est-à-dire qu'il y a ceux qui n'ont rien dit et ceux qui se sont exprimés, c'était pour dire leur méfiance, voire leur mépris à propos des intellectuels, des universitaires et des figures « d'une droite qui pense ».

D. R. — On trouve en effet quelques articles qui voient la Fondation comme une opération visant à attirer à droite des intellectuels, citant François Ewald, André Glucksmann, Régis Debray... Il y avait aussi Bronislaw Geremek, grand médiéviste et surtout l'un des fondateurs de Solidarność, le député travailliste Stuart Bell, Yu Keping, l'un des théoriciens actuels de l'innovation politique en Chine, ou encore Barid Baran Bhattacharya, grand économiste indien. Le choix de ces dernières personnalités témoigne d'une grande volonté d'ouverture...

G. C. — Pour cela aussi, il faut rendre hommage à Jérôme Monod et souligner sa volonté d'avoir un conseil de surveillance international, avec Franck Debié, le directeur de la Fondapol de 2004 à 2008, qui est d'ailleurs un géopolitologue. C'était à l'image de sa carrière de chef d'entreprise qui a toujours poussé son entreprise à l'international.

D. R. — Les archives témoignent d'une réflexion approfondie en vue de donner le jour à la Fondation, de nombreuses réunions, d'intenses discussions...

G. C. — Oui, il y a eu beaucoup de réunions de travail, je crois que nous nous réunissions quasiment une fois par semaine à 8 h, le mercredi matin, rue de Solférino, dans les bureaux de Jérôme Monod. Nous n'avons jamais été reçus par Jacques Chirac, mais nous l'avons été par Alain Juppé et puis par Jean-Pierre Raffarin.

D. R. — Il y a eu aussi quelques solides rapports, une forme de benchmark, des visites en Allemagne et aux États-Unis...

G. C. — Je me rappelle parfaitement cette idée qui était que les deux modèles vertueux, c'étaient les fondations allemandes et les fondations américaines, d'ailleurs dotées, alors comme aujourd'hui, de budgets considérables, qui jouaient un rôle tout à fait important dans la vie des idées. C'est la Fondation Adenauer qui était vraiment un modèle, et les fondations américaines. Je me souviens très bien de ces réflexions, et effectivement cela a joué. Ensuite, nous avons adapté nos conclusions à l'échelle française.

D. R. — Par comparaison, le mode de fonctionnement de la Fondapol est beaucoup plus simple et fluide que celui de ces puissantes fondations nécessairement bureaucratisées ;

En 2004, la presse ne fait pas bon accueil à la Fondapol

Les intellos de gauche toujours en cour

Article paru dans le journal *Minute* le 19 mai 2004

La Fondation pour l'innovation politique, récemment reconnue d'utilité publique et présidée par le conseiller du président de la République, Jérôme Monod, est censée servir de « boîte à idées » à l'UMP. Moyennant quoi elle est allée chercher des « conseillers » et autres « membres correspondants » dans les rangs des intellectuels… de gauche.

Par exemple la philosophe Monique Canto-Sperber, dont les travaux les plus connus portent sur « les articulations conceptuelles entre le socialisme et le libéralisme » et dont le dernier ouvrage, *Les Règles de la liberté*, avait été salué par la critique comme « la situant dans le sillage de Dominique Strauss-Kahn et de Laurent Fabius ». Ou encore Marcel Gauchet, rédacteur en chef de la revue *Le Débat*. Sans oublier Alexandre Adler.

Ces dernières semaines, Jean-Pierre Raffarin et Nicolas Sarkozy, qui ne veulent pas paraître en reste, ont eux aussi convié quelques intellectuels ou présumés tels à leur table. À l'exception d'Alain-Gérard Slama, journaliste au *Figaro*, tous étaient de gauche !

« L'UMP trouve ses intellectuels à gauche »

Extrait de l'article paru dans le journal *Présent* le 15 mai 2004

Avez-vous une seule fois entendu parler d'une intelligentsia de droite ? […] Dans ce contexte, un intellectuel qui s'entête à penser à droite n'est plus tout à fait intellectuel. C'est un proscrit.

SEMAINE DU 3 AU 9 JUIN 2004

Politis, — CHAQUE JEUDI — n° 804 — 2,90 €

Article paru dans le journal *Politis*, 3 juin 2004

Détournement ?

La Fondation pour l'innovation politique créée par l'UMP et présidée par Jérôme Monod, conseiller politique de Jacques Chirac, veut être un *« laboratoire d'idées absolument indépendant »*. L'objectif de ce machin ? *« Réveiller le sens profond de la pensée politique. »* C'est beau comme l'antique et a visiblement séduit le Conseil d'État. Il a aussitôt reconnu d'utilité publique cette Fondation, sans soupçonner le moins du monde que sa vraie fonction est de contourner la législation sur le financement des partis politiques. Cette boîte à pensée sur le modèle des *think tanks* anglo-saxons peut donc recevoir des fonds publics et privés, y compris de sociétés. Pour l'instant, son budget de 2 millions d'euros provient des caisses de l'État (sur la ligne « droits de l'homme et citoyenneté ») et de celles de l'UMP, qui a fait une dotation de 800 000 euros. Ce que les chiraquiens appellent sans doute l'indépendance…

de même, sans doute est-ce une conséquence, le champ des préoccupations de la Fondapol est bien plus diversifié.

G. C. — Il y a toujours des tensions ou des arbitrages difficiles, ou des tâtonnements pour trouver le bon positionnement entre ceux qui étaient très universalistes, très portés sur le grand international et sur des sujets peut-être plus abstraits, et puis ceux qui étaient plus attirés par un modèle, je dirais, du type de celui la Fondation Jean-Jaurès ou de la Fondation Saint-Simon, avec des notes plus prescriptives. C'est un débat que nous avons eu et que nous n'avons jamais vraiment tranché ; de fait, nous avons évolué ainsi au fil du temps, en utilisant l'un et l'autre de ces deux modèles… Nous pouvons illustrer le premier modèle par des notes de fond, d'une grande qualité, comme la série des onze notes sur l'islam, *Valeurs d'islam*, et le second modèle par la note *12 idées pour 2012*, publiée en 2011, dans la perspective de l'élection présidentielle, et donc qui contient des recommandations de portée plus opérationnelle. Nous pouvons également illustrer ce second modèle par ce que nous avons fait au moment de la campagne pour l'Hôtel de Ville à Paris, en 2020, lorsque nous avons auditionné, en partenariat avec le think tank Terra Nova, tous les candidats à la mairie. Nous avons ainsi navigué toutes ces années, avec des allers-retours entre des travaux spéculatifs et d'autres plus concrets.

L'autre arbitrage, c'est entre le quantitatif et le qualitatif, c'est la question de savoir s'il faut aller vers l'étude d'opinion, les sondages ou plutôt vers des notes plus conceptuelles. Pour ma part, je trouve que ce qui fait la richesse de la Fondapol, c'est que nous n'avons jamais complètement tranché de façon catégorique entre ces différents modèles, et nous voyons bien que cette diversité est plutôt riche.

Et je pense qu'il reste quand même des origines de la Fondation une méfiance vis-à-vis des partis, tout en assumant très clairement le point où nous nous situons sur l'échelle politique. Nous savons assez bien nous situer, peut-être aujourd'hui mieux que jamais, dans une forme de centrisme républicain, européen, progressiste. Sur l'échiquier politique, nous nous situons très clairement de la gauche sociale démocrate jusqu'à la droite républicaine. Il est certain qu'avec le temps nous avons trouvé la bonne distance, en partie en raison du traumatisme originel du 21 avril 2002.

D. R. — Le nom, Fondation pour l'innovation politique, « Fondapol », s'est-il imposé aussitôt à vous tous ?

G. C. — Moi j'avais le sentiment que « Fondation pour l'innovation politique » c'était trop long, un peu flou, parce que c'est quoi l'innovation politique ? Que cela ne déterminait pas d'entrée de jeu l'endroit où nous nous situions sur l'échiquier politique, et que ce serait long à imposer, parce qu'au début les gens disaient « Fondation pour l'innovation politique, Fondapol, mais c'est quoi ? ». Mais à force de sérieux et de professionnalisme des équipes, c'est une marque qui s'est imposée. Et votre travail et celui de votre équipe, qui rejaillit sur la Fondapol a installé cette marque dans le paysage français.

D. R. — C'est vrai que cela ne disait pas grand-chose de ce que nous voulions faire, d'où l'introduction, en 2008, du triptyque « une fondation libérale, progressiste et européenne ».

G. C. — Il faut vraiment dire que ce n'était pas évident, la naissance de la Fondapol, et il a vraiment fallu la poigne de Jérôme Monod pour y arriver. Cela correspondait aussi au fait qu'il était dans une période de sa vie où il voulait élargir le spectre. Je crois qu'il a pris beaucoup de plaisir intellectuel à créer la Fondapol, c'était vraiment important pour lui. Il était très autoritaire sur la méthode mais sur le fond assez ouvert, c'est cela que j'ai aimé. J'ai aimé travailler avec lui parce qu'il était vraiment, sincèrement, à l'écoute. Parce que j'étais l'un des plus rigides sur cette question des statuts et de la réputation. Je voulais que nous soyions plus royalistes que le roi. Mais je pense que c'est une des choses qui, au début, nous a un peu handicapés, parce personne ne nous a aidés, mais qui a été un socle très fort de notre succès ultérieur ; j'en suis persuadé.

Il reste qu'aujourd'hui, je suis frappé de voir à quel point la Fondapol s'est installée dans le paysage, à quel point ses notes sont lues et jugées de très grande qualité. En considérant rétrospectivement le chemin parcouru, je me dis que la Fondapol est une belle aventure intellectuelle.

D. R. — Quand Jacques Chirac a quitté l'Élysée, avez-vous craint pour la pérennité de la Fondapol ?

G. C. — La pérennité n'est jamais acquise mais nous avons obtenu le soutien de tous les Premiers ministres les uns après les autres. Il était acquis que la Fondapol contribuait au débat public de façon non-partisane. Notre nouveau président, Nicolas Bazire, nous a aidés à construire cette crédibilité.

Liberté • Égalité • Fraternité
RÉPUBLIQUE FRANÇAISE

MINISTERE DE L'INTERIEUR,
DE LA SECURITE INTERIEURE ET DES LIBERTES LOCALES

SOUS-DIRECTION DES AFFAIRES POLITIQUES
26. AVR. 2004
SECRETARIAT

Ampliation certifiée conforme
Pour le Secrétaire Général du Gouvernement

DECRET du 14 AVR. 2004

portant reconnaissance d'une fondation comme établissement d'utilité publique

P.O. Jean-Pierre ROBLIN

République Française — Secrétariat Général du Gouvernement

NOR INTA0400012D

Le Premier ministre

Sur le rapport du ministre de l'intérieur, de la sécurité intérieure et des libertés locales,

Vu la loi n° 87-571 du 23 juillet 1987 modifiée sur le développement du mécénat et notamment son article 18 ;

Vu, en date du 25 juillet 2003, la déclaration de l'association dite "Association pour la fondation pour l'innovation politique INNOP" dont le siège est à Paris;

Vu l'acte authentique en date du 26 novembre 2003 établi par Maître François-Xavier HOREN, notaire à Paris ;

Vu les statuts proposés pour la "Fondation pour l'Innovation Politique" ;

Vu les projets de budget de la fondation ;

Vu les autres pièces du dossier ;

Le Conseil d'Etat (section de l'intérieur) entendu,

DECRETE :

Article 1er. - La fondation dite "Fondation pour l'Innovation Politique" dont le siège est à Paris, est reconnue comme établissement d'utilité publique.

Sont approuvés les statuts de la fondation tels qu'ils sont annexés au présent décret.

J.O.N° 089 DU 15 AVR. 2004

ADRESSE POSTALE : PLACE BEAUVAU 75800 PARIS CEDEX 08 - STANDARD 01.49.27.49.27 - 01.40.07.60.60
ADRESSE INTERNET : www.interieur.gouv.fr

Décret accordant à la Fondapol le statut de fondation d'utilité publique, 14 avril 2004

__Article 2.__ - Le président du conseil de surveillance de la fondation reconnue d'utilité publique en vertu de l'article 1er du présent décret est autorisé, au nom de la fondation, à accepter la donation consentie par l'association dite "Association pour la fondation pour l'innovation politique INNOP" portant sur une somme de 250.000 euros constituant le premier versement de la dotation de l'établissement.

__Article 3.__ - Le ministre de l'intérieur, de la sécurité intérieure et des libertés locales est chargé de l'exécution du présent décret qui sera publié au *Journal officiel* de la République française.

Fait à PARIS, le 14 AVR. 2004

Jean-Pierre RAFFARIN

Par le Premier ministre :

Le ministre de l'intérieur, de la sécurité intérieure et des libertés locales

Dominique de VILLEPIN

Parution du décret au Journal officiel le 15 avril 2004

DÉCRET DU 14 AVRIL 2004 RELATIF À LA COMPOSITION DU GOUVERNEMENT

NOR : *HRUX0407270D*

Le Président de la République,
Vu l'article 8 de la Constitution ;
Vu le décret du 30 mars 2004 portant nomination du Premier ministre ;
Vu le décret du 31 mars 2004 relatif à la composition du Gouvernement ;
Vu la lettre, en date du 14 avril 2004, par laquelle M. Philippe Briand, secrétaire d'Etat à l'aménagement du territoire, a présenté sa démission du Gouvernement ;
Sur proposition du Premier ministre,

Décrète :

Art. 1er. – Il est mis fin, sur sa demande, aux fonctions de M. Philippe Briand, secrétaire d'Etat à l'aménagement du territoire.

Art. 2. – M. Frédéric de Saint-Sernin est nommé secrétaire d'Etat à l'aménagement du territoire. Il est délégué auprès du ministre de l'équipement, des transports, de l'aménagement du territoire, du tourisme et de la mer.

Art. 3. – Le présent décret sera publié au *Journal officiel* de la République française.

Fait à Paris, le 14 avril 2004.

JACQUES CHIRAC

Par le Président de la République :

Le Premier ministre,
JEAN-PIERRE RAFFARIN

Décrets, arrêtés, circulaires

TEXTES GÉNÉRAUX

MINISTÈRE DE L'INTÉRIEUR, DE LA SÉCURITÉ INTÉRIEURE ET DES LIBERTÉS LOCALES

Décret du 14 avril 2004 portant reconnaissance d'une fondation comme établissement d'utilité publique

NOR : *INTA0400098D*

Par décret en date du 14 avril 2004 :

Est reconnue comme établissement d'utilité publique la fondation dite « Fondation pour l'innovation politique », dont le siège est à Paris.

Sont approuvés les statuts (1) de cette fondation.

(1) Les statuts peuvent être consultés à la préfecture du lieu du siège social.

1.

Histoire de la Fondapol

- Les idées à l'origine de la Fondapol
- Le fondateur : Jérôme Monod (1930-2016)
- « À quoi servent les idées en politique »
- Composition des instances de la Fondapol en 2004
- Les présidents et vice-présidents des instances depuis 2004

Les idées à l'origine de la Fondapol

Que faire face au manque d'idées ? C'est sur ce constat et sur l'envie de répondre au vide en matière d'idées politiques que voit le jour en 2002 le projet d'une Fondation pour l'innovation politique. Un constat que martèlent Jérôme Monod et François Ewald : la France est à court d'idées, et l'ancienne polarisation partisane de vigueur pendant la guerre froide s'est éteinte ; on parle de « fin de la Révolution » ; il n'y a plus d'homme nouveau à construire, et les tensions religieuses que l'on voulait croire révolues émergent à nouveau depuis les années 1980. Il faut donc renouveler le débat, l'alimenter, avec, en ligne d'horizon, les problématiques alors émergentes, celles liées au radicalisme islamiste, à la mondialisation… L'intitulé du premier colloque organisé par la Fondation, en janvier 2004, est à cet égard éloquent : « comment les idées deviennent politiques ».

Un regard d'abord outre-Atlantique atteste de la vitalité ancienne des think tanks de tous bords et de toutes obédiences : plusieurs notes témoignent des recherches effectuées par les concepteurs de la Fondation sur ce sujet. Financés par des fonds privés, bénéficiant de la contribution d'acteurs issus de l'administration, ils sont les témoins des grandes confrontations qui ont agité les États-Unis au cours du XXe siècle. Un voyage en Allemagne de Jérôme Monod en janvier 2004 l'a également informé sur les pratiques ayant cours outre-Rhin. Les fondations et les thinks tanks, associés aux partis, y sont vus comme des laboratoires de la démocratie, c'est-à-dire comme les lieux d'élaboration et de renforcement de ce modèle : les manquements de la République de Weimar étant dus à un déficit d'esprit démocratique, les fondations sont vues comme des moyens d'y porter remède.

En France, en 2004, les fondations et les think tanks sont loin d'avoir le poids qu'ils ont dans les pays anglo-saxons ; la création de la Fondapol constitue en cela une innovation intellectuelle et institutionnelle. Si la ligne de la nouvelle Fondation doit être celle de « la droite et du centre », l'indépendance vis-à-vis des partis est de mise : Franck Debié, qui sera le premier directeur général de la Fondapol, comme Jérôme Monod, le fondateur, qui en sera le premier président, insistent beaucoup sur ce point, engageant un débat avec Nicolas Sarkozy, qui souhaitait associer étroitement la Fondation à la direction des études du parti Union pour un mouvement populaire (UMP). Ainsi, en décembre 2004, lors d'un entretien avec Franck Debié, Nicolas Sarkozy estime que la contribution de départ apportée par l'UMP à la Fondation l'autorise à orienter ses activités de recherche ; il juge trop distants les liens de travail entre le parti et la Fondapol : « Entre le rien et le tout, car aujourd'hui il n'y a rien entre la Fondation et l'UMP, il y a un point d'équilibre à trouver, à trouver ensemble. Il était peut-être normal qu'il n'y ait rien de plus au départ, en phase de lancement. Il faut changer cela. Il serait absurde que toute la production d'idées se fasse à l'extérieur du parti[1] ».

C'est là en effet que les modèles étrangers, que Nicolas Sarkozy connaît également, trouvent leurs limites : contrairement à ce qui a lieu dans le système allemand, qui permet à chaque parti réélu au Bundestag pendant deux législatures de créer une fondation, ou à ce qui a lieu en

1. Entretien avec Nicolas Sarkozy, président de l'UMP, 9 décembre 2004.

France pour d'autres fondations liées à un parti (à l'époque, les Fondations Jean-Jaurès et Robert-Schuman) la Fondapol n'a pas été pensée, principalement par Jérôme Monod, comme une « fondation de parti ». Cela suppose notamment qu'aucun élu du parti ne puisse siéger dans les instances dirigeantes de la Fondation, et que les financements proviennent de sources diverses : c'est ce que défendent dès l'origine Jérôme Monod et Franck Debié.

L'enjeu du financement

L'objectif est alors de s'appuyer tant sur des fonds publics que sur des fonds privés : l'indépendance de la fondation en dépend. Jérôme Monod souligne que la conception de la liberté vis-à-vis des financements est fonction de chaque contexte : aux États-Unis, recevoir de l'argent public est signe d'un manque d'indépendance, tandis qu'en Europe et spécifiquement en France c'est au contraire l'idée inverse qui domine ; assurer un équilibre des financements est alors pour lui gage de liberté. Le titre 1 de la charte déontologique de la Fondapol insiste clairement sur ce point, que l'on trouvait déjà présent lors des toutes premières réunions en avril 2003 : « La Fondation ne reçoit d'instruction, de recommandation ou d'orientation de quiconque [...]. Elle a recours à des financements diversifiés qui constituent un gage de son indépendance et de sa pérennité. »

Le titre 2 de la Charte déontologique précise également : « la Fondation s'interdit de financer directement ou indirectement un parti ou un groupement politique ; elle ne fournit aucun don, bien, service ou autre avantage, directs ou indirects, contribuant à une campagne électorale ou à un parti ou groupement politique. Un membre du gouvernement ou du Parlement, ainsi que toute personne ayant des responsabilités importantes dans un parti politique français ne peut être membre d'une instance dirigeante de la Fondation. »

> *« Le socialisme est une coquille vide et la droite n'a plus d'idées »*
>
> Jérôme Monod

Les objectifs et les structures de la Fondation

Cette dimension d'indépendance est fondamentale. Pour François Ewald, elle se décline à toutes les échelles : sans tomber dans les impasses d'une « autonomie » qui ferait le jeu de l'individualisme, il faut restaurer le vrai sens d'une liberté qui ne refuserait pas de penser le collectif. C'est sur cette indépendance revendiquée que doit se créer la Fondation tout autant que se recréer la communauté nationale : François Ewald insiste sur ce point dans une proposition de programme pour le think tank. Cet important jalon, à l'origine pour lui de la Fondapol, doit être associé à une forte volonté de « désidéologiser le débat public » : si la pensée politique de gauche s'attache traditionnellement à des abstractions, la droite, et la Fondapol dans cette lignée, doivent retrouver le « sens de la réalité » dans le débat politique. Il ne faut alors pas chercher à trancher des débats philosophiques, et la Fondation n'est en ce sens pas assimilable à un centre de recherche, mais il faut refonder la pratique politique à moyen terme, c'est-à-dire sur un horizon de trois à cinq ans. Pour François Ewald, l'objectif pour la Fondation

> « La Fondation s'interrogera sur l'avenir de notre pays et cherchera autour de quelle notion de bien commun notre pays peut professer, quelle est sa vision de lui-même comme nation dans le monde, que signifie l'idée républicaine pour la communauté de citoyens »
>
> Jérôme Monod
> cité par le *Bulletin quotidien* du 28 mai 2004

doit donc être de penser les conditions d'indépendance de la nation, qui est l'objet propre du gouvernement : le mode d'action politique dont la Fondation doit promouvoir la pratique ne consiste pas à administrer la société civile, mais à gouverner et à instituer la nation. Pour cela, il faut s'appuyer sur ce qui la fonde et sur ce qui structure son indépendance : les familles, les syndicats, les entreprises, les associations. François Ewald souligne bien, ensuite, que la nation n'est alors pas à opposer à l'Europe, qui doit être « l'assurance nationale mutuelle » des différents États européens ; la nation, enfin, ne doit pas être réduite à l'État et à son administration. Jérôme Monod, cité dans le *Bulletin Quotidien* du 28 mai 2004, reprend cette idée : la Fondation « doit explorer les structures fondamentales sur lesquelles s'édifie la politique [...], elle s'interrogera sur l'avenir de notre pays et cherchera autour de quelle notion de bien commun notre pays peut professer, quelle est sa vision de lui-même comme nation dans le monde, que signifie l'idée républicaine pour la communauté de citoyens ».

Concrètement, les structures de la Fondation doivent être légères pour tenir compte de la faiblesse des moyens accordés par la sphère publique aux think tanks, et des difficultés liées en France aux levées de fonds privés. Jérôme Monod estime que la Fondation ne doit pas rassembler une équipe permanente de spécialistes comme c'est le cas dans certains laboratoires d'idées allemands, mais qu'elle doit fédérer un réseau large de politiques, de chercheurs, de personnalités issues du monde de l'entreprise, et que le tout doit être animé par un groupe restreint de permanents. Cette légèreté est une condition de l'ouverture du débat d'idées et de la diversité des experts qui forment le vivier de la Fondation. L'objectif est de garantir la liberté de pensée tout en cherchant à faire progresser l'action publique : le regard doit être détaché de l'actualité politique la plus récente, et ancré dans une temporalité légèrement en retrait de l'immédiateté dont les partis politiques ont la charge. Cette liberté de pensée doit permettre d'écarter les idées toutes faites, et de mettre au jour les idées les plus pertinentes pour, comme le souligne Jérôme Monod, « devenir les passeurs du monde de la réflexion à celui de l'action ». À cette fin, la Fondation a été pensée comme lieu de rencontre, de transmission et d'influence, s'adressant au grand public autant qu'aux acteurs de la société civile, aux politiques, aux intellectuels : une mise en forme particulière du discours doit être pensée pour correspondre à ces différents publics. Deux missions ont été définies dans la déclaration d'intention, dès septembre 2003 : il s'agissait d'une part de piloter des cercles de réflexion à travers toute la France, d'organiser des débats et, d'autre part, de réaliser des études transversales, d'imaginer des hypothèses, de comparer des modèles... À ce titre, il s'agit davantage de réfléchir que d'informer.

Les premiers pas sous le feu des critiques

S'appuyant sur ce qu'il a pu voir en observant le fonctionnement des structures étrangères, Jérôme Monod décide d'abord de créer une association de préfiguration, l'Association pour la Fondation pour l'innovation politique ; elle sera chargée de lancer l'activité de l'organisation en attendant que les statuts soient validés par le Conseil d'État. Jérôme Monod est alors président à titre provisoire : il ne souhaite pas que son activité de conseiller auprès du président Chirac interfère avec la Fondation ; Franck Debié en devient le secrétaire général, épaulé par Anne Goirand, alors responsable administratif et financier. L'association entre en activité le 20 novembre 2003, rassemblant un groupe de travail chargé d'élaborer le budget et un premier programme de recherche.

La Fondation est créée en tant que Fondation reconnue d'utilité publique (RUP) le 14 avril 2004. Elle bénéficiera du transfert des biens de la Fondation pour la République, créée en 2000 autour de Michèle Alliot-Marie, Nicole Catala, et Louis de Brossia, dissoute en 2006. Selon le projet de novembre 2003, la Fondapol sera dotée d'un conseil de surveillance composé de quinze personnes, nommées pour 4 ans, chargées d'élire un président et un vice-président, ainsi que de nommer un directoire. Un comité d'audit se charge du contrôle de l'utilisation des fonds et un conseil scientifique participe à la définition et à l'évaluation des travaux. Lors de sa première réunion, le 27 mai 2004, Jérôme Monod est nommé président du conseil de surveillance, Bronislaw Geremek, vice-président, Franck Debié, président du directoire, dont les membres sont alors Jean de Boishue, Philippe Brongniart, Anne Goirand et Pierre-François Mourier. Le 13 octobre 2004 Francis Mer succède à Jérôme Monod à la tête de la Fondapol.

De la fin de l'année 2003 à la fin de l'année 2004, plusieurs articles annoncent la création de la Fondation pour l'innovation politique. On relève un certain nombre d'articles sceptiques, suspicieux ou critiques, tandis que d'autres choisissent de citer la Fondation pour ses travaux. On retrouve bien sûr des articles sur Jérôme Monod. Le *Bulletin Quotidien* du 20 novembre 2003 annonce l'entrée en activité de l'association de préfiguration de la Fondapol. La *Correspondance de la publicité* du 17 mai 2004 informe ses lecteurs du « rendez-vous de l'innovation politique sur le thème de la stratégie des entreprises face aux changements démographiques » organisé par la Fondapol le 19 mai 2004. Le *Bulletin Quotidien* du 28 mai présente en détails la Fondation, ses statuts, ses membres, ses objectifs, sa charte déontologique. Le 2 juin 2004, la *Correspondance de la Presse* annonce l'organisation d'un colloque sur le thème « Recherche européenne : vers l'excellence scientifique et la croissance », prévu le 3 juin. Les discussions et les leçons de ce colloque sont reprises dans la presse (*Le Figaro*, *Le Monde*, *Hommes et expertises*). Ce sont les premiers articles mentionnant la Fondapol pour ses travaux scientifiques. Ainsi, le *Bulletin Quotidien* du 8 juin 2004 informe de la tenue d'une table ronde sur le thème « mondialisation, société civile et changement social : le cas des pays islamiques », avec Ismail Serageldin comme invité d'honneur.

On soupçonne la Fondapol d'être une machine à financer la droite...

À ses débuts et dans les années qui suivirent, la Fondation a dû faire face à différentes critiques de la part de la presse, des partis de gauche, mais aussi du centre. Les accusations sont plurielles mais elles portent principalement sur les financements. Les initiateurs de la Fondation étant en majorité issus de l'UMP, certains commentateurs en déduisent qu'elle

« [Il faut] faire émerger des idées nouvelles, ramener des intellectuels, réfléchir à l'avenir, ce que ne font pas les universitaires, les politiques, les chefs d'entreprise parce qu'ils vivent séparés »

S'adressant au président de la Stiftung Marktwirtschaft, M. Lüder Gerken, Jérôme Monod souligne qu'après la dissolution ratée du 21 avril 1997, le président de la République Jacques Chirac lui a demandé de bâtir un programme gouvernemental : « Mais ces idées, qui ont servi, se sont usées. On ne peut pas indéfiniment les faire repasser dans la machine à laver. Beaucoup de politiques mais aussi de chefs d'entreprises et de la société civile ont souligné qu'il fallait faire émerger des idées nouvelles, ramener des intellectuels, réfléchir à l'avenir, ce que ne font pas les universitaires, les politiques, les chefs d'entreprise parce qu'ils vivent séparés. La vulgate marxiste faisait que pendant longtemps les intellectuels n'ont plus rien osé dire ; les chefs d'entreprise détestent l'administration, se méfient des politiques, ne veulent pas tomber sous l'influence de tel ou tel. Aux USA, le constat que l'on m'avait dressé avait le mérite de la clarté : la France est devenue un désert intellectuel. Il n'y a plus de Plan en France, les universités n'ont plus de financement, les entreprises publiques s'intéressent à leur petit domaine propre et non pas aux sujets d'intérêt général. Il manque un espace.

Nous voulons donc faire une fondation qui soit indépendante des partis, une fondation avec une diversité de financements et des travaux rendus publics. Nous nous sommes réunis avec un petit groupe pour mettre le projet en place. Nous ne voulons pas faire de l'idéologie mais créer des idées innovantes à partir de la réalité existante, en tenant compte du passé, mais pour essayer d'avoir une grille de lecture de la France d'aujourd'hui, savoir ce qu'elle doit construire, ce qu'elle doit imaginer. La France en elle-même, la France en Europe et la France dans le monde. Éducation, intégration, immigration, les tendances lourdes de la démographie, vieillissement de la société, investissement et grandes infrastructures au niveau européen, mondial, etc.

Par des commandes d'études, des recherches en commun, nous voulons susciter une libération des esprits, de la même manière que nous voulons une libération des énergies. C'est une forme de *glasnost* des structures intellectuelles de la France. Un pays n'est jamais perdu à l'inverse des hommes. On peut donner à un pays une nouvelle direction positive, plus ouverte, plus généreuse, plus dynamique, si l'on se donne la peine de penser. Il faut pousser la société française à réfléchir à son avenir. J'ai vu depuis deux ans beaucoup d'intellectuels français. Ils ne savent plus où aller. Le socialisme est une coquille creuse et vide, à droite il n'y a pas de réflexion, le MEDEF n'a pas de réflexion. (...) Une fondation de pensée, une fondation scientifique, une fondation européenne et internationale, une fondation qui travaillera en réseau avec le reste du monde, avec des gens de première qualité sur le plan intellectuel, une fondation qu'il ne faut pas laisser aux mains des politiques, car ils ne pensent pas beaucoup et ils détruisent plutôt ce genre d'instruments. Voilà mon projet. Il faut l'inspirer et le mettre à l'abri. Pour cela il faut la mettre au-dessus des partis. »

En janvier 2004, Jérôme Monod décrit son projet de fondation à M. Lüder Gerken, lors de son voyage en Allemagne les 22 et 23 janvier 2004

en dépendra absolument et qu'elle y sera affiliée. La dénomination « Fondation de l'UMP » revient régulièrement dans les journaux de l'époque. Deux soupçons surgissent. Le premier porte sur l'indépendance de la Fondation. La Fondapol serait soumise à l'UMP. Le parti lui commanderait des travaux afin d'alimenter son programme et, en échange, il apporterait des financements à la Fondapol.

Le second soupçon portait sur un présumé contournement des lois anti-corruption, notamment, à l'époque, celle du 19 janvier 1995 qui interdit le financement des partis par des entreprises privées. Selon leurs détracteurs, les fondations comme la Fondapol, ne seraient qu'un moyen pour les partis de recevoir des subventions privées via les fondations, celles-ci n'étant pas soumises à la loi du 19 janvier 1995. Certains cadres du Parti socialiste (PS), comme Michel Sapin, ou encore François Bayrou, alors président de l'Union pour la démocratie française (UDF), en appellent aussitôt à l'adoption d'une loi encadrant les financements des fondations, afin qu'elles soient tenues aux mêmes règles que les partis[2]. Ces accusations se perpétuent jusqu'en juin 2004. Le journal *Politis* croit pouvoir assurer ses lecteurs que la « vraie fonction » de la Fondation pour l'innovation politique, serait de « contourner la législation sur le financement des partis ».

Plusieurs articles présentent fidèlement la Fondation. Alors que la Fondation n'existait pas encore, dans un entretien daté du 16 octobre 2003, Jérôme Monod insistait déjà sur l'indépendance et le caractère non-partisan de la Fondation. Alain Lancelot, dans un article donné au *Figaro*, publié dans le journal du 3 novembre 2003, dénonce une polémique autour de ce « qu'on appelle à tort la « Fondation de l'UMP » avant d'ajouter : « rappelons que notre Fondation n'est pas un parti et ne travaille pas spécialement pour l'un deux ». Il insiste sur les valeurs et les objectifs de la Fondation, notamment animer le débat public « et non pas intervenir [...] dans le combat politique ». De même, le journaliste aux *Échos* Yann Rousseau voit dans la création de la Fondation une façon de reconquérir le terrain des idées et clarifie la polémique sur les liens entre la Fondation et l'UMP. Franck Debié, alors secrétaire général de l'association, cité par *Les Échos* le 9 janvier 2004, affirme que « les subventions d'entreprises ou de partis ne correspondront en aucun cas à des études programmatiques ».

... et de débaucher des intellectuels à gauche

Par ailleurs, dans un article du *Monde* du 13 mai 2004, le journaliste Nicolas Weill, interroge les choix de la Fondapol quant à ses conseillers. On retrouve des intellectuels de centre droit, cités par le journal : « le sociologue Raymond Boudon, l'ancien ministre de la Culture Jean-Jacques Aillagon, l'ancien directeur général du FMI Michel Camdessus, les historiens Alain Besançon ou René Rémond », mais également des intellectuels de gauche tels que les philosophes Monique Canto-Sperber et Marcel Gauchet, ainsi que l'éditorialiste au *Figaro* Alexandre Adler. Ces choix ont suscité diverses critiques, les unes accusaient la Fondapol de débauchages, les autres se moquaient d'une droite dépourvue d'intellectuels, donc sans intelligence, contrainte d'aller chercher à gauche les esprits capables de penser... pour la droite !

Claire-Marie Morinière
avec Alice Le Faucheur et Dominique Reynié

2. Cf. le *Bulletin Quotidien* du 20 novembre 2003 ; *Le Monde* du 18 octobre 2003 ; *Le Point* du 24 octobre 2003.

La République a besoin de savants !

Le Figaro, 3 novembre 2003

La petite polémique qui s'est développée autour de la création de ce qu'on appelle à tort «la Fondation de l'UMP» justifie certainement que les promoteurs de cette entreprise, auxquels j'appartiens, apportent quelques précisons sur ce qu'elle veut et ce qu'elle ne veut pas être.

Évacuons d'abord une fois pour toutes le problème des rapports avec l'UMP. La Fondation pour l'innovation politique, puisque tel est son nom, n'a nullement vocation à servir de bureau d'études ou d'école des cadres au parti de la majorité créé l'an dernier. Non par méfiance ou hostilité vis-à-vis de ce parti, dont beaucoup des promoteurs de la Fondation partagent sans doute les valeurs, mais parce que celle-ci s'engage à se situer strictement en dehors de la sphère partisane. Son ambition est d'un autre ordre. Elle n'entend pas intervenir, à côté des partis et des clubs, dans le combat politique, mais contribuer à animer en amont le débat politique. Car seul un débat de qualité, portant sur l'essentiel, s'appuyant sur des faits établis et dégageant clairement les valeurs en jeu dans les différents choix possibles, permet de donner du sens aux institutions démocratiques et de réinscrire la vie de chaque citoyen dans un destin collectif.

Moderniser et revivifier le débat politique national, c'est toute l'ambition de la Fondation pour l'innovation politique.

Vaste programme, en vérité, quand on prend la mesure du triste état dans lequel se trouve le débat politique en France. Quatre traits attestent du mal dont il est atteint.

Le premier est qu'il s'agit la plupart du temps d'un débat de crise. On discute rarement d'un problème avant qu'il ne s'impose à l'actualité, souvent de façon dramatique. Et on le fait alors dans un climat d'émotion et de polémique qui laisse peu de place aux arguments rationnels.

Deuxième trait, le débat qui s'ouvre ainsi dans la crise risque d'être doublement déséquilibré. Déséquilibré d'abord parce qu'il favorise la défense des intérêts catégoriels menacés au détriment de l'intérêt général recherché, les inconvénients qui pèsent sur les premiers étant beaucoup plus concrets, immédiats et mobilisateurs que les avantages attendus du second ; déséquilibré ensuite parce qu'il favorise toujours une logique de moyens plutôt qu'une logique de résultats. Pour faire face dans la crise aux « scandales » de la délinquance, des incendies ou des inondations, de la canicule ou du grand froid, des urgences hospitalières ou de l'analphabétisme des collégiens, la seule réponse qui ne fasse pas débat dans l'opinion et conditionne trop souvent celle des politiques est l'augmentation des effectifs.

En troisième lieu, le débat souffre de l'absence de références sérieuses à l'expérience des politiques suivies dans le passé. Personne ne sait et ne veut savoir en quoi ces politiques ont réussi et en quoi elles ont échoué. Chaque camp préfère alimenter sa plaidoirie ou son réquisitoire. Mais le meilleur dossier d'avocat ne vaut pas, pour animer le débat démocratique, le moindre dossier d'évaluation impartial.

En quatrième lieu enfin, ce débat de crise, doublement déséquilibré et sourd aux leçons du passé, est très fortement idéologisé. Les partis en présence s'accusent mutuellement de violer les valeurs auxquelles ils disent être attachés mais ils se gardent bien d'expliciter en l'espèce le contenu réel de ces valeurs icônes. Le débat devient alors superficiel et stéréotypé. D'autant plus que les partis sont toujours portés, dans l'urgence, à rabattre tout nouveau clivage sur un clivage droite-gauche obsolète ou sur un clivage libéralisme-socialisme qui n'a souvent guère plus de consistance ou de pertinence.

La France n'est pas le seul pays avancé à souffrir de ces maux. Même s'ils ne sont pas tous frappés avec la même intensité, beaucoup de nos partenaires occidentaux connaissent cet appauvrissement de la culture démocratique qui tient à des causes communes, notamment à la crise contemporaine des principales instances de formation de l'esprit civique que sont la famille, l'école, les Églises et les médias.

Et ces causes communes tendent à produire partout les mêmes effets en vidant le débat de sa substance et en accentuant l'aliénation politique des citoyens qui, se sentant de moins en moins pris en compte par la politique, ont tendance à s'en désintéresser et à se réfugier massivement dans l'abstentionnisme ou dans le vote négatif.

Mais le déficit du débat démocratique est aggravé en France par deux traits spécifiques fortement corrélés. Le premier est culturel. C'est la permanence du volontarisme révolutionnaire et de la primauté du «tout-politique» qui constituent depuis deux siècles le fil rouge de notre tradition républicaine. Le second résulte partiellement du premier. C'est la dimension exceptionnelle du périmètre d'intervention de la puissance publique dans notre pays, qu'on le mesure au degré d'étatisation de la vie économique, sociale ou culturelle, ou plus simplement au volume de la dépense publique. Quand pratiquement tous les secteurs, tous les niveaux de la société sont affectés directement par les décisions politiques prises à Paris, les défauts du système de décision peuvent avoir des effets dévastateurs. En l'absence d'un véritable débat d'idées c'est tout le destin national qui se trouve affecté et c'est toute notre démocratie qui tend, pour parler comme Rousseau, à « n'être plus qu'un vain formulaire ».

Il y aurait certainement beaucoup de présomption et de naïveté à croire que la future Fondation pour l'innovation politique pourrait combler à elle seule ce déficit démocratique. Mais il n'en est pas question. Il ne s'agit pas en effet de tout inventer *ex nihilo*, mais de faire profiter le politique d'une réflexion scientifique et philosophique très vivante. En faisant appel à ses talents pour éclairer les grands défis du présent et de l'avenir et en faisant en sorte qu'elle soit mieux prise en compte par les décideurs et les citoyens. Trop d'excellents travaux ne sont connus aujourd'hui que des seuls spécialistes, trop de chercheurs prometteurs sont privés d'accès à la sphère décisionnelle, trop de recherches nécessaires ne voient pas le jour faute d'une demande sociale explicite et d'un minimum d'incitations. Nous ne croyons pas, comme le volontarisme niveleur de 1793, que « la République n'a pas besoin de savants ». Nous pensons au contraire qu'elle a tout à gagner à recourir à leurs compétences.

Nourri par les études prospectives dans tous les domaines, le débat d'idées peut aider à préparer les rendez-vous de l'avenir.

Enrichi par des études comparatives, il peut désamorcer en les relativisant les menaces du présent.

Appuyé sur des évaluations scientifiques, il peut tirer sans parti pris les leçons des expériences passées.

Éclairé enfin par une philosophie politique en plein renouvellement, il peut aider à dégager les nouveaux contenus et les nouvelles frontières des valeurs en jeu dans toute décision politique, favoriser la formation de clivages spécifiques sur des problèmes inédits ou la constitution de majorités d'idées sur des problèmes qui exigent le plus grand rassemblement autour de positions communes.

À nous de faire en sorte que tous les travaux relevant de l'innovation intellectuelle que nous venons d'évoquer nourrissent l'innovation politique. Il s'agit moins de créer directement que de confronter et mobiliser ce qui existe et d'orienter de nouvelles recherches au profit d'un débat d'idées informé et innovant. La Fondation peut espérer jouer ce rôle de catalyseur. Ce serait son honneur de contribuer de la sorte à réenclencher le cercle vertueux de la démocratie.

Encore faut-il s'en donner les moyens. L'exemple des fondations étrangères ayant les mêmes ambitions, aux États-Unis et en Europe occidentale, montre que ce n'est pas hors de portée. De cet exemple retenons d'abord le haut niveau d'exigence scientifique, garanti en amont par l'approbation d'un conseil scientifique irrécusable et en aval par une évaluation sans complaisance. Ajoutons ensuite l'ouverture sans exclusive à tous les spécialistes qui acceptent de confronter leurs expériences et leurs positions intellectuelles pour débattre des solutions que le politique doit apporter aux problèmes de la cité. En se situant à égale distance de la recherche pure et de l'action, en aval des centres de recherche et en amont des partis.

Garantissons enfin l'indépendance intellectuelle par l'indépendance et la diversité du financement. Sur ce dernier point, plus encore que sur tout autre, il ne faut rien laisser dans l'ombre. Notre financement reposera, comme le permet le nouveau régime des fondations, sur la combinaison d'une contribution publique durable mais stabilisée dans le temps et de financements privés provenant d'entreprises et de particuliers, le tout dans la plus grande transparence et sous le contrôle public des instances compétentes.

Rappelons que notre fondation n'est pas un parti et ne travaille pas spécialement pour l'un d'eux.

Contrairement aux craintes exprimées çà et là, aucune règle de droit ne s'oppose donc au financement diversifié que nous envisageons et qui sera le meilleur gage de notre indépendance et de notre liberté de mouvement.

S'inspirer des fondations étrangères ne signifie pas les imiter servilement. Nous ne voulons ni ne pouvons créer une organisation aussi lourde que les grandes fondations allemandes, qui tendent à ressembler à des ministères, ni une organisation aussi marquée idéologiquement que la plupart des fondations et think tanks américains, qui s'apparentent bien plus à des lobbies intellectuels engagés qu'à des instances de confrontation et de débat en amont du combat politique. Nous avons conscience de lancer une entreprise originale, trop originale peut-être pour qu'on ne tente pas ici ou là de la dénaturer en la rabattant de force sur des organisations existantes, fussent-elles d'un autre ordre. Mais une ambition nouvelle appelle des formes originales de travail et d'organisation. La Fondation pour l'innovation politique se doit d'être elle-même innovante. Nous ferons tout pour qu'elle le soit, en respectant scrupuleusement et la distinction des genres et les lois qui régissent les organisations démocratiques.

Alain Lancelot

Ancien directeur de Sciences Po
Ancien membre du Conseil constitutionnel
Ancien membre du conseil de surveillance
de la Fondapol

À l'origine de la Fondapol, Jérôme Monod (1930-2016)

Lorsque Jérôme Monod décide de lancer notre Fondation en 2004, il a déjà plusieurs vies derrière lui.

Il y a d'abord la vie avant la sienne, celle des ancêtres. Issu d'une grande lignée protestante exilée au début du XVIIe siècle, Jérôme prend racine et croît dans le terreau d'une morale qu'il résume en disant qu'elle « *témoignait de la souveraineté de l'esprit sur les affaires du monde et du sens d'une vie au-delà de la mort*[1] ».

Il y eut ensuite l'étudiant. La khâgne consolide sa culture classique, mais c'est vers l'ENA qu'il se tourne, pour sortir à la Cour des Comptes en 1957.

Puis le soldat. Il combat en Algérie, en ces journées terribles où il parvient à concilier son devoir de soldat et les exigences de sa morale ainsi qu'il le raconte dans *Le déchirement*[2].

Rentré à Paris, il commence une vie de haut fonctionnaire, mais toujours proche de la politique puisqu'il entre en 1959 au cabinet du Premier ministre Michel Debré. Il y reste trois ans avant de rejoindre la Délégation à l'aménagement du territoire, dont il prend la tête en 1968 et où il reste jusqu'en 1975. C'est la grande époque où l'on croit que l'État peut agir profondément sur les choses et, en effet, le bilan de Jérôme est impressionnant : création du conservatoire du littoral, implantation de Ford à Bordeaux, reconversion des bassins houillers… etc. Il y forge sa méthode, décrypter l'avenir en faisant dialoguer des fonctionnaires, des syndicalistes, des hommes d'affaires, des universitaires, des géographes : il était convaincu que la lumière jaillit de l'affrication des cerveaux les plus divers.

Vient ensuite la politique. Jacques Chirac, son camarade de la Cour des Comptes, lui demande d'être son directeur de cabinet de 1974 jusqu'à la rupture avec Valéry Giscard d'Estaing en 1976, puis de créer le RPR, dont il est le premier secrétaire général. Ce premier vrai passage en politique, où se mêlent en lui « le désir d'action, le rêve et l'innovation[3] » ne va pourtant pas de soi, et, en 1978, avec la satisfaction du devoir accompli, puisque toutes les élections avaient été gagnées, y compris celles de la mairie de Paris, il donne sa démission.

Il va alors commencer une nouvelle et – par ses succès – stupéfiante carrière à la tête de la Lyonnaise des Eaux. Il réveille cette belle et riche endormie dont l'ambition ne dépassait pas le gain du prochain contrat de concession dans quelque obscur canton de province, en la jetant dans les eaux de l'international, mais aussi dans l'innovation ; la société devient rapidement la référence mondiale de la recherche dans le domaine de l'eau. Grâce à ses succès à l'international, la Lyonnaise devient le numéro un mondial, devançant son vieux rival la Générale des Eaux. Mais Jérôme veut aller plus loin, créer un groupe mondial dans le domaine des infrastructures, de l'énergie et des services collectifs. En 1992, il acquiert Dumez et GTM avant de présider, en 1996, au rapprochement avec la Compagnie Financière de Suez, que Gérard Mestrallet avait su recentrer sur les métiers de l'énergie. La création d'une structure à directoire et conseil de surveillance, dont Jérôme prend la présidence, permet aux deux hommes de cohabiter harmonieusement. Homme d'action, il reste aussi un intellectuel passionnément attentif aux idées des autres pays : il attache

1. Citation tirée de ses Mémoires, *Les vagues du temps*, Fayard, 2009, p.12.

2. Le Déchirement. Lettres d'Algérie et du Maroc, 1953-1958, Fayard, 2008.

3. *Les vagues du temps*, id., p.306

Jérôme Monod,
par Gilles Bassignac, 2006

un grand prix à sa participation à la European Round Table, dont il devient président, tout en fréquentant assidument Davos, sans de trop grandes illusions pour ce « supermarché des idées mondiales », mais il avait compris que la France ne pouvait se confronter à la mondialisation avec ses seules idées.

Après 20 ans dans l'industrie, Jérôme peut se féliciter du travail accompli. Il est allé au bout de sa tâche, et accepte avec joie, en 2000, de rejoindre Jacques Chirac à l'Élysée. Il est tentant alors de l'appeler éminence grise de ce président avec qui il a travaillé, dans des fonctions diverses, depuis ses années de l'ENA. Jacques Chirac le charge de présider la Fondation de l'UMP, trente ans après celle du RPR. Cette nouvelle formation met fin à la division des modérés entre gaullistes et UDF, et marque leur conversion à l'Europe : Jérôme n'y a pas peu contribué.

Au sommet du pouvoir, lui qui avait toujours mesuré la difficulté pour un homme politique, englué dans la contingence du quotidien, de réfléchir aux grandes évolutions de l'époque et de préparer le pays à l'avenir, il souhaitait « générer des idées innovantes pour ceux qui décident » et qui n'ont pas le temps d'en avoir. Il eut l'intuition qu'une fondation serait l'outil idoine et c'est ainsi que fut créée notre Fondapol.

Il y a un fil rouge dans cette existence.

Tout d'abord, Jérôme Monod a toute sa vie réuni ces vertus si rarement rassemblées : parfait homme d'action, administrateur, homme politique, industriel, c'était aussi un homme de doute, de réflexion et de culture qui a, partout où il était passé, merveilleusement réussi à marier ses nombreuses qualités.

Ce grand bourgeois membre de la Cour des Compte détestait tous les conformismes, les dogmes, les cloisonnements, les sectes, les grands corps de l'État, dont il était pourtant, les institutions, il n'aimait que le mouvement qui déplace les lignes. Sans doute la patte du protestant, toujours prompt à vilipender les dogmes imposés.

Il y a eu aussi cette intuition profonde que le monde se transformait à grande vitesse – idée banale aujourd'hui, mais qu'il saisissait dans toute sa profondeur historique, et la crainte que la France ne continue à mener les combats du XIXe siècle alors qu'elle était confrontée à des réalités entièrement nouvelles qui risquaient de l'engloutir. D'où la nécessité de l'innovation, l'ouverture sur l'international, la croyance en l'Europe, la détestation des idées reçues et des grandeurs d'établissement. Et finalement l'idée de la primauté de l'esprit.

MARC FORNACCIARI

Membre du conseil scientifique
et d'évaluation

« Comment les idées deviennent politiques »

Discours d'introduction de Jérôme Monod au premier colloque de la Fondapol

31 janvier 2004

L'acte de naissance

Cette journée est la première manifestation concrète d'un effort engagé il y a maintenant près d'un an. Nous étions un petit groupe réuni par une même ambition : renouveler un débat d'idées dont nous sentions qu'il n'est pas au niveau des ambitions de la France.

Comment les idées deviennent-elles politiques ? Le thème d'aujourd'hui résume à lui seul notre cheminement : comment accoucher les idées nouvelles capables de renouveler, de refonder la réflexion et l'action politique ? Comment, dans le travail d'innovation et de recherche sur la société devenir « les passeurs » du monde de la réflexion à celui de l'action ? C'est bien l'ambition qui inspire la Fondation pour l'innovation politique.

Une vision personnelle sur le débat d'idées

Comment nourrir un débat d'idées ? D'une certaine façon, je me suis heurté à cette question tout au long de ma carrière. J'ai pu expérimenter la nécessité et la difficulté d'anticiper les idées de demain. Lorsque j'étais responsable de l'aménagement du territoire, il fallait d'abord de l'imagination : où mettre les villes nouvelles ? Comment dessiner le plan autoroutier ? comment garder la vie dans les zones rurales, transformer l'activité dans les montagnes, préserver le littoral ? Nous devions dessiner la France à un horizon de vingt ans. Mais cette approche a vite trouvé ses limites, car en dépit de la décentralisation naissante, l'État conservait le monopole du débat public.

Chargé ensuite de la construction d'un nouveau parti politique, le RPR, j'avais imaginé la création d'une organisation moderne ouverte sur la société civile, capable de porter loin un débat d'idées. Mais nous n'avons pas été en mesure de renouveler la relation entre le citoyen et l'homme politique, où il n'est question que du pouvoir.

À la Lyonnaise des Eaux plus tard, j'ai mesuré l'importance d'une réflexion à très long terme et ouverte sur le monde. Nous avions créé un conseil international rassemblant des personnalités diverses, hommes d'affaires, hommes politiques, intellectuels de plusieurs disciplines, surtout originaires de nombreux pays, du Japon à l'Amérique, pour anticiper les tendances à venir. Je suis convaincu que cette démarche a contribué à mettre dans ce groupe plus d'intelligence et donc plus d'efficacité.

En regardant en ce moment l'assistance, je vois avec plaisir que vous êtes originaires des milieux les plus divers : universitaires, chercheurs, hauts fonctionnaires, syndicalistes, hommes politiques, entrepreneurs, et que plusieurs nationalités sont représentées, y compris à la tribune. Dans la salle, certains sont venus en France de loin pour l'occasion. Je les en remercie. Nous comptons nouer avec vous tous des liens de coopération durables en dépit des distances.

Porter le regard au-delà de la ligne de crête, nous affranchir des idées reçues, établir des comparaisons qui dépassent les frontières : voilà les défis qu'il faut relever pour renouveler le débat d'idées.

La France peut-elle encore produire des idées novatrices ?

Osons le dire, le débat d'idées en France répond imparfaitement à ses ambitions. Je suis allé récemment aux États-Unis et en Allemagne. Ce que j'ai entendu avait le mérite de la clarté : « La France ne produit plus d'idées nouvelles ». Le trait est sans doute exagéré. Mais il touche juste. Je suis convaincu que nous ne manquons pas d'idées, mais elles ne correspondent pas toujours aux problèmes du moment. Ou bien elles restent confinées à des chapelles, réservées à des spécialistes au lieu d'être largement débattues et diffusées auprès de ceux qui se consacrent à l'action. Chacun pense, mais dans son coin. Nous restons enfermés dans nos frontières. Nous sommes devenus trop dépendants des idées des autres. Nous avons besoin de forger nos propres idées sur le monde comme nous avons besoin de renouveler nos idées pour la France.

Ce constat vaut plus particulièrement dans le domaine des idées politiques. Les hommes politiques n'ont pas le temps nécessaire pour réfléchir, les partis non plus. Le temps du politique est devenu le temps de l'urgence et de l'immédiat : réagir aux crises, soigner ses électeurs, être partout à la fois, répondre aux médias.

Les débats d'idées sont encore marqués par les idéologies, qui contribuent à les figer. Les intellectuels ne savent plus se diriger dans un espace sans repères. Le socialisme s'est vidé de sa substance ; à droite, la réflexion s'est essoufflée et vit toujours sur un même stock d'idées.

Ce ne sont pas nos intellectuels qui sont en cause. La vie intellectuelle reste marquée par des idéologies moribondes, dévitalisées. Elle est tournée vers le passé ; elle n'est pas prête au monde qui vient. Nous sommes désorientés. Nous prenons pour débat intellectuel un mode de pensée réactif, construit à la va-vite, en réaction aux crises dans un climat d'émotion et de polémique qui se développe en faisant fi des références à la réalité : chiffres, faits, expériences réussies ou malheureuses.

Enfin, nous souffrons d'un cloisonnement excessif. Il est difficile de faire dialoguer utilement au-delà des clivages partisans, deux penseurs de familles politiques différentes. Pour moi, les cloisons sont étanches, elles aussi, entre les hommes politiques, les fonctionnaires, le monde de l'entreprise, les universitaires, les partenaires sociaux, les milieux religieux, les associations et les ONG. Nous, nous voulons faire travailler les gens ensemble.

Reconnaissons qu'il n'y a pas le même bouillonnement intellectuel en France que dans d'autres pays. En Angleterre, les idées politiques de la troisième voie ont construit le succès du blairisme. Aux États-Unis, quoi qu'on puisse en penser, les idées des néo-conservateurs ont contribué à renouveler le débat d'idées. En Allemagne, on s'attache à repenser l'économie sociale de marché. Ce bouillonnement d'idées nous manque.

Le monde bascule. Nous ne pouvons pas ouvrir la mondialisation avec nos seules anciennes idées. Plus que d'autres, la France est atteinte dans son identité par la mondialisation. Il faut repenser autrement les rapports entre le mondial et le national, comprendre les rapports économiques nouveaux qui émergent avec violence et les choix sociaux qui les accompagnent. Nous devons penser à organiser les responsabilités que nous partageons avec le reste du monde en matière d'environnement, de développement, de sécurité. Nous devons y penser comme une responsabilité que nous partageons avec le reste des nations. Nous devons anticiper l'évolution des démographies, ses conséquences sur les migrations à travers le monde et sur l'inégalité du poids des peuples.

Nous devons nous préparer à de nouvelles intolérances, à un monde malheureusement de grandes violences potentielles. Nous voulons contribuer, à partir de cette analyse et en dehors de querelles partisanes, à ce qu'en France on s'empare enfin de ces questions d'avenir.

La Fondation pour l'innovation politique

Nous pensons qu'une fondation peut y contribuer. La France connaît les fondations depuis longtemps. Elles font même partie de son histoire, à travers les fondations hospitalières ou universitaires, créées dès le haut Moyen Âge. Aujourd'hui, dans un pays où l'État a progressivement conquis le monopole de l'intérêt général, les fondations ne sont pas assez utilisées. C'est dommage. Notre projet fait le pari de l'utilité d'une fondation d'un genre nouveau.

Notre pays est beaucoup plus capable de se réformer lui-même que ne le croit une partie de ses élites. Il compte sur ses intellectuels et il aime la politique. Les Français aiment les idées, les livres, l'information et les débats sur les sujets qui intéressent leur vie. Ils veulent seulement prendre une plus grande part à ce mouvement des idées qu'ils jugent trop souvent lointaines.

Les Français aiment le monde. Ils aiment aussi les voyages. Ils vivent, de plus en plus souvent, une partie de leur vie professionnelle à l'étranger. Ce frottement avec les autres cultures et les autres modes de vie leur donne des idées de réforme. À l'étranger ou de retour chez eux, ils ont une certaine idée de la France, de ce qu'elle doit rester, de ce qu'elle peut devenir et de qu'il y faut changer.

« Aux côtés de beaucoup d'autres institutions qui existent déjà, nous devons favoriser l'expression de ce besoin d'innovation, de projets et de débat. La Fondation est un lieu d'anticipation. Elle sera un laboratoire des idées politiques »

Aux côtés de beaucoup d'autres institutions qui existent déjà, nous devons favoriser l'expression de ce besoin d'innovation, de projets et de débat. La Fondation est un lieu d'anticipation. Elle sera un laboratoire des idées politiques.

Un point précis sur lequel je veux être clair : la Fondation n'a et n'aura pas d'attaches partisanes dans aucun parti. Sinon, c'est l'échec. Bien sûr, la Fondation n'est pas suspendue dans le vide : elle se rattache à la famille de pensée politique de la droite et du centre. Elle ne sera pas partisane. Aucun élu politique ne sera présent au conseil de surveillance, ce qui marque notre différence par rapport aux modèles existant aujourd'hui en France. Les intellectuels y trouveront un espace où ils pourront exprimer leurs idées et débattre sans d'autres craintes que de voir leurs idées irriguer l'ensemble du débat public.

Elle sera pluridisciplinaire, internationale pour permettre un brassage avec les expériences des autres pays. Cette dimension se reflétera dans la composition du conseil de surveillance et du conseil scientifique ou viendront pour une grande partie des personnalités étrangères.

Elle sera innervée par un réseau de correspondants et d'amis en Asie, en Amérique latine, aux États-Unis et au Canada, en Europe et sur le continent africain. Nous sommes une fondation française, mais une fondation française dans le monde.

Ouverture enfin sur la France, il faut mobiliser les ressources intellectuelles présentes dans tout notre territoire.

Programme du colloque fondateur du 31 janvier 2004

ASSOCIATION POUR LA

FONDATION POUR L'INNOVATION POLITIQUE

Programme

31 janvier 2004 — ***Comment les idées deviennent politiques***

9h00 Accueil

9h30: Introduction
Jérôme Monod

10h00 - 12h45 Matinée

Comment les idées changent-elles le monde ?
Débat conduit par François Ewald et Franck Debié

- **Avec quelles idées le syndicat Solidarnosc a-t-il fait la Révolution en Pologne ?**
Bronislaw Geremek, Professeur au Collège d'Europe, Ancien Ministre des Affaires étrangères de Pologne.
- **Avec quelles idées rénove-t-on une politique comme celle de la ville ?**
Jean-Louis Borloo, Ministre délégué à la ville et à la rénovation urbaine
- **Comment les idées de l'extrême-gauche s'inscrivent-elles en politique ?**
Dominique Reynié, Professeur à l'IEP, Directeur de l'Observatoire Inter-régional du Politique
- **Pourquoi les idées libérales inspirent-elles rarement les réformes en Europe ?**
Esperanza Aguirre, Présidente de la région de Madrid, membre du Conseil d'Administration de la Fundacion para el Analisis y los Estudios Sociales
- **L'idée de République est-elle une idée politique d'avenir ?**
Monique Canto-Sperber, Directeur de recherche au CNRS

Déjeuner

14h15 - 17h00 Après-midi

Comment les idées deviennent-elles des projets politiques ?
Débat conduit par Jean de Boishue et Pierre-François Mourier

- **Comment est né le monde multipolaire ?**
Alexandre Adler, Historien et essayiste
- **Comment le droit d'ingérence est-il devenu une idée politique ?**
Rony Brauman, ancien Président de Médecins Sans Frontières, professeur à l'Université de Paris XII et à l'IEP
- **D'où viennent les idées nouvelles en Chine?**
Yu Keping, Directeur au Center for Chinese Government Innovations
- **Les *think tanks* influencent-ils vraiment la politique étrangère des Etats-Unis ?**
Craig Kennedy, Président du German Marshall Fund
- **A-t-on encore besoin d'idées pour faire de la politique ?**
Olivier Rolin, Ecrivain

FONDAPOL
53 quai d'Orsay 75007 Paris
Tel: 01 47 53 67 00
Fax: 01 44 18 37 65
E-mail: contact@fondapol.org
www.fondapol.org
COLLOQUE

Garanties du travail de la fondation

Son travail reposera sur un programme de recherche scientifiquement évalué. À cette fin, la Fondation sera dotée d'un comité scientifique et d'un comité d'audit destinés à mesurer avec rigueur la qualité et la progression des travaux et à garantir une totale transparence financière. Des règles d'éthique assurent son autonomie, de même que la diversité de ses financements, sous le contrôle de la Cour des comptes et du Conseil d'État. Transparence, rigueur scientifique, évaluation constante de ses projets seront les conditions de la crédibilité de ses travaux.

Structurée autour d'une équipe resserrée permanente, la Fondation fonctionnera avec un vaste réseau de collaborateurs, de boursiers et de correspondants en France et à l'étranger, permettant de mettre en commun les ressources les plus diverses autour de thèmes d'études.

Conclusion

Notre pays a besoin d'une révolution de l'esprit. Notre débat d'idées ne trouve pas assez de prolongement dans des programmes ou dans des expériences ; il s'étouffe dans une indifférence débilitante ou dans l'impuissance. La Fondation veut être le lieu où se retrouvent ceux qui n'acceptent pas cette situation.

L'histoire n'est pas une fatalité. Elle se construit par la volonté des hommes, et d'abord de ceux qui dérangent et qui mêlent idées nouvelles et appel de l'action.

Jérôme Monod

Président

La politique peut-elle penser ?

Le Monde, 19 mars 2004

[...] Venons-en au problème de fond, que la notion de guerre à l'intelligence a le mérite de soulever. La politique peut-elle penser ? Est-elle capable de cultiver l'intelligence, en son sein et dans la société ?

Le philosophe Platon, qui vécut au IVe siècle avant J.-C., dans une démocratie finissante, où la parole restait libre et la critique acerbe, fut le premier à y répondre. L'intelligence en politique, disait-il, est difficile à mettre en œuvre, car elle ne peut l'emporter sur la nécessité de flatter l'opinion. Pis encore. L'exercice même du pouvoir altère la pensée du gouvernant, sa capacité à se modérer et à se juger. Toutefois, rappelle Platon, c'est seulement sur la capacité qu'il a d'améliorer son peuple qu'on jugera un gouvernement. Celui-ci ne gouvernera jamais que le peuple qui lui ressemble et le peuple n'aura d'autres chefs que ceux qu'il mérite. S'il y a des gouvernements sans pensée et hostiles à l'intelligence, c'est que les sociétés qu'ils gouvernent sont en partie à leur image et les ont faits tels.

Transposée à aujourd'hui, l'analyse platonicienne reste juste. Il n'est pas aisé pour un gouvernement, ou une opposition, de déployer son intelligence. Les gouvernants peinent à expliquer ce qu'ils font, ne savent pas rendre légitimes les actions menées ni les rattacher à une vision de la société. L'opposition pratique la posture dénonciatrice, semble ignorer la complexité des problèmes, et emboîte le pas aux protestations, sans formuler les idées fortes qui devraient inspirer la critique. Ce partage des rôles s'applique souvent comme une loi d'airain au jeu politique, quelles que soient les majorités au pouvoir. Il a souvent pour effet de laisser la vie politique exsangue de pensée.

Platoniciens sans le savoir, beaucoup de gouvernants ont oscillé entre deux attitudes extrêmes. Quelques-uns se sont fait un devoir de «*parler vrai*», de présenter sans fard les problèmes, d'inciter l'opinion à faire sienne la délibération sur les solutions et à se sentir responsable des options adoptées. En général, ils n'ont pas gouverné longtemps. D'autres ont renoncé à ce travail colossal qu'est l'apprentissage mutuel de l'intelligence. Ils ont différé le traitement des questions difficiles, décidé dans l'urgence et satisfait les revendications de ceux qui protestaient le plus fort. Eux aussi ont été balayés par les urnes. Mais on admire les premiers, tandis qu'on a oublié les seconds. Ce qui donne raison à Platon. Un gouvernement, une opposition, se jugent encore à leur capacité à reconnaître et à faire fructifier l'intelligence de la société.

Les sociétés modernes, ouvertes, sont souvent capables d'être intelligentes par elles-mêmes. Elles sont informées, elles ont la liberté de s'exprimer et de critiquer. L'intelligence est au fondement de la réflexion diffuse qu'une société mène sur elle-même. La classe politique peut renforcer cette disposition en lui dispensant une information complète assortie de commentaires critiques, en l'invitant aussi à réfléchir aux problèmes et aux solutions.

Mais l'intelligence en politique a également trait aux idées et à leur diffusion dans la société. Les partis politiques sont entrés dans une condition nouvelle. Ils n'ont plus, surtout à gauche, de base électorale assurée. Ils sont donc forcés de mener leurs combats sur la base d'idées et de visions du monde. Cette contrainte récente est devenue le meilleur atout pour la culture commune de l'intelligence.

Voici un exemple. La philosophie politique est en partie issue de la méditation sur le mal que les hommes se font les uns aux autres, mal qui rend nécessaire l'édiction de règles communes et l'établissement de l'ordre politique. Or la réflexion sur le mal, la finitude humaine, les passions, a déserté aujourd'hui la politique, à droite comme à gauche. Les mouvements politiques qui la mèneraient de nouveau y trouveraient l'avantage de renoncer au discours creux de l'optimisme et du volontarisme. Ils seraient de ce fait plus profonds et plus lucides, mais aussi plus respectueux de l'intelligence de la société. Car les hommes n'ignorent rien des résistances, des limites et du meilleur qui se transforme en pire. Ils ont besoin d'une politique qui leur parle de ce qu'ils sont et de leur vie, avant de les faire rêver.

Les mouvements politiques sont en défaut d'une vision de l'homme et de la société, ce que le libéralisme et le socialisme furent en leur temps. Les colossales mutations d'aujourd'hui exigent un renouvellement profond des idées politiques. Penser le sens des libertés modernes, de la responsabilité individuelle et collective, des conditions de la sécurité en France et dans le monde, des valeurs communes, de l'engagement républicain dans l'ordre européen et mondial, sont des défis lancés à tous les partis politiques.

Nos démocraties sont organisées selon un principe de pluralisme politique. C'est une contrainte nécessaire qui garantit les contre-pouvoirs et préserve des abus. Sans la possibilité de voter pour un camp contre l'autre, la vie démocratique n'aurait sans doute pas toute la force qu'elle a acquise au cours des décennies passées. Mais les nécessités de la politique démocratique sont une chose, les exigences de la pensée en sont une autre. Les unes obligent à choisir. Les autres imposent de réfléchir aux problèmes, sans allégeance aucune. Platon rêvait d'un monde où l'intelligence pût régner en maîtresse. Ce rêve n'est plus le nôtre. Nous avons deux légitimités, celle de l'intelligence, et celle de la démocratie. Notre tâche commune est de faire en sorte qu'elles puissent s'accorder.

Monique Canto-Sperber

Philosophe
Ancienne directrice de l'École normale supérieure.

Avec quelles idées le syndicat *Solidarność* a-t-il fait la révolution en Pologne ?

« Comment l'idée de solidarité a-t-elle pu faire de *Solidarność* ce que Milovan Djilas a appelé "le plus grand mouvement dans l'histoire de l'Europe de l'Est depuis la Seconde Guerre mondiale" ? C'est l'action qui a apporté l'idée. Le 15 août 1980, alors que toutes les revendications matérielles des ouvriers du chantier naval de Gdansk ont été satisfaites, Lech Walesa recommence la grève et la déclare "grève de solidarité". La demande des grévistes est en fait celle de la liberté, liberté économique contre une économie lourde et planifiée, liberté politique contre un régime totalitaire, liberté nationale contre l'ordre de Yalta [...] Mais ce sont l'idée et le mot de solidarité qui font le succès du mouvement.

Ce mot est l'expression d'une politique à échelle humaine. Il n'est pas un concept savant, mais un mot tiré du langage de tous les jours, en dehors de la langue officielle, de la langue de bois [...] L'idée de solidarité, c'est d'abord la proposition d'une attitude. Elle ne concerne pas les grands ensembles mais les individus. La solidarité se réfère au réel, aux rapports concrets entre les êtres humains. Elle est en contradiction avec l'idéologie plus abstraite de la lutte des classes comme principe de la vie sociale. Appuyé sur l'idée de solidarité, le syndicat Solidarność peut dès lors s'opposer à la notion de syndicat de classe [...] Cette idée propose ainsi de renverser la situation d'atomisation de la société sur laquelle est fondé le régime totalitaire. Elle s'appuie sur une réalité alors décrite par les sociologues de Varsovie : l'existence de liens très forts à un niveau très bas, celui de la famille et celui du groupe de travail, mais aussi le sentiment très fort d'une solidarité entre tous les membres de la communauté nationale. Elle fait écho au message de Jean-Paul II aux Polonais en 1979 : "N'ayez pas peur" [...]

Dans la lignée de la pensée d'Hannah Arendt, la solidarité exprimait non pas une recherche de la prise du pouvoir ou du gouvernement mais un désir de limitation du pouvoir et du gouvernement. Ce projet allait de pair avec une volonté de changer, de réformer, qui puisait ses références dans la tradition libérale [...] Notre conception de la politique était antipolitique. Nous cherchions à opposer la société civile à la société partisane, à trouver une référence au bien commun contre la référence particulière, à promouvoir une révolution morale [...]

En Pologne, cette idée de solidarité a mobilisé. Mais elle n'a pas réussi à organiser durablement une force politique [...] La recherche d'un consensus et d'un pouvoir moral, appuyés sur une idéologie antipolitique, n'a pas réussi à fonctionner dans un contexte "normal" où le régime totalitaire avait disparu [...]

Cependant dans la mesure où l'idée de solidarité a, dès ses débuts, bénéficié d'une compréhension, d'un soutien chaleureux et complet hors de Pologne, et notamment en France, elle a grandement contribué à la formation de l'"espace public européen". »

Bronislaw Geremek

Vice-président du conseil de surveillance de la Fondapol 2004-2007
Colloque *Comment les idées deviennent politiques*, le 31 janvier 2004

D'où viennent les idées nouvelles en Chine ?

« Deng Xiaoping considérait que la "libération des idées" était d'une importance primordiale pour son mouvement réformateur. Un certain nombre d'idées politiques ont fait l'objet d'une réhabilitation et d'une remise à l'agenda politique par les intellectuels et le Parti communiste chinois lui-même [...]

L'humanisme, critiqué comme idéologie politique du capitalisme et tradition désuète, n'a été réhabilité, après une répression politique sévère contre les intellectuels qui le défendaient que dans la seconde moitié des années 1990 pour devenir très rapidement le fondement de la nouvelle idéologie du Parti. La "prise en considération de l'homme comme fondement de toute chose" a été proclamée comme le point de départ de toute mesure politique [...]

Les droits de l'homme, concept bourgeois, ont été étudiés et débattus par les intellectuels chinois des années 1990, malgré la répression. Après une tentative sans lendemain de théoriser des "droits de l'homme marxiste", le Parti communiste a proposé d'inscrire la "protection du droit des citoyens" dans la Constitution en mars prochain [...] (mars 2004).

L'État de droit n'est pas inconnu d'un pays qui a 2000 ans d'histoire juridique. Mais il a fallu attendre 1997 pour que le Parti fasse de la "construction d'un État de droit socialiste" un objectif, en acceptant le principe que les organismes et les dirigeants du Parti ne pourraient plus avoir de droits particuliers outrepassant la loi commune [...]

L'idée de société civile a été considérée elle aussi comme une idée bourgeoise. Après la réforme et l'ouverture, des organismes gouvernementaux surgirent en grand nombre ; les milieux universitaires ont alors lancé un débat sur la société civile. Le concept de société civile fut tacitement accepté. En 1998, les ONG obtinrent une reconnaissance officielle [...]

Si l'on essaie de modéliser les processus, on peut résumer le cheminement d'une idée en République populaire de Chine en cinq étapes : a) des intellectuels, et particulièrement des intellectuels du Parti communiste chinois, émettent de nouvelles idées ; b) elles attirent l'attention du monde académique et des organes de communication ; c) cela provoque de vives controverses et même de sévères oppositions, parfois la répression politique ; d) ces idées sont finalement acceptées par les fonctionnaires éclairés du gouvernement ; e) enfin, ces idées et les milieux qui ont participé à leur promotion influencent les décisions du gouvernement ; les idées réhabilitées deviennent une réalité politique et donnent une impulsion à l'innovation politique. »

Yu Keping

Colloque Comment *les idées deviennent politiques*, le 31 janvier 2004

Les think tanks influencent-ils vraiment la politique étrangère des États-Unis ?

« L'objectif essentiel des think tanks est de faire passer un certain nombre d'idées dans la pratique politique. Mais, contrairement à une idée largement répandue en France, notamment s'il existe environ 6 000 think tanks aux États-Unis, bien peu sont ceux qui peuvent prétendre exercer une influence sur le gouvernement [...]

Il ne s'agit pas tant de produire des idées que d'organiser des rencontres, des échanges, afin de sensibiliser le public aux questions traitées [...] De tous les think tanks, ce sont sans doute ceux des néoconservateurs qui ont donné les plus grandes preuves d'efficacité dans un marché aux idées politiques très saturé et très concurrentiel [...]

Il y a en fait six leçons à tirer de l'expérience américaine ; a) disposer d'une stratégie (choisir les idées à promouvoir et les moyens d'action pour cela) ; b) définir un public, une "cible", sensibiliser le public à un message et aboutir à un consensus ; c) définir les axes prioritaires – c'est là une des clés de la réussite des néoconservateurs ; d) trouver le leadership capable de gérer les différences entre les divers intervenants intellectuels et de les utiliser opportunément ; e) avoir de la souplesse afin de pouvoir évoluer en fonction de la conjoncture ; f) savoir mobiliser les ressources d'autres institutions. »

Craig Kennedy

Colloque *Comment les idées deviennent politiques*, le 31 janvier 2004

Composition des instances de la Fondapol en 2004

Nomination des membres des instances de la Fondapol lors de la première réunion du conseil de surveillance, le 27 mai 2004

La Fondation pour l'innovation politique est dirigée par le directoire placé sous le contrôle du conseil de surveillance. Le conseil scientifique et d'évaluation participe à la définition des activités de recherche de la Fondapol ; il organise l'évaluation scientifique des travaux.

Le conseil de surveillance est assisté d'un comité d'audit et d'un comité d'éthique.

Le Conseil de surveillance

Jérôme Monod, industriel et homme politique français, fondateur et président du conseil de surveillance (1930-2016)
Bronislaw Geremek, historien et vice-président du conseil de surveillance (1932-2008)
Stuart Bell, membre du Parlement du Royaume-Uni (1938-2012)
Aldo Cardoso, membre fondateur
Grégoire Chertok, membre fondateur
Cheikh Modibo Diarra, astrophysicien
Craig Kennedy, président du German Marshall Fund
Yu Keping, universitaire chinois et directeur du Center for Chinese Government Innovations
Patrick Kron, ingénieur et industriel
Karl Lamers, homme politique allemand (1935-2022)
Alain Lancelot, politologue (1937-2020)
Dominique Lecourt, philosophe (1944-2022)
Francis Mer, industriel et homme politique (1939-2023)
Monique Sassier, inspectrice générale
Jean-Didier Vincent, neurobiologiste et neuropsychiatre

Le Directoire

Franck Debié, directeur général et président du directoire
Jean de Boishue
Philippe Brongniart
Anne Goirand
Pierre-François Mourier

Le Conseil scientifique et d'évaluation

François Ewald, président du conseil scientifique et d'évaluation
Christine Albanel
Bernard Bachelier
Zephirin Diabre
Marc Fornacciari
Ethan Kapstein
Yves Meny
Dominique Reynié
Alain-Gérard Slama
Valérie Terranova

Le Comité d'éthique

Gehrard Cromme, président du comité d'éthique
René Barbier de la Serre
Yves Cannac

Le Comité d'audit

Jean Raynaud, président du comité d'audit (1925-2020)
Cyrille Bardon
Jean-Daniel Lévy

Les présidents et vice-présidents des instances depuis 2004

Les présidents du conseil de surveillance

Jérôme Monod
Francis Mer
Monique Sassier et **Jean-Didier Vincent**
Jean-Claude Paye
Nicolas Bazire
président du conseil de surveillance depuis janvier 2009

Les vice-présidents du conseil de surveillance

Bronislav Geremek
Charles Beigbeder
Grégoire Chertok
vice-président du conseil de surveillance depuis janvier 2009

Les présidents du directoire

Franck Debié
Dominique Reynié
professeur des universités à Sciences Po, directeur général et président du Directoire depuis octobre 2008

Les présidents du conseil scientifique et d'évaluation

François Ewald
Laurence Parisot
Christophe de Voogd
historien, président du Conseil scientifique et d'évaluation depuis juin 2018

Les présidents successifs du comité d'éthique

Gehard Cromme
Yves Cannac
Hélène Gisserot
procureure honoraire près la Cour des comptes, présidente du comité d'éthique depuis octobre 2016

Les présidents successifs du comité d'audit

Jean Raynaud
Jean-Daniel Lévy
président du comité d'audit depuis octobre 2020

2.

Le 11 rue de Grenelle, l’esprit du lieu

Au 11 de la rue de Grenelle, dans le 7e arrondissement de Paris, s'élève un immeuble moderne, sur six niveaux. Il abrite au 1er étage sur rue, une « Fondation pour l'innovation politique », la Fondapol. Dans le discours d'inauguration qu'il prononçait en 2004, Jérôme Monod, son fondateur, déclarait qu'il avait pour ambition de revitaliser la production intellectuelle, le débat, en somme, de recréer des conditions propices au « bouillonnement des idées » au service du bien commun. Cette ambition entrera en résonance avec l'histoire du quartier quand la Fondapol viendra s'y implanter en 2009. Pour saisir l'esprit du lieu, nous voulons aller à la rencontre de quelques personnages remarquables qui l'ont fait vivre.

Une brève histoire du triangle Grenelle, Sèvres et La Chaise

En remontant quelques siècles en arrière, on peut observer une évolution sensible du quartier, situé initialement hors des murs de Paris, dans le périmètre du « Bourg Saint-Germain-des-Prés ».

Au Moyen Âge, les terres de Saint-Germain-des-Prés étaient essentiellement peuplées par les communautés religieuses et hospitalières. Sur le triangle que forment les rues de Grenelle, de la Chaise et de Sèvres, il n'y a que des cultures maraîchères et quelques bâtisses. La plupart de ces terrains appartiennent à l'abbaye de Saint-Germain-des-Prés[1].

Une grande partie des terres de ce triangle sont devenues sous Louis XIII propriété de l'Italien Sebastiano Zametti (nom francisé en Sébastien Zamet, 1549-1614), financier d'origine italienne qui se mit au service de la cour de France. Il devint baron de Murat. Il laissa ses terres en héritage à son fils Sébastien Zamet (1588-1655), évêque de Langres, qui les donna ensuite à sa sœur, la marquise d'Antin, belle-mère de madame de Montespan, favorite du roi Louis XIV. La propriété fut vendue en 1661 à Catherine Bellier, dite « Catau la Borgnesse », baronne de Beauvais[2]. Elle s'étendait du carrefour de la Croix-Rouge jusqu'à la rue de la Chaise et englobait le n° 7 actuel de la rue de Grenelle qui a été séparé du triangle en 1865, quand a été mis en œuvre le percement de la rue des Saints-Pères.

La propriété de madame de Beauvais, vendue (ou abandonnée aux créanciers avec d'autres biens) a connu par la suite plusieurs transformations et a été acquise successivement[3] par les religieuses de Sainte-Claire, les Petites-Cordelières, puis par Saint-Simon, évêque de Metz, par Beaumanoir de la Boissière, par la marquise de Créquy, le marquis de Morant, le chirurgien Alexis Boyer (1760-1833), la veuve du général de Lespinasse. En dernier lieu, l'hôtel qui garda le nom de Créquy fut loué à la mairie du Xe arrondissement (actuel 7e arrondissement). Un contemporain de la marquise de Créquy, le marquis de Bérulle s'était fait construire son propre hôtel, au n° 15 de la rue

1. Jacques Hillairet, *Évocation du vieux paris. Les Faubourgs*, éditions de Minuit, 1953. Voir aussi Michel Huard, « Paris en 1300 », Paris Atlas historique.

2. Jules Cousin, *L'hôtel de Beauvais*, Appendices, Paris, Revue universelle des Arts, 1865, p. 66.

3. Comte d'Aucourt, *Les Anciens hôtels de Paris*, Paris, Champion, 1890, pp. 8 et 9.

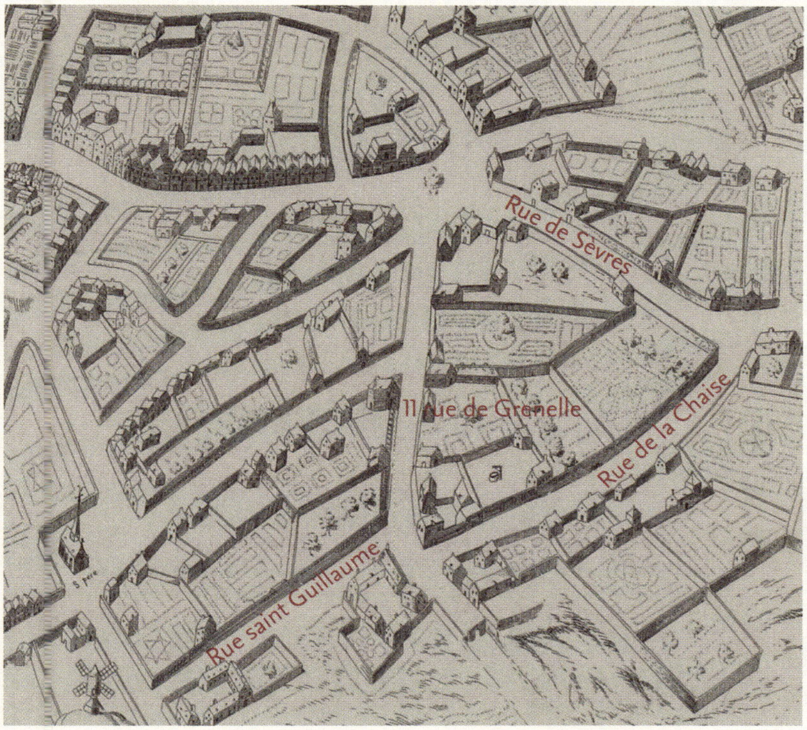

La région du faux-bourg Saint Germain en 1609 d'après le plan de Fr. Quesnel, gravure de J. Sulpis.
Le Petit Chemin de Grenelle est aujourd'hui la rue de Grenelle, la rue de la Maladrerie est la rue de la Chaise, la rue du Plessis (plus tard rue des Rosiers), est la rue Saint-Guillaume.

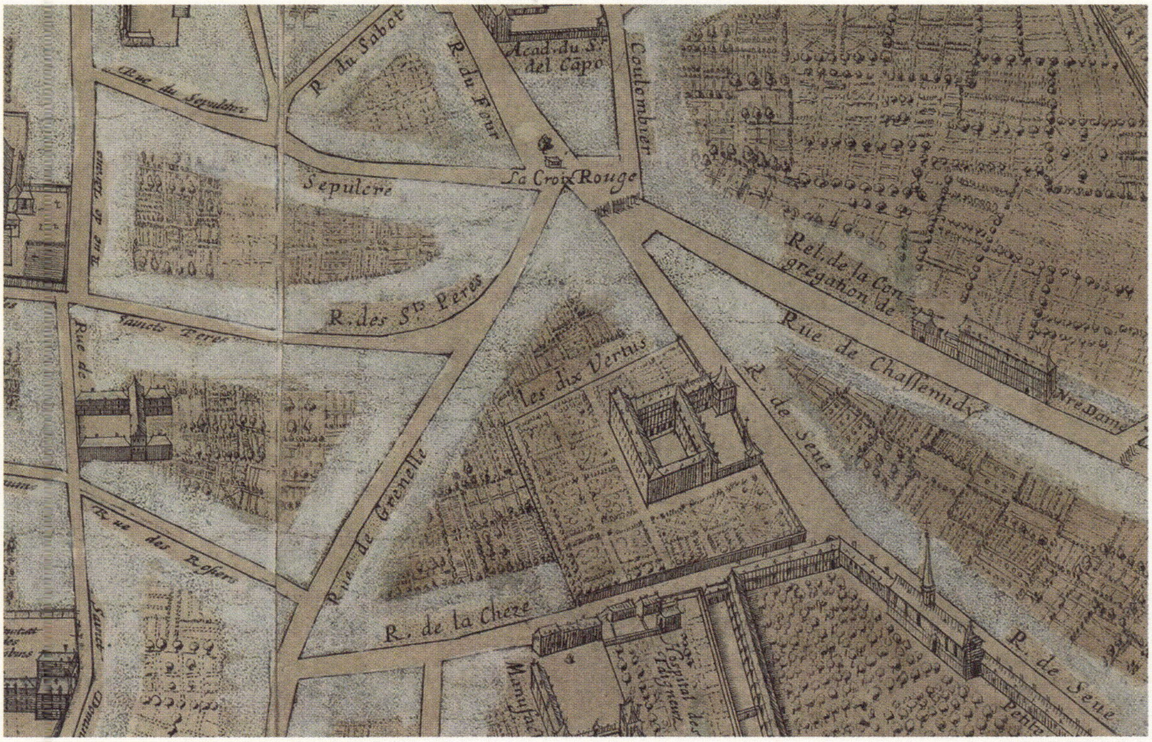

Lutetia Paris, Jacques Gomboust, 1652.
Le monastère des Dix Vertus est en bordure de la rue de Sèvres et a son entrée rue de la Chaise.

de Grenelle. Le sol en avait dépendu de l'ancien hôtel de Beauvais, les héritiers de Beauvais, en étaient propriétaires en 1763. Ceci confirme que l'ensemble des n° 7-9-11-13-15 formait une unité, jusqu'à la rue la Chaise. On a pu voir au début du XXe siècle au fronton du n° 11 de la rue de Grenelle, les armes de la maison Borghèse, dont l'entrée principale était du côté de la rue de la Chaise[4]. Ce portail a été détruit.

Sur cette parcelle triangulaire, du côté de la rue de Sèvres, au début des années 1640, la construction d'un monastère est en cours . Ce sont les religieuses de l'Annonciade des Dix Vertus[5] qui ont lancé ce chantier, et souhaitent s'y installer. Mais en 1654, la communauté rencontre d'importantes difficultés financières si bien qu'elle est obligée de vendre le monastère. Les cisterciennes l'achètent et s'y installent à leur tour avec le soutien d'Anne d'Autriche. Le monastère deviendra alors l'Abbaye-aux-Bois[6]. En 1744, la congrégation doit faire face à son tour à de lourdes charges, notamment l'entretien des locaux. L'État saisit la propriété.

À la Révolution, les bâtiments deviendront une prison, puis seront vendus en 1797 à des financiers. Ceux-ci la revendent en 1807 aux Chanoinesses Augustines de la Congrégation de Notre-Dame. Elles ouvrent un pensionnat pour jeunes filles ainsi qu'une maison de retraite pour femmes seules et veuves de haut rang. C'est là que Madame Recamier (1777-1849), passera la fin de sa vie, près de trois décennies passionnantes pendant lesquelles elle tiendra un salon où brillera le Paris littéraire et romantique de l'époque.

La Congrégation Notre-Dame des Chanoinesses Augustines subsiste encore aujourd'hui dans certains bâtiments, au 11 rue de la Chaise. Une rue Juliette-Récamier a été créée à l'arrière. La majeure partie de l'Abbaye a été démolie en 1908, et un bâtiment a été reconstruit, destiné à abriter la salle des fêtes de la Ligue de l'enseignement. Il devient le « Théâtre Récamier », de 1959 à 1961, seconde salle du TNP dirigé par Jean Vilar. Après mai 1968, la salle héberge la compagnie Renaud-Barrault expulsée de l'Odéon. La troupe occupera la salle jusqu'en 1975. Salle de répétition de la Comédie-Française jusqu'en 2008, elle est aujourd'hui désaffectée.

Quant à la rue de la Chaise, elle s'appelait en 1529, rue de « la Maladrerie », puis rue des « Teigneux » car un hospice pour enfants teigneux s'y trouvait. Son nom actuel date de 1588, orthographié autrefois « Chèze », semble-t-il par référence à un nom figurant sur l'enseigne d'un artisan à proximité, bien que d'autres interprétations subsistent. Les diverses constructions sont apparues à des dates variables, beaucoup de surfaces étant encore disponibles au XVIIIe siècle. Aux n° 5 et 7 rue de la Chaise, Jean-Baptiste Gaillard de Beaumanoir rachète l'hôtel aux héritiers de Claude Rouvroy de Saint-Simon, ainsi que des bâtiments et des terrains ayant appartenu aux Petites-Cordelières. Il y fait construire les hôtels des 5, 7, et 9. Puis dans la période marquée par la Révolution et par l'émigration de l'aristocratie, ces maisons connaissent diverses destinations, se transforment au XIXe siècle en maison d'éducation et en 1905 en établissement de soins. L'hôtel du n° 9 conserve un portail classé pour ses sculptures en guirlandes. Il a été acheté et est occupé aujourd'hui par Science Po.

4. Michel Robida, *Le Salon Charpentier et les impressionnistes*, Bibliothèque des Arts, 1958

5. L'Annonciades, Histoire *des anciens monastères*, 29 oct. 2013 [en ligne].

6. Charles Lefeuve, Histoire de *Paris, rue par rue, maison par maison*, éd. Reinwald et Cie, (1875), réédité par Hachette/ Bnf. 2024, pp. 83-84.

« Rue de Grenelle », une toponymie en évolution

Cette rue est à l'origine un sentier qui mène à une plaine maraîchère située au-delà des Invalides, sentier dénommé au XIVe siècle « chemin aux Vaches », au XVe siècle « grand chemin de Garnelle », ou « grand chemin des Vaches », au XVIe « petit chemin de Grenelle ». Plus tard, il devient la « rue Garanelle », ou des « Guarnelles », ou de « Guernelles ». En 1838, la rue prend le nom de « Grenelle-Saint-Germain ». Son nom actuel est fixé en 1868*. À cette époque, la parcelle qui englobe le 11 est une vaste propriété qui forme un triangle dont les côtés sont les rues de Sèvres, de la Chaise et de Grenelle.

*Jacques Hillairet, *Dictionnaire historique des rues de Paris*, tome 1, éditions de Minuit, 1963.

La visite de Louis XIV à Catau la Borgnesse, rue de Grenelle

Saint-Simon a noté dans ses *Mémoires* : « Madame de Beauvais, première femme de chambre de la reine mère et dans sa plus intime confidence, à qui tout le monde faisait d'autant plus la cour qu'elle ne s'était pas mise moins bien avec le roi, dont elle passait pour avoir eu le pucelage. Je l'ai encore vue vieille, chassieuse et borgnesse, à la toilette de Madame la dauphine de Bavière où toute la cour lui faisait merveilles, parce que de temps en temps elle venait à Versailles, où elle causait avec le roi en particulier, qui avait conservé beaucoup de considération pour elle. » (*Mémoires de Saint-Simon* (Tome I, 1691-1697), ch. 7, « 1693 ». Voir également Oliver Mallick, *Femmes de cour de France, charges et fonctions, XVe-XIXe siècle*, Presses universitaires du Septentrion, 2018, pp. 110-112.)

À cette proximité avec le roi s'ajoute celle qui lui vient de ses fonctions de femme de chambre auprès de la reine, chargée de ses soins les plus intimes. Pour prix de sa discrétion, elle se voit gratifiée de nombreux avantages, notamment d'un titre de noblesse, elle devient « baronne de Beauvais », et de moyens importants lui permettant d'acquérir de nombreux biens immobiliers, de s'assurer un grand train de vie. Sa propriété de la rue de Grenelle fut si éclatante que Louis XIV, la reine mère et Monsieur son frère vinrent l'admirer en 1663 (Jules Cousin, *op. cit.*, p.31). Une visite royale dans cette portion de la rue de Grenelle, qui n'était encore qu'aux confins d'un simple faubourg, encore assez rural, est un fait qui mérite d'être souligné.

Au faubourg, les hôtels particuliers sont encore rares. Elle disposera, pour elle et pour l'un de ses fils, d'au moins deux hôtels, l'un au niveau des n° 9-11-13 actuels rue de Grenelle, et un autre plus petit, au n° 20 (« Petit hôtel de Beauvais »). L'« hôtel de Beauvais » n'existe plus (la principale et la plus connue des résidences de la baronne, que l'on peut voir aujourd'hui, a été édifiée en 1655 dans l'actuelle rue François Miron, au n° 68).

Portrait présumé de Catherine Bellier dite « Catau la borgnesse » situé à l'Hôtel de Beauvais, rue François Miron, à Paris.

Vue de l'hôtel de Créquy (Créqui) avec indication de son adresse « rue de Grenel Saint-Germain », correspondant aujourd'hui aux n° 7-9-11-13-15.

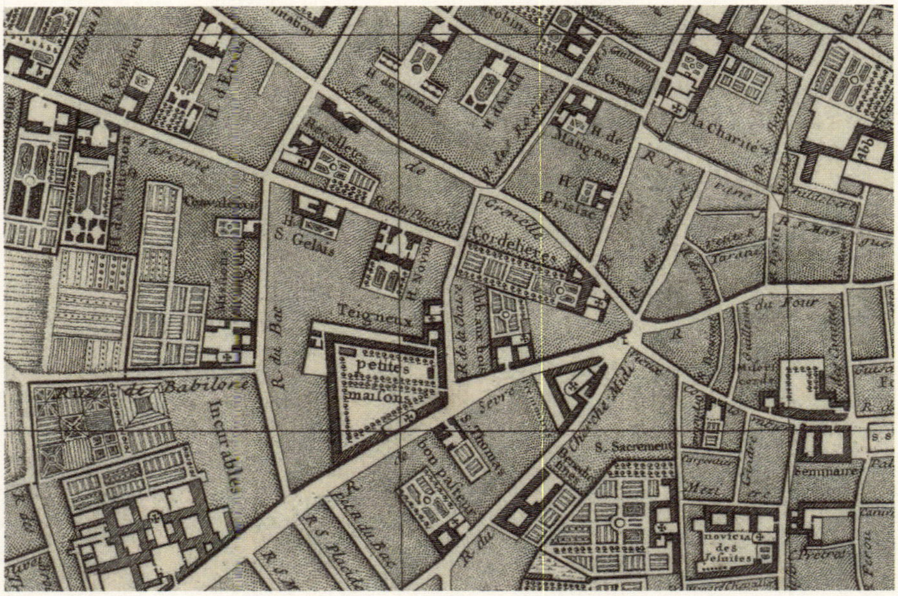

L'ancien hôtel de Beauvais devenu couvent des Petites-Cordelières s'étend de la rue de Grenelle jusqu'à la rue de la Chaise (actuels 5 et 7). Plan de Paris dédié à Messieurs les Prévôt des marchands et échevins de la ville, 1741, Jean Delagrive.

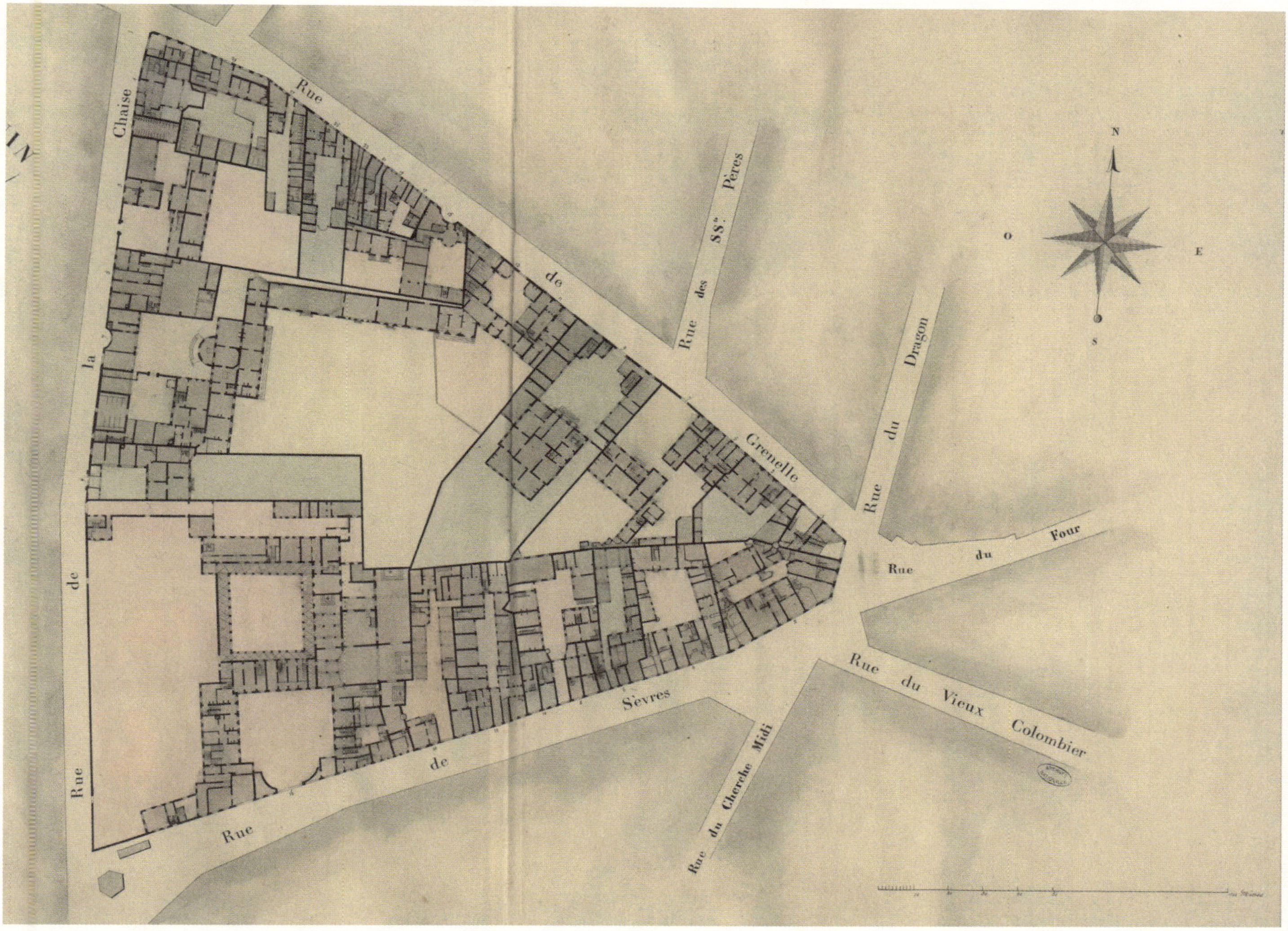

Quartier [dit] Saint-Thomas d'Aquin, Îlot 8, avant 1860.
Archives ville de Paris.

Le quartier en 1890. Le n° 7 est séparé du triangle par suite du percement de la rue des Saints-Pères. Les n° 9, 11 et 13 sont désormais des lots distincts. Archives ville de Paris.

Madame Récamier dans son salon de l'Abbaye-aux-Bois, François-Louis Dejuinne, 1826. Musée du Louvre

Le salon de Madame Récamier (1777-1849)

En 1819, Monsieur Récamier, riche financier, époux de Juliette, connaît un revers de fortune. Après une époque fastueuse, à son hôtel de la rue du Mont-Blanc, où était reçue une brillante société, venue de toute l'Europe, Juliette réorganise sa vie à l'Abbaye-aux-Bois. Elle a quarante-deux ans et ses nombreuses relations lui restent fidèles. Et surtout, elle vient de rencontrer l'homme qui sera la passion de sa vie : Chateaubriand. Il a cinquante-et-un ans. Une nouvelle ère commence. Elle va donc ouvrir son appartement à ses amis. Ce n'est au début que la cellule d'un monastère (les religieuses y louent des appartements). Juliette Récamier dispose d'abord d'un petit appartement au troisième étage, avant d'en obtenir un plus spacieux, au premier, vers 1825. Le tableau de Dejuinne en donne une belle image et nous avons, par Chateaubriand, cette célèbre description :

« Quand, tout essoufflé après avoir grimpé trois étages, j'entrais dans la cellule aux approches du soir, j'étais ravi : la plongée des fenêtres était sur le jardin de l'Abbaye, dans la corbeille verdoyante duquel tournoyaient des religieuses et couraient des pensionnaires. La cime d'un acacia arrivait à hauteur de l'œil. Des clochers pointus coupaient le ciel et l'on apercevait à l'horizon les collines de Sèvres. Le soleil couchant dorait le tableau et entrait par les fenêtres ouvertes. Madame Récamier était à son piano ; l'angelus tintait : les sons de la cloche qui semblait pleurer le jour qui se mourait, il giorno pianger che si muore, *se mêlaient aux derniers accents de l'invocation à la nuit de Roméo et Juliette de Steibelt. Quelques oiseaux se venaient coucher dans les jalousies relevées de la fenêtre ; je rejoignais au loin le silence et la solitude par-dessus le tumulte et le bruit d'une grande cité. Dieu, en me donnant ces heures de paix, me dédommageait de*

mes heures de troubles ; j'entrevoyais le prochain repos que croit ma foi, que mon espérance appelle. Agité au dehors par les occupations politiques ou dégoûté par l'ingratitude des cours, la placidité du cœur m'attendait au fond de cette retraite, comme le frais des bois au sortir d'une plaine brûlante. Je retrouvais le calme auprès d'une femme de qui la sérénité s'étendait autour d'elle sans que cette sérénité eût rien de trop égal car elle passait au travers d'affections profondes[7]. »

Le nouveau salon de Juliette Récamier sera, cette fois, littéraire et politique, autour de l'homme qu'elle accompagnera jusqu'à la fin de sa vie.

Qui furent les amis de Juliette ? Delécluze, critique d'art et collaborateur au Journal des Débats, homme influent, il était traité avec beaucoup d'attention, d'autant plus que ses papiers ne ménageaient pas toujours les artistes amis de l'Abbaye dont Juliette prenait la défense. Par Delécluze nous avons les noms de nombre de visiteurs de l'Abbaye : de Castellan, le jeune Lenormand, la duchesse de Raguse, M. Ampère (professeur de mathématiques), la comtesse d'Hautpoul, les dames de Catelan et de Grammont, MM. de Kératry, de La Rochefoucauld, de Montmorency, une foule de personnes venues écouter des vers ou des pièces musicales. On parle théâtre, on évoque des acteurs : Talma. Il est célèbre. Il joua à la Comédie-Française de 1787 à 1791 et de 1799 à 1824 et il est l'acteur favori de Napoléon. Mais aussi la belle Mademoiselle Rachel, grande tragédienne, dont le jeu a inspiré Sarah Bernhardt. Ainsi, durant les soirées de l'Abbaye, de brillantes personnalités se rencontrent. On formule des critiques, et on aborde, souvent aussi, des sujets politiques. Notamment avec Catelan, Kératry et Benjamin Constant…

François René de Chateaubriand (1768-1848) Lithographie de François-Séraphin Delpech (1778-1825), Gallica/Bnf

Il est question bien entendu du mouvement libéral qui progresse. Juliette Récamier avait une grande qualité, « elle est restée modérée, et équitable au milieu des passions politiques les plus vives ; ses plus intimes amis, ses plus fervents adorateurs ont été, la plupart du moins, des hommes politiques souvent adversaires quelquefois ennemis ; elle les comprenait tous et leur faisait justice à tous, non par des complaisances alternatives et trompeuses mais par une impartialité sereine et douce […][8] » Pendant plus de vingt années, Juliette continuera à recevoir ses fidèles amis, le plus intime parmi eux, Ballanche, et des artistes, des poètes, des politiques : Victor Cousin, Saint-Marc Girardin, Edgar Quinet, Tocqueville, Lamartine, Sainte-Beuve, Balzac, etc. Chateaubriand présidait souvent ces réunions. Quant à Juliette, elle exerçait son influence dans le monde. En de maintes occasions, elle aida ses amis pour l'accession à des positions sociales de prestige. Avec le concours

7. Cité par Françoise Wagener, *Madame Récamier*, éd. Flammarion, 2000, p. 310.

8. François Guizot, *Madame Récamier*, 2023, p. 28.

de Châteaubriand, elle contribua, notamment, à faire élire Mathieu de Montmorency par l'Académie, ce qui ne fut pas très bien vu et inspira occasionnellement des railleries poétiques.

Juliette continuait son œuvre de bienveillance et promouvait ses amis. Elle ne relâchait pas son attention à tout ce qui comptait dans la vie littéraire et politique. Elle était présente à la première représentation d'*Hernani*. Le lendemain, le *Journal des débats* qui était en bonne relation avec l'Abbaye fut parmi les rares journaux dans toute la presse à ne pas attaquer la pièce. Juliette aida de la même façon Jean-Jacques Ampère, professeur à Marseille, à prendre les rênes de la rubrique littéraire du journal *Le Temps*. C'est à l'Abbaye aussi qu'Auguste Barbier fit la connaissance de Ballanche. En 1831, Balzac vint présenter *La Peau de chagrin* dans son salon[9].

Lorsque Chateaubriand fut éloigné et mis en prison par suite de sympathies avec des opposants au régime et au motif qu'il compromettait la sûreté de l'État, c'est, une fois encore, par l'intercession de Mme Récamier, qu'il put être libéré. Il revint à l'Abbaye-aux-Bois et y retrouva sa société. C'était en 1834. Les réunions avaient repris leur cours avec une organisation toute spéciale autour des lectures de ses *Mémoires*[10]. Sainte-Beuve leur donna bonne presse, mais, plus tard, en 1850, il modifia son jugement et avoua que ses premières impressions avaient été : « jusqu'à un certain point recommandées et adoucies par l'influence de Mme Récamier ». Dans l'année 1838, Juliette se sent fatiguée et se retire peu à peu de la vie mondaine[11].

Vers les années 1840, plusieurs de ses amis meurent. Elle-même ainsi que Chateaubriand voient leur santé s'altérer. Une infirmité consécutive à de douloureux rhumatismes pour l'un, une cataracte pour l'autre. Chateaubriand mourut le 4 juillet 1848. L'Abbaye-aux-Bois s'éteignait doucement, quand le choléra sévissait à Paris en 1849. Madame Récamier en fut victime et mourut le 11 mai des suites d'une violente attaque de fièvre. Sa vie s'était, en réalité, déjà arrêtée avec celle de Chateaubriand.

Les 11-13 rue de Grenelle, chez les Charpentier : une maison d'édition et un salon littéraire et politique

De l'autre côté des jardins intérieurs, sur le versant Grenelle, une autre histoire « intellectuelle » prenait naissance, en 1870. Georges Charpentier héritait de la librairie de son père, au 11 rue de Grenelle . En 1875, il emménageait dans l'appartement situé au-dessus. Dans ce quartier du Saint-Germain-des-Prés, c'est à l'emplacement qui n'avait pas encore sa numérotation définitive, autour des n° 9-11-13, que prend forme l'entreprise d'idées portée par l'éditeur Charpentier.

Georges, fils de Gervais Charpentier, un libraire-éditeur innovant

Georges Charpentier ne serait peut-être pas devenu éditeur, s'il n'avait été mis en situation de reprendre l'affaire de son père, entrepreneur hors du commun, reconnu comme l'un des pionniers de l'édition moderne[12]. En effet, Gervais Charpentier sut faire de sa maison une entreprise prospère grâce à son inventivité et à son sens du commerce. En employant et en vulgarisant un nouveau format, l'in-18, semblable à l'actuel format de poche, ses livres devenaient plus petits, plus maniables, moins chers. Dans le monde de l'édition, on parlait désormais du

9. Françoise Wagener, *op. cit.*

10. Chateaubriand, *Mémoires d'outre-tombe*, [1847], Gallimard, Bibliothèque de la Pléiade, t. I et II, 1951.

11. Édouard Herriot, *Madame Récamier et ses amis*, Payot, 1924, p 332.

12. Voir Virginie Meyer, Thèse soutenue en 2005 pour le diplôme d'archiviste paléographe [Enssib], sous la direction de Frédéric Barbier, École pratique des Hautes Études, : « Georges Charpentier (1846-1905), figure d'éditeur ».

Portrait de Georges Charpentier, photographié par Émile Zola

« format Charpentier » qui allait être le plus répandu pour les ouvrages de divertissement (romans, poésie). En 1838, il lançait une collection de littérature classique et contemporaine, la « Bibliothèque Charpentier », avec une couverture jaune qui caractérisera la collection et deviendra fameuse. Il publiait, à son lancement, *Physiologie du mariage* de Balzac, puis Gérard de Nerval, Victor Hugo, Alexandre Dumas, Alfred de Musset, Théophile Gautier, George Sand. Le succès fut tel que cette idée de collection, véritable innovation commerciale, fut suivie par d'autres éditeurs, chacun se spécialisant dans un domaine (philosophie, sciences, religion…)[13].

En 1870, son fils Georges Charpentier, homme d'esprit, flottait entre journalisme et création littéraire. Son père avait misé, pour sa succession, sur son neveu, Edmond Villetard, en excluant de ses affaires ce fils, noceur et dilettante. Mais en 1871, il lui léguait néanmoins une rente annuelle. Cette même année, après la mort de son père, Georges rachetait des parts de la société et démarrait une nouvelle aventure éditoriale. Il s'associait avec Maurice Dreyfous et commençait alors à publier Gustave Flaubert, Edmond de Goncourt et Alphonse Daudet. Et bientôt c'est avec Émile Zola, Maupassant, Huysmans, Céard et Alexis que la maison d'édition se mettait sur les rails du succès, en 1880, lors de la parution du recueil collectif *Les soirées de Médan*, inaugurant un nouveau courant littéraire, « l'école naturaliste » dont Zola devint le chef de file. Ayant signé dès 1872 toutes ses œuvres chez Charpentier, Zola donnait un bel élan à son éditeur et lui ouvrait la voie vers une consécration qu'il n'avait pas imaginée[14].

Au-dessus de la librairie, un salon littéraire et politique

Georges Charpentier avait épousé, en 1872, Marguerite Lemonnier, fille d'un joailler de la Cour de Napoléon. Les jeunes mariés avaient en commun un goût pour la vie mondaine et artistique[15]. Très vite, ils reçoivent chez eux Goncourt, Flaubert, Maupassant, et forment un groupe de lettrés qu'ils nomment le « groupe des cinq ». L'élan est donné, le jeune ménage voit croître le nombre de ses invités. Décision est prise de déménager et de s'installer au 11 rue de Grenelle, au-dessus de la librairie.

Alors que Georges se consacre à son activité d'éditeur, Marguerite ouvre son « salon ». Il y en a peu dans la capitale à ce moment-là, mais ils sont reconnus, notamment les salons d'Auguste Scheurer-Kestner, (rue de Babylone 7e arr.),

13. Voir le blog Histoire de la bibliophilie, de Jean-Paul Fontaine dit le Bibliophile Rhemus.

14. Voir Henri Mitterand, *Zola*, Tome II, p. 102.

15. Voir Michel Robida, *Ces Bourgeois de Paris*, Julliard, 1955, p. 118. Michel Robida a été l'arrière-petit-neveu de Marguerite [Lemonnier] Charpentier.

Carton d'invitation réalisé par Pierre-Georges Jeanniot. Pierre-Georges Jeanniot a été, en tant que dessinateur, un des premiers collaborateurs de la revue *La Vie moderne*, fondée en 1879 par Georges Charpentier. Ce carton d'invitation met en évidence la profusion des objets décoratifs, parmi lesquels des objets japonais.

celui de la marquise Arconati-Visconti (rue Barbey-de-Jouy, 7e arr.), des Ménard-Dorian (rue de la faisanderie 16e arr.), de Juliette Adam (bd Malesherbes, 17e arr.). Ces salons étaient dévolus à la promotion des arts, de la littérature, mais aussi de personnalités aspirant à de hautes fonctions politiques.

C'est ainsi que Marguerite, bien qu'attentive d'abord aux auteurs en affaire avec son mari, réunit également, lors des soirées qu'elle donne, le vendredi, des personnalités politiques de tous bords, parmi lesquelles Jules Grévy, Charles Floquet, Henri de Rochefort, Léon Gambetta, Jules Ferry, Georges Clemenceau, et plus tard d'éminents membres des différents gouvernements[16].

Dans cette configuration de grande diversité d'idées, Marguerite Charpentier, sut manier les sensibilités. Elle fit de son salon un terrain de rencontre si vivant qu'il devint rapidement à la mode. Edmond de Goncourt rapportait dans son *Journal*, à la date du 19 janvier 1877, une observation flatteuse de Gambetta : « Le Salon Charpentier aura eu la fortune, chose regardée comme impossible en France, de réunir et de mettre en contact des gens d'opinion différentes, qui s'estiment et s'apprécient, chacun, bien entendu, gardant son opinion. » Mais Goncourt d'ajouter son commentaire acide, dans ce style qui lui était typique : « *Dans ce moment, la femme bourgeoise a appétit de Gambetta. Elle veut l'avoir chez elle, elle veut le servir à ses amies, elle veut le montrer, échoué sur un divan de soie, à ses invités. Le gros homme politique devient, en ce moment, la bête curieuse que se disputent les salons. Depuis quinze jours, c'est un échange de petits billets, de notules diplomatiques de la part de Mme charpentier pour avoir à dîner, un vendredi, l'ancien dictateur. Burty est l'ambassadeur et le commissionnaire chargé d'exprimer tout ce que ne contiennent pas les babillets et de faire assavoir*

16. Voir Sylvie Aprile, « La République au salon : vie et mort d'une forme de sociabilité politique (1865-1885) », *Revue d'histoire moderne & contemporaine*, année 1991.

Le Salon de Marguerite Charpentier (11-13, rue de Grenelle)
Illustration pour « Les Salons Bourgeois » d'Alphonse Daudet, publié dans *Les Chefs-d'œuvre d'art à l'Exposition universelle*, 1878, pierre noire, plume, encre brune sur papier vergé, 207 x 297 mm, signé (en bas à droite) : « RENOIR » (Pierre-Auguste Renoir). Courtesy galery Hubert Duchemin

au futur maître de la France que la petite femme se fait fort, s'il vient chez elle, de lui amener tout le haut commerce parisien. Enfin, l'homme illustre a bien voulu se compromettre ; et aujourd'hui, le ménage Charpentier l'attend sous les armes, la maîtresse de maison tout émotionnée et moite d'une petite sueur, dans l'angoisse que le Dieu ne se soit trompé d'invitation, et aussi dans la terreur que le dîner ne soit trop cuit[17] ».

Le rendez-vous des impressionnistes

Dans la seconde moitié du XIXe siècle, de jeunes artistes ouvraient une nouvelle voie à la peinture. Nous étions aux prémices de l'« impressionnisme », expression à connotation péjorative, forgée en 1874, raillant une toile de Monet, *Impression, soleil levant* (1872) et diffusée dans les premiers articles d'une presse très critique.

Georges Charpentier, fervent amateur de peinture, s'est trouvé sur le chemin de Monet, Sisley, Morisot, Pissaro. Ceux-ci, dès 1875, tentaient de percer en organisant des ventes communes, hors des circuits officiels. Charpentier avait acheté, écrit Rewald, « un des tableaux les plus chers de Renoir pour lequel il avait fait une offre de 180 francs. Très content du tableau, il avait demandé à rencontrer l'artiste, et pris ainsi l'initiative d'une amitié qui allait devenir très agréable pour le peintre[18] ».

Georges, installé à la tête de sa maison d'édition, ne disposait plus de la même liberté qu'au temps de sa vie de bohème. Il aurait pu regretter parfois la compagnie des peintres qu'il fréquentait dans les cafés, les guinguettes des bords de

17. Edmond de Goncourt, *Journal*, Vendredi 19 juillet 1877, [Fasquelle et Flammarion, 1956], Laffont, 1989.

18. John Rewald, *Histoire de l'impressionnisme*, Albin Michel, 1986, p. 243.

Madame Charpentier et ses enfants par Pierre-Auguste Renoir, 1878, huile sur toile. Cette toile, commandée par Madame Charpentier, fut exposée longtemps dans son salon du 11 rue de Grenelle, et elle immortalisera son modèle.
À propos du chien, Maurice Dreyfous raconte que Mme Schulz fit à Charpentier le don d'un admirable gros chien de Terre-Neuve ayant appartenu à son oncle, et que celui-ci, en haine du directeur de la *Revue des Deux-Mondes* avait gratifié du nom de Buloz. Ce nom, Charpentier ami d'enfance du fils de Buloz, le transforma en Porthos ; cela lui conservait la même assonance. C'est cette bête au poil frisé noir et blanc qu'on voit aux pieds de Mme Charpentier dans le chef-d'œuvre de Renoir qui embellit aujourd'hui le Musée Métropolitain de New York.
Maurice Dreyfous, *Ce qu'il me reste à dire, un demi-siècle de choses vues et entendues*, 1848-1900, 2e édition, Librairie Paul Ollendorff, Paris

Seine, et qu'il suivait dans les moments de leur difficile ascension. Marguerite l'avait compris. Il lui fallait trouver un moyen de s'entourer de cette nouvelle vague d'artistes, apporter un agrément dans les activités absorbantes de son mari. Mieux, de les aider. Ce qu'elle fit en achetant des toiles, notamment de Renoir. Georges y contribua, à sa manière, en répondant toujours favorablement aux appels au secours lancés par ceux qui n'avaient ni fortune personnelle ni même parfois les moyens élémentaires pour vivre au quotidien, comme ce fut le cas pour Monet. Le mari de Berthe Morisot déplora dans l'une de ses lettres que « le clan des peintres [fût] dans la misère[19] ».

Zola apporta également son écot, mais il aida surtout, en prenant la défense de ces nouveaux peintres mal perçus, en donnant des articles dans de nombreux journaux et revues. Et Marguerite parvint à créer un réseau de personnalités dont certaines furent décisives pour la promotion de cette nouvelle école. Elle usa de ses relations pour provoquer d'heureuses rencontres. Elle était proche du comte Doria, mécène passionné de peinture, particulièrement attentif et bien disposé à « comprendre » cette « nouvelle peinture ». Elle avait commandé à Renoir une grande toile, devenue célèbre[20], où elle figurait avec ses enfants et son chien. Le peintre organisait des visites au 11 rue de Grenelle afin de promouvoir son travail. Il y montra cette toile aux amis intimes du très fortuné collectionneur Charles Deudon, à Léon Bonnat, aux frères Ephrussi. Elle fit de l'effet,

19. John Rewald, ibid., p. 244.

20. Pierre-Auguste Renoir, *Portrait de Madame Charpentier et ses enfants*, 1878, Metropolitan Museum of Art of New York.

Portrait de Jeanne Samary, Pierre-Auguste Renoir, 1878

le modèle y comptant pour une bonne part. Deudon achètera, de Renoir, en 1878, chez le marchand Durand-Ruel, *La Danseuse*. Dans ce réseau d'amis, le collectionneur joua un rôle majeur dans le « développement du Renoir des années 1880[21] ».

Dans cette socialité des Charpentier, Renoir rencontra la jeune actrice, Melle Samary. Elle fut présentée au peintre par Marguerite et devint un des ses modèles préférés[22]. D'autres amis de la rue de Grenelle posaient volontiers pour Renoir. Bien d'autres relations de l'éditeur jouèrent un rôle décisif : le collectionneur passionné Choquet, le critique d'art Duret, le marchand Duran-Ruel, etc. Par les Charpentier, les peintres avaient maintes occasions de rencontrer leurs futurs clients ou d'actifs défenseurs dans les milieux de la presse. Ainsi, l'un des trois frères Ephrussi, impliqué dans le groupe de la rue de Grenelle, devint propriétaire de la *Gazette des Beaux-arts*. De son côté, Marguerite n'avait-elle pas encouragé la création d'un nouvel hebdomadaire, que son mari publia à partir de 1879, *La Vie Moderne*, consacré à la vie artistique et littéraire ?

Si les Charpentier ont été mécènes des impressionnistes, leurs goûts artistiques allaient bien au-delà. En effet, ils ont été, entre autres, de grands promoteurs du japonisme[23], comme en témoigne la décoration de leur intérieur. Abel Hermant, un de leurs nouveaux auteurs (qui deviendra aussi leur gendre), décrivit dans l'un de ses ouvrages l'abondance et la disparité des objets qui le saisirent à son arrivée au 11 rue de Grenelle :

« dès la porte d'entrée, on se serait cru chez un peintre. D'abord parce qu'au bas de l'escalier [...], il y avait une armure de samouraï. Puis, sur tout le panneau de droite de l'escalier [...], les cadres se touchaient : dessins, aquarelles, estampes. D'autres cadres et des kakémonos ornaient la galerie. La première pièce où l'on entrait de la galerie était la salle à manger où commençait une véritable exposition de tableaux et où la place d'honneur était pour une des plus fameuses toiles de Claude Monet, Les Glaçons[24] ».

La maison d'édition qui fait triompher Zola

Georges Charpentier et Émile Zola se doivent mutuellement d'avoir été propulsés par leur rencontre, l'un comme éditeur et l'autre comme écrivain. C'est lorsque Charpentier débute dans le métier qu'il rencontre Émile Zola, alors jeune écrivain. Zola n'a pas encore véritablement trouvé l'éditeur capable de le promouvoir. Georges Charpentier et Maurice Dreyfous guidés par le jugement précoce de Théophile Gauthier sur la valeur du romancier,

21. Anne Distel, « Charles Deudon (1832-1914) collectionneur », *Revue de l'Art*, année 1989, n° 86, p. 59.

22. Voir Ambroise Vollard, *Renoir (1841-1919)*, édition G. Grès et Cie, 1920 [gallica.bnf.fr]

23. Virginie Meyer, Charpentier Georges, in *Collectionneurs, collecteurs et marchands d'art asiatique en France 1700-1939* - INHA [en ligne].

24. Abel Hermant, 1935, cité par V. Meyer, *op. cit.*

Portrait d'Émile Zola
par Félix Nadar, 1881

Madame Georges Charpentier, 1876-77, huile sur toile,
46,5 x 38 cm, musée d'Orsay, Paris

La librairie Charpentier, 13 rue de Grenelle, la veille de l'émission de *Nana*, par G. Bigot.
On reconnaît Zola, discutant avec Charpentier : le personnage entre eux deux n'est pas Fasquelle, qui n'arriva qu'en 1886. In *La Vie moderne*, n° 8, 21 février 1880, p. 128.

Pierre-Auguste Renoir, *L'homme sur un escalier*, 1876 [Musée de l'Ermitage, Saint-Pétersbourg]

Pierre-Auguste Renoir, *Femme sur un escalier*, 1876

Les Charpentier ont commandé ces deux panneaux muraux pour la décoration de leur escalier du 11 rue de Grenelle, en soutien au peintre encore peu connu.

lui font une offre, le 22 juillet 1872. Ils signent un traité. Les Rougon-Macquart entrent dans le catalogue Charpentier. C'est alors que tout un réseau d'amis, de défenseurs et de critiques se forme, dans le cadre du salon de Madame Charpentier. On y rencontre Gustave Flaubert, Alphonse Daudet, Edmond de Goncourt, Ivan Tourgueniev, les critiques d'art Edmond Duranty et Philippe Burty, les poètes Stéphane Mallarmé et Catulle Mendès, le journaliste Edmond Lepelletier. Zola profitera de cette solidarité et des services mutuels que se rendent ces personnalités d'une société littéraire en marge des académismes. En quelques années, Zola devient l'ami intime des Charpentier. Aspasie Generelli, la mère italienne de Charpentier, se trouve de la sympathie pour l'écrivain, celui-ci étant de la même origine. L'éditeur est ravi, il gagne de l'argent avec son auteur ; il l'invite à sa maison de campagne ainsi que son épouse Alexandrine.

Chacun apporte à l'autre son avantage : pour l'un les mondanités, pour l'autre la popularité et le prestige de l'écrivain. Zola rencontrera Sarah Bernard chez l'éditeur et lui écrira une pièce. Il reste attelé à l'écriture, infatigablement. Un projet est en cours en 1879 : *Nana*. On sait le tonnerre de méchanceté qu'a provoqué déjà la publication de *L'Assommoir*, une adversité dans laquelle entre, sans doute, beaucoup de jalousie. Avec *Nana*, le succès a été si retentissant qu'il assure à l'éditeur de belles années de prospérité. Dans les derniers mois de l'écriture de son roman, Zola consulte ses amis pour compléter ses descriptions. Madame Charpentier, qui connaît les usages bourgeois, lui transmet quelques notations réalistes sur la vie mondaine. Sans même attendre la publication, les libraires de Paris, de province et de l'étranger ont déjà commandé vingt mille ouvrages :

« Au matin de la publication, des montagnes de Nana, à la couverture jaune de la "Bibliothèque Charpentier", emplissent la grande salle de la Librairie, une large galerie de vingt-cinq mètres, au 13 de la rue de Grenelle. Une queue se forme dans la rue : voitures à bras, fiacres, tapissières. Une fois servis, les commis de librairie fouettent leurs chevaux. Toute la journée, un flot de Nana s'écoule sur Paris... Le soir même Charpentier commande un nouveau tirage de dix mille[25]. »

Cependant, *la Vie Moderne* perd de l'argent. Charpentier, à l'existence très dispendieuse, commence à se sentir moins à l'aise. Par ailleurs, avec le temps, les chemins ont divergé, éloignant Maupassant, Huysmans, Flaubert, Duranty, Manet, Tourgueniev. La politique, aussi, a donné de nouveaux accents à la socialité. Georges Charpentier flotte sur la vague et se laisse divertir. Il est maintenant jugé par ses auteurs « dangereusement nonchalant dans la conduite de sa maison[26] ».

Zola, qui s'attèle à *Pot-Bouille* en 1881, possède désormais l'aisance matérielle et la gloire. Le naturalisme et le post-naturalisme pourraient s'éteindre. L'écrivain ne faiblit pas. L'époque change : le monde ouvrier surgit à l'horizon. La matière de son prochain roman... *Germinal* paraîtra chez Charpentier en mars 1884. Et très vite, Zola enchaîne la rédaction de *L'Œuvre*. La parution de cet ouvrage, en mars 1885, fournit aux Charpentier l'occasion d'un grand dîner, en présence de critiques influents. Mais l'ambiance n'est plus la même ; ces dîners du vendredi, au 11 rue de Grenelle, deviennent plus tendus. En 1886, un froid s'installe entre Zola, Daudet et Goncourt. Les origines italiennes de l'écrivain deviennent un sujet. Les prétextes sont vagues. L'actualité nous éclaire. Drumont vient de publier *La France juive* chez Flammarion – à compte d'auteur. Les avis divergent sur

25. D'après Paul Alexis, « Une première en librairie », *Le Figaro*, 15 février 1880, cité par Mitterrand, *op. cit.*, t. II, p. 510.

26. Mitterrand, *op. cit.*, t. II, p. 708.

le contenu de cet ouvrage. Contre Daudet et Goncourt, Zola condamne un Drumont appelant à la « haine et au pogrom[27] ».

Mais Zola n'est pas isolé. En avril 1888, Lockroy, le nouveau ministre de l'Instruction publique, demande à Maupassant et à Marguerite Charpentier d'intercéder auprès de lui et de le convaincre d'accepter la Légion d'honneur qu'il avait refusée deux fois[28]. Zola accepte cette fois. C'est Lockroy lui-même qui lui remettra la médaille dans le salon des Charpentier, au 11 rue de Grenelle, le 13 juillet de cette même année.

Charpentier, Zola et l'Affaire Dreyfus

À partir de la fin de l'année 1894, le pays commence à entrer dans la tourmente lorsqu'un officier, le capitaine Dreyfus, est accusé d'avoir livré des informations à l'Allemagne. Dreyfus est dégradé, condamné, sans preuves sérieuses. Les autorités militaires sont pressées de régler cette sérieuse affaire d'espionnage. Juif, Dreyfus est un coupable tout désigné. Aux débuts de l'affaire, Zola n'en a pas grande connaissance. Il entend des bribes de discussion, dans les salons qu'il fréquente, chez Goncourt et Daudet. Dans sa biographie de Zola, Henri Mitterand note : « dans les salons Goncourt et Daudet, il était de bon ton de dauber sur le capitaine juif, traître par définition. Zola se renfrognait et se taisait, incertain de la vérité. Dreyfus n'était qu'un nom ; pas encore un cas. Une fois seulement, devant le flot de l'ordure antisémite, il a éclaté. Mais il ne gravitait ni dans les coulisses de l'état-major, ni dans celles de la famille Dreyfus, ni dans le journalisme d'investigation, comme on dit de nos jours. On ne saurait s'étonner que les années aient passé sans mobiliser sa curiosité sur cette affaire obscure[29] ».

Mais Zola s'inquiète de la passion haineuse qui saisit le pays. Les salons qui amorçaient un déclin se revitalisent en se divisant : les « dreyfusards » d'un côté, les « antidreyfusards » de l'autre. Sylvie Aprile note : « La marquise Arconati-Visconti sera dreyfusarde et Juliette Adam, fidèle soutien de l'armée française, se rangera du côté des patriotes anti-dreyfusards. [...] Ces salons se structurent autour d'une certaine idée de la justice ou de l'armée et non plus autour de celle d'une forme de gouvernement[30] ». Dans ce contexte et après force réflexions, Zola acquiert la conviction que Dreyfus est innocent. Il écrit à sa femme Alexandrine, en voyage en Italie : « Tu ne sais pas ce que j'ai fait ? Un article, écrit en coup de foudre, sur Scheurer-Kestner et l'affaire Dreyfus. J'étais hantée, je n'en dormais plus, il a fallu que je me soulage. Je trouvais lâche de me taire. Tant pis pour les conséquences, je suis assez fort, je brave tout. L'article paraîtra demain dans *Le Figaro*[31] ».

L'Affaire Dreyfus a jeté la France dans une politisation belliqueuse que le boulangisme avait déjà portée à un très haut degré. Chez les Charpentier, qui seront dreyfusards, on s'active. C'est le moment où ceux que l'on se met à désigner, pour les moquer, les « intellectuels » prennent position.

Si l'engagement des éditeurs français a été plutôt prudent, la priorité étant de préserver leurs affaires, la maison Charpentier, renommée « Éditions Eugène Fasquelle » en 1896, publiera deux textes militants d'Émile Zola, *Lettre à la France* et *Lettre à la jeunesse*. Dénonçant les antidreyfusards, l'antisémitisme et prenant la défense du « Capitaine », ces textes, qui provoqueront de nombreuses et violentes manifestations dans toute la France, annoncent le célèbre « J'accuse ! » paru dans L'Aurore du 13 janvier 1898[32].

Cette crise divisa toutes les familles de France. Renoir et Cézanne furent plutôt

27. Mitterand, *op. cit.*, t. II, p. 811.

28. En 1878-1879 puis en 1884-1886.

29. Mitterand, *op. cit.*, t. III, pp. 316-317.

30. Sylvie Aprile, *op. cit.*

31. Mitterand, *op. cit.*, t III, p. 338.

32. Voir Jean-Yves Mollier, « Les éditeurs face à l'affaire » in *Être dreyfusard hier et aujourd'hui*, Gilles Manceron et Emmanuel Naquet (dir.), Presses universitaires de Rennes, 2024.

Charpentier s'associe à Fasquelle

Par suite de mauvais placements, Georges Charpentier se trouvait en difficulté financière depuis déjà 1879. Il dut alors envisager des apports extérieurs. Il se tourna vers Charles Marpon et Ernest Flammarion, qui devinrent associés majoritaires de la société en 1884. Cette année-là, Noël-Eugène Fasquelle rejoignit la « Bibliothèque Charpentier » dont il devint le secrétaire. Puis il épousa, en 1887, la fille de Marpon et hérita des parts de son beau-père dans l'entreprise. Jean-Yves Mollier, dans L'Argent et les lettres, écrit : « le 20 août 1890, une nouvelle société était constituée, au capital d'un million de francs, provenant pour moitié de Georges Charpentier, pour l'autre d'Eugène Fasquelle. Formée pour 12 ans, la société en nom collectif prenait pour dénomination « G. Charpentier & E. Fasquelle » mais, pour le public, conservait son nom de toujours, la « Bibliothèque » ou « Librairie Charpentier ».

Jean-Yves Mollier, *L'Argent et les lettres. Histoire du capitalisme d'édition.* 1880-1920, Fayard, 1988, p. 232.

anti-dreyfusards, quoique bien moins que Degas. Les ennuis financiers de Georges Charpentier ainsi que ce quartier de Saint-Germain assombri par les disputes à propos du Capitaine Dreyfus, mirent fin au bouillonnement joyeux du salon. Les Charpentier abandonnèrent la rue de Grenelle pour s'installer avenue Foch sans cesser de soutenir Zola tout au long de son combat pour la révision du procès de Dreyfus. Virginie Meyer souligne que « Lorsque Émile Zola comparaît en février 1898, ses amis de longue date, Alfred Bruneau, Georges Charpentier, Fernand Desmoulin et Eugène Fasquelle lui assurent une fidèle garde du corps au Palais de justice [...] Un second procès se déroule à Versailles en mai 1898. "Je vous admire de toutes mes forces", écrit alors l'éditeur à son vieil ami. La veille de l'audience, Alfred Bruneau tient compagnie au romancier : "Charpentier et Fasquelle ne tardèrent pas à nous y rejoindre et nous déjeunâmes dans une atmosphère de gaîté prodigieuse, les avocats ayant imaginé un moyen juridique d'abréger l'audience ". Un pourvoi en cassation ayant été rejeté, le procès reprend aux Assises de Versailles en juillet. Après une seconde condamnation, l'écrivain décide de quitter la France pour l'Angleterre. Ses partisans se réunissent chez les Charpentier : "Rendez-vous était donné là aux Clemenceau pour tenir conseil. Ils sont arrivés avec Desmoulins". L'ancien éditeur participe à l'organisation de l'exil et accompagne son vieil ami : "Charpentier, qui nous suivait dans une autre voiture, a pris mon billet pour Londres et ma femme et lui m'ont accompagné au train où, pendant un quart d'heure, ils sont restés, attendant le départ, masquant l'intérieur du wagon".

Fasquelle, éditeur avant tout

Eugène Fasquelle avait édité *Le Baron Sinaï* en 1897, la première fiction inspirée par l'Affaire à Gyp. Il avait récidivé, si l'on peut dire, en publiant *Jésus et la religion d'Israël* de Jules Soury, le maître à penser de Maurice Barrès et *Les Déracinés* puis *L'Appel au soldat*, en 1897 et 1900. Pour autant, Fasquelle continua à éditer Émile Zola, puis l'*Histoire de l'affaire Dreyfus* de Joseph Reinach et le capitaine Dreyfus, dont il assura la publication de *Cinq années de ma vie* en 1905.

Fasquelle continuera de travailler avec les anciens auteurs de Charpentier : Émile Zola, Gustave Flaubert, Théophile Gautier, Guy de Maupassant, et bien d'autres et publiera en 1898 le fameux *Cyrano de Bergerac* d'Edmond de Rostand. Il refusera Marcel Proust en 1912... (Virginie Meyer, *op. cit.*)

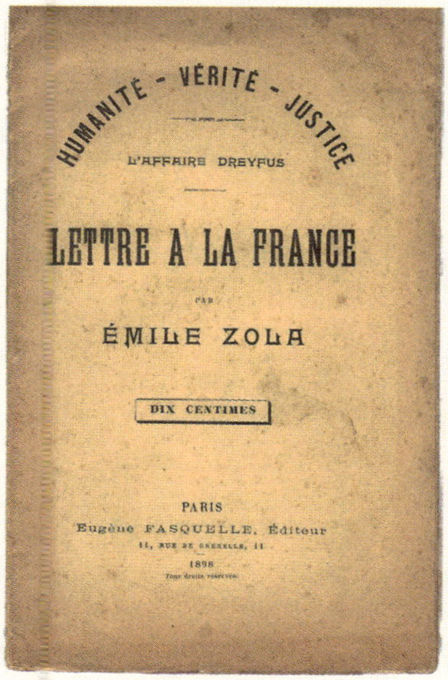

« Puis, voilà, d'autre part, que cette affaire Dreyfus étale au plein jour la louche cuisine du parlementarisme, ce qui le souille et le tuera. Elle tombe fâcheusement pour elle, à la fin d'une législature, lorsqu'il n'y a plus que trois ou quatre mois pour sophistiquer la législature prochaine. Le ministère au pouvoir veut naturellement faire les élections, et les députés veulent avec autant d'énergie se faire réélire. Alors, plutôt que de lâcher les portefeuilles, plutôt que de compromettre les chances d'élection, tous sont résolus aux actes extrêmes. Le naufragé ne s'attache pas plus étroitement à sa planche de salut. Et tout est là, tout s'explique dès lors : d'une part, l'attitude extraordinaire du ministère dans l'affaire Dreyfus, son silence, son embarras, la mauvaise action qu'il commet en laissant le pays agoniser sous l'imposture, lorsqu'il avait charge de faire lui-même la vérité ; d'autre part, le désintéressement si peu brave des députés, qui affectent de ne rien savoir, qui ont l'unique peur de compromettre leur réélection, en s'aliénant le peuple qu'ils croient antisémite. On vous le dit couramment : "Ah ! Si les élections étaient faites, vous verriez le gouvernement et le Parlement régler la question Dreyfus en vingt-quatre heures !". Et voilà ce que la basse cuisine du parlementarisme fait d'un grand peuple ! »

Lettre à la France, Eugène Fasquelle, 1898 [Stock, 1998, 2006]

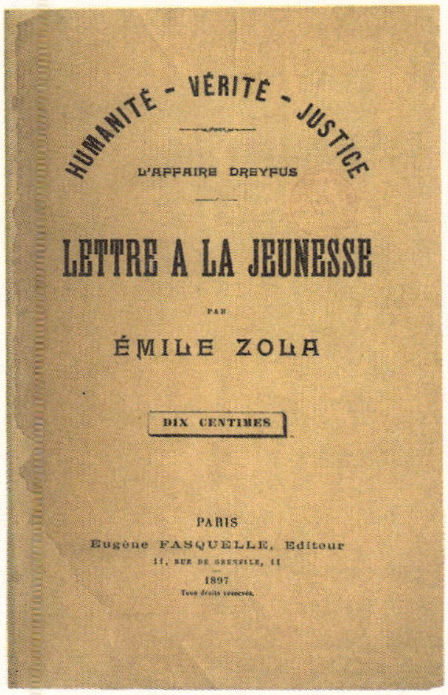

« Des jeunes gens antisémites, ça existe donc, cela ? Il y a donc des cerveaux neufs, des âmes neuves, que cet imbécile poison a déjà déséquilibrés ? Quelle tristesse, quelle inquiétude, pour le 20e siècle qui va s'ouvrir ! Cent ans après la Déclaration des droits de l'homme, cent ans après l'acte suprême de tolérance et d'émancipation, on en revient aux guerres de Religion, au plus odieux et au plus sot des fanatismes ! Et encore cela se comprend chez certains homme qui jouent leur rôle, qui ont une attitude à garder et une ambition vorace à satisfaire. Mais, chez des jeunes gens, chez ceux qui naissent et qui poussent pour cet épanouissement de tous les droits et de toutes les libertés, dont nous avons rêvé que resplendirait le prochain siècle ! Ils sont les ouvriers attendus, et voilà déjà qu'ils se déclarent antisémites, c'est-à-dire qu'il commenceront le siècle en massacrant tous les Juifs, parce que ce sont des concitoyens d'une autre race et d'une autre loi ! Une belle entrée en jouissance, pour la Cité de nos rêves, la Cité d'égalité et de fraternité ! Si la jeunesse en était vraiment là, ce serait à sangloter, à nier tout espoir et tout bonheur humain ».

Lettre à la jeunesse, Éditions Eugène Fasquelle, 1897 [Stock, 1998, 2006]

Georges Charpentier lui rend visite sur place en alternance avec Eugène Fasquelle[33] ».

Finalement, la grâce du Capitaine Dreyfus sera signée. Zola rentrera en France, et se remettra au travail, en attendant les suites de l'Affaire. Mais un matin de la fin septembre 1902, on trouve Zola et sa femme Alexandrine asphyxiés. Il était prévu la veille de réparer un conduit de fumée défectueux, mais trop tard… Le calorifère a refoulé ses gaz dans la chambre. Alexandrine sera sauvée. Émile Zola est mort.

Le lendemain, les visites sont nombreuses au chevet de l'écrivain. À Charpentier et Fasquelle, se sont joints Alfred Dreyfus et Georges Picquart, et bien d'autres proches. Henri Mitterand rapporte que sur le trajet qui mènera au cimetière Montmartre, on verra encore Charpentier et Fasquelle, les frères Dreyfus, Jean Jaurès, Bernard Lazare, Gabriel Monod …dans les premiers rangs[34].

Les bureaux de la « Fédération pour une démocratie radicale » puis ceux de la Fondapol

Il ne reste plus rien de la grande propriété qui jadis incluait les 9, 11 et 13 de la rue de Grenelle. Quelques événements qui ont concerné ce lieu retiennent encore notre attention. Le sculpteur César acquiert le 9 rue de Grenelle en 1993, où il vécut jusqu'à sa mort en 1998. Au n° 15, l'hôtel de Bérulle a subsisté. Il fut la propriété d'un banquier suisse, père de l'écrivain Pierre Naville, surréaliste entre 1924 à 1926, membre du Parti communiste jusqu'en 1928, puis trotskiste avant de rejoindre le PSU. Dirigé par Antonin Artaud, Pierre Naville et Benjamin Péret, le bureau de recherches surréalistes y est hébergé de 1924 à 1925. André Breton lui-même y a résidé en 1925. Le portail de l'immeuble est conservé et classé. La maison comprenant les n°11 et 13 de la rue de Grenelle, où se trouvaient l'éditeur Charpentier puis Eugène Fasquelle, a été détruite en 1925, l'année où mourait Jeanne Rozerot, la compagne et mère des enfants de Zola[35], à quelques mètres de là, au 7 rue de la Chaise, dans une maison de santé fondée en 1905.

Le n° 11 vit surgir un nouveau bâtiment qui sera démoli à son tour en 1964 pour laisser place à l'immeuble que nous connaissons aujourd'hui. Il lui échut un petit rôle dans l'histoire du radicalisme français. Robert Fabre, qui avait quitté le Parti radical en 1971 pour fonder le Mouvement des Radicaux de Gauche et appuyer la candidature de François Mitterrand à l'élection présidentielle de 1974, reviendra finalement chez les radicaux du centre droit, les « valoisiens », en espérant concourir cette fois à la réélection du président Valéry Giscard d'Estaing. C'est dans cette perspective que le 11 juin 1979, le maire de Villefranche-de-Rouergue, député non inscrit de l'Aveyron, lançait un appel pour former un centre gauche afin de « réconcilier [les Français] avec la politique, de leur offrir ensuite les moyens de la réflexion en créant une force de propositions dont les responsables politiques et le pouvoir devront tenir compte dans leurs orientations. Cette action ne met pas en cause l'appartenance à telle ou telle formation politique déjà existante de ceux qui voudront m'accorder leur concours. La base de départ d'un tel rassemblement existe sous forme de club de pensée et d'études : la Fédération pour une démocratie radicale, qui a son siège 11, rue de Grenelle[36]. » Ce club politique occupa le 1er étage sur rue.

En 2009, La Fondapol s'y installait à son tour.

CLAUDE SADAJ

33. Mitterand, *op. cit.*, t. III, p. 801.

34. *Ibid.*, p. 805.

35. Zola a été marié à Alexandrine mais a eu parallèlement une compagne, Jeanne Rozerot avec laquelle il a eu deux enfants.

36. « M. Fabre souhaite créer une "force de propositions" », *Le Monde* du 20 juin 1979.

Gabriel Monod, un dreyfusard de la première heure

En 1897, Gabriel Monod[*], membre de l'Institut, professeur à l'École normale supérieure et à l'École des hautes études, adresse au journal *Le Temps* une lettre dont voici un extrait (6 novembre 1897) :

> **On a prétendu que je m'étais posé en défenseur de Dreyfus. Je n'ai pas cru, et j'ai dit plus haut pourquoi, que je fusse destiné à jouer ce rôle. C'est un besoin personnel de conscience, un pur scrupule de justice qui m'a contraint à m'éclairer sur cette douloureuse affaire. Je puis me tromper, je dirai même : je voudrais qu'on me démontrât que je me trompe, car j'échapperais ainsi à cette torture de penser que mon pays a condamné un innocent à une telle peine pour un tel crime. Mais je ne crois pas me tromper ; je ne crois pas avoir cédé, en me persuadant de l'innocence de Dreyfus, à un don-quichottisme chimérique, ni avoir été aveuglé, moi, descendant de persécutés, par l'indignation que j'ai éprouvée en voyant se mêler des haines de religion et de race à une pure question de justice et de patriotisme, et par le désir de défendre un juif dans un temps où les juifs sont l'objet de préjugés cruels et de mesquines persécutions.**

Au-delà de cet engagement moral, « Gabriel Monod fut le premier à établir, par une expertise, que le bordereau qui accusait Alfred Dreyfus était un faux, et qui devint dès lors un dreyfusard décidé[**]. »

Quant à Zola, il « est dans l'Affaire dès lors qu'elle ressemble à un roman, qu'émergent des personnages, et qu'il ne travaille pas à un autre roman ! Il a terminé le manuscrit de *Paris*, qui met en scène *La Voix du peuple*, image de la *Libre parole*. Dans *La Bête humaine*, il avait fait le récit d'une erreur judiciaire. Zola se souvient aussi de son opposition à la loi du 29 juillet 1881 sur la liberté de la presse qui permet de frapper les auteurs « pornographes ». En s'engageant, il retrouve ainsi les luttes passées et renoue avec une jeunesse perdue [...] Le 1er décembre 1897, il dénonce la presse antisémite qui stigmatise les dreyfusards et revendique son appartenance à leur « Syndicat » : « j'en suis et j'espère que tous les braves gens de France vont en être ».

Vincent Duclert, *L'affaire Dreyfus*, éd. La Découverte, 2018, pp. 37-38.

* Gabriel Monod est issu d'une grande famille, dont l'un des membres est Jérôme Monod (arrière-petit-neveu). Il a joué un rôle déterminant dans l'Affaire, en s'engageant comme « intellectuel ».

** Voir Jean-Denis Bredin, *L'Affaire*, Fayard/Julliard, 1993, p. 272.
Voir également Mathieu Dreyfus, *L'Affaire telle que je l'ai vécue*, Grasset, 1979, p. 88 et E. Haime, *Les Faits acquis à l'histoire*, Stock, pp. 42 et 216.

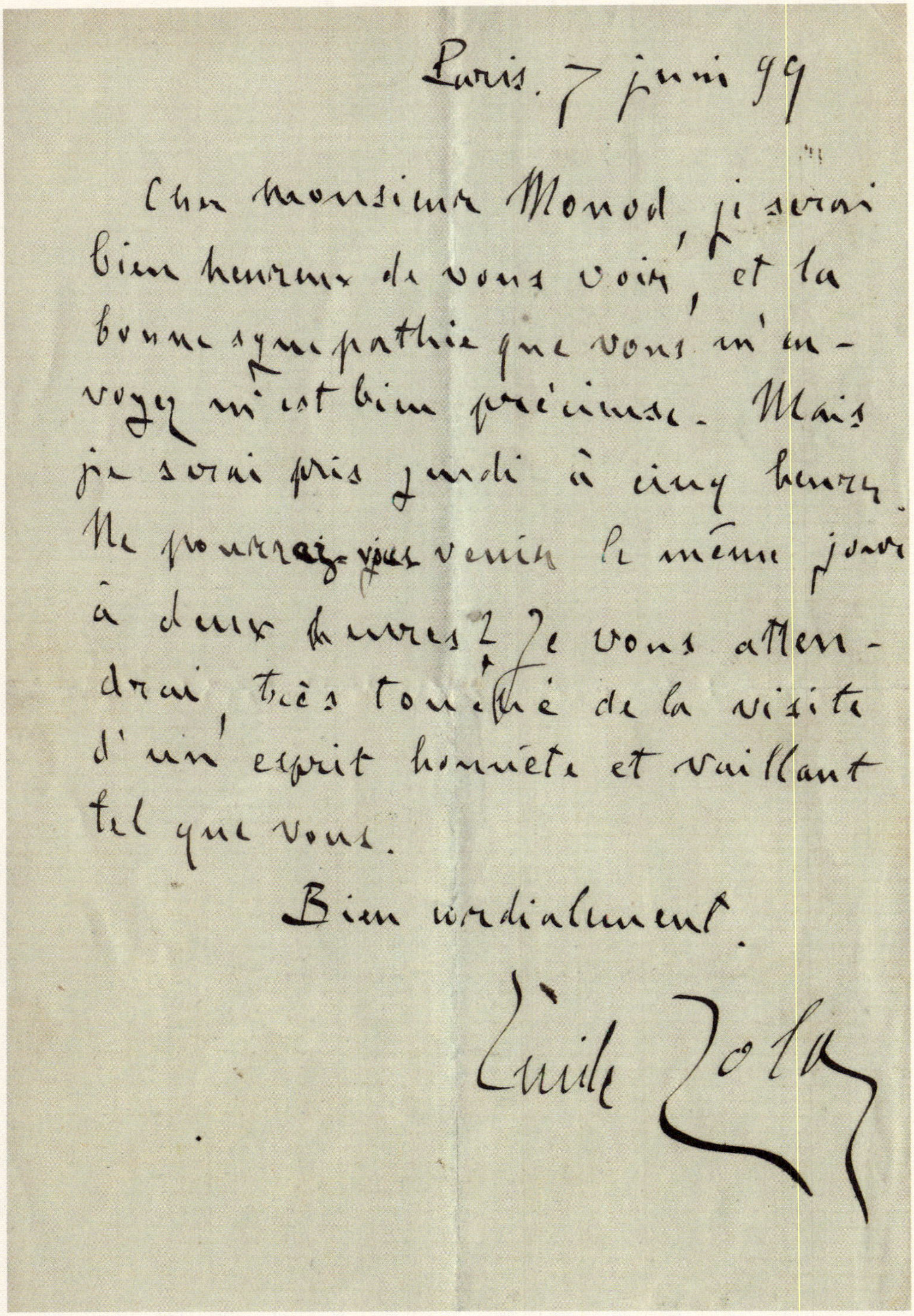
Paris. 7 juin 99

Cher Monsieur Monod, je serai bien heureux de vous voir, et la bonne sympathie que vous m'envoyez m'est bien précieuse. Mais je serai pris jeudi à cinq heures. Ne pourriez-vous venir le même jour à deux heures ? Je vous attendrai, très touché de la visite d'un esprit honnête et vaillant tel que vous.

Bien cordialement.

Émile Zola

Lettre de Zola

adressée quelques jours après son retour d'exil à Gabriel Monod

Cher Monsieur Monod, je serai bien heureux de vous voir, et la bonne sympathie que vous m'envoyez m'est bien précieuse. Mais je serai pris jeudi à cinq heures. Ne pourriez-vous venir le même jour à deux heures ? Je vous attendrai, très touché de la visite d'un esprit honnête et vaillant tel que vous.

Bien cordialement

Émile Zola

Le 11 rue de Grenelle immortalisé dans un roman sur l'Affaire Dreyfus

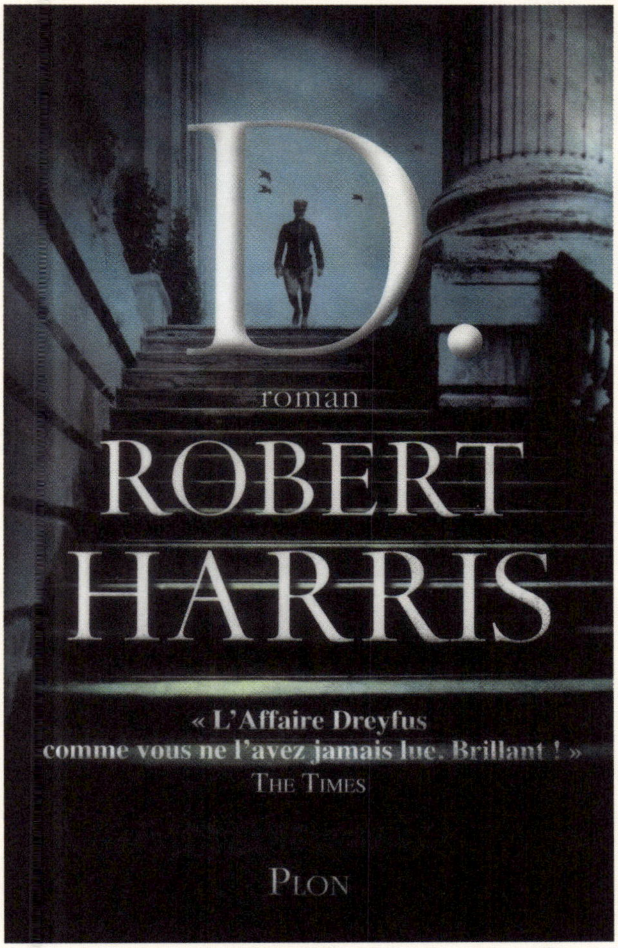

L'Affaire Dreyfus a inspiré à l'écrivain britannique Robert Harris un roman, *An Officer and a Spy*, traduit en français sous le titre *D.* et adapté au cinéma par Roman Polanski en 2019.

L'auteur s'est donné quelque liberté, notamment, pour décrire le cadre de la discussion décisive qui entraînera le fameux « J'accuse ! » de Zola. On est chez les Charpentier au 11 rue de Grenelle. Dans les faits, cette réunion secrète s'est sans doute déroulée chez le député Scheurer-Kestner.

Vers la fin du roman, le colonel Picquart se rend un soir chez l'éditeur Charpentier :

« *La rue de Grenelle est à deux pas. Le numéro 11 est une imposante et vénérable demeure. Je vérifie les deux côtés de la rue pour m'assurer de n'être pas observé, et je sonne. Presque aussitôt, la porte s'ouvre et une servante me fait entrer.* » [p. 364]

Un groupe de personnalités, certaines très engagées, d'autres très influentes, l'attendent : Clemenceau, éditorialiste à *L'Aurore*, le sénateur Ranc, le député Scheurer, Georges Charpentier, Mathieu, le frère du capitaine Dreyfus et Émile Zola. On parle de « l'Affaire ».

Ce que rapporte Picquart ne laisse plus aucun doute sur l'innocence du capitaine Dreyfus et sur les intentions de la hiérarchie militaire, qui bafoue la justice et la vérité ; la révision du procès n'est plus à l'ordre du jour.

Zola, au bout de la table, prend des notes. Une tempête se lève sous son crâne…

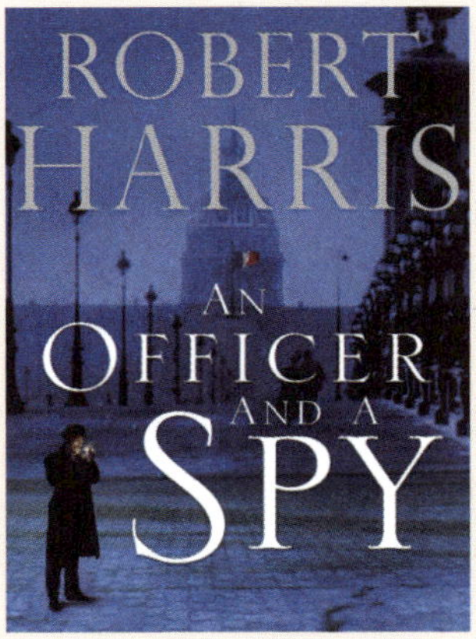

Robert Harris, *D.*, éditions Plon, 2014. Édition originale : *An Officer and a Spy*, Hutchinson, Random House, Londres, 2013.

DEUXIÈME PARTIE

LA VIE DES IDÉES

1. HISTOIRE DES THINK TANKS
2. POURQUOI LE DON
3. NOUS NE SOMMES PAS DES « REPRÉSENTANTS D'INTÉRÊT »

1.

Histoire des think tanks

- Naissance des think tanks au XIXe siècle
- Héritages et importations : l'avènement des think tanks en France
- La promotion d'une culture démocratique par l'expertise et le débat

Naissance des think tanks au XIXe siècle

« Think tank » est un terme anglo-saxon communément employé pour désigner une organisation que nous pouvons aussi appeler « laboratoire d'idées ». Ces organisations émergent dès la fin du XIXe siècle en Grande-Bretagne puis aux États-Unis. En France, elles sont relativement récentes, puisqu'elles ne voient le jour qu'à partir des années 1970.

L'objectif des « laboratoires d'idées » réside dans la réalisation d'études portant sur les enjeux politiques, économiques et sociaux qui traversent les sociétés contemporaines. À cette fin, les think tanks mobilisent le recours à des expertises variées, délivrées par des universitaires, des membres de l'administration ou des spécialistes issus du secteur privé. Ces organismes occupent une place singulière dans l'espace social, à l'intersection des arènes académique, médiatique, administrative et politique. Leurs travaux s'adressent directement aux responsables politiques ainsi qu'aux cadres de l'administration, mais ils constituent également des ressources pour les médias et l'ensemble du public. Contrairement aux centres de recherche universitaire. Les études produites par les think tanks visent, au-delà d'informer la décision politique, à éclairer la réflexion citoyenne et le débat public.

Les think tanks naissent et se développent à la fin du XIXe siècle dans le monde anglo-saxon. Bien que la Fabian Society, née en 1884 en Grande-Bretagne, soit aujourd'hui considérée rétrospectivement comme l'un des premiers « think tanks », la consécration de ces organisations au XXe siècle n'a véritablement lieu qu'aux États-Unis.

Les premiers think tanks américains sont tournés vers la réforme de l'administration. Ils émergent dans le sillage de la Guerre civile (1861-1865) et notamment au moment de la Reconstruction. Ces organisations sont héritières d'institutions philanthropiques apparues lors de la période du *Progressive Area*[1]. Ces premiers cercles de réflexion visaient à fournir des idées de réformes institutionnelles et à lutter contre la corruption des années dites du *Guilded Age*[2]. Certains de ces premiers think tanks, tels la Carnegie Corporation ou la Rockefeller Foundation ont, par exemple, soutenu la planification des politiques gouvernementales, le financement d'établissements d'enseignement supérieur, de bibliothèques et de musées. Le développement de la recherche sur l'action gouvernementale est également intimement lié à l'émergence des sciences sociales et des statistiques aux États-Unis[3] ainsi qu'à l'influence croissante du taylorisme. Ainsi, alors qu'en France les sciences sociales sont largement demeurées circonscrites à la production de savoirs académiques, aux États-Unis elles ont été mises au service d'expertises gouvernementales, principalement au niveau des États fédérés. Aux États-Unis les expertises sur l'État sont initiées dès le début du XIXe siècle par les pères fondateurs de la science politique. Ainsi, Theodor Wilson, avant d'être élu à la présidence des États-Unis en 1901, est l'un des concepteurs de l'administration moderne qu'il étudiera afin d'améliorer son efficacité, en particulier sa réactivité[4]. Les chercheurs en sciences sociales se sont ainsi rapidement professionnalisés pour devenir des experts capables de mettre leurs connaissances et leurs méthodes

1. La *Progressive Area* s'étend des années 1890 aux années 1920. Cette période rompt avec l'ère du laissez-faire et se caractérise au contraire par l'instauration de réformes économiques et sociales visant à accompagner les mutations de la révolution industrielle.

2. Précédant la *Progressive Area*, le *Guilded Age* se situe dans le dernier tiers du XIXe siècle. C'est une période de forte croissance économique et industrielle, accompagnée de grandes inégalités sociales ainsi que de conditions de vie particulièrement dures pour les classes populaires. Cette période prend fin avec l'élection de Theodor Roosevelt (1901).

3. Thomas Medvetz, « Les think tanks aux États-Unis. L'émergence d'un sous-espace de production des savoirs », *Actes de la recherche en sciences sociales*, vol. 176-177, n° 1-2, 2009, pp. 82-93.

4. Woodrow Wilson, « The Study of Administration », *Political Science Quarterly*, vol.2, n° 2, 1887, pp. 197-222.

Fabian window
Ce vitrail a été conçu par George Bernard Shaw en 1910 en commémoration de la Fabian Society et montre, entre autres, Sidney Webb et Edward R. Pease, membres de la Society, contribuant à construire « le nouveau monde ».

au service de la réforme et non plus seulement des savoirs académiques. Les experts vont ainsi se regrouper dans des organisations telles que l'Institute for Government Research fondé en 1916, qui deviendra la Brookings Institution en 1927 et dont l'un de ses fondateurs, Robert S. Brookings, œuvrera pour la création d'un corps de fonctionnaires formés à la recherche en économie. Ces premiers think tanks étaient orientés vers la réforme de l'administration afin de la rendre plus efficace, en s'appuyant sur les sciences sociales. L'émergence de ces premiers think tanks est marquée par le contexte américain de la fin du XIXe siècle, celui d'un pays s'imposant comme la première puissance économique du monde, en passe de devenir la première puissance sur le plan diplomatique, militaire et scientifique.

L'entre-deux-guerres : multiplication des think tanks et mutation des objectifs

Alors qu'aux États-Unis les premiers think tanks visaient à améliorer l'efficacité de l'action gouvernementale, durant l'entre-deux-guerres, les think tanks concentrent leurs expertises sur la politique étrangère. Il s'agissait pour des institutions comme le Council on Foreign

Relations de promouvoir une rupture avec la politique étrangère isolationniste menée par les États-Unis et consacrée par James Monroe en 1823. Avec l'entrée des États-Unis dans le deuxième conflit mondial, de nouveaux think tanks entrent en scène afin de promouvoir des politiques publiques permettant de structurer l'effort de guerre et de renforcer les liens entre le gouvernement fédéral et l'industrie de l'armement. Ces think tanks sont des organisations privées créées à l'initiative d'intellectuels ou d'hommes d'affaires ; ils sont financés par de grandes fondations philanthropiques ; ils promeuvent une recherche impartiale, non corrélée à une vision politique particulière[5]. Avec la Grande Dépression et l'entrée des États-Unis dans la Seconde Guerre mondiale, les besoins du gouvernement fédéral en experts dans un large éventail de politiques publiques s'accroît. Les think tanks vont alors constituer des « réservoirs » d'experts et de chercheurs susceptibles d'intégrer les équipes gouvernementales. La Rand Corporation devient ainsi un acteur majeur dans la définition de la politique de défense américaine lors de la guerre froide.

Dans les années 1970, les think tanks diversifient leurs expertises et leurs recrutements ; ils voient ainsi leur champ de compétences s'étendre considérablement pour gagner la plupart des secteurs couverts par des politiques publiques. Dans le même temps, les liens qu'ils entretiennent avec le champ politique s'accroissent et se resserrent. Cette période se caractérise surtout par une remise en question de l'expertise comme savoir de gouvernement. La remise en cause de l'action gouvernementale dans un contexte de contestation croissante et d'émergence de « nouveaux mouvements sociaux » contribue à réorienter le rôle des think tanks. Ces derniers se sont par ailleurs multipliés et tentent de se démarquer dans un contexte concurrentiel en abandonnant une partie de leur impartialité au profit d'un positionnement idéologique de plus en plus affirmé. Des think tanks, au premier rang desquels la Heritage Foundation, développent ainsi des « policy briefs » qui sont de courtes notes d'une à deux pages à destination des membres du Congrès. Ces nouveaux think tanks se dotent par ailleurs de services de marketing et de communication afin de gagner en visibilité et d'assurer la pérennité de leurs financements.

À travers le temps, un rapprochement s'est opéré entre les think tanks et l'arène politique américaine. Ainsi, alors que les premiers think tanks étaient des organisations apolitiques, ceux qui émergent dans les années 1970 ont été contraints de redéfinir leur rôle. Il ne s'agissait plus seulement de produire des expertises à destination des gouvernants mais de développer des stratégies d'influence afin de diffuser des idées auprès des élites dirigeantes.

L'institutionnalisation des think tanks aux États-Unis

Pour comprendre pourquoi les think tanks se sont pérennisés aux États-Unis, il faut identifier les conditions favorables à leur développement. Thomas Medvetz distingue trois facteurs explicatifs[6]. En premier lieu, l'émergence des sciences sociales à la fin du XIXe siècle et la volonté de les impliquer dans la production de savoirs de gouvernement ; en deuxième lieu, les États-Unis se caractérisaient par un milieu d'affaires influent, souhaitant développer et diffuser sa propre expertise ; enfin, l'apparition des « laboratoires d'idées » était facilitée par le fait que les États-Unis se caractérisaient par la

5. Mathilde Gaillard, « Émergence et cristallisation des think tanks aux États-Unis : de l'intérêt d'une approche diachronique pour replacer un milieu spécialisé dans son contexte historique et culturel », *Textes et contextes*, publié le 17 juin 2019 [en ligne].

6. Thomas Medvetz, *op. cit.*, p. 92.

faiblesse, voire par l'absence « d'institution politique alternative qui aurait pu rendre caduque l'existence des think tanks et absorber le "surplus d'intellectuels" du pays[7] ». Il semble par ailleurs que le système politique américain, dit « spoils system » (système des dépouilles) agisse comme un facteur important de l'émergence des think tanks. En effet, l'administration américaine se caractérise par le renouvellement permanent de son personnel d'État, les think tanks constituent des lieux relativement stables de production d'expertise et de recrutement pour l'administration[8]. Ils jouent un rôle de tremplin pour les élites politiques, en leur assurant une formation intellectuelle susceptible de les préparer à un large éventail de responsabilités. Ces organisations constituent des « réservoirs d'idée » autant que des « réservoirs de talents[9] ».

L'exportation des think tanks outre-Atlantique

Ces organisations se sont propagées dans le monde démocratique, principalement à partir des années 1970. Le paysage des think tanks européens est sans commune mesure avec la richesse observée aux États-Unis, mais certains pays, comme le Royaume-Uni, l'Allemagne et la Belgique, Bruxelles étant le siège de la plupart des institutions de l'Union européenne, se distinguent par la vigueur de leurs think tanks particulièrement. Les think tanks ne se sont pas créés en imitant le modèle originel américain. Au contraire, la comparaison du rôle joué par les laboratoires d'idées dans différents pays européens témoigne de la spécificité des modèles nationaux.

Les think tanks britanniques, un rôle central dans l'élaboration des politiques publiques

La montée en puissance des think tanks britanniques est principalement impulsée sous l'ère Thatcher et se poursuivra sous Tony Blair. En Grande-Bretagne, ces organisations accroissent leur importance à partir du milieu des années 1970 et de la crise du keynésianisme entraînée par la chute de la croissance, l'accroissement du chômage et de l'inflation. Ce contexte sera favorable aux succès de courants de pensée nouveaux nés aux États-Unis, comme le monétarisme[10]. Ainsi, sous le gouvernement Thatcher, les think tanks ont constitué un canal de transmission des idées nées aux États-Unis. La Société du Mont-Pèlerin (Mont Pelerin Society) ou le Centre for Policy Studies ont participé à la réorientation de la politique économique et sociale britannique afin de rejoindre le modèle mis en œuvre, au même moment, par Reagan. Quelques années plus tard, des organisations telles que Demos et l'Institute for Public Policy Research participeront à la création du New Labour. Aujourd'hui, les think tanks constituent des acteurs à part entière de la vie politique britannique ; ils jouent un rôle central dans l'élaboration des politiques publiques et dans la production d'expertises à destination des gouvernants, ce dont témoigne la montée en puissance de leurs effectifs et de leurs budgets. Ainsi, à titre d'exemple, en 2021, la Chatham House comptait 193 employés et un budget annuel de presque 18 millions de livres[11].

7. Thomas Medvetz, ibid.

8. Ulrike Lepont, « Les experts les plus consultés aux États-Unis : l'hypothèse d'une péri-administration. Le cas des politiques de protection maladie (1970-2010) », *Revue française de science politique*, vol. 66, n° 6, 2016, pp. 887-913.

9. Alain Faupin, « La pensée au service de l'action : les think tanks américains », *Revue internationale et stratégique*, vol. 52, n° 4, 2003, pp. 97-105.

10. David Dolowitz, *Learning from America. Policy Transfer and the Development of the British Workfare State*, Brighton, Sussex Academic Press, 1998, chapitre 3.

11. Rapport annuel 2021-2022 [en ligne].

L'effondrement de Weimar : l'origine des grandes fondations allemandes

En Allemagne, les think tanks aujourd'hui influents émergent après la Seconde Guerre mondiale et prennent la forme d'instituts de recherche créés à l'initiative de professeurs d'université. Ces instituts ne sont pas assimilables aux centres de recherche universitaires puisqu'une partie non négligeable de leur activité consiste à formuler des propositions de politiques publiques. Néanmoins les think tanks occupent une place particulière dans la vie politique allemande, en œuvrant à la *politische Bildung*, c'est-à-dire à l'« éducation politique ». Les think tanks jouent un rôle central dans l'éducation des individus à la citoyenneté ; ils sont pensés comme des organisations devant permettre d'encourager les citoyens à la participation politique à travers la production d'informations (articles, ouvrages, etc.), la mise en place de séminaires et des voyages d'études. Cette conception du rôle des fondations politiques en tant que *politische Bildung* est intimement liée à l'histoire du pays, notamment aux faiblesses de la République de Weimar qui n'a pas réussi à installer au sein de sa population une culture démocratique et une conscience civique[12]. Les fondations qui ont émergé depuis 1945 procèdent clairement de cette volonté politique et intellectuelle. Il s'agissait de se prémunir contre le retour des conditions culturelles et intellectuelles qui n'ont pas su empêcher le déploiement des idéologies totalitaires. Aujourd'hui, chaque parti politique est affilié à une fondation. Par ailleurs, ces fondations font l'objet de politiques publiques dédiées et leur financement provient très majoritairement de fonds publics. Remarquons d'ailleurs que les montants alloués aux fondations politiques dans le budget fédéral sont en constante progression depuis les années 2000, passant de 295 millions d'euros en 2000 à 581,4 millions d'euros en 2017[13], témoignant de l'importance accordée par le Bundestag à la pérennité de ces fondations démocratiques. La fondation Friedrich-Ebert, rattachée au Parti social-démocrate allemand (SPD), dispose ainsi d'une subvention annuelle publique d'un montant de 160 millions d'euros ; le montant est le même pour la fondation Konrad-Adenauer, rattachée à la coalition de droite, la CDU-CSU.

12. « "C'est quoi Stiftung ?" Les fondations politiques allemandes : un modèle unique au monde », Heinrich Böll Stiftung [en ligne].

13. Ibid.

Héritages et importation : l'avènement des think tanks en France

Un salon littéraire au début du XIXe siècle
François Joseph Heim, *François-Guillaume Andrieux faisant la lecture de sa tragédie «Junius Brutus»*

La France possède une longue tradition de clubs politiques ayant pour objet de réfléchir aux enjeux de politique nationale.

Des salons du XVIIIe siècle aux clubs de 1848

Dans plusieurs pays européens, les salons littéraires fleurissent au XVIIIe siècle. Ils ont constitué des lieux d'échanges et de débats entre les citoyens éclairés. Bien qu'à leur origine ces salons aient été d'abord des espaces de réunions fréquentés par des représentants de la bourgeoisie et de l'aristocratie aimant discuter de la production littéraire et artistique de l'époque, certains de ces cercles deviennent progressivement des lieux de discussions et de réflexions qui ambitionnent de définir les bases d'une société nouvelle. Ainsi le salon de Madame de Staël visait-il à défendre les Belles Lettres, mais aussi à promouvoir certaines intuitions portées par quelques-uns de ses participants, concernant les formes que devait prendre l'organisation sociale[1]. Cette volonté de prendre part aux affaires du temps était également présente au sein du Club de l'Entresol, dont les membres se réclamaient de disciplines variées telles le droit public et ecclésiastique, l'histoire germanique ou encore l'étude des systèmes politiques

1. Xavier Tanguy Carpentier, « Influence et innovation politique. Les think tank » (perspective historique), [en ligne].

internationaux[2]. Ces salons étaient capables d'attirer en leur sein des hommes politiques ou proches du pouvoir. Néanmoins, pour certains historiens, ces « salons » étaient conçus pour être vus et pour plaire, des lieux où les débats politiques et philosophiques étaient souvent relégués au second plan afin de ne pas heurter le conformisme social[3].

Les clubs lors de la Révolution française

Les cercles de réflexions émergent notamment au moment de la Révolution française. Des clubs politiques tels que le Club des Jacobins puis, plus tard, le Club des Cordeliers ou encore la Société des Élèves de la Constitution se développent de manière exponentielle. Malgré les dissensus qui les traversent, ces clubs partagent la volonté de produire des idées quant à la direction à donner au régime et aux institutions politiques nouvelles. À travers leur développement en réseaux sur le territoire, ces cercles ont progressivement acquis une capacité d'influence auprès de la population ainsi qu'un poids dans la définition de la trajectoire de la politique nationale. Il est par ailleurs important de remarquer que ces sociétés ne cherchaient pas nécessairement à conquérir le pouvoir. Il s'agissait bien plutôt pour leurs membres de proposer et de diffuser des idées nouvelles visant à promouvoir les fondements d'un nouvel ordre social.

2. Jordane Provost, *Les think tanks français entre héritages structurels et mutations du temps présent : histoire d'une identification et d'un développement aux frontières des pouvoirs, des savoirs et de la société civile : (XXe-XXIe siècles)*, [thèse d'histoire soutenue sous la direction de Mme la professeure Marie-Christine Bonneau, Université Michel de Montaigne - Bordeaux III, 2022, p.187, en ligne].

3. Antoine Lilti, « Les philosophes de salon », L'Histoire, mensuel 307, mars 2006 [en ligne].

L'état-major de campagne de François Mitterrand en 1965. On y retrouve désormais des Jacobins dont C. Hernu et M. Paillet.

Dernière séance du club des Cordeliers.
Les Cordeliers est le nom que donnèrent les franciscains établis en France. En 1789, les franciscains avaient 284 couvents en France, tous fermés en 1790.

Danton
au club des Cordeliers

Chérieux, *Club des femmes patriotes dans une église*, 1793
Dessin à la plume et encre de Chine, lavis d'encre de Chine et aquarelle, 40,8 x 54,5 cm
BnF, département des Estampes et de la Photographie.

Le saint-simonisme

En France, l'émergence des think tanks trouve une partie de ses racines dans la pensée saint-simonienne. Marc Patard rappelle à cet égard dans ses travaux qu'« il est frappant d'observer qu'un siècle avant Charles Meriam, Saint-Simon dessinait déjà, par l'accumulation d'expériences, la matrice des activités des futures agences d'ingénierie politique[4] ». L'émergence des think tanks en France est liée à l'influence d'une pensée ayant mis en son cœur l'importance des méthodes rationnelles et scientifiques dans l'élaboration des politiques publiques. Le saint-simonisme se manifeste notamment par sa volonté de fonder une « politique positive », une politique où les sciences sociales, arrivées à un état de maturité grâce à l'apport conjoint de toutes les autres sciences, pourraient servir un projet réformateur mené par une élite intellectuelle, scientifique et industrielle.

Après la mort de Saint-Simon, en 1825, les saint-simoniens entreprennent de diffuser ses idées au sein de la société. Ils s'organisent pour cela. À partir de 1828, ils mettent en place un cercle de réflexion hebdomadaire, puis ils animent des conférences dont les contenus furent par la suite publiés dans un texte collectif, l'*Exposition de la Doctrine de Saint-Simon*. La création de groupes de réflexion et les publications qui en sont issues peuvent être appréhendées comme des ancêtres des think tanks tels que nous les connaissons aujourd'hui. L'influence du saint-simonisme dans l'émergence des laboratoires d'idées français est particulièrement visible à travers deux organisations, le groupe X-Crise[5], dans les années 1930, et la Fondation Saint-Simon, dans les années 1980-1990[6].

4. Marc Patard, *La démocratie entre expertise et influence, le cas des think tanks français*, Dalloz, 2014, p. 207.

5. Olivier Dard, « Voyage à l'intérieur d'X-crise », in : *Vingtième Siècle, revue d'histoire*, n°47, juillet-septembre 1995, pp. 132-146.

6. Jordane Provost, *op. cit.*, pp. 198-199.

Les clubs de 1848

Les clubs connaissent un nouveau souffle dans le sillage de la révolution de 1848. La volonté de trouver des formes alternatives de participation politique, au travers de réunions, de discussions et de protestations expliquent leur réémergence dans un contexte de plus en plus déterminé par les revendications du suffrage universel, du droit d'association, syndicales et politiques, de la liberté d'opinion et de la liberté de la presse[7]. Les clubs de la seconde moitié du XIXe siècle constituent ainsi des lieux de participation populaire et de socialisation républicaine mais aussi une forme de participation politique au sein d'une arène extra-étatique visant à promouvoir et à diffuser, auprès des gouvernants, des idées émanant de la volonté populaire. Il s'agissait en effet de promouvoir la discussion et le débat politique au sein de la société en permettant aux citoyens de « prendre connaissance et [de] discuter des événements récents, [de] commenter l'activité du gouvernement, [de] réfléchir sur divers sujets[8] ». Ces lieux sont perçus comme des espaces de débats permettant de penser le nouveau régime républicain. Loin de constituer des forums où s'exprimerait librement la parole, les clubs sont des organisations structurées autour d'un bureau, d'un système de prise de parole organisée et d'un ordre du jour. À cet égard et afin de pallier l'entre-soi de ces organisations, les clubs diffusent leurs idées dans les journaux. Le « mouvement clubiste » intervient à deux niveaux étroitement liés, la production d'idées et l'organisation des activités électorales ; celles-ci allant de la mise en lumière des candidats en lice à l'organisation matérielle du scrutin. Remarquons néanmoins que si la plupart des clubs visaient avant tout à participer à l'émulation de la pensée républicaine, certains clubs, notamment ceux de Blanqui et de Barbès, cherchaient à travers leur activité à influencer la politique gouvernementale, voire à conquérir le pouvoir.

Le groupe X-Crise

Les années 1930 constituent un moment d'intense réflexion intellectuelle. Des experts – au premier rang desquels les économistes – ont été amenés à jouer un rôle actif dans la production de savoirs de gouvernement. La crise économique qui éclate en 1929, et qui se répercute en France à partir du début des années 1930, porte profondément atteinte à une double croyance. Cette crise ébranle d'abord l'image de la IIIe République et plus généralement celle du régime parlementaire, notamment dans sa capacité à trouver des réponses rapides et efficaces aux crises qui affectent le pays. Face au constat de l'incapacité du régime à résoudre les crises, des experts se regroupent afin de mobiliser leurs connaissances au service du pays. La crise remet aussi en cause l'hypothèse, centrale chez les économistes classiques, d'un équilibre naturel résultant du marché. Les économistes du groupe entendent répondre à cette « crise du capitalisme » par les idées issues du planisme. L'élaboration de plans ne vise pas à sortir du modèle capitaliste mais à opérer une rationalisation de son économie afin de la protéger de nouvelles crises.

Ainsi, l'une des conséquences majeures de la crise de 1929 est de revivifier un antiparlementarisme déjà latent depuis les premières années du régime et qui s'était manifesté avec brutalité dans les années 1920 à travers l'essor de ligues, dont certaines aux modes d'action

Lucien Jaume, *L'État administratif et le libéralisme : une histoire française*, Fondapol, juin 2009

7. Cf. Dominique Reynié, *Le triomphe de l'opinion publique. L'espace public français du XVIe au XXe siècle*, Paris, Odile Jacob, 1998.

8. Samuel Hayat, « Participation, discussion et représentation : l'expérience clubiste de 1848 », *Participations*, vol. 3, n° 2, 2012, p. 123.

parfois violents, visaient ouvertement à renverser la République. La défiance envers le régime parlementaire se répand dans les années 1930 jusqu'à imprégner largement la société française. Ce sentiment de méfiance est alimenté par les scandales politico-financiers et par les excès du jeu parlementaire qui empêchent l'émergence d'un gouvernement stable capable de prendre en charge les problèmes du moment. Ces difficultés ont largement contribué à diffuser l'idée selon laquelle le régime parlementaire n'était plus adapté à la complexité croissante de la société industrielle. Les parlementaires, accusés de ne représenter que les intérêts particuliers, de leur circonscription, voire de leurs intérêts personnels, voyaient leur légitimité largement contestée. Cette conviction, en progression au sein des milieux experts et intellectuels, fut au cœur de l'émergence du groupe X-Crise.

Le groupe X-Crise émerge en novembre 1931, dans le sillage de la crise de 1929. La formation du groupe est engagée quelques semaines auparavant à la suite d'un appel (peu entendu) du polytechnicien Gérard Bardet dans un article de la revue *X-information*. L'auteur insiste sur l'ampleur de la crise et notamment sur « l'impression d'être irrésistiblement conduits vers des événements redoutables tandis que les gouvernements angoissés usent d'expédients éphémères pour des fins hasardeuses[9] ». Le groupe rassemble des ingénieurs sortis de Polytechnique autour, outre de Gérard Bardet, d'André Loizillon et John Nicolétis. Tous souhaitent échapper à la sclérose du régime parlementaire et, en même temps, renouveler l'expertise économique au sein des milieux administratifs, singulièrement au ministère de l'Économie. Il s'agit de suppléer le personnel politique dans la définition et l'élaboration de politiques capables de répondre à la crise.

Face aux constats que la crise met en exergue, les membres d'X-Crise se fédèrent autour de l'idée que la compétence technique doit primer sur l'idéologie dans la manière de gouverner. Le recours à des méthodes scientifiques (notamment les modélisations statistiques) doit œuvrer à l'élaboration de programmes économiques capables de résoudre la crise et d'anticiper celles à venir. Le groupe constitue ainsi un lieu d'échanges entre experts souhaitant mettre leurs connaissances au profit de la résolution des crises économiques et sociales. Pour diffuser leurs idées, les membres du groupe organisent des conférences à la Sorbonne, avec un fort retentissement médiatique. Des rencontres mensuelles et des débats sont également organisés entre les membres d'X-Crise et des intervenants extérieurs, le plus souvent des responsables économiques ou politiques. À partir de 1936, le groupe publie un Bulletin regroupant les principales réflexions élaborées par ses membres et lui permettant d'accroître son audience. À la veille de la Seconde Guerre mondiale, l'audience d'X-Crise semble à son apogée. Cependant, ses expertises, produites en parallèle de celles élaborées par les économistes de Bercy, se heurtent fréquemment aux réticences de ces derniers en ceci qu'elles sont perçues comme une remise en cause du monopole de leur légitimité.

À travers ses réflexions et ses travaux le groupe entendait certes donner un nouveau souffle à la politique économique portée par les experts « officiels » du ministère de l'Économie mais aussi et comme nous l'avons vu, revitaliser le débat économique au sein des élites politiques en promouvant des idées nouvelles inspirées du planisme et mises au service de l'économie de marché. Il s'agissait enfin pour ses membres de

9. Article de Gérard Bardet cité dans Olivier Dard, « Voyage à l'intérieur d'X-crise », *Vingtième Siècle, Revue d'histoire*, n° 47, juillet-septembre 1995, p.133.

présenter une figure renouvelée de l'intellectuel, prenant pleinement part aux débats de société et œuvrant à la résolution de problèmes concrets.

Remarquons enfin que jusqu'à sa disparition brutale, au moment de l'entrée de la France dans la Seconde guerre mondiale, le groupe dut affronter des difficultés de financement, en raison, notamment de son exigence d'indépendance. La contrainte des moyens freinera son expansion en limitant le recrutement de personnels et la production d'expertises.

Sous la Ve République, des clubs politiques aux think tanks

Alors que les salons littéraires constituaient d'abord des lieux de sociabilité mondaine au sein desquels loisirs et discussions philosophiques étaient le plus souvent entremêlés, les clubs politiques qui émergent avec la Révolution française préfigurent les partis politiques, consacrés par la loi de 1901. Les clubs qui voient le jour dans la seconde moitié du XXe siècle témoignent pour leur part d'une rupture nette avec leurs prédécesseurs. En effet, ces clubs sont davantage orientés vers le débat et la production d'idées et avec la volonté assumée de contourner des partis politiques perçus comme défaillants, notamment dans leur mission de représentation et de production programmatique. Les clubs qui émergent dans les années 1950 et 1960, d'abord au sein des milieux socialistes, se construisent comme des forces vives incarnant un renouveau doctrinal face à ce qui est perçu comme une sclérose des partis politiques hérités de la IVe République. Mais ces clubs devaient surtout répondre à la volonté de citoyens, déçus par les partis traditionnels de gauche, de poursuivre leur engagement tout en participant au renouvellement doctrinal de leur famille politique.

Dans un contexte où le PCF rebutait de plus en plus les militants de gauche en raison de sa raideur organisationnelle et doctrinale et où la SFIO était en partie discréditée aux yeux des militants socialistes pour son soutien à la guerre d'Algérie, les clubs politiques apparaissaient comme des lieux susceptibles de ressusciter l'adhésion des sympathisants les plus engagés et les mieux dotés en leur octroyant la possibilité de s'exprimer. Dans ce contexte de remise en cause du monopole de la représentation des partis de gauche, Janine Mossuz définit les clubs comme étant « d'abord des lieux de rencontre pour des hommes dont les analyses ne coïncidaient pas forcément, mais qui souhaitaient échanger des idées, analyser la réalité socio-politique, proposer des solutions concrètes à des problèmes précis et strictement délimités [10] ». Ces clubs constituaient ainsi des lieux de production d'idées permettant à des citoyens de prendre part au débat public et de participer au renouveau doctrinal de ces partis. L'organisation des Assises de la démocratie les 25 et 26 avril 1964 à Vichy témoigne par ailleurs de la volonté des clubs de se rassembler pour réfléchir collectivement à la place qui pourrait être la leur dans la vie politique française tout en évitant la lourdeur des mécanismes des partis. Pour Georges Lavau, « c'est par opposition aux traditions, aux méthodes d'action et aux conceptions politiques de ces partis que les clubs [...] se sont peu à peu définis [11] ». Ces clubs se veulent ainsi être des lieux de renouvellement doctrinal dans lesquels les grandes orientations programmatiques de la gauche résulteraient d'une production collective et extérieure aux partis politiques. Par ailleurs, les clubs politiques se caractérisaient par une tension constante entre

10. Janine Mossuz, « Que sont devenus les clubs ? », *Revue française de science politique*, 20e année, n° 5, 1970, p. 966.

11. Georges Lavau, « Les clubs politiques », *Revue française de science politique*, 15e année, n° 1, 1965, p. 113.

Simone Veil, le président des clubs 89 Michel Aurillac, le maire de Paris Jacques Chirac et Alain Juppé lors de la clôture de l'anniversaire des clubs 89 à l'hôtel PLM Saint-Jacques à Paris en France, le 10 octobre 1983.

réflexion et action politique, laquelle entraînera une scission entre les organisations privilégiant la production d'idées et celles qui, telles le Club des Jacobins de Charles Hernu ou la Ligue pour le combat républicain de François Mitterrand, opteront pour l'action politique. Cette tension est révélatrice des questionnements internes aux clubs quant aux modalités d'actions à adopter pour influer sur la vie politique.

La Fondation Saint-Simon

fut créée en 1982 par François Furet et Pierre Rosanvallon. Elle disparaît en 1999. La Fondation Saint-Simon se caractérisait par sa volonté de réunir des groupes d'élites universitaires et politiques en réseaux afin de développer une approche positiviste de la politique par le biais d'un projet de modernisation et de réformes industrielles. Il s'agissait à la fois de faire entrer les sciences sociales au sein des entreprises et de les mettre au service de ces dernières tout en permettant à des intellectuels soucieux de sortir de leur tour d'ivoire de quitter le champ académique *stricto sensu* pour mettre leur savoir au service d'enjeux politiques et économiques.

Ainsi, la volonté de fonder des groupes de réflexion dont le but central était la réforme économique du pays avec le concours des élites intellectuelles, industrielles et politiques, en même temps que le renouvellement de cette élite politique, témoigne de l'ancrage et de l'influence de la pensée saint-simonienne dans l'émergence des premiers laboratoires d'idées français.

En 1981, l'élection de François Mitterrand réveille les clubs à droite

Au cours des années 1980, les clubs politiques émergent à droite de l'échiquier politique. Comme leurs homologues socialistes vingt ans plus tôt, il s'agit pour ces clubs de s'engager dans le renouvellement doctrinal de leur famille politique à la suite de leur passage dans l'opposition. Le Club 89 des gaullistes, le Pacte d'action gouvernemental et libéral (PAGEL) des giscardiens, ou encore le club Horizon 86 ont alors vocation à comprendre les causes de l'affaiblissement des principaux partis de droite (UDF et RPR), et à tenter d'élaborer de nouvelles propositions afin de reconquérir le pouvoir. Le Club de l'Horloge contribua quant à lui aux débats sur la possibilité d'une « nouvelle droite ». Ces clubs se caractérisent par l'importance des réseaux dans le recrutement de leurs membres et par la flexibilité de leurs structures internes. Ainsi l'organisation se veut souple. Les rencontres sont le plus souvent des réunions informelles ou des séminaires de réflexions. Par ailleurs, si leurs membres sont issus de la politique et de la haute fonction publique, la victoire de la gauche entraîne l'adhésion d'un nombre croissant d'acteurs venus des professions libérales et du secteur privé. Ces derniers voient dans ces organisations un moyen efficace de défendre le libéralisme.

Les think tanks actuels s'insèrent dans cette filiation ancienne des sociétés et clubs politiques dans lesquels des citoyens se regroupent afin d'échanger sur des enjeux saillants. Cependant ils se caractérisent par plusieurs spécificités dans leurs objectifs et dans leurs modes d'actions qui les distinguent des clubs politiques. Aujourd'hui, classés à gauche ou à droite, la plupart des think tanks sont indépendants des partis. Cette indépendance se manifeste notamment dans la diversité de leurs sources de financements et plus particulièrement dans l'absence de financements venus de partis politiques. Ainsi et contrairement aux clubs politiques, les think tanks n'orientent pas leurs travaux au service d'un parti ; leurs productions s'adressent aux élites dirigeantes quelle que soit leur couleur politique. Il s'agit par ailleurs de structures professionnelles composées d'experts indépendants, de chercheurs produisant des rapports rigoureux reposant sur des méthodes scientifiques. Ainsi, si une filiation et des convergences, dont certaines très nettes, peuvent être identifiées entre les clubs politiques et les think tanks, des différences de nature et d'objets témoignent des spécificités réciproques de chacun de ces types d'organisations. Les clubs souhaitant se lancer dans l'action politique ont été, pour la plupart, phagocytés par le parti politique auquel ils étaient affiliés ; ceux qui privilégiaient la production d'idées sont pour leur part parvenus à rester éloignés de la compétition partisane, au risque pour certains d'entre eux de perdre en visibilité. Les think tanks se caractérisent quant à eux par leur stabilité, permise par leur éloignement vis-à-vis de la compétition politique.

Benjamin Le Pendeven, Kevin Brookes, *L'État innovant (1) : Renforcer les think tanks, (2) : Diversifier la haute-administration* Fondapol, avril 2014

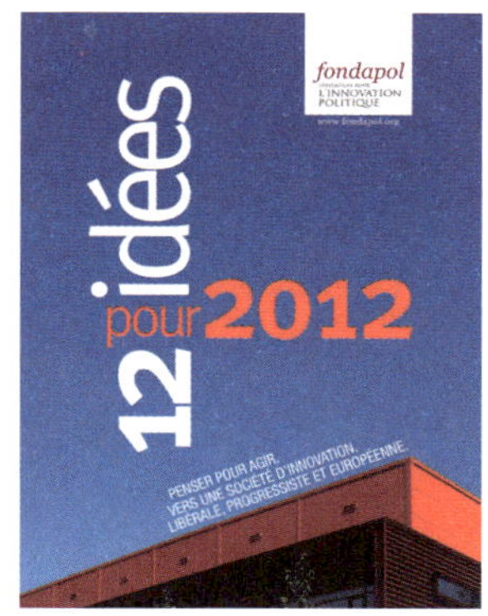

Dominique Reynié (dir.), *12 idées pour 2012*, Fondapol, décembre 2011

Si les think tanks peuvent proposer, en période électorale et notamment lors des présidentielles, des mesures, voire, des propositions de programme comme ce fut par exemple le cas en 2012[12], ce n'est jamais sur commande d'un parti politique. Aussi les think tanks ont-ils un rôle de producteur d'expertises à destination des élites politiques. Leur rôle réside en effet exclusivement dans l'élaboration de propositions destinées à l'arène politique en général et non à un parti en particulier.

12. Par exemple, *Des idées pour 2012*, Fondation pour l'innovation politique [accessible en ligne sur le site de la Fondapol].

La promotion d'une culture démocratique par l'expertise et le débat

Le développement des think tanks français reste hypothéqué par la tendance monopolistique de l'administration centrale dans la production des savoirs de gouvernement

L'émergence des think tanks en France est bien plus récente que ce que nous avons pu observer aux États-Unis. En France en effet, les think tanks apparaissent principalement à partir des années 1970. Les années 1990 se caractérisent quant à elles par une accélération de la création des think tanks ; le début des années 2000 représentant un pic dans leur émergence. Aujourd'hui, le paysage des think tanks français témoigne de la diversité des domaines de politiques publiques pris en charge. Il n'existe pas de recensement officiel du nombre de laboratoires d'idées en France, toutefois plusieurs tentatives de recensements mettent en avant l'existence d'une cinquantaine de think tanks[1].

Bien que les think tanks se soient développés en France depuis les années 1970 et que certains d'entre eux soient parvenus à atteindre une légitimité et une visibilité importantes au sein du débat public et auprès des acteurs politiques, leur influence et leurs moyens demeurent à distance de leurs homologues nord-américains. Plusieurs facteurs explicatifs peuvent être identifiés pour saisir la moindre centralité des think tanks français relativement au contexte américain. L'un des facteurs mis en avant par la littérature est le caractère fortement centralisé de l'État français, une administration centrale stable, largement indépendante de l'évolution de la vie politique nationale et dont les effectifs ne cessent d'augmenter. La production d'expertise demeure interne à l'administration elle-même. Les hauts fonctionnaires et les ingénieurs appartenant aux grands corps de l'État ne sont pas, pour la majorité, nommés à leur poste par le pouvoir politique. Ainsi, contrairement au cas américain, l'administration fonctionne de manière indépendante de la vie politique nationale. Aussi la logique de corps témoigne-t-elle de la relative fermeture de la haute administration à des expertises produites par des organes qui lui seraient extérieurs.

Cette conception de l'administration s'inscrit dans la volonté, explicitement affirmée à l'issue de la Seconde Guerre mondiale, de produire l'expertise nécessaire au pilotage des politiques publiques au sein d'organismes publics et de manière centralisée. Certains organismes, tels que le Plan, l'Insee et la Direction de la prévision, appuyés par des instituts spécialisés tels que le CNRS ou l'Université, monopolisent la production d'expertises. Cette expertise interne à l'administration et réalisée à travers les corps d'ingénieurs et de hauts fonctionnaires témoigne de l'incorporation des enjeux et des compétences techniques au sein de l'État. Cette caractéristique politico-institutionnelle française est à remettre dans le contexte de la période dite des « Trente Glorieuses » et de l'établissement d'un consensus au sein des élites sur la nécessité pour la France de rattraper son retard industriel. Se répand alors au sein des élites administratives et scientifiques un *ethos* modernisateur construit autour de la conviction que la modernisation ne peut se faire à l'extérieur de l'appareil étatique. La centralisation apparaît ainsi comme un critère d'efficacité.

1. Voir par exemple, l'annuaire des think tanks proposé par Pierre Emmanuel Moog qui en recense 55 en France. Cf. Moog (P.-E.), *Les groupes de réflexion et d'influence en Europe*. Paris, Groupe Express Éditions, 2008.

Néanmoins, le monopole de la sphère étatique dans la production d'expertise économique se brise dans les années 1980[2]. L'État, dans un contexte de remise en cause des politiques keynésiennes, va déléguer certaines expertises à de nouveaux organismes. L'influence des politiques inspirées par le « nouveau management public » traduit la convicition selon laquelle la centralisation étatique peut constituer un frein à l'efficacité de l'action publique. Dans ce contexte, de nouvelles organisations sont créées sous le gouvernement Barre (création de l'OFCE en 1971) qui remettent en cause le monopole de l'Insee. Lionel Jospin décide par la suite, à la fin des années 1990, d'octroyer des financements publics à plusieurs fondations politiques associées à un parti. Les partis politiques, influencés par le contexte anglo-américain et européen, vont dans les années qui suivent être incités à créer leur propre think tank. Mais demeure le consensus autour de la supériorité supposée de l'expertise interne à l'administration au sein de l'arène politico-administrative. La permanence de ce consensus témoigne de l'existence d'une « dépendance au sentier », en ce sens que l'élaboration des politiques publiques suit la croyance, envisagée depuis la fin de la Seconde Guerre mondiale, selon laquelle l'efficacité de l'action publique provient de la centralisation de son élaboration parmi les hauts fonctionnaires. À ce titre et comme l'indiquent Kevin Brookes et Benjamin Le Pendeven dans une note de la Fondapol parue en 2014, en France, « l'évolution des politiques publiques est davantage liée aux transformations des représentations des hauts fonctionnaires qu'à la confrontation d'idées et de propositions élaborées par des représentants de la société civile. La résilience de la haute administration – et l'endogamie qui la caractérise parfois – semble ainsi peser particulièrement sur les orientations du pays[3] ».

Ce rapport spécifique à l'État et à la centralisation de la production des savoirs de gouvernement agit comme un effet d'éviction à toute connaissance produite à l'extérieur des institutions étatiques, dont celle produite par les think tanks. La mainmise de l'État sur la production de l'expertise gouvernementale, incarnée par des institutions possédant un quasi-monopole sur la définition, l'élaboration et l'évaluation des politiques publiques, est également un facteur explicatif du faible poids de la philanthropie en France et donc d'une source de financement potentielle pour les think tanks. L'État français exerce en effet un fort contrôle sur les fondations, tant sur leur mode d'organisation que sur leur mode de financement et, contrairement à ce que l'on dit souvent, il n'encourage guère le soutien aux fondations politiques par des mesures fiscales incitatives[4]. La permanence d'une tradition jacobine au sein des gouvernants conduit au maintien d'une défiance, parfois très forte, envers tout corps intermédiaire.

Le rôle du patronat dans la naissance des premiers grands think tanks français

Si, comme nous l'avons vu, le contexte politico-institutionnel français est loin d'être favorable à l'émergence des think tanks malgré l'existence d'une tradition de sociétés et de clubs politiques, un développement des laboratoires d'idées est néanmoins observable depuis les années 1970 et notamment à l'initiative du patronat. Ainsi est créé en 1975 l'Institut de l'entreprise par plusieurs grands représentants

2. Catherine Comet, « Les think tanks en France, lieu de prédilection des interdépendances entre économistes et dirigeants dans la conception de l'action publique », Politix, 2021, n° 134 (2), pp. 59-83.

3. Kevin Brookes, Benjamin Le Pendeven, *L'État innovant (1) : Renforcer les think tanks*, Fondapol, 2014, p. 8.

4. Francis Charhon, *La philanthropie. Des entrepreneurs de solidarité*, Fondapol, 2012, p.17.

Simon Amat, L'histoire des think tanks, Fondapol, novembre 2024

du patronat français tels que le PDG de L'Oréal et du Centre national de propriété forestière (CNPF). Quatre ans plus tard, en 1979, l'Institut La Boétie est créé à l'initiative du comte de la Rochefoucault, président du Congrès international des centres commerciaux. Ces think tanks sont alors appréhendés comme des lieux de dialogue entre dirigeants d'entreprises et économistes. Ils sont également perçus comme des arènes susceptibles de promouvoir des politiques publiques libérales après le déclin des idées keynésiennes à l'issue des crises des années 1970. D'autres think tanks sont fondés à l'initiative d'intellectuels ; tel est le cas de l'IFRI, fondé par Thierry de Montbrial en 1979.

Comme le souligne la sociologue Catherine Comet[5], l'arrivée de la gauche au pouvoir conduit certains dirigeants d'entreprises à créer leur propre think tank afin de défendre leur vision de l'économie. C'est dans ce contexte que Claude Bébéar crée en 1982 le club patronal Entreprise et Cité Dans leur ouvrage, Stephen Boucher et Martine Royo indiquent que ce moment, caractérisé par un vif intérêt du patronat pour la création des think tanks, se prolonge au début des années 2000. Les auteurs précisent à cet effet qu'« à partir des années 2000, les grands patrons français se lancent à leur tour dans l'aventure, face à ce qui est ressenti par beaucoup comme une sorte de flottement de la puissance publique devant les problèmes de société suscités par l'immigration, la mondialisation[6] ». C'est en effet au début des années 2000 que deux grands patrons donnent le jour à deux institutions, l'une, l'Institut Montaigne, lancée en 2000 par Claude Bébéar, l'autre en 2004, par Jérôme Monod, ancien dirigeant de la Délégation à l'aménagement du territoire et à l'action régionale puis de la Lyonnaise des Eaux, la Fondation pour l'innovation politique (Fondapol).

5. Catherine Comet. op. cit., pp. 71-72.

6. Stephen Boucher, Martine Royo, Les think tanks. *Cerveaux de la guerre des idées*, Paris, Armand Collin, 2015.

Les think tanks : le pluralisme au service de l'intérêt général

Les think tanks, dans la diversité des sujets et des acteurs qu'ils mobilisent, participent directement à l'impulsion d'un débat démocratique pluraliste et raisonné. Loin des polarisations et de l'instantanéité qu'imposent les réseaux sociaux et parfois même le débat médiatique, les travaux proposés par les laboratoires d'idées s'inscrivent dans le temps long et s'éloignent ainsi d'un débat essentiellement concurrentiel et court-termiste. Leur indépendance leur permet par ailleurs de se mettre à l'écart des influences partisanes. Par leur objectif explicite de pallier les carences de la fonction programmatique des partis politiques et de proposer une alternative aux débats souvent passionnés que suscitent les médias, les think tanks apportent un nouveau souffle dans le débat démocratique en proposant des politiques publiques innovantes fondées sur des études étayées scientifiquement et largement diffusées. L'accessibilité de ces études à tous les citoyens contribue à faire des think tanks des lieux majeurs d'informations, d'échanges et de débats pour le public.

SIMON AMAT

La Lettre DE L'ASSOCIATION POUR LA FONDATION POUR L'INNOVATION POLITIQUE

EDITORIAL

Une fondation dans le monde

Dans tous les milieux, dans tous les domaines, l'innovation est d'abord un combat. Combat intellectuel contre les idées reçues ; combat social contre les situations acquises et les rentes établies ; combat moral contre sa propre paresse et sa propre crainte du risque. N'entretenons pas d'illusions : tenter d'innover c'est vivre dans le doute, l'isolement, parfois le découragement. L'innovation est une épreuve. C'est ce qui vaut à ceux qui cherchent - créateurs, mystiques et savants - la dérision mais aussi le respect des sociétés qui les entourent.
Toute ambition d'innover fait d'abord sourire, plus encore dans le champ politique. En politique, tout projet d'innovation rappelle l'utopie du grand soir, les promesses devenues lettres mortes et les réformes arrêtées en chemin. Comment prétendre innover quand les représentants politiques, syndicaux, associatifs, changent si peu ? Sans renouvellement, sans rajeunissement, sans féminisation des responsables, qui portera l'innovation ?

Par chance, le combat pour l'innovation politique n'est pas toujours solitaire. Dans toutes les démocraties qui se construisent et se réforment, il existe, à côté des partis, des fondations qui visent à rénover le débat public, ses formes et son contenu. Partout, des think tanks, des cercles de réflexion, des instituts cherchent à importer des idées nouvelles, à reposer les problèmes dans des termes nouveaux afin de faire émerger d'autres solutions. Ce travail nous aiguillonne et nous soutient.
Le travail réalisé ailleurs nous rappelle d'abord que, faute d'innover, nous courons des risques bien plus grands que celui de changer de manière réfléchie, concertée et débattue. Nous courons le risque d'être intimidés, cantonnés par la crainte ou l'égoïsme dans notre coin de la planète, empêchés de construire et même d'imaginer un monde meilleur.
Le travail réalisé ailleurs nous démontre aussi que l'innovation politique, économique, sociale a pu y réussir, produire des résultats, construire de nouveaux consensus, changer la donne. Cette réussite crée pour nous une obligation d'émulation. Comment, pourquoi, avec quelles idées, quelles structures, quels partenaires l'innovation a-t-elle réussi ? Quels enseignements en tirer ?
Nous trouverons surtout auprès des autres fondations et think tanks la curiosité et la sympathie sans arrière-pensée que nous rencontrerons peut-être moins spontanément à l'intérieur de nos frontières. Pour beaucoup, savoir qu'en France l'innovation veut se faire une place en politique est déjà une bonne nouvelle.
A leurs yeux, cela mérite un " coup de main ". Mais ce soutien aura sa contrepartie : notre travail sera jugé et évalué à la mesure de l'intérêt et de l'espoir qu'il aura fait lever.

FRANCK DEBIÉ

A QUOI PENSENT LES THINK TANKS* AUJOURD'HUI ?

- **Konrad-Adenauer-Stiftung (Allemagne)**
- **Stiftung Wissenschaft und Politik (Allemagne)**
- **Stiftung Marktwirtschaft-Frankfurter Institut (Allemagne)**
- **Centre for European Reform (Royaume-Uni)**
- **Agenzia di Ricerche e Legislazione (Italie)**
- **Instytut Spraw Publicznych (Pologne)**
- **The Brookings Institution (Etats-Unis)**
- **Panorama (Russie)**
- **Institute of Peace and Conflict Studies (Inde)**

** Laboratoire d'idées*

Association pour la Fondation pour l'innovation politique
53 quai d'Orsay 75007 Paris
Tél : 01 47 53 67 00
Fax : 01 44 18 37 65
E-mail : contact@fondapol.org
www.fondapol.org

N°2 **AVRIL 2004**

La Lettre n° 2 publiée en avril 2004 - Éditorial de Franck Debié, directeur général

2.

Pourquoi le don

- Pourquoi donner ?
- Le don dans le judaïsme
- Le don en islam
- Merci aux donateurs !

Pourquoi donner ?

Entre soupçon un peu cynique et excès naïf de charité, entre gestion pragmatique et libéralité, qu'est ce qui justifie, encore aujourd'hui, le geste du don ? Analyser le don nécessite de comprendre les logiques intersubjectives, mais aussi, à un niveau collectif, le rapport de ce geste aux modes de relation créés par le fonctionnement de l'économie de marché, et par les modes de redistribution façonnés par l'État. L'opposition entre le rapport de don et le rapport marchand semble être au fondement du problème.

I. L'échange désintéressé est-il possible ? Les fondements du don

1. L'ambiguïté fondamentale du don : la critique sélectionniste, la ploutocratie…

Il y a à l'égard du don une double critique facile : d'une part, la critique envers les « super-riches » donateurs dont on attend qu'ils donnent mais dont on regarde la richesse avec un soupçon voire une forme de ressentiment. Ces super-riches sont qualifiés de « banksters » ; le don est indirectement considéré comme un faire-valoir sur la place publique, comme une manifestation supplémentaire de l'inégalité d'un système : la sincérité du don gratuit comme acte de pure charité est bien difficile à accepter[1]. Le don du riche est alors même vu comme une sorte de concurrent déloyal au mécanisme d'égale redistribution permis par la puissance publique, en ce qu'il manifeste le privilège des riches à faire valoir leur richesse et leur générosité. Les inégalités, qui sont le lot de toute société[2], sont rendues plus manifestes par ce geste, qui suppose d'être reçu ; la possibilité du don est alors vue comme une sorte de pis-aller et de moindre mal qui ne persisterait que parce que les inégalités persistent et semblent insolubles.

La seconde critique adressée au don n'est pas directement celle des écarts de richesses qu'il suppose, comme si le geste du don était uniquement le fait des plus riches, mais plutôt de l'affectation des dons et de l'usage social qui en est fait. Derrière le don d'une grande entreprise à une quelconque fondation, en faveur de telle ou telle œuvre, l'on garde toujours en tête l'écart entre les recettes de l'entreprise et la part, plus restreinte, consacrée au don. L'on suppose que ce don, bien loin d'être gratuit et désintéressé comme il prétend l'être, – ou comme on voudrait qu'il soit – est le résultat d'un calcul d'intérêts que l'on ignore et qu'il faudrait dévoiler. Peu importe, alors, le niveau du don : le geste serait surtout symbole d'un paternalisme déplacé ; la valeur du don n'est rien, en effet, car il faudrait encore le recevoir de bonne grâce. Peu importe, presque, ce que l'on fera de ce don ; et l'on perçoit comme en creux que la dimension marchande et économique du don, si elle est évidemment essentielle, est indissociable de sa dimension sociale, culturelle, symbolique, et de la capacité à le voir aussi comme tel.

L'informalité relative du don, la libre décision du donateur de l'octroyer à telle ou telle cause contredit enfin un certain principe d'égalité et d'universalité, que les écarts de richesse contredisaient déjà : le choix de certaines priorités risquerait d'accroître encore

1. Cf. par exemple chez Jacques Derrida, *Donner le temps*, Paris, Galilée, 1991.

2. Raymond Aron, *Dix-huit leçons sur les sociétés industrielles*, Gallimard, 1962, Leçon 1, pp.70-71.

les inégalités. Le don, comme manifestation de l'intérêt particulier, semble ne pouvoir s'effectuer qu'au détriment de l'intérêt général, selon des critères implicites et potentiellement injustes. C'est ainsi que l'on peut voir la philanthropie sous l'angle de l'investissement : Georges Soros ou Bill Gates, Andrew Carnegie ou John Rockefeller ; si bien que l'on en vient à parler de *philanthrocapitalism*[3], et que la philanthropie est devenue l'objet des *philanthropic studies*[4] qui tendent à en montrer les limites. Le don est alors vu comme une forme de reproduction du « capital global », sa critique une dénonciation de la constitution de *trusts* d'« évasion fiscale ». Il s'agit dans cette perspective de stratégies de reproduction « successorales », d'un « phénomène de second ordre, qui ne peut se concevoir que sur le fond d'une pratique d'accumulation de la richesse, qui est nécessairement première[5], et non comme une pratique autonome dont la signification sociale serait uniquement de l'ordre du don désintéressé ou du dévouement à une cause. » La philanthropie, problème de riches ?

2. Le don, fondement des relations sociales

Pour Marcel Mauss, dans son *Essai sur le don*, l'analyse du don montre un modèle d'échanges qui déjoue pour une part les logiques marchandes modernes en ce qu'il ne vise pas d'abord le profit ou la production de richesses. La dynamique analysée par l'anthropologue a irrigué les recherches menées dans le domaine, et a servi de structure au champ d'analyse. Selon lui les hommes donnent, et se sentent obligés par les dons qu'ils reçoivent : ce qui est un don « gratuit » et qui garde la forme du don généreux exige en fait une double réponse, la réception, et le rendu. Il y a là ce que Mauss appelle un « système de prestations totales », qui crée un lien entre le donneur et le destinataire. Le don suppose ainsi une forme de désintéressement ambigu, une gratuité redéfinie : bien que n'exigeant pas de stricte symétrie reposant sur une équivalence de valeurs marchandes, il suppose cependant bien une forme de réponse. Nous l'avons déjà vu : cela concède ainsi aux objets une valeur symbolique qui n'est pas corrélée à cette valeur marchande. Cette valeur crée l'obligation informelle de recevoir, et de rendre, autre chose, possiblement sous une autre forme et dans un délai et une temporalité qui n'est pas strictement symétrique ou équivalente : on parle alors de « contre-don ».

3. Au-delà de l'illusion du désintéressement, une confiance qui n'exclut pas la prise en compte des intérêts

La critique du don touche à sa mesurabilité (quantité, contrôle, implication des riches…), à l'intérêt ou au mécanisme de domination qu'il dissimulerait : considérer le don en l'espèce et s'attacher à l'analyse du mode de relation qu'il implique modifie notablement la perspective et introduit une dimension qualitative primordiale, qui n'est pas essentiellement celle d'une aliénation de celui qui reçoit envers celui qui donne. La valeur du don n'est pas d'abord marchande ou économique, elle est symbolique, sociale et quasi « spirituelle » tout en étant extrêmement concrète et matérielle. Surtout, elle est symbolique et relationnelle sans être uniquement ou essentiellement jeu d'intérêts égoïstes et calculateurs. Il y a création d'un mode de relations qui n'est pas uniquement régi par l'impératif production/consommation, mais qui repose sur le désir et sur la gratuité relative du lien social – gratuité conditionnée

3. Depecker, Thomas, Marc-Olivier Déplaude, et Nicolas Larchet, « La philanthropie comme investissement. Contribution à l'étude des stratégies de reproduction et de légitimation des élites économiques », *Politix*, vol. 121, no. 1, 2018, pp. 9-27 ; Bishop (M.), Green (M.), « The Birth of Philanthrocapitalism », *The Economist*, 25 février 2006.

4. Cf. Lagemann (E. C.), ed., *Philanthropic Foundations : New Scholarship, New Possibilities*, Bloomington, Indiana University Press, 1999.

5. Guilhot (N.), *Financiers, philanthropes. Sociologie de Wall Street*, Paris, Raisons d'agir, 2006, p. 8.

par son absolue nécessité pour l'ordre social. Il ne s'agit alors pas de dire que le don reposerait sur une totale informalité, ou ne serait pas le lieu d'inégalités ou de jeux d'intérêts partisans : les analyses de Mauss, et toutes celles qui s'inscrivent dans sa lignée ne montrent pas autre chose. Elles montrent cependant des alternatives à la logique d'équivalence marchande pure et permettent de détacher les échanges humains de la structure production/consommation pensée selon des termes de symétrie stricte de valeurs.

Recevoir un don suppose d'abord d'accepter sa propre limitation, son incomplétude et sa dépendance à l'égard d'autrui : le donateur a « besoin » du destinataire, et celui-ci a « besoin » de celui-là. Considérer le don comme lieu de construction d'un mode fondamental de relations suppose de se reconnaître une dette au moins symbolique à l'égard de la société, antécédente à l'individu : alors que la tendance de l'esprit irait vers une analyse des structures de don en référence aux systèmes d'économie de marché, peut-être l'hypothèse d'une antécédence des structures de don sur la marchandisation pourrait-elle être considérée. En ce sens, l'économie de marché, les échanges contractuels, les équivalences de valeur que cela suppose, ne peuvent exister que parce qu'ils reposent sur une sorte d'informel psychologique et intersubjectif plus profond, fondés notamment sur la confiance et la loyauté.

Considérer le don met alors en exergue la nécessité de « cultiver la vertu », selon l'expression traditionnelle, en démocratie libérale : si elle n'a plus pour les riches, comme le dit Orwell, cette spontanéité de l'homme ordinaire, il y a un travail à mener pour que ce geste soit retrouvé. Et il y aurait ainsi pour les riches une forme de vertu particulière à développer, par opposition aux vices et aux soupçons de corruption qu'on leur prête si facilement ; cette vertu serait la philanthropie. Pour Tocqueville, il y a même une forme de leadership moral que les riches doivent assurer, quant à la sauvegarde des libertés et à l'amélioration des communautés locales[6]. Dans le *Mémoire sur le paupérisme*, il souligne que, les hiérarchies sociales étant un état de fait, cette vertu participe d'une forme de « féodalité fonctionnelle », par opposition à une « féodalité dysfonctionnelle » qui émergerait lorsque le pouvoir n'est plus associé à la responsabilité de donner.

II. L'économie de l'aide, morale chrétienne du don : une réponse à l'individualisme ?

1. La dimension honorifique du don : le cas de l'évergétisme grec, entre devoir civique et exigence d'élite

Paul Veyne étudie ainsi dans *Le Pain et le cirque* ce qu'il considère être un fait primordial des sociétés antiques : l'évergétisme[7]. Le terme désigne, selon lui, « les dons d'un individu à la collectivité » et se rapporte à une universelle « magnificence » : tout homme, toute société, toute époque est touchée par ce phénomène et l'objectif de l'historien est d'en montrer la spécificité pour les sociétés antiques. Il attribue le concept d'évergétisme à des phénomènes qui courent sur une longue période s'étendant de 300 av. J.-C jusqu'à 300 apr. J.-C., c'est-à-dire de la période hellénistique à une longue partie de l'époque romaine, dans le bassin méditerranéen. L'évergétisme a pour particularité d'être le geste d'« un homme qui aide la collectivité de sa bourse » dans une société de notables qui émerge dans les cités grecques à l'époque de

6. Avramenko, Richard, and Brianne Wolf, "Disciplining the Rich: Tocqueville on Philanthropy and Privilege", *The Review of Politics*, 83.3 (2021), pp. 351–374.

7. Jean Andreau, Alain Schnapp, Pauline Schmitt-Pantel, « Paul Veyne et l'évergétisme » In : *Annales. Économies, Sociétés, Civilisations*, 33e année, n° 2, 1978, pp. 307-325.

l'essor de la Macédoine et des pratiques monarchiques. L'évergète contribue à l'équilibre des comptes publics et, ainsi, à celui de l'ensemble de la société, sans que cela ne soit pour autant du ressort de l'impôt ou de la redistribution, au sens strict. Cet invariant – non conceptualisé comme tel dans les sociétés antiques – repose sur trois mobiles qui peuvent compter comme des déclinaisons de ce modèle de « magnificence » : « ils donnent par piété, ils donnent pour être honorés, ils peuvent aussi donner parce qu'ils s'intéressent à une cause ». L'historien les distingue des dons affectés seulement à des groupes privés, mais aussi de ce qui a plus tard été associé à la charité chrétienne. L'intérêt de cette pratique réside dans son informalité : l'évergétisme est à la fois spontané et forcé, contrainte qui le distingue ainsi du mécénat qui demeure le fait d'une minorité de riches. Trois types d'évergétisme sont distingués, qui sont amenées à évoluer au fur et à mesure de décennies : l'évergétisme libre, assimilable au mécénat, l'évergétisme funéraire, et l'évergétisme *ob honorem*. La participation aux magistratures et l'octroi des fonctions politiques les plus élevées est quasi nécessairement réservée aux riches, puisqu'ils doivent être capables d'assumer une partie des charges matérielles qui en découlent ; il y a alors dans l'exercice des fonctions publiques une forme de sacrifice non rémunéré voire largement coûteux pour les notables qui sont en fait des oligarques reposant, pour Rome, sur des réseaux de clientèles. La participation à la fonction publique et au financement de l'État est donc le fait de ces « notables. »

L'évergétisme n'est ainsi pas une prestation affectée automatiquement à une dépense, une obligation ou un échange marchand (dans des sociétés structurées premièrement autour du pôle politique plutôt que du côté du pôle économique) mais il renvoie à une satisfaction matérielle, comme d'un cadeau et d'un hommage. Cette dimension honorifique distingue l'évergétisme de la charité et du don aux plus pauvres : il s'agit d'un don collectif, adressé comme symboliquement à l'ensemble de la cité, aux riches comme aux pauvres, et qui ne joue pas directement sur les tensions sociales relatives aux inégalités. Celles-ci, qui touchent à l'existence des dettes et aux problèmes de répartition des terres agricoles, ne sont pas modifiées par l'évergétisme : la contrainte qui y est associée n'est pas de l'ordre politico-social comme pourrait être le don ou la charité accomplie dans un contexte postérieur de lutte des classes

2. La dimension morale du don : intérêt socio-politique et amour du prochain dans les sociétés chrétiennes médiévales

Dans les sociétés médiévales, la donation s'est structurée à la croisée des formes de droits romains, germaniques et chrétiens[8]. Les médiévistes se réfèrent d'abord largement au modèle anthropologique maussien, i.e. de Marcel Mauss, avant de chercher à y apporter les spécificités d'une étude plus historique[9]. Nous nous appuierons notamment sur deux articles d'Eliana Magnani, qui présentent une synthèse de la question[10].

Les médiévistes parlent d'une « économie du don », qui repose sur les donations faites à l'Église, ainsi que sur les dons à connotation plus directement politiques (*dona annuali* réclamés par le roi, dons diplomatiques, largesses aristocratiques, repas liés aux paix et aux serments…). Magnani souligne ceci : « *Les dons réciproques constitueraient un système qui n'a pas la forme d'échanges économiques, mais établiraient*

8. Philippe Jobert, *La Notion de donation. Convergences*, pp. 630-750, Paris, Les Belles Lettres, 1977.

9. Eliana Magnani, « Le don au Moyen Âge : pratique sociale et représentations. Perspectives de recherche », Bulletin du Centre d'études médiévales d'Auxerre, 2000, 4, pp. 62-74 [halshs-03079240].

10. Magnani, Eliana, « Le don au moyen âge. Pratique sociale et représentations perspectives de recherche », *Revue du M.A.U.S.S.*, vol. n° 19, n° 1, 2002, pp. 309-322 ; Magnani, Eliana, « Les médiévistes et le don. Avant et après la théorie maussienne », *Revue du M.A.U.S.S.*, vol. 31, n° 1, 2008, pp. 525-544.

des relations sociales, génératrices de formes de pouvoir et de liens de solidarité. Ce système serait pourtant ambivalent, l'échange de cadeaux pouvant être interprété comme forme positive d'interaction entre les hommes et les parentèles, mais aussi comme des contre-dons agressifs, révélateurs de relations conflictuelles. Ces deux formes ont le même objectif : l'établissement et la reproduction de l'ordre social et économique existant. » Nombre de biens ou de droits sont ainsi abandonnés au profit d'une église, ou d'un monastère. La pratique perdure largement entre le IXe et le XIIIe siècle, atteint un pic au Xe siècle, puis décline au moment où se développe la pratique testamentaire, qui marque un abandon de celle de la donation : dans le même temps se développent les circuits commerciaux et les premiers jalons d'une économie de marché. Peu à peu ce passage aboutit au fait que « les donations se font de moins en moins sous forme de terres, et de plus en plus en numéraire ».

3. Le don et l'Église au Moyen-Âge

La place de l'Église est donc prépondérante dans ces structures de donation, et les implications théologiques très fortes : le don et l'offrande sont des actes fondamentaux dans leur rapport à la fois au rite eucharistique et à l'aumône aux plus pauvres. Le moment de la donation est un acte public, ritualisé, en un sens assimilable à la messe. Le don est alors ce qui fait la liaison, d'un point de vue immanent, entre les différentes sphères de la société, et du point de vue de la transcendance, entre l'ici-bas et l'au-delà, entre les vivants et les morts nommément confiés à la prière collective. Anita Gerreau parle ainsi d'une société fondée sur l'« échange généralisé » et « *défend l'idée que, dans une société chrétienne qui se pense en relation au divin, le lien social se représente en termes de caritas [...] et qui irrigue toute la société. La circulation des biens étant l'un des moyens au travers duquel on établit et renouvelle des liens sociaux, c'est à l'intérieur de cette logique de l'amour de Dieu par les hommes et des hommes envers Dieu et envers le prochain que les modalités pratiques du don sont comprises par les hommes au Moyen-Âge. Il s'agirait ainsi d'une circulation à trois termes : le donateur, le donataire, en passant par Dieu.* »

Dans le rapport aux pauvres, le geste du don est primordial, puisqu'il est présenté comme l'image de la relation à Dieu : le don aux monastères vise ainsi à accomplir l'obligation d'assistance envers les plus pauvres, et la « charité » est la condition de la valeur spirituelle de l'aumône. Le bien terrestre ne se suffit effectivement pas à lui-même pour devenir un « trésor dans le ciel » : dans la lignée de Saint Augustin, l'efficacité de l'acte charitable doit être associée à une conversion du donateur. Il s'agit ainsi de transformer les personnes et les biens en « quelque chose de mieux » : « cela revient par conséquent à concevoir que la transformation des biens et des personnes opérée grâce à la pratique du don est de nature similaire à celle de la "commutation" eucharistique. » Le don est alors une participation au sacrifice christique : « le don permet ainsi au donateur laïc d'intégrer la communauté rituelle du monastère et de prendre place dans les échanges avec Dieu ». Le don est alors au fondement du lien social, et sous-tend autant la vie intérieure que la vie collective. Le salut des riches passe ainsi par le don aux pauvres, et un bien terrestre (*temporalia*) peut se transformer en *caelestia*, en « passeport vers le salut ».

III. La sécularisation du don : comment penser le don et la philanthropie dans le cadre d'une économie de marché ?

1. L'émergence de la philanthropie

La philanthropie est, en un sens, un mode de professionnalisation de la charité : l'abandon des cadres de la donation d'Ancien Régime et les débuts de la sécularisation ont profondément modifié le rapport entretenu par les sociétés occidentales au don. La philanthropie peut être vue comme une nouvelle expression de l'évergétisme antique, dans le cadre de l'économie de marché. Dans *La philanthropie*, Alexandre Lambelet la définit ainsi : « la philanthropie, telle que nous l'entendons ici, est l'affectation volontaire et irrémédiable d'un bien à une cause particulière d'utilité publique. Plus spécifiquement, elle se distingue de la charité par trois dimensions : elle est pro-active, délocalisée (nationale) et autonome[11] ».

Elle apparaît (comme, en un sens, les structures de l'Église médiévale et moderne), comme un pouvoir cohabitant et parfois lieu d'opposition à la puissance publique. Nous savons que la philanthropie pouvait être lieu de contestation et que son émergence aux États-Unis dans le cours du XIXe siècle était liée à une volonté de limiter la puissance étatique pour sauvegarder les intérêts particuliers : un passage de *La Démocratie en Amérique* (I, 2, 4) de Tocqueville explicite clairement cette idée.

« Un gouvernement ne saurait pas plus suffire à entretenir seul et à renouveler la circulation des sentiments et des idées chez un grand peuple, qu'à y conduire toutes les politiques industrielles. Dès qu'il essaiera de sortir de la sphère politique pour se jeter dans une nouvelle voie, il exercera, même sans le vouloir, une tyrannie insupportable ; car un gouvernement ne sait édicter que des règles précises ; il impose les sentiments et les idées qu'il favorise, et il est toujours malaisé de discerner ses conseils de ses ordres. [...] Il est donc nécessaire qu'il n'agisse pas seul. Ce sont les associations qui, chez les peuples démocratiques, doivent tenir lieu des particuliers puissants que l'égalité des conditions a fait disparaître. [...] Dans les pays démocratiques, la science de l'association est la science mère ; le progrès de toutes les autres dépend des progrès de celle-là. Parmi les lois qui régissent les sociétés humaines, il y en a une qui semble plus précise et plus claire que les autres. Pour que les hommes restent civilisés ou le deviennent, il faut que parmi eux l'art de s'associer se développe et se perfectionne dans le même rapport que l'égalité des conditions s'accroît. »

La philanthropie se différencie de la charité chrétienne telle qu'elle s'exerçait dans les sociétés d'Ancien Régime en ce qu'elle n'est plus d'abord le fait de communautés solidaires préexistantes, devient anonyme, et est prise en charge par un corps professionnel spécialisé, qui se constitue petit à petit. L'action sociale n'a plus de dimension spécifiquement religieuse, mais se trouve régie par les méthodes rationnelles liées à l'industrialisation et aux modifications que cela entraîne sur le marché du travail.

2. Le don et l'entreprise

Il y a quelque chose de paradoxal à chercher la place du don dans le monde de l'entreprise où, par excellence, les systèmes marchands prédominent. Comme l'a souligné Michéa dans *L'Empire du moindre mal*, il n'y a cependant pas opposition entre d'un côté le monde « marchand », structuré par « les mécanismes

11. Alexandre Lambelet, *La Philanthropie*, Presses de Science Po, 2014.

Francis Charhon,
La philanthropie. Des entrepreneurs de solidarité,
Fondapol, mai/juin 2012

équilibrants du Marché et du Droit moderne », et d'un autre la naïve charité ou (peut-être est-ce semblable) la fausse charité pleine d'intérêts plus ou moins dissimulés. Il l'analyse ainsi : « le Marché, le Droit (et l'État lui-même) constituent, en effet, des formes de socialisation nécessairement secondaires ». Il réfute l'idée selon laquelle l'intérêt seul pourrait faire fonctionner un système social en reprenant le paradigme du « dilemme du prisonnier » : « Aucun calcul rationnel, c'est-à-dire aucun calcul ancré dans la seule axiomatique de l'intérêt ne peut jamais permettre à des individus supposés égoïstes d'entrer d'eux-mêmes dans le cercle enchanté de la confiance et donc de s'accorder sur la solution qui serait la meilleure pour eux. [...] Ainsi que le reconnaît l'économistes Ian O. Williamson, « une confiance fondée sur le calcul constitue une contradiction dans les termes ».

Des modalités de calcul non « rationnels » peuvent aussi être pris en compte pour ce qui est de l'entreprise : la réciprocité implique une différenciation temporelle dans la réalisation des contrats qui sont toujours incomplets, et l'on voit qu'une « forme de coopération qui n'est ni mécanique ni solide » est à l'œuvre. Comme l'explique Norbert Alter[12], la confiance est une forme que prend le don dans ce contexte : « si toutes les relations en organisation étaient stratégiques, uniquement stratégiques, mises en œuvre pour obtenir un avantage, le plus souvent au détriment de l'autre, on ne pourrait pas "faire organisation", personne n'acceptant de renoncer à des avantages au profit d'un intérêt collectif, et personne ne faisant suffisamment confiance à l'autre pour trouver de bonnes raisons de coopérer. Cela explique largement la pérennité des relations et de la confiance malgré la présence de stratégies égoïstes et des trahisons. » Le système de l'entreprise (travail, emploi, salaire) s'apparente donc au « phénomène social total », ce qui suppose qu'y soient intégrés, outre des éléments directement propres au travail, des dimensions affectives, des projets, du civisme... Finalement, que ce soit en entreprise ou dans tout autre cadre, le geste du don recèle une beauté particulière lorsqu'il est le premier mouvement d'une relation : en ce sens, il est un pari qui n'aboutit pas nécessairement à un cycle d'échange, si l'autre parti n'accorde pas de réponse. Norbert Alter cite alors Georg Simmel (*Les Pauvres*, 1998) : « Ce n'est que quand nous sommes les premiers à accomplir le don que nous sommes libres, et c'est la raison pour laquelle il y a, dans la manifestation initiale qui ne se fait pas par remerciement, une beauté, une spontanéité de l'offrande, un surgissement, un épanouissement à destination de l'autre, à partir, en quelque sorte, du *virgin soil* de l'âme. »

Quelles structures pour donner aujourd'hui ?

1. Place des fondations et types d'État-Providence[13]

L'économiste Charles Sellen[14] explique qu'il y a – encore aujourd'hui – une grande différence de perception de la philanthropie entre la France et les États-Unis. Selon lui, la philanthropie est facilitée aux États-Unis par une culture du don et du contre-don très installée, qui a cependant tendance à s'éroder du fait de l'appauvrissement et d'un certain repli sur soi des classes moyennes. Le don des plus riches demeure une constante (plus de 9 ménages fortunés sur 10 participent à l'économie de la générosité libre) « parce qu'il est considéré comme moralement et socialement inacceptable de ne pas

12. Alter, Norbert, « Théorie du don et sociologie du monde du travail », *Revue du M.A.U.S.S.*, vol. n° 20, n° 2, 2002, pp. 263-285.

13. Gosta Esping-Andersen, *Les Trois mondes de l'État-Providence*, Paris, PUF, 1990. Cf. aussi Francis Charhon, *La Philanthropie. Des entrepreneurs de solidarité*, Paris, Fondation pour l'Innovation politique, mai 2012 [fondapol.org].

14. Voir La Fonda, « L'activité philanthropique reflète la participation civique à la démocratie aux États-Unis » [en ligne].

redonner quelque chose à la société lorsqu'on a réussi financièrement ». On retrouve ainsi une forme contemporaine de l'évergétisme, de plus associée à une conscience du politique plus « patriote » malgré le multiculturalisme et une place plus importante du religieux. En France, les donateurs sont mieux répartis selon les classes sociales : les riches, assujettis à l'IFI, considèrent qu'ils font un effort suffisant par l'impôt et ne profitent pas du dispositif avantageux du don sur l'IFI : la philanthropie joue un rôle beaucoup moins important dans la vie démocratique car l'État est considéré comme l'acteur principal de l'égalisation des conditions, tandis que les religions, leviers importants de la générosité, sont théoriquement confinées à la vie privée. Les divergences de modèle au sein même de l'Union européenne posent la question de la possibilité d'une européisation des structures, qui permettraient une certaine unification[15].

2. En France, l'histoire des fondations est récente

La Fondation de France

En 1969, sous l'impulsion du général de Gaulle et d'André Malraux et à partir d'un rapport de Michel Pomey, la Fondation de France est instituée : il s'agit de « créer un outil pour mobiliser la générosité libre au service de l'intérêt général », comme l'explique la directrice générale, Axelle Davezac[16]. Les fondations sont alors très peu développées (on en compte 250, contre 15 000 aux États-Unis). La difficulté de la France, selon Pierre Rosanvallon[17], vient du fait que la démocratisation passe par l'abrogation du système féodal et par le rejet des corps intermédiaires : l'État doit produire la nation, et le don est perçu comme un concurrent potentiel à cette construction.

Depuis sa création, la Fondation de France, en s'appuyant sur des bénévoles, a ainsi servi de point d'appui important sur de nombreux sujets, répartis selon 32 programmes d'action : l'aide aux personnes vulnérables, le développement de la connaissance, le rapport entre l'homme et l'environnement. Constatant par exemple la nécessité d'actions en faveur de la protection de l'environnement, elle finance des actions sur cette thématique dès les années 1970 ; ayant perçu les carences de la prise en charge des personnes âgées, elle participe dans les années 1980 à l'émergence des soins palliatifs, encore très sous-dotés de nos jours. Plus récemment, la Fondation participe au recueil des dons pour la restauration de Notre-Dame de Paris, à hauteur de 25 millions d'euros.

Qui donne et pourquoi ?

La Fondation de France publie régulièrement les chiffres du don : pour 2019, trois éléments principaux sont relevés quant à l'origine des dons[18] :

– Une progression du montant global des dons des particuliers, malgré le nombre de donateurs en baisse : sont déclarés près de 2,9 md€ en 2019 (alors qu'environ 5 md€ de dons sont effectués, dû au fait que les Français ne déclarent pas nécessairement les dons). La croissance relative est portée par les plus aisés et par les plus âgés.

– Une forte croissance du mécénat d'entreprise, particulièrement marquée par les petites entreprises : on compte alors plus de 3,5 md€, avec 46 % des dons issus de petites entreprises ; le rapport de l'Observatoire de la Philanthropie note que le nombre de très petites entreprises déclarant des dons a été multiplié à par quatre entre 2010 et 2018 : elles représentent deux entreprises mécènes sur trois.

15. European Foundation Center, *Comparative Highlights of Foundation Laws: the Operating Environment for Foundations in Europe*, Bruxelles, EFC, 2011.

16. Voir la-croix.com, La Fondation de France, poids lourd de la philanthropie à la française [en ligne].

17. Voir cerphi.org, L'état de la recherche sur le don en France [en ligne] ; et Pierre Rosanvallon, *L'État en France de 1789 à nos jours*, Paris, Seuil, 1990, p. 95-99.

18. Voir Fondation de France, *Étude Solitudes 2023*, présentée le 23 janvier 2024.

Claire-Marie Morinière, Pourquoi donner, Fondapol, novembre 2024

Les dons ne constituent qu'une faible part (4 %-5 %) du revenu des 1,35 millions d'associations, qui sont parmi les principaux destinataires des dons particuliers en France : 45 % des Français sont membres d'une association, et 32 % sont des bénévoles actifs ; le don ou le bénévolat ne sont ainsi pas seulement le fait des plus aisés ; don et bénévolat constituent néanmoins un mode d'action très répandu, d'autant plus si l'on prend en compte les dons adressés aux fondations ou aux organismes publics. Ainsi, le secteur social, médico-social et de la santé concentre 40 % des dons, les religions 23 % et 19 % vont à l'éducation et à la recherche.

Les structures et les modes du don

Après la création et le développement de la Fondation de France, une structure juridique se met peu à peu en place pour favoriser les dons financiers. En 1987, une première loi est spécifiquement dédiée aux fondations.

Les fondations ont doublé leurs effectifs depuis 2001, tandis que 2000 fonds de dotation ont vu le jour au début des années 2010, ce qui marque un net essor du système. L'argent des fondations qui devient alors un marché économique à part entière : cela permet par exemple une diversification des activités pour les entreprises bancaires, et fait l'objet de législations spécifiques.

À la fin des années 1980, la France abandonne le modèle d'une déduction du revenu imposable des dons effectués et choisit un système reposant sur la réduction d'impôt équivalente à un pourcentage du don. La loi Aillagon de 2003 structure la fiscalisation des dons, et y incite fortement : les Français qui effectuent un don bénéficient d'une réduction d'impôt équivalente à 66 % de la valeur du don dans la limite de 20 % du revenu imposable du donateur. Cela repose sur l'idée que l'on peut contribuer au bien public non seulement par l'impôt, mais aussi par le don. Comme le souligne Axelle Davezac, cette incitation au don a produit une hausse sensible des revenus qui y sont liés[19]. Plusieurs modes de collecte ont été mis en place : le publipostage, les quêtes sur la voie publique (162 millions d'euros), les collectes en ligne (80 millions d'euros en 2019 pour le crowdfunding).

Claire-Marie Morinière

19. Cf. article de La Croix.

Le don dans le judaïsme

1 – Le don est cette abondance bénéfique, dont la notion fonde l'éthique biblique, et par suite la culture juive, qui s'en inspire au plus près depuis le commencement de son élaboration antique, il y a plus de trois mille ans. Plus près de nous, le philosophe juif Maïmonide de Cordoue, dans son *Guide des perplexes* du XIIe siècle, traduit de l'arabe par Salomon Munk au XIXe siècle, définit au livre III, 54, le mot d'hébreu biblique *Hessed* comme « un excès de libéralité », un don gratuit « à qui on ne doit absolument rien ». Cette bonté est donc d'abord par excellence celle du Dieu de la Bible envers son peuple : celle « des bienfaits de Yhwh » envers « la Maison d'Israël » (Isaïe 63:7). Élargissant cette formulation prophétique jusqu'à son sens cosmique monothéiste, Maïmonide ajoute que « c'est par la bonté divine que le monde a été construit », interprétant ainsi la formule laconique du Psaume 85:3 : « *'olam 'hessed ibané* », selon une lecture suivie par la fameuse King James Version anglaise du XVIe siècle : « the world is built by love ». En outre, comme en hébreu le mot « monde » : *'olam*, est une durée plutôt qu'un espace, cette « construction » est une création continuée, celle de la « bonté » absolue du Dieu toujours en acte de Spinoza, par laquelle le monde subsiste et se renouvelle, et dont provient la notion de « durée créatrice » chère à Bergson.

2 – Cette exégèse médiévale de Maïmonide ouvre la voie à l'humanisme moderne, à partir de ses fondements antiques. Car, pour les hommes, être créés « à l'image de Dieu », selon la formule de Genèse 1:26, c'est être capables de participer de cette divine générosité, de cette gratuité susceptible d'élever l'espèce humaine de la soumission à la nécessité physique naturelle répétitive, à la liberté morale créatrice. Hannah Arendt a insisté, de nos jours, dans son beau livre sur la condition humaine, sur ce passage, par la civilisation matérielle et la culture, de la nécessité à la liberté. Elle rappelle que « le travail libère du travail », selon la formule de Karl Marx, qu'il peut nous délivrer de l'asservissement aux contraintes répétitives de la satisfaction des besoins naturels, par l'inventivité du progrès technique et de l'automation. Et cette délivrance peut ouvrir la voie au loisir des activités libres et créatrices, grâce auxquelles un monde proprement humain se bâtit dans la durée. L'humanisme moderne appelle tous les hommes à cette œuvre commune, contre les pratiques esclavagistes, qui réserveraient à une élite arrogante les privilèges de la culture et de l'action libre.

3 – Cet humanisme moderne est ainsi en filiation avec l'éthique biblique. Le rituel de la Pâque juive, qui évoque le récit biblique de l'Exode, celui de la fuite du peuple hébreu asservi hors de l'oppression impériale pharaonique, est étroitement lié à l'exigence éthique et politique du passage de la servitude à la liberté : le mot passage est le sens même du mot hébreu « *pessa'h* », translitéré « Pâque » en français, et traduit par « Pass over » en anglais. De même, la prescription rituelle du repos sabbatique, inscrite dans le Décalogue en Exode 20, ordonne le labeur des six jours de la semaine de travail vers son dépassement libéral, un septième jour de trêve, de mise à distance des nécessités, des intérêts et des passions, un jour de gratuité, de pur *Hessed*, comme un Noël hebdomadaire.

Déjà, au début du récit de la Genèse, la création du monde en six jours aboutit à l'apparition de la liberté humaine en puissance, qu'il appartient aux hommes eux-mêmes de faire passer à l'acte, au cours du « Jour » de leur Histoire, par l'éveil de leur conscience, selon le mot de Hegel. De cette éthique du don proviennent ensuite bien des prescriptions bibliques, pratiques et hautement symboliques, comme la libération antique des esclaves pour dette au bout de six ans, la jachère agricole de la septième année, et le Jubilé qui impose, tous les quarante-neuf ans, l'application d'une loi agraire de redistribution des terres, évoquée plaisamment par Goscinny dans son album de Lucky Luke : *Ruée vers l'Oklahoma*, mais qui anticipe le grand sérieux des lois anti-trust, et de toute l'éthique sociale et politique de la libre concurrence. L'éthique biblique fonde ainsi la dualité moderne libérale de la création de richesses par la liberté d'entreprise régulée, et de la justice sociale par la redistribution : une « économie sabbatique », dit Raphaël Draï.

4 – C'est pourquoi les Juifs ont été prédisposés historiquement, depuis des siècles, par leurs traditions propres, à l'accueil et à la promotion des aspects généreux de la modernité. Ils en ont bénéficié eux-mêmes grâce à leur émancipation individuelle et nationale, et ils ont contribué à en développer universellement les bienfaits. Ils sont aussi, hélas, – et jusqu'à aujourd'hui – les premiers à souffrir gravement du refus réactionnaire de cet esprit moderne de liberté et de justice, certes puissant et prometteur, mais aussi ambitieux et fragile. D'une part, l'esprit de cette éthique biblique, d'origine juive, a donc largement contribué à celui de la Déclaration universelle des droits de l'homme, rédigée à Paris, en 1948, par une équipe cosmopolite de brillants juristes, réunie par Eleanor Roosevelt et René Cassin. Mais d'autre part, l'opposition à cet esprit libéral, qui alimente d'emblée la haine des Juifs, reste vive, partout où les institutions et l'éducation qui en permettraient la réalisation effective font défaut. Cependant, c'est le propre d'une éthique du don que de viser toujours à nouveau le dépassement des impuissances historiques, par le refus du renoncement, et de la soumission irrationnelle à la fatalité. Certes les malheurs collectifs et individuels reviennent et se répètent, selon l'adage de L'Ecclésiaste 1:9 : « Rien de nouveau sous le soleil ». Tout change et rien ne change : l'esprit de domination et le goût de la servitude se ravivent à l'occasion de chaque faillite du droit et des mœurs. Rien n'est durablement acquis sans efforts à renouveler. Mais c'est précisément cet esprit de renouvellement qui est à cultiver, par l'éducation et la culture, comme y invite magistralement la vision d'Ézéchiel 37, celle de la « résurrection des morts », annonçant au VIe siècle, le retour d'exil des Judéens déportés à Babylone, et leur reconstruction de la ville et du Temple de Jérusalem, narrée dans les Livres d'Ezra et de Néhémie.

5 – En hébreu biblique, on nomme « *chinouï* » ce changement qui ne change rien, et par lequel une oppression tyrannique succède tristement à une autre, aujourd'hui comme autrefois. Mais on nomme « *hiddouch* », au contraire, l'action créatrice qui renouvelle fructueusement les choses humaines. Il y a eu bien des réformes et même des révolutions réussies et durables, collectives et individuelles. Hannah Arendt a fait l'éloge de la Révolution américaine, dont Michael Walser a montré les liens avec l'éthique biblique. Après celles de la Suisse et des Pays-Bas, les révolutions anglaise et française ont assuré des acquis modernes indéniables, et non sans filiations bibliques, malgré leurs errements. Il en est bien d'autres, étonnantes comme la réparation allemande de l'échec de Weimar à

« Celui qui ne vit pas avec la conscience des trois mille ans écoulés, vit au jour le jour ».

Goethe

Karlsruhe, grandioses comme l'accès de l'Inde à la démocratie avec Nehru, ou discrètes mais exemplaires, comme la réussite du Costa Rica. Dans le récit biblique et ses commentaires, Abraham est le personnage fondateur qui incarne la notion de ce *Hessed*, de cette générosité, qui ouvre une voie d'avenir linéaire vers un horizon d'humanité universelle, un « horizon téléologique », selon le mot de Husserl dans sa conférence de Vienne de 1935, en rupture avec le malheur du temps cyclique de l'oppression. Après son fameux « départ » vers le lointain, dans le récit de Genèse 12, Abraham aura en effet pour vocation d'être une bénédiction pour « toutes les familles de la terre ». Selon la tradition, « sa tente était ouverte des quatre côtés », pour mieux pratiquer l'hospitalité. Le récit biblique le montre agissant ainsi en Genèse 18, dans son accueil sans réserve des trois passants angéliques, puis dans sa défense pathétique des éventuels Justes de Sodome, qu'il demande à la justice divine de distinguer des malfaisants, et d'épargner. Cette générosité d'inspiration biblique est un thème omniprésent de l'œuvre de Victor Hugo, chantre de l'espoir moderne. Et le philosophe Jacques Derrida a insisté de nos jours, sur le caractère fondamental de cet altruisme, à la suite des développements d'Emmanuel Levinas, dès *Totalité et infini*, et dans toute son œuvre, sur la bonté et l'éthique de la responsabilité pour autrui, qui fait de chacun de nous comme « l'otage » du prochain dans le besoin.

6 – Mais la générosité ne suffit pas, sans lucidité rationnelle, à établir effectivement la justice. Joseph, l'homme probe et lucide, qui a si bien inspiré le romancier Thomas Mann, est, dans le récit de la Genèse, le descendant d'Abraham, qui réalise la bonté de son aïeul grâce à sa pensée claire et ses actions sagaces, et assure à la vaste Égypte prospérité et régulation. À la manière moderne de Descartes et de son siècle, l'éthique juive se distingue ainsi de la morale stoïcienne antique, par son sens d'une histoire humaine linéaire inventive, que le naturalisme stoïcien n'atteint pas, si admirable soit-il ; elle se distingue aussi de l'exaltation chrétienne, par son exigence rationnelle de justice humaine, comme le souligne Renan dans sa belle Conférence sur le judaïsme. Si le *Hessed* est donc la première vertu de l'éthique juive, il n'en est pas la dernière. La finalité du don gratuit, à l'origine des vertus chrétiennes de miséricorde et de charité, n'est pas seulement, dans l'éthique juive, le salut de l'âme promis par les Épîtres aux Corinthiens de Paul, mais la réalisation effective de la paix sur terre, comme elle est « aux Cieux ». La fameuse prescription de « l'amour du prochain », de Lévitique 19:18, qui vise à faire de chacun « le gardien de son frère », – contrairement au Caïn fratricide de Genèse 4:9, ne dispense pas du civisme qui peut seul en assurer l'effectivité. La morale ne peut rien sans la politique. À la fin de son traité *Du contrat social*, en IV,8, Jean-Jacques Rousseau, suivant en cela Machiavel, met en garde contre l'irresponsabilité civique à laquelle conduirait une exaltation exclusive de la charité, et définit les Juifs, dans ses *Fragments politiques*, comme les « vrais citoyens ».

7 – La Loi de Moïse, certes fondée sur la bonté, vise ainsi à bâtir une citoyenneté responsable, capable d'établir la paix, celle d'un monde humain libre, paritaire, pluraliste et solidaire, animé par une concorde durable, évoquée par la statue d'Isaïe d'un sculpteur russe, dans le jardin de l'ONU à New-York. La paix, en hébreu : *chalom*, suppose la justice : *tsedaqa*, qui suppose la vérité : *emet*, qui suppose la bonté : *hessed*. « bonté et vérité se sont rencontrées, justice et paix se sont embrassées », Psaume 85:11[1]. Dans la Genèse, le récit biblique des quatre générations de la construction de la famille d'Abraham et de Sarah narre donc le passage de leur générosité à l'intelligence de Joseph, récit inculquant aux Juifs et à leurs amis, le goût des vertus morales et intellectuelles. Il en résulte, dans l'Exode, la justice des lois de Moïse, dont le dieu se révèle à lui comme celui de ses pères. Mais les promesses des pères ne sont accomplies, dans le récit biblique, qu'à la suite de la longue aventure qui mène à l'inauguration du Temple de la Paix, par le roi Salomon à Jérusalem, sur la colline de Sion, au Livre des Rois, I : 8. Il y fut érigé réellement au Xe siècle, comme un premier humble phare de la paix universelle, proposée à toutes les nations, par-delà les millénaires d'errements encore à venir :

« paix pour le lointain paix pour le proche
dit Yhwh – je vais le guérir –
mais les malfaisants : la mer qui remue
impossible de la calmer
et ses eaux remuent fange et vase –
pas de paix, dit mon Dieu, pour les malfaisants »

Isaïe 57:19-21, traduction de Pierre Alfieri et Jacques Nieuviarts, La Bible, Bayard, 2001.

CLAUDE BIRMAN

1. Traduction de Henri Meschonnic, in *Gloires*, 2001, éd. Desclée de Brouwer

Le don en Islam

I. Le don dans le droit et le vocabulaire islamiques

Lorsqu'il est question de don en Islam, c'est aux notions de *zakat*, de *waqf* et de *sadaqa* qu'on peut penser. Cette liste est d'emblée problématique : si *zakat* comme *sadaqa* sont généralement traduits par aumône en français, cette traduction est discutable pour ce qui est de la *zakat*. Celle-ci se présente bien comme un don, mais au caractère obligatoire. On peut tout aussi bien la traduire comme dîme. Cela pose évidemment un problème pour qui veut définir le don par son caractère volontaire.

Or la *zakat* est une institution suffisamment importante pour qu'il soit difficile de l'écarter lorsqu'il est question du don en Islam, puisqu'elle figure parmi les « cinq piliers » de cette religion. De plus, il y a une certaine porosité lexicale entre *zakat* et la sadaqa, qui elle est réputée désigner le don libre. Le Coran désigne ainsi la *zakat* comme une *sadaqa* par endroits (Par exemple, Coran 9 :60 : « "Les aumônes" sont seulement pour les besogneux, les pauvres, ceux œuvrant pour elles, ceux dont les cœurs sont ralliés, ainsi que pour les esclaves, [pour] les débiteurs, [pour la lutte] dans le Chemin d'Allah et pour le voyageur. Imposition d'Allah ! Allah est omniscient et sage[1] ». Le terme que Blachère traduit par aumônes ici est *sadaqat*, dans un verset qui porte bien sur la *zakat*, puisqu'il consiste en une liste des bénéficiaires, alors que la *sadaqa* peut être faite à n'importe qui).

De même, dans l'usage courant, on parle, pour l'aumône devant être versée à l'occasion de la fête de l'Aïd, tantôt de la *zakat el fitr*, tantôt de la *sadaqat el fitr*. Cela démontre bien que dans la pensée islamique, l'aspect constitutif du don ne réside pas dans son aspect libre. Si le don se distingue de l'échange marchand, c'est plutôt en tant qu'il manifeste l'obéissance à la loi divine.

1. La *zakat*

On peut en distinguer deux espèces, à savoir la *zakat el mal*, don annuel d'un certain pourcentage de l'épargne au-delà d'un certain niveau de richesse, et la *zakat al fitr* : censée permettre de constituer le repas de l'Aïd pour les plus démunis, à la fin du jeûne du Ramadan.

La *zakat el mal* prit une physionomie la rapprochant beaucoup d'un impôt dans l'Empire islamique : on parle d'une contribution non volontaire, dont les taux sont fixes. Pour autant, elle n'est jamais comprise comme telle mais toujours sous le prisme du don. Ainsi est-elle décrite par Al-Ghazali[2] dans son ouvrage *Ihya Ulum el Din* (*Vivification des sciences de la foi*) comme permettant de se purifier de son avarice et de rendre grâce à Dieu pour les biens qu'il a accordés.

L'Islam incite à ce titre à ce que la *zakat* soit faite dans le secret, ce qui permet de neutraliser la logique du don-contre-don, sans prohiber le don public. « Si vous donnez ouvertement vos aumônes, combien elles sont bonnes ! [Mais] si vous les cachez en les donnant aux besogneux, c'est mieux pour vous et efface pour vous [une partie] de vos mauvaises actions. Allah, de ce que vous faites, est bien informé. » (Coran 2 :271) Le seul cas où on incite à faire la zakat publiquement est celui où cela peut inciter d'autres à donner (Coran, 2 :271-275 à ce propos)

1. Nous citerons le Coran dans la traduction de Blachère.

2. Théologien et juriste de la fin du XIe siècle, extrêmement influent.

Le statut de la zakat comme instrument de purification donne lieu à des analyses intéressantes dans *Le Mendiant et le combattant* de Christian Décobert[3]. Jonathan Benthall relève dans ce texte, que l'auteur « a eu l'originalité de faire le lien entre le terme coranique clé de *zakat* [...] et la théorisation de la pureté de Mary Douglas [...], le terme *zakat* ayant des origines communes avec l'hébreu-araméen *zakut*, qui a des connotations de pureté, de rectitude et d'épanouissement, mais pas d'aumône[4] ».

La *zakat* est à ce titre réputée vaine quand elle s'accompagne de *mann* ou *ad'a* (Coran 2 :264 et 266) : par *mann*, on entend l'attitude de celui qui se considère comme rendant service au pauvre, alors que le pauvre lui fait du bien en recevant ses aumônes comme dues à Dieu. Par ad'a on entend tous les comportements qui manifestent qu'on se considère comme supérieur au mendiant.

À côté de ce don au caractère obligatoire, il existe aussi des dons à caractère volontaire dont il nous faut désormais traiter.

2. La *sadaqa*

Par *Sadaqa* on entend certes l'aumône volontaire, mais aussi plus généralement toute forme d'acte charitable. Le terme dérive de la même racine que *Sidiq*, le juste. L'étymologie du terme en fait donc un acte démontrant la rectitude morale. Elle est pensée dans le prolongement de la *zakat* par les auteurs musulmans. Ainsi Al-Ghazali en traite-t-il dans le livre dédié à la *zakat* de son *Ihya Ulum el Din*.

Le musulman est invité à donner discrètement, comme pour la *zakat* (nous renvoyons là encore au même passage du Coran, 2 :271).

Une autre injonction, qu'on trouve dans le Coran (3 :92 : « Vous n'atteindrez pas à la bonté pieuse (*birr*) avant de faire dépense [en aumône] sur ce que vous aimez, et quelque chose dont vous fassiez dépense [en aumône], Allah le connaît bien. ») est de donner un bien que le donateur aime.

Il est un cas où la *sadaqa* est si institutionnalisée que placer la frontière entre elle et la *zakat* en vertu de son caractère volontaire s'avère difficile. C'est celui du sacrifice annuel de l'Aïd el Kebir. Le Coran (22:36) incite à distribuer une partie de la viande de la bête sacrifiée aux personnes démunies : « Pour vous, nous avons placé les animaux sacrifiés, parmi les choses sacrées d'Allah. Un bien s'y trouve pour vous. Invoquez sur eux, vivants (?), le nom d'Allah ! Quand ils sont sans vie, mangez-en et nourrissez [-en] l'impécunieux et le démuni. Ainsi vous ont été livrées [ces victimes, espérant que] peut-être vous serez reconnaissants.

On peut enfin noter que l'islam met une insistance particulière à encourager à faire des *sadaqat jariyat*, c'est-à-dire des aumônes continues, ne s'arrêtant pas à la mort du donateur. L'exemple archétypal est la construction d'une mosquée.

3. Le *waqf*

Le *waqf* (souvent appelé *habs* au Maghreb) est une forme de *sadaqa jariya*. Il consiste en une donation à perpétuité d'un bien générant des revenus en vue d'une œuvre charitable. Cela permet de financer entre autres des écoles, soupes populaires etc. C'est ainsi que la plupart des institutions publiques dans le monde musulman fonctionnaient jusqu'au XIXe siècle. En droit islamique, le *waqf* est considéré comme devenant propriété de Dieu et à ce titre comme inaliénable et ce à perpétuité.

3. Christian Décobert, *Le mendiant et le combattant. L'institution de l'islam*, Paris : Le Seuil, 1991

4. Jonathan Benthall, « Charité », *Open Encyclopedia of Anthropology*, [2018], 2023.

II. Le droit dans le monde islamique contemporain

Si les formes de don que nous avons décrites subsistent *mutatis mutandis* sous leurs formes traditionnelles, leur sens a changé. Nada Moumtaz montre ainsi, dans *God's property : Islam, charity, and the modern state*, ouvrage qui vise à analyser le *waqf* tel qu'il se pratique dans le Liban contemporain, qu'il n'est plus conçu aujourd'hui dans les catégories traditionnelles du droit islamique comme propriété de Dieu. Au contraire, il est explicitement conçu comme propriété de la communauté, géré par une association. Il perd au passage son caractère inaliénable : l'État peut exproprier ces biens. L'État s'engage dans la gestion de certains des *waqfs*.

Outre la modernisation du vocabulaire, il y a aussi une modernisation des méthodes par lesquelles les dons sont faits, qui permet de les intégrer dans la « finance islamique ».

Pour en fournir un exemple, la Banque islamique de développement soutient le développement d'*awqaf* (pluriel de *waqf*) dans le cadre d'un fonds d'investissement, gérant aujourd'hui un capital de plus de 100 millions de dollars[5]. Le fonds finance l'acquisition de biens générant un rendement, ce qui est réputé constituer un *waqf*.

III. Le don chez les Français musulmans

On retrouve en France les formes de don que nous avons déjà évoquées, encadrées par les organisations musulmanes, à commencer par le Conseil français du culte musulman (CFCM). Ainsi ce dernier détermine-t-il chaque année, en l'ajustant sur l'inflation, la valeur de la *zakat el fitr*. Des ONG musulmanes peuvent la collecter et se charger de sa redistribution, en lieu et place d'une distribution directe par le donateur au donataire.

Plus généralement, une bonne part des dons faits par les musulmans se font dans le cadre d'organisations caritatives. Les activités du Secours islamique sont assez représentatives des tendances qui émergent quant à la manière dont les formes de don prévues par le droit islamique sont réinterprétées dans les sociétés occidentales. Nous le prendrons donc comme exemple par la suite, mais on aurait pu tout aussi bien prendre une autre ONG (Ummah Charity, Muslim Hands... les exemples ne manquent pas).

Le Secours islamique propose de faire des dons qui prennent la forme de *waqf*. Le donateur n'acquiert pas directement de biens mais laisse l'ONG s'en charger à sa place.

Par son intermédiaire, comme par celui d'autres ONG, on assiste à une transformation du sacrifice en pur don, difficultés à sacrifier obligent[6]. Le Secours islamique permet ainsi à des donateurs musulmans situés en France de payer un mouton à une famille démunie dans un des pays les moins avancés à l'occasion du Aïd el Kebir.

Ce cas montre bien que le don est aussi ressenti comme instrument de solidarité et de cohésion sociale entre correligionnaires, au-delà des frontières. Cela ne manque pas de soulever une question : celle de l'ouverture du don à de non-musulmans, tout particulièrement dans le cas d'un don ritualisé comme le don d'une partie de la viande à l'occasion de l'Aïd el Kebir : lors de son enquête ethnographique, Anne-Marie Brisebarre dans son enquête sur les pratiques à l'occasion de l'Aïd el Kebir en milieu urbain, constate que des familles disent ne pouvoir donner de part de leur mouton car

5. Voir isdb.org.

6. Voir Anne-Marie Brisebarre, « La prise en compte du sacrifice de l'Aïd El-Kebir par les pouvoirs publics français depuis 1981 : essai d'analyse en Île-de-France », *Annuaire Droit et Religions*, Vol. 2, Presses Universitaires d'Aix-Marseille, 2006-2007, pp. 81-99.

« il n'y a pas de pauvres » là où elles résident (à Bruxelles, à Manchester, à Paris...). Cette affirmation, étonnante à une époque de paupérisation croissante dans les grandes villes occidentales, doit être entendue ainsi : « il n'y a pas de pauvres musulmans dans mon entourage, je ne connais pas de famille musulmane qui ne sacrifie pas pour l'Aïd[7] ».

C'est là toute l'ambiguïté du don en société non-musulmane : sert-il d'instrument de cohésion au sein de la communauté (de fait la *zakat* n'est pas censée pouvoir être versée à de non-musulmans), quitte à la penser comme internationale ? C'est ce qu'on voit bien dans le fait que bon nombre des ONG musulmanes françaises qui collectent les dons le font au profit de bénéficiaires en pays majoritairement musulmans (ainsi Muslim Hands s'engage au Yémen, en Somalie, à Gaza etc.).

WAKIL BELHADDAD

7. Bonte, Brisebarre (dir.), *Sacrifices en islam : espaces et temps d'un rituel*, CNRS éditions,

Merci aux donateurs !

Le don est efficace

Voilà vingt ans que la Fondapol œuvre avec le soutien d'entreprises fidèles et de généreux donateurs particuliers. Sans ces soutiens, la Fondapol n'aurait pas pu proposer autant de publications sur des thèmes fondamentaux, aussi divers ; jamais elle n'aurait pu concevoir et réaliser ses enquêtes par sondages, notamment celles qui couvrent plusieurs pays, jusqu'à 55 pays comme cela a été le cas pour notre enquête *Liberté, l'épreuve du siècle*, publiée en janvier 2022, en français, en anglais, en espagnol, en portugais brésilien, en japonais et en arabe ; jamais la Fondapol n'aurait pu organiser autant de colloques et d'événements, ni aussi enthousiasmants, tels « Le progrès, c'est nous ! », le 16 novembre 2013, à la Maison de la Mutualité à Paris. Ce fut pour nous un défi intellectuel et technique : 24 heures non-stop de débats, de 0 h à minuit : plus de 170 intervenants se sont succédé sur scène, chacun pendant dix minutes : femmes et hommes, jeunes et moins jeunes, entrepreneurs, petits et grands, penseurs, artistes, chercheurs, étudiants, enseignants, salariés, patrons, tous citoyens, connus et anonymes ; ils ont montré avec éclat que nous, tous ensemble sommes le moteur du progrès. Ils nous ont parlé de la Cité, des générations qui viennent, du web, du capitalisme social, du transport, de la ville, du travail, de la croissance, de la santé, de l'entreprise, de la fiscalité, de la planète, du pouvoir, de la générosité, de bien d'autres choses encore et, bien sûr, de l'innovation ! Ils ont fait le récit de ce qui est possible pour chacun de nous, si l'on décide de se faire mutuellement confiance et de libérer cet immense gisement de progrès social et humain. Simultanément près de cent-trente vidéos ont été éditées et diffusées immédiatement, une vidéo par intervention, afin permettre à tous les publics de suivre ce moment exceptionnel, sur place et en ligne.

Les dons sont essentiels pour la Fondation et ils nous obligent. C'est pourquoi nous sommes très reconnaissants à tous les donateurs qui durant ces vingt premières années ont permis à la Fondapol d'exister et d'œuvrer à un débat public documenté et constructif. Nous sommes particulièrement sensibles à tous les gestes de soutien et nos remerciements les plus chaleureux sont adressés à toutes celles et ceux qui croient à un débat public éclairé et qui nous aident à y contribuer.

Le don est un acte généreux

Le don coûte au donateur ! On ne le sait pas assez. Les lois en égarent plus d'un en parlant de « défiscalisation » ; nombreux sont ceux qui imaginent un avantage fiscal, une manière de payer moins d'impôts. Ce n'est pas le cas ; la loi permet simplement de dériver, sous la forme d'un don, au profit d'une institution, par exemple la Fondapol, une partie de l'impôt qui est dû. Il n'y a pas d'optimisation fiscale dans ce type de don ; il n'y a aucune économie en termes de prélèvement obligatoire ; on ne paye pas moins d'impôt, on dispose uniquement du droit d'affecter à telle ou telle fondation une partie de l'impôt que l'on versera de toute façon. Ainsi, dans le cas d'un don de 1 000 euros, la loi permet au donateur de dériver 65 % de ce montant, soit 650 euros, pris sur son impôt, mais en supportant la charge des 350 euros restants, qui ne seront pas déduits du montant de l'impôt versé. En clair, un don de 1 000 euros rapporte bien 1 000 euros à une fondation mais il coûte 350 euros au donateur qui, s'il n'était pas généreux conserverait les 350 euros pour lui.

Nous en appelons à un système différent. Les bienfaiteurs devraient pouvoir soutenir une Fondation reconnue d'utilité publique par un don défiscalisé à 100 % mais dont le montant serait limité, en fonction de l'impôt dû. Nous aurions ainsi un vrai levier pour l'utilité publique ; ce serait une manière efficace pour l'État d'encourager l'engagement collectif pour le bien de tous.

Les fondations politiques, les think tanks, sont nécessaires à la démocratie, à la réflexion, à la recherche, à l'innovation et au débat d'idées. Chez nos voisins, il n'est pas rare de voir l'État apporter un puissant soutien aux fondations politiques ; c'est le cas en Allemagne, avec un budget public total qui dépasse les 600 millions d'euros, cent fois plus qu'en France…

Anne Flambert

Responsable administrative et financière
Membre du directoire de la Fondapol

Allemagne, États-Unis, quels budgets pour les think tanks ?

En 2022, le budget global de la Konrad Adenauer Stiftung, associé à la CDU, s'élevait à 226,6 millions d'euros. Les subventions de l'État fédéral allemand représentent 215 millions d'euros et celles des Landers et des communes plus de 3,4 millions. Du côté des sociaux-démocrates, en 2021, la Friedrich Ebert Stiftung, associée au SPD, a reçu 184,5 millions d'euros de subventions publiques en provenance du gouvernement fédéral, auxquelles s'ajoutent 3,2 millions d'euros de subventions des Landers et d'autres autorités régionales.

Aux États-Unis, trois exemples illustrent les moyens dont disposent les think tanks : la Brooking Institution dispose d'un budget de 99,3 millions de dollars en 2022 (provenant de subventions, publiques et privées, et de retours sur investissements) ; le Council on Foreign Relations dispose, en 2023, d'un budget de 81 millions d'euros provenant essentiellement de dons privés, de dotations et des recettes engendrées par la publication du magazine Foreign Affairs (abonnements, publicités). La Rand Corporation dispose en 2023 d'un budget de 390 millions de dollars (provenant notamment du bureau du secrétaire américain à la Défense, et du département de la sécurité intérieure).

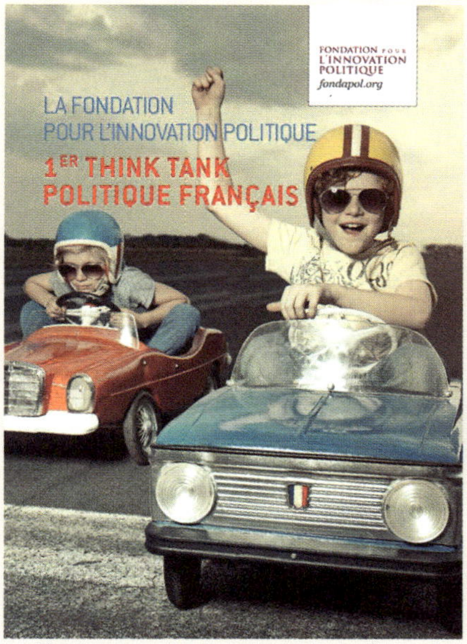

La Fondapol dans le monde des think tanks

La Fondapol a été classée 1er think tank politique français, sept fois consécutives. La Fondapol a également été classée au 19e rang mondial des 11 175 think tanks politiques.

Jusqu'en 2021, le Global Go To Think Tank Index a rendu public son classement des think tanks dans le monde. Ce classement était la référence. Plus de 3 974 experts, universitaires, décideurs politiques, représentants d'ONG, de think tanks, journalistes et chefs d'entreprises de nombreux pays ont participé à l'élaboration de ce classement annuel des 11 175 think tanks dans le monde, dans lequel figurent les 203 think tanks français.

Jusqu'en 2021, la Fondapol a été classée 1er think tank politique français sept fois consécutives et 19e dans le monde. Le décès de James McGann (1955–2021), directeur du programme Global Go To Think Tank Index a interrompu la réalisation de ce classement international après 2021.

3.

Nous ne sommes pas des « représentants d'intérêts »

- L'institution d'une « Haute Autorité pour la transparence de la vie publique »
- La Fondapol ne se reconnaît pas dans la catégorie des « représentants d'intérêts »

L'institution d'une « Haute Autorité pour la transparence de la vie publique »

« Mais qui gardera les gardiens ? »*
Juvénal, *Satires*, VI

« Clarté et rigueur ont enfin été introduites dans les relations entre l'argent et la politique[1] ! » déclarait le président Mitterrand au sujet des lois relatives « à la transparence financière de la vie politique » adoptées à sa demande, le 11 mars 1988[2] dans les dernières semaines de la première cohabitation et complétées ultérieurement.

Pour la première fois le législateur fixait des règles sur le financement des partis politiques et organisait un contrôle du patrimoine des responsables publics[3]. Ces textes ont ainsi imposé aux membres du Gouvernement et aux principaux élus locaux de transmettre une déclaration de patrimoine à la « Commission pour la transparence financière de la vie politique » nouvellement créée. Ces mesures ont été complétées ultérieurement par plusieurs lois et notamment par la loi du 29 janvier 1993 « relative à la prévention de la corruption et à la transparence de la vie économique et des procédures publiques », dite Sapin 1[4].

Pour autant, la lutte contre les atteintes à la probité publique se limitait au contrôle du patrimoine des élus et à la répression pénale des délits (concussion, corruption passive, favoritisme, prise illégale d'intérêts). Rien n'existait pour prévenir les conflits d'intérêts mises à part à part les dispositions de l'article 23 de la Constitution en matière d'incompatibilités et quelques initiatives prises par certaines institutions (assemblées, entreprises publiques, collectivités territoriales).

En 1995, à la suite des recherches du groupe de travail « Politique et argent » créée à l'initiative du président de l'Assemblée nationale Philippe Séguin, les obligations déclaratives ont été étendues aux dirigeants des principales entreprises publiques ainsi qu'aux représentants français au Parlement européen et aux parlementaires. Le 11 avril 2011 le législateur a renforcé les pouvoirs de la commission pour la transparence financière. Il lui a conféré le droit d'exiger que les déclarations fiscales[5] lui soient transmises ainsi que le pouvoir de sanctionner pénalement les déclarations mensongères. Par la suite, créées pour répondre au vide juridique et proposer des solutions déontologiques, la commission de réflexion Sauvé en 2011[6] et la commission Jospin en 2012[7] ont toutes deux proposé que soit créée une « autorité de déontologie de la vie publique » chargée de prévenir des conflits d'intérêts grâce à l'obligation pour les responsables publics de faire des déclarations d'intérêts.

Sur ces entrefaites, le tsunami de l'affaire Cahuzac (2012) est venu bouleverser l'opinion publique et aggraver la défiance des citoyens envers leurs institutions[8].

Pour y répondre, le président Hollande a décidé de créer un « choc de moralisation ». La transparence est alors devenue le nouvel impératif catégorique de la vie politique. Cherchant désespérément à restaurer la confiance des citoyens, les pouvoirs publics n'ont cessé d'inciter les responsables publics à l'honnêteté, à la sincérité, à l'intégrité à la neutralité à la probité. Plusieurs institutions ont alors vu le jour telles l'« Office central de lutte contre la corruption et les infractions financières et fiscales » (OCLCIFF)[9] ainsi que le « Parquet national financier » (PNF)[10]. Mais en ce qui nous concerne, ce sont les deux lois du 11 octobre 2013

* « Sed quis custodiet ipsos custodes ? », Juvénal (Decimus Junius Juvenalis), *Satires*, VI (édition bilingue, texte établi par Pierre de Labriolle et François Villeneveuve (1921), émendé, présenté et traduit par Olivier Sers, Les Belles Lettres, 2021, p. 109.

1. Entretien accordé par M. François Mitterrand, président de la République, dans *Le Journal du Centre* du 28 janvier 1995.

2. Loi organique 88-226 et loi simple 88-227 du 11 mars 1988.

3. Elles cherchaient à mettre un terme aux nombreux scandales politico-financiers qui avaient éclaboussé plusieurs formations politiques, dont le parti socialiste et tout particulièrement l'affaire Luchaire (1986) qui risquait d'hypothéquer la candidature du président Mitterrand à sa réélection.

4. Michel Sapin était alors ministre de l'Économie et des finances dans le gouvernement de Pierre Bérégovoy.

5. Impôt sur le revenu et impôt sur la fortune.

« relatives à la lutte contre la fraude fiscale et la grande délinquance économique et financière[11] » qui ont établi les fondements de la quête généralisée de probité en créant la Haute Autorité pour la transparence de la vie publique (HATVP).

Prolongeant les réflexions des commissions Sauvé et Jospin, les lois de 2013 ont institué la Haute Autorité comme gardienne de la moralité publique chargée du contrôle du patrimoine des élus et de la prévention des conflits d'intérêts. Toutefois, comme le notait Alain, « tout pouvoir pense continuellement à se conserver, à s'affirmer et à s'étendre[12]… ». Sans avoir voulu abuser, il semble que la HATVP n'ait pas su résister à une tentation expansionniste en cherchant à accroître progressivement son domaine et ses compétences. Aussi, devant les surenchères de normes moralisatrices peut-on se demander si la volonté de transparence à tout prix ne risque pas de menacer les libertés.

I. Peut-on être le gardien de la moralité publique ?

D'entrée de jeu, les lois de 2013 ont exigé des responsables publics le respect des principes de dignité, de probité et d'intégrité. Elles ont défini les conflits d'intérêts, comme « toute situation d'interférence entre un intérêt public et des intérêts publics ou privés qui est de nature à influencer ou à paraître influencer l'exercice indépendant, impartial et objectif d'une fonction ». Au sommet des institutions chargées de faire respecter la moralité publique la Haute Autorité a été dotée par les lois de 2013 d'un statut d'Autorité administrative indépendante (AAI) et d'un large champ de compétences.

Un statut prééminent d'Autorité administrative indépendante

À la différence de la Commission pour la transparence financière de la vie politique, la Haute Autorité n'est plus une simple commission administrative mais une autorité administrative indépendante. Elle est protégée contre toute intervention de l'exécutif et jouit d'une large autonomie fonctionnelle. Changement notoire, n'est plus présidée par un conseiller d'État, contrairement à la Commission pour la transparence financière et sa présidence est un emploi à temps plein. Le président est choisi après audition des commissions des deux assemblées, ses membres sont désignés à raison de deux représentants de chacune des juridictions suprêmes – Conseil d'État, Cour de cassation, Cour des comptes. S'ajoutent à ces magistrats deux personnalités désignées par les présidents des assemblées parlementaires, sur avis conforme des commissions des lois de chaque assemblée[13].

Ainsi composée, la Haute Autorité est organisée en six pôles fonctionnels. Un secrétariat général, une direction des publics, de l'information et de la communication, une direction du contrôle des responsables publics, une direction du contrôle des représentants d'intérêts, une direction juridique et déontologique et enfin une direction des systèmes d'information.

Autonome, la HATVP est libre de procéder à ses propres recrutements et peut librement ordonner ses dépenses budgétaires. Son budget est fixé chaque année par la loi de finances. Pour 2023, la Haute Autorité a disposé d'un budget de 9,6 millions d'euros en crédits de paiements, dont 6,1 millions d'euros affectés aux dépenses de personnels et 3,5 millions d'euros aux dépenses de fonctionnement et d'investissement. La loi de finance détermine

6. Rapport de la « Commission de réflexion pour la prévention des conflits d'intérêts dans la vie publique. Pour une nouvelle déontologie de la vie publique » 26 janvier 2011.

7. Commission de rénovation et de déontologie de la vie publique, 9 novembre 2012.

8. À ce jour 77 % des personnes interrogées estimaient que les politiques étaient plutôt corrompus contre 22 % qui les croyaient honnêtes (Baromètre de la confiance politique, Cevipof 2014).

9. Créé par un décret du 25 octobre 2013.

10. Cf. Loi organique 2013-1115 du 6 décembre 2013 « relative au procureur de la République financier » et loi 2013-1117 du même jour « relative à la lutte contre la fraude fiscale et la grande délinquance économique et financière ». On ne s'attardera pas ici sur l'intervention pour le moins précipitée du PNF, un jour à peine après la publication des révélations du *Canard enchaîné* sur le « Penelope Gate ». Cf. Christian Bidégaray, « Drôle de drame : ou comment François Fillon a perdu une élection imperdable », in *La présidentielle chamboulée. La communication politique au prisme du dégagisme*, Ph. Maarek et A. Mercier (Dir). L'Harmattan, 2018. pp. 122-135.

11. Loi organique 2013-906 et loi ordinaire 2013- 907 du 11 octobre 2013.

12. Alain, in *Mars ou la guerre jugée*, chap. 36, NRF 192, pp. 79-80.

13. Vote à la majorité des trois cinquièmes des suffrages exprimés.

également le nombre d'emplois mis à sa disposition. Pour 2023, les effectifs s'élevaient à 71 emplois « équivalents temps plein travaillé[14] ». Ainsi organisée la Haute Autorité a été dotée de moyens importants et d'un large champ de compétences.

Un large champ de compétences

En premier lieu la Haute Autorité peut s'appuyer sur l'administration fiscale qui vérifie pour elle la situation fiscale des membres du gouvernement. Elle lui apporte également tous les éléments nécessaires à l'évaluation des déclarations de patrimoine. Sur ces bases la Haute Autorité exerce à la fois une fonction de prévention et une fonction de conseil.

– Une fonction de prévention : Les membres du gouvernement, les élus les plus importants, les responsables de sociétés publiques, les membres des autorités administratives indépendantes, les conseillers de cabinets ministériels ainsi que toute personne nommée en conseil des ministres doivent lui adresser une déclaration de patrimoine ainsi qu'une déclaration d'intérêts. Ce contrôle des déclarations de patrimoine permet à la HATVP de vérifier si un responsable public s'enrichit de façon injustifiée. En comparant la situation actuelle du responsable public avec sa situation initiale[15].

La publicité des déclarations des élus permet également aux personnes qui auraient connaissance d'éléments non déclarés ou non détectés d'adresser des signalements à la Haute Autorité. Ainsi, au travers des déclarations d'intérêts ou des signalements, la HATVP peut être amenée à se prononcer sur des situations de conflits d'intérêts, et enjoindre aux personnes concernées d'y mettre fin. À titre d'exemple, en 2023 plus de 18 000 personnes ont eu l'obligation de lui adresser leurs déclarations de patrimoine et/ou d'intérêts (Didier Migaud, article précité). Certains élus (notamment des élus locaux) ont tardé à effectuer leurs déclarations dans les délais légaux. En toute hypothèse ces contrôles permettent à la HATVP de prévenir et de signaler d'éventuelles prises illégales d'intérêts, des détournements de fonds ou d'autres manquements à la probité.

Dans le cadre de sa mission de prévention la loi du 9 décembre 2016 (Sapin 2) relative à la « transparence des rapports entre les représentants d'intérêts et les pouvoirs publics » a conféré une compétence particulière à la HATVP. Désormais les représentants d'intérêts doivent s'inscrire sur un répertoire numérique que publie la Haute Autorité. Ils sont soumis à de nombreuses obligations déontologiques qu'elle contrôle. À ce titre, elle peut se faire communiquer les renseignements afférents à ces obligations et procéder à des vérifications sur place. Elle peut également intervenir quand elle constate qu'un manquement à ces règles déontologiques a été commis. Dans ce cas, après avoir permis aux contrevenants de lui présenter leurs observations, elle peut leur adresser une mise en demeure de respecter leurs obligations. Elle peut également adresser des observations aux responsables publics qui auraient répondu favorablement aux sollicitations des représentants d'intérêts.

Outre le contrôle des représentants d'intérêts, la Haute Autorité est chargée depuis 2020 d'apprécier les mobilités entre les secteurs public et privé (ou « pantouflage »). Les élus locaux ou les membres du gouvernement qui voudraient intégrer le secteur privé à l'issue de leurs fonctions doivent recueillir l'avis favorable de la Haute Autorité. Mais à ces compétences de prévention s'ajoute une fonction de conseil.

14. L'équivalent temps plein (ETP) est une unité de mesure proportionnelle au nombre d'heures travaillées par un salarié. Elle rapporte cette durée de travail effectif à la durée légale du travail dans le pays considéré. En France, cette durée légale est de 35 heures par semaine ou 151,67 heures par mois.

15. Didier Migaud : « La transparence pour partenaire, la clarification pour horizon », *Compliances*, n° 13, Octobre 2021.

– *Une fonction de conseil.* Chargée de développer le comportement éthique des responsables publics, la HATVP peut appréhender de nombreuses situations qui, sans constituer véritablement des infractions pénales, peuvent sembler contraires à l'intérêt général. Entre inaction ou saisine du parquet elle peut recourir à des appréciations ou à des recommandations relatives à toute question déontologique. Elle peut aussi adresser un courrier aux assujettis – notamment aux élus locaux – pour les informer des risques auxquels ils seraient exposés s'ils ne prenaient pas un certain nombre de précautions. Ainsi entre 2020 et 2021 plus de 1 200 courriers de ce type ont-ils été adressés à des élus pour les mettre en garde contre de potentiels conflits ou prises illégales d'intérêts.

Ainsi, gardienne de la moralité publique la HATVP jouit d'une autonomie et d'une indépendance que lui assure son statut d'autorité administrative indépendante (AAI). On s'interrogera cependant sur ce statut. En effet, placés en dehors des structures administratives traditionnelles, les AAI ne sont pas soumises à l'autorité d'un ministre. Elles ne peuvent recevoir d'ordres ou de consignes de la part des pouvoirs publics. Elles ne font pas l'objet d'un véritable contrôle du Parlement. Sans évoquer le spectre de l'« État profond », on peut s'interroger avec le sénateur Mézard (rapport précité), sur l'espèce de consanguinité qui unit les membres de ces institutions comme la HATVP qui sortent presque tous du même moule (Conseil d'État, Cour des comptes, Cour de cassation) et qui constituent une sorte d'« État dans l'État[16] ». L'ancienne interrogation de Juvénal, reste toujours d'actualité. « Mais qui gardera les gardiens ? » Or, malgré les libertés et les compétences dont elle bénéficie, la Haute Autorité a déploré son manque de moyens et a cherché à les accroître progressivement.

II. La tentation expansionniste

Chevauchement de compétences entre institutions voisines, manque de personnel, limitations du pouvoir d'enquête et de sanction constatent les nombreux rapports annuels de la Haute Autorité… Comment alors ne pas vouloir rationaliser et améliorer l'action de l'institution, quitte à phagocyter les compétences d'institutions voisines ? D'où la volonté d'étendre le champ de ses compétences et d'accroître ses effectifs.

Une extension du champ de compétences de la HATVP

Jean-Louis Nadal ancien procureur général près la Cour de cassation, proche des milieux socialistes semble avoir joué un rôle décisif en cette matière. Nommé président de la Haute Autorité par décret du président de la République, le 19 décembre 2013, il n'a cessé d'inciter le législateur à multiplier des textes de lutte contre la corruption[17] . Son rôle dans la création de la Haute Autorité par les lois du 11 octobre 2013, ainsi que dans la régulation ultérieure des représentants d'intérêts semble avoir été décisif.

Dans son rapport de 2015 « Renouer la confiance publique[18] » élaboré à la demande du président Hollande, Jean-Louis Nadal a demandé que les déclarations fiscales des candidats à la fonction de ministre soient vérifiées avant leur nomination. De même a-t-il souhaité que les principes déontologiques prévus par la loi soient étendus aux fonctionnaires et aux magistrats de l'ordre judiciaire.

En 2016, la loi Sapin 2[19] a étendu les obligations de déclaration de patrimoine et d'intérêts à certains hauts fonctionnaires et aux membres

16. Jacques Mézard : « Un État dans l'État. Canaliser la prolifération des autorités administratives indépendantes pour mieux les contrôler », Rapport de la commission d'enquête du Sénat, 1er avril 2015, [en ligne].

17. Présidence de la HATVP du 19 décembre 2013 au 19 décembre 2019. L'ancien président de la Cour des comptes Didier Migaud, nommé le 15 janvier 2020, lui a succédé.

18. Jean-Louis Nadal, Renouer la confiance publique : rapport au Président de la République sur l'exemplarité des responsables publics, 7 janvier 2015.

19. Loi du 9 décembre 2016 relative à la transparence, à la lutte contre la corruption et à la modernisation de la vie économique dite « loi Sapin 2 ».

du Conseil supérieur de la magistrature[20]. Elle a également décidé de créer un répertoire numérique concernant les relations entre les représentants d'intérêts et les pouvoirs publics. Elle a aussi remplacé le Service central de prévention de la corruption (SCPC) par l'Agence française anticorruption AFA que peut saisir le président de la HATVP. Pourtant, estimant que les missions de l'AFA et de la HATVP se chevauchaient, le président Migaud a souhaité que les rôles respectifs de ces deux institutions soient redéfinis. Il fallait selon lui, que la mission de supervision de l'AFA soit transférée à la Haute Autorité en tant qu'autorité administrative unique de supervision et qu'elle bénéficie en conséquence d'un renforcement de ses moyens.

Ces souhaits ont été entendus par la « loi pour la confiance dans la vie politique » de 2017. Désormais la HATVP joue un rôle important lors de l'élection présidentielle et des remaniements ministériels. Elle a reçu également compétence pour contrôler les emplois familiaux des candidats à l'élection présidentielle ainsi que leurs déclarations de patrimoine et d'intérêts.

En 2019, la loi de transformation de la fonction publique lui a transféré une partie des attributions exercées antérieurement par la Commission de déontologie de la fonction publique. Institution de référence en matière de déontologie des fonctionnaires et agents publics, elle intervient désormais directement dans le contrôle des personnes occupant les emplois les plus sensibles et les plus stratégiques, pour lesquels sa saisine préalable est obligatoire. En revanche, les contrôles déontologiques de la grande majorité des agents publics sont confiés aux différentes administrations publiques. Or pour faire face à ces nouvelles missions il fallait des effectifs plus nombreux.

Un accroissement corrélatif des effectifs et des moyens de la HATVP

Organisée en six pôles fonctionnels, la HATVP est assistée de rapporteurs et peut bénéficier de la mise à disposition de fonctionnaires. Les vingt « emplois temps plein travaillés » (ETPT) qui lui avaient été affectés par la loi de finances de 2014 sont passés à soixante-et-onze en 2023, et le budget à près de 10 millions d'euros. La composition du personnel a également progressé. Rajeuni, il se compose désormais de personnalités qui ont une expérience avérée en matière de déontologie.

Pour autant, vu le nombre et l'étendue de ses missions, la HATVP présente un certain nombre de revendications en matière de pouvoirs d'investigation et de sanction, avec notamment une révision à son profit des compétences respectives de la HATVP et de l'Agence française anticorruption. « C'est une expérience éternelle… que toute institution qui a du pouvoir est portée… à en vouloir davantage ! » pourrait-on dire en parodiant Montesquieu. Pour être compréhensible, cette volonté expansionniste ne va pas sans poser quelques questions. La quête d'une transparence à tout prix ne constitue-t-elle pas un danger pour les libertés ?

III. Les dangers de la transparence

Pour légitime qu'elle soit, la promotion de la transparence par la Haute autorité ne va pas sans susciter quelques interrogations. Deux questions seront ici évoquées ici : les atteintes au secret de la vie privée en matière de déclarations de patrimoine et d'intérêts, et la définition laxiste des représentants d'intérêts.

20. Une déclaration de patrimoine avait été envisagée pour certains magistrats et pour les membres du Conseil constitutionnel mais ces mesures ont été censurées par le Conseil constitutionnel.

Du contrôle et de la publicité des déclarations de patrimoine et d'intérêts

Dans sa décision du 12 janvier 1977, « fouille des véhicules[21] », le Conseil constitutionnel a jugé inconstitutionnelles les dispositions autorisant la fouille des véhicules par les officiers de police judiciaire à la seule condition que ce véhicule se trouve sur une voie ouverte à la circulation publique et que cette fouille ait lieu en présence du propriétaire ou du conducteur ». Pour annuler ce texte, le Conseil s'est fondé sur le « caractère très général des mesures envisagées et l'imprécision de la portée des contrôles auxquels elles seraient susceptibles de donner lieu ». Aussi a-t-il jugé que ces mesures « portaient atteinte aux principes essentiels sur lesquels repose la protection de la liberté individuelle ».

On s'interrogera donc sur le caractère très général des atteintes au secret de la vie privée que constitue l'obligation de déclaration de patrimoine et d'intérêts. Au nom d'une vision moralisatrice de la chose publique et considérant, semble-t-il, que les élus et les gouvernants sont des fraudeurs en puissance, le législateur s'est donné le droit de franchir « le mur de la vie privée ». Non seulement les principaux élus sont tenus de procéder à ces déclarations sous peine de sanctions, mais, en outre, le secret de leur patrimoine et de leurs intérêts se trouve porté sur la place publique. En voulant à tout prix assurer la transparence, la France n'a-t-elle pas créé un nouveau « Panopticon[22] », cette structure carcérale où un gardien logé dans une tour centrale (la HATVP ?), peut observer tous les prisonniers (les élus et les gouvernants ?), enfermés dans des cellules individuelles autour de la tour sans que ceux-ci ne puissent savoir s'ils sont observés ni quand ? On s'interrogera également sur la vision extensive qu'a la HATVP au sujet des représentants d'intérêts soumis à son contrôle.

De la définition extensive des groupes d'intérêts

À l'instigation de Jean-Louis Nadal qui est souvent intervenu à ce sujet, la loi du 9 décembre 2016, dite Sapin 2, a créé un régime juridique particulier pour les groupes d'intérêts[23]. Il est compréhensible que le législateur ait voulu protéger la décision publique de l'influence des lobbies et des groupes de pression, aussi peut-on comprendre l'ensemble des précautions prises en la matière et l'obligation faite aux groupes d'intérêts de s'inscrire sur le répertoire numérique publié par la HATVP[24].

Plus problématique cependant est la définition des groupes d'intérêts par le législateur qui qualifie de représentants d'intérêts, les organismes[25], « dont un dirigeant, un employé ou un membre *a pour activité principale ou régulière d'influer sur la décision publique* notamment sur le contenu d'une loi ou d'un acte réglementaire en entrant en communication avec un certain nombre de responsables publics » (suit une énumération des responsables concernés). En revanche, ne sont pas considérés comme représentants d'intérêts : les élus, dans l'exercice de leur mandat ; les partis et groupements politiques, dans le cadre de leur mission constitutionnelle ; les organisations syndicales de fonctionnaires, de salariés et d'employeurs ; les associations à objet cultuel ; les associations représentatives des élus dans l'exercice des missions prévues dans leurs statuts.

On s'étonnera quelque peu de cette nomenclature. En quoi la CGT qui n'est pas, selon la loi un représentant d'intérêts ne cherche-t-elle pas à « influencer la décision publique » quand elle appelle « à se mobiliser devant l'Assemblée le 18 juillet 2024 » alors que

21. Décision 76-75 DC 12 janvier 1977 Fouille des véhicules.

22. Jeremy Bentham, *Panoptique : mémoire sur un nouveau principe pour construire des maisons d'inspection, et nommément des maisons de force*, Paris, 1791.

23. Cf. Titre 2 « De la transparence des rapports entre les représentants d'intérêts et les pouvoirs publics » (Articles 25 à 33).

24. Voir à ce sujet : Extension du répertoire des représentants d'intérêts. Vademecum pour les déclarants, HATVP, 10 juin 2022 [en ligne].

25. Il s'agit des personnes morales de droit privé, des établissements publics ou groupements publics exerçant une activité industrielle et commerciale, et de certains organismes mentionnés au chapitre Ier du titre Ier du livre VII du Code de commerce et au titre II du Code de l'artisanat.

les laboratoires d'idées se voient assimilés à des lobbies ? Interrogé par *Marianne* sur la volonté de la HATVP de soumettre les « think-tanks » au régime des représentants d'intérêts Benjamin Morel déclarait : « *En soi, l'intention de la HATVP n'est pas choquante, mais selon moi [...] les lobbies défendent un intérêt, quand le "think-tank", se propose uniquement de livrer une analyse* ». Mais la HATVP rejette cette distinction. Elle estime que ces laboratoires ont pour activité principale de produire des études et d'élaborer des propositions en matière de politiques publiques, d'économie ou de dispositions institutionnelles, études qui proposent souvent des incitations à des actions concrètes. D'où la volonté de les soumettre ainsi que les cabinets de conseil au régime exigeant des groupes d'intérêts.

Au total, force est de constater que depuis sa création, la Haute autorité s'est transformée. « Par la maîtrise de la circulation public-privé, l'intervention en matière de contrôle du lobbying et le contrôle de conformité dans la lutte anticorruption, la HATVP a cessé d'être une commission administrative comme la CFTVP qui l'a précédée mais un régulateur des proximités entre le public et le privé[26]. »

On ne peut que se réjouir de cette mutation qui a instauré en France une réelle politique de probité publique. La France a fait de réels progrès dans sa lutte anticorruption et selon Transparency international France, elle bénéficie d'une législation et d'un appareil institutionnel « parmi les meilleurs au plan européen ». Pour autant malgré tous les efforts déployés par les pouvoirs publics, la confiance des citoyens à l'égard du monde politique n'est pas au rendez-vous. Selon le Baromètre de la confiance politique du Cevipof[27], en février 2024, 70 % des personnes interrogées ressentaient de la défiance envers la politique pour laquelle 74 % d'entre elles éprouvaient des sentiments négatifs. Quant aux hommes politiques, 68 % des personnes interrogées contre 30 % les jugeaient « plutôt corrompus ». Plus inquiétant encore, en 2023, la France était classée 20ᵉ sur 180 pays selon le rapport de perception de la corruption de Transparency international. Elle obtenait un score de 71 à l'Indice de Perception de la Corruption... soit la même note qu'en 2013[28] !

La tâche de la Haute autorité reste donc indispensable mais perfectible. Il lui faut avancer sur une ligne de crête entre la poursuite des fraudeurs et des délinquants et le respect des libertés individuelles. Dans cette optique la transparence est une arme à double tranchant. « [...] À ne pas la ramener à ce qu'elle doit être – un moyen, dont l'utilité comme la légitimité se mesurent à l'aune des objectifs qu'elle sert –, la transparence est une menace. Devenue une fin en soi, elle s'imposera d'elle-même, [...] elle s'insinuera partout, irrésistiblement, sous le masque fallacieux d'une exigence démocratique. Au terme de l'évolution se révélera son paradoxe : la démocratie aura réalisé le rêve du totalitarisme[29] » et Guy Carcassonne de conclure : « L'on serait troublé à moins ! ».

Christian Bidégaray
Professeur émérite de science politique
Membre du comité d'éthique de la Fondapol

26. Jana Vargovcikova & Antoine Vauchez, pp. 140-141 in *Le moment régulateur. Naissance d'une contre-culture de gouvernement*, Antoine Vauchez (Dir.), Sciences Po Les Presses 2024.

27. « En quoi les Français ont-ils confiance aujourd'hui ? » Vague 15, février 2024 [en ligne].

28. Cf. Indice de la corruption 2023 de Transparency International : la France stagne encore, la faute au manque d'exemplarité du pouvoir exécutif et au manque d'indépendance de l'autorité judiciaire, [en ligne]

29. Guy Carcassonne, « Le trouble de la transparence » *Pouvoirs* 2001/2 (n° 97), p. 17 à 23.

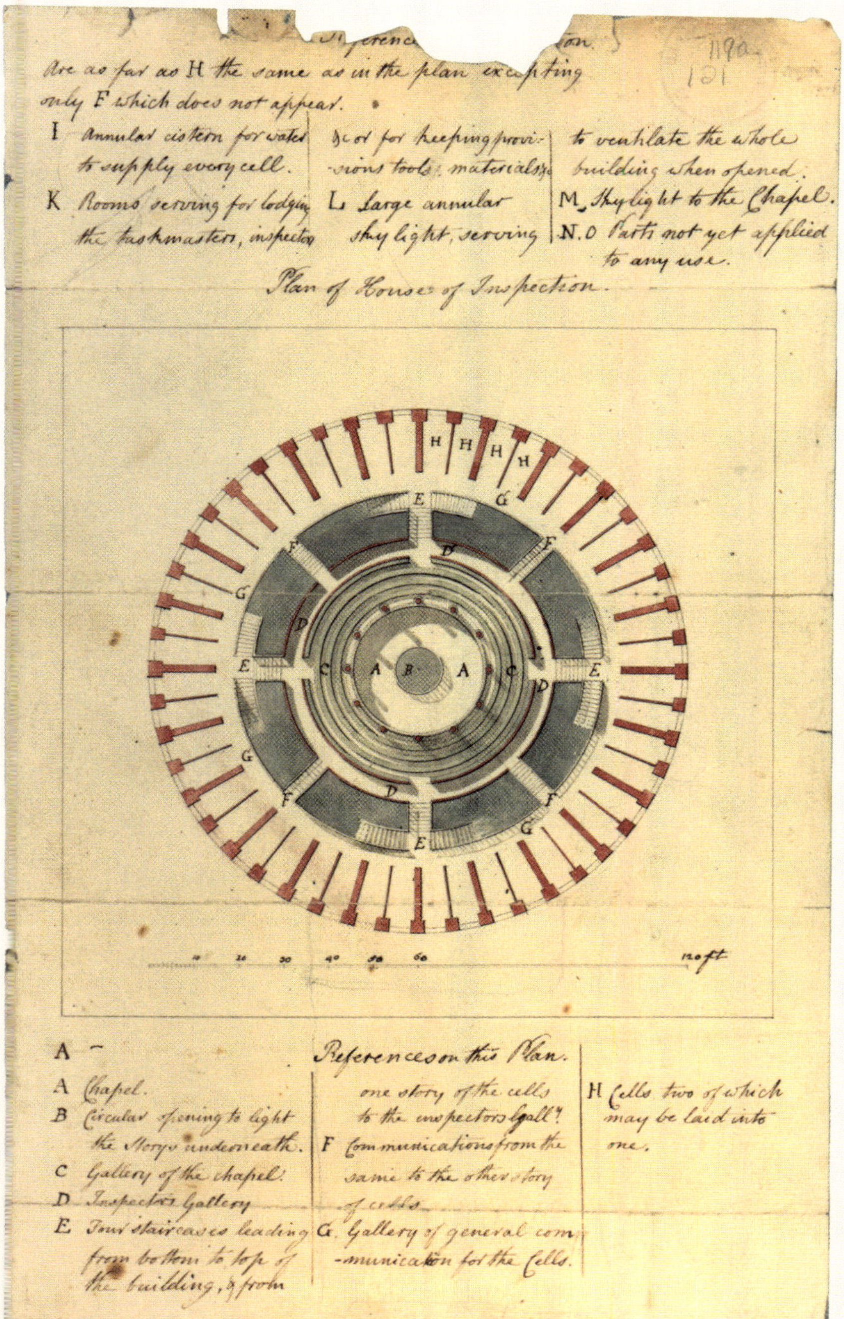

Jeremy Bentham proposa au gouvernement britannique un projet pénitentiaire novateur, le Panopticon, sorte de prison modèle, permettant l'observation permanente des faits et gestes des détenus grâce à un principe de vision totale, applicable également aux hôpitaux, ateliers, ou écoles. Il demanda à son frère cadet Samuel, un ingénieur en mécanique et architecte naval réputé, de lui dessiner son panopticon. Samuel était au service de la tsarine Catherine la Grande, et travaillait sur un projet de ce type destiné à une usine dans laquelle les ouvriers russes pourraient être encadrés efficacement. Bentham eut la conviction que ce panopticon modifierait le comportement des prisonniers et leur apprendrait à travailler et à se conduire correctement.

Dessin d'une prison panoptique de Jeremy Bentham
Section of an Inspection House, c. 1791
Don de Sir John Bowring, 1849
In Manuscrits de Bentham 119a/119

La Fondapol ne se reconnaît pas dans la catégorie des « représentants d'intérêts »

Par Dominique Reynié

Le 3 novembre 2022, j'ai adressé une note à la Haute autorité pour la transparence de la vie publique (HATVP) afin de présenter les raisons pour lesquelles, de mon point de vue, la Fondation pour l'innovation politique ne peut pas relever de la catégorie des « représentants d'intérêts ». Mon opinion s'appuie sur quatre arguments : premièrement, la catégorie « représentant d'intérêts » ne correspond pas à la raison d'être de la Fondapol. Deuxièmement, elle ne décrit pas non plus la réalité de ses activités : les exceptions introduites explicitement par la loi et puis, celles introduites par l'interprétation de la HATVP privent de sa cohérence la notion de « représentant d'intérêts ». Troisièmement, les exceptions sans fondement explicité induisent également un effet de stigmatisation à l'égard des fondations politiques qui se voient littéralement contraintes de s'inscrire dans le monde des « intérêts », de « l'influence » et du « lobbying ». Enfin, et quatrièmement, cette conception extensive de la catégorie de « représentant d'intérêts » altère profondément la nature et le fonctionnement de notre débat public et de la démocratie.

Les catégories de « représentant d'intérêts » et de « lobbying » ne correspondent pas à la raison d'être de la Fondapol

On l'a vu, à sa naissance, en 2004, la Fondapol s'est dotée de statuts qui l'inscrivent résolument dans une perspective de réflexion et de recherche dont les résultats sont destinés à tous les citoyens et, à cette fin, simplement et librement accessibles. Ses statuts s'accompagnent d'une Charte et d'une organisation institutionnelle conçues par les fondateurs pour leur capacité à mobiliser les moyens d'accomplir sa mission. La Fondapol s'y est appliquée jusqu'à présent.

Par ses statuts, la Fondapol se donne pour mission de prendre part à la vie des idées politiques.

Dans les textes qui ont donné naissance à la Fondapol et qui organisent son activité il n'est nulle part prévu de mener une action en direction des responsables de tel ou tel parti. Dès l'article 1er de ses statuts, il est précisé au premier alinéa que la Fondapol « a pour objectif de contribuer à la rénovation de la pensée politique ». Il n'apparaît, dans aucun de ses textes fondateurs, une quelconque perspective d'action partisane. Il s'agit bien de prendre part à une rénovation de « la pensée politique » en général. Si le premier alinéa de l'article 1er précise que « la Fondation se rattache aux idées politiques de droite et du centre », retenons que, d'une part, il s'agit bien d'idées, et non d'actions, et, que d'autre part, il est fait mention des idées « de droite et du centre », non « de la droite et du centre ». La suite du texte des statuts, comme de la Charte, confirme que cette distinction est bien le résultat d'une intention dûment pensée.

Le fait que l'activité de la Fondapol s'inscrive uniquement dans le débat d'idées est un trait constitutif que l'on retrouve encore souligné dans le troisième alinéa du 1er article, où il est dit que la Fondapol « *étudie les enjeux auxquels devra faire face la société française et les transformations du rôle de la France, en Europe et dans le monde. Elle engage les débats d'avenir* » (al. 3). Il s'agit donc bien d'études, de travaux à caractère prospectif, ainsi que l'indique l'alinéa 4 de cet article 1er, posant que la Fondation « alimente le débat intellectuel, assure la circulation et la confrontation des idées dans un esprit de liberté et de respect de l'opinion d'autrui. » Il est dit enfin, dans cette même optique, que la Fondapol réalise « des études et des recherches devant servir de référence. Elle contribue par ses débats et par ses travaux à identifier des solutions nouvelles ». Il s'agit donc clairement d'une activité de réflexion, d'expertise et de recherche.

La Charte déontologique affirme l'indépendance de la Fondapol.

La « Charte » borne l'activité de la Fondapol à la finalité fixée par les statuts. Dans son préambule, la Charte se donne « pour objet d'établir, à l'intention de ceux qui apportent leur concours à la Fondation pour l'innovation politique, les principes et les bonnes pratiques qui s'imposent à eux compte tenu de l'objet particulier que la Fondation entend poursuivre » (preambule, 1er al.). La Charte insiste sur deux principes clés : « l'indépendance à l'égard de la politique partisane, gage de sa légitimité et de sa crédibilité, et la transparence de ses travaux » (preambule, al. 2).

La « transparence » de la Fondapol est assurée par la mise à la disposition du public de tous ses travaux accessible sur le site www.fondapol.org permettant à quiconque de lire ou de télécharger l'ensemble des textes proposés comme l'ensemble des données recueillies. La Fondapol n'a produit aucune « littérature grise », aucun rapport qui aurait été conçu à destination d'une entité particulière, publique ou privée. Nul ne dispose en exclusivité de travaux de la Fondapol autres que ceux dont chacun peut prendre librement connaissance sur son site internet. L'indépendance de la Fondapol est garantie par les termes de sa Charte qui l'engagent devant l'État, devant ses partenaires et devant le public. Son indépendance est organisée sur un plan politique et financier. Sur le plan politique, le deuxième titre de la Charte dit le « caractère non partisan de la Fondation ». Sur le plan financier, la Charte dit : « La Fondation s'interdit de financer directement ou indirectement un parti ou groupement politique tel que précisé par l'article 7 de la loi du 11 mars 1988 » (art. 2.1). Il est précisé que « la Fondation ne fournit aucun don, bien, service, ou autre avantage direct ou indirect, onéreux ou gratuit, contribuant à une campagne électorale ou à un parti ou groupement politique » (art. 2.2) et qu'« un membre du gouvernement ou du Parlement français, ainsi que toute personne ayant des responsabilités exécutives dans un parti politique français, ne peut être membre d'une instance dirigeante de la Fondation (il est entendu par instance dirigeante : le conseil de surveillance, le directoire, le conseil scientifique et d'évaluation, le comité d'audit, le comité d'éthique) » (art. 2.3) et qu'« elle s'interdit toute collaboration exclusive avec un parti politique » (2.4). On notera que la Fondation se distingue par le fait de n'avoir jamais donné une seule consigne de vote au cours de son existence, à quelque élection et pour quelque tour de scrutin que ce soit.

> *« Si l'on suit les termes de la HATVP, le lecteur ne peut que conclure que le type d'action visé correspond à l'action d'influence pour l'obtention d'un avantage »*
>
> Dominique Reynié

L'indépendance de la Fondation sur le plan financier est abordée dans le titre IV de la Charte sur « la transparence de la Fondation dans ses actions » ; il rappelle l'organisation en conseil de surveillance et directoire, invoque le cadre de la loi relative au mécénat, L.2003-709, publiée au JO du 2 août 2003, et les obligations de publication, de certification et de transparence des comptes, ainsi que la nécessité d'un rapport financier annuel, à quoi est ajoutée l'activité de contrôle du comité d'éthique dont a voulu se doter la Fondapol dès le début.

Le troisième titre de la Charte prévoit « un devoir de réserve renforcé en période de campagne électorale ». Plus précisément, la Charte prend le soin d'ajouter que la « conduite » des travaux de la Fondapol « et leurs conclusions ne doivent pas être guidées par des préoccupations partisanes. Ils n'obéissent en aucun cas au souhait d'élaborer un programme électoral et ils s'inscrivent dans une démarche et une réflexion à long terme » (art. 3.1). [...] Si « les recherches que la Fondation entreprend peuvent comporter, le cas échéant, des études d'opinion : elles ne doivent pas être destinées à déterminer les thèmes "porteurs" d'une campagne électorale » (art. 3.2). Enfin, il est dit que « les temps de campagnes électorales doivent engager la Fondation à agir avec encore plus d'exigence à l'égard du principe d'indépendance. La Fondation prend toute disposition pour ne pas interférer dans les débats électoraux et prête une attention particulière aux calendriers électoraux » (3.3).

Il faut noter particulièrement que les rédacteurs de la Charte déontologique ont voulu ajouter que « si un dirigeant ou un collaborateur de la Fondation entend participer à une campagne électorale, il doit le faire strictement hors de son activité dans la Fondation, de façon à ne pas l'impliquer dans cette campagne » (3.4) et, plus encore, qu'« en période de campagne électorale, tout dirigeant ou collaborateur de la Fondation qui est engagé dans cette campagne doit en informer la Fondation, de façon qu'elle puisse s'assurer que les dispositions de l'article précédent sont bien respectées » (3.5).

Outre les contrôles réguliers dont elle fait l'objet, comme toute fondation reconnue d'utilité publique, la Fondapol est soumise à des contrôles internes visant à veiller au bon respect des textes qui la régissent comme des missions qu'elle s'est données sur le plan scientifique et sur le plan éthique.

– Le titre V institue « l'évaluation scientifique systématique de la Fondation », répondant à la volonté de « travaille[r] avec des chercheurs français et étrangers de haut niveau » (5.1), et qu'elle cherche la collaboration de think tanks étrangers afin de « produire des études de référence ouvertes sur les débats d'idées d'avenir » (art. 5.2). C'est dans le cadre de cette ambition intellectuelle que « les projets, les notes et les études de la Fondation sont soumis à une évaluation par le conseil scientifique et d'évaluation » qui se réunit trois fois par an (5.3).

– Le titre VI de la Charte institue un comité d'éthique qui « a pour mission de s'assurer que les activités et le fonctionnement de la Fondation sont conformes aux règles d'éthique fondamentales et aux dispositions de la présente Charte » (6.2). Le comité d'éthique « peut être saisi par le conseil de surveillance, le directoire, les autres instances de la Fondation et plus généralement par tout collaborateur de la Fondation. Il peut également se saisir lui-même et alerter une ou plusieurs des autres instances de la Fondation ».

Il est indiqué que le comité d'éthique rend compte une fois par an « au conseil de surveillance des principales observations qu'il a faites durant l'année et, le cas échéant, des questions qu'il estime nécessaire de clarifier » (6.2). Dans la pratique, le comité d'éthique prend part à chacun des trois conseils de surveillance, au cours desquels il fait un rapport sur l'activité de la Fondapol et de ses collaborateurs.

– Enfin, l'engagement personnel des membres de la Fondapol est formellement requis. L'objet du titre VII de la Charte est consacré à « l'engagement personnel » de tous les collaborateurs de la Fondapol. Il est ainsi indiqué que « chaque dirigeant, chaque collaborateur de la Fondation reconnaît avoir pris connaissance des principes fixés par la présente Charte et s'engage à les respecter en permanence. Il est conscient que toute violation de cet engagement pourra entraîner, le cas échéant, des sanctions, voire sa mise à l'écart de la Fondation ou la résiliation du contrat qui le lie à elle, voire encore des poursuites judiciaires » (7.2).

La notion de « lobbying » est sans rapport avec les activités de la Fondapol.

Selon la loi du 11 octobre 2013 (Transparence) article 18-2 sont des représentants d'intérêts, « les personnes morales de droit privé, [etc.] dont un dirigeant, un employé ou un membre ayant pour activité principale ou régulière d'influer sur la décision publique, notamment sur le contenu d'une loi ou d'un acte réglementaire en entrant en communication avec [etc.] ».

Sans rapport avec les activités de la Fondapol, le statut de « représentant d'intérêts » et de lobbyiste lui est pourtant imposé

Si l'on suit les termes de la HATVP, le lecteur ne peut que conclure que le type d'action visé correspond à l'action d'influence pour l'obtention d'un avantage. Le site de la HATVP rappelle que « depuis le 1er juillet 2017, les représentants d'intérêts sont tenus de s'inscrire sur un répertoire numérique, dans lequel ils doivent donner des informations sur leur organisation, leurs actions de lobbying et les moyens qui y sont consacrés ». Les informations demandées annuellement par la HATVP reposent sur un postulat qui ne concerne pas l'activité de la Fondapol. Ce postulat est contenu dans l'élément suivant : « les questions sur lesquelles ont porté les actions de représentation d'intérêts, notamment son objet (c'est à dire la description de la question sur laquelle a porté son action) et le domaine d'intervention ».

L'assertion « a priori » de la HATVP selon laquelle les fondations politiques portent des « actions de représentation d'intérêts » et qu'elles feraient la « transmission d'expertises dans un objectif de conviction » ne laisse aucune possibilité pour ces dernières de produire une définition alternative ni aucun droit de contradiction. Ceci entraîne une conséquence disproportionnée : via cette conception excessivement inclusive par son contenu et autoritaire par son mécanisme d'application, une fondation politique chargée de contribuer au débat public se voit imputer *a priori* l'entièreté de son activité à la représentation d'intérêts. C'est ainsi que, dans une lettre qui m'a été adressée par la Haute autorité, le 26 janvier 2023, il nous était proposé un choix qui n'en était pas un :

« Dans le prolongement de cette décision, il vous était demandé, par courrier en date du 29 septembre 2022, de bien vouloir inscrire la Fondapol sur le répertoire des représentants d'intérêts ou, à défaut, de faire part de ses entrées en communication avec des responsables publics français.

Il ressort de leur analyse par les services de la Haute Autorité que la Fondapol est entrée à de nombreuses reprises en contact avec des responsables publics, à son initiative, dans le but d'influencer des décisions publiques.

En effet, la Fondapol indique avoir diffusé 21 études en 2021, 23 études en 2020 et 4 enquêtes entre 2020 et 2021 auprès de différentes personnalités publiques, avoir organisé 7 rendez-vous avec celles-ci entre 2020 et 2021. Ces études et enquêtes ont été adressées à l'initiative de la Fondapol à de nombreux responsables publics listés à l'article 18-2 de la loi du 13 octobre 2013.

Ainsi, afin de vous mettre en conformité avec la loi n° 2013-907 du 11 octobre 2013 relative à la transparence de la vie publique, je vous saurais gré de bien vouloir inscrire votre organisation sur le répertoire dans un délai d'un mois après réception du présent courrier. »

En ce sens, la question contient en sa formulation une réponse n'offrant qu'une alternative : ne pas y répondre et, pour nous, encourir une sanction pénale[1], ou y répondre mais en inscrivant l'action de la Fondapol dans la catégorie de représentant d'intérêts dans laquelle nous ne nous reconnaissons pas. En effet, lorsque la HATVP rappelle que « depuis le 1er juillet 2017, les représentants d'intérêts sont tenus de s'inscrire sur un répertoire numérique, dans lequel ils doivent donner des informations sur leur organisation, leurs actions de lobbying et les moyens qui y sont consacrés », elle place d'autorité le répondant sous ce statut, autrement dit, elle le lui impose. De même, lorsque le répondant est tenu de renseigner les « catégories de responsables publics avec lesquels le représentant d'intérêts est entré en communication (membre du Gouvernement, parlementaire, personne titulaire d'un emploi à la décision du Gouvernement, un élu local, etc.) », la HATVP l'amène à endosser et à formuler une réponse qui va réaliser une action par son énoncé. Ce qui est un effet du langage performatif. En d'autres termes, la réponse du répondant vaut validation de son statut de « représentant d'intérêt »...

La HATVP appuie notamment sa définition de l'influence en assurant que l'action de l'influenceur « concerne son secteur d'activité ». Afin d'écarter toute ambiguïté sur sa qualité, et lui permettre de s'exprimer en connaissance de cause, le répondant est informé par le biais du site internet de la HATVP de la définition de la représentation d'intérêts en ces termes : « Faire de la représentation d'intérêts, c'est prendre l'initiative d'entrer en contact avec les personnes qui sont chargées d'élaborer et de voter les décisions publiques ou de conduire l'action publique nationale ou locale pour influencer leurs décisions. C'est le cas par exemple d'une entreprise ou d'une association qui sollicite un rendez-vous avec le préfet de son département pour lui demander de faire évoluer une réglementation qui concerne son secteur d'activité ». Or, la Fondapol a publié une note consacrée au secteur des fondations. Il s'agissait d'un texte portant sur les fondations en général, dont la rédaction a d'ailleurs été confiée au directeur de la Fondation de France de l'époque[2]. La Fondapol doit-elle pour cela s'attribuer la qualité de « représentant d'intérêt » ?

La Fondapol n'emploie aucune personne pratiquant l'influence, comme « activité

1. Loi n° 2016-1691 du 9 décembre 2016 – art. 25 (V) : Le fait, pour un représentant d'intérêts, de ne pas communiquer, de sa propre initiative ou à la demande de la Haute Autorité pour la transparence de la vie publique, les informations qu'il est tenu de communiquer à cette dernière en application de l'article 18-3 est puni d'un an d'emprisonnement et de 15 000 euros d'amende.

2. Francis Charhon, *La philanthropie. Des entrepreneurs de solidarité*, Fondapol, mai/juin 2012, 44 pages.

principale » ou comme « activité régulière ». L'effort « d'influer la décision publique, notamment le contenu d'une loi ou d'un acte réglementaire en entrant en communication » n'est ni « une activité principale » ni une « activité régulière » et ce pour chacun des membres de la Fondation. L'affirmer serait un procès d'intention. Le laisser penser relèverait d'une logique du soupçon. Dans les deux cas, c'est inacceptable. Le contenu de la loi comme les précisions apportées par la HATVP ne correspondent pas à l'activité de la Fondapol, ce que confirment à la fois le contenu de ses travaux et sa méthode de diffusion desdits travaux.

Pour comprendre l'inadéquation à la Fondapol du qualificatif de « représentant d'intérêts », outre ses statuts et sa Charte déjà mentionnés, il faut considérer le programme de travail de la Fondapol. Son activité prend principalement la forme de contributions écrites, accessibles à tous, sans réserve. Ainsi l'évaluation de l'activité de la Fondapol passe-t-elle nécessairement par la lecture de ses notes[3]. La lecture de ces notes permet de vérifier la nature des préoccupations et des actions de la Fondapol. Tous nos travaux, y compris ceux reposant sur une ou plusieurs enquêtes d'opinion, engageant une réflexion et développant un raisonnement, s'inscrivent donc dans le domaine des idées.

La destination et la diffusion des travaux montrent que la catégorie de « représentant d'intérêts » est inappropriée à la Fondapol.

Les travaux réalisés par la Fondapol sont impulsés par elle-même. Ils sont systématiquement destinés au grand public et sont diffusés sous la forme de documents numériques édités, accessibles sur le site de la Fondapol, pour une lecture en ligne ou téléchargeables. Les élus destinataires de la version imprimée des travaux de la Fondapol ne sont pas sélectionnés en fonction d'une appartenance politique. En clair, tous les parlementaires, députés et sénateurs, sont destinataires de nos travaux. Il en va de même des cabinets ministériels, des présidents de région, de département, et des maires des villes de plus de 30 000 habitants. Et bien sûr le président de la République, le Premier ministre et tous les membres du gouvernement. Il faut préciser que les élus destinataires de la version imprimée des travaux de la Fondapol reçoivent toutes ses études, c'est-à-dire pas seulement celles qui seraient supposées entrer dans leur champ de compétence. L'absence de ciblage de nos destinataires en fonction de leurs centres d'intérêt supposés illustre la nature des contributions de la Fondapol au débat.

Les organisations que la loi excepte explicitement de la catégorie des « représentants d'intérêts » et celles que la loi ne mentionne pas mais que, dans son interprétation de la loi, la HATVP décide d'excepter, fragilisent la notion de « représentants d'intérêts ».

La désignation des organisations « représentantes d'intérêts » procède de ce que dit la loi et de l'interprétation qu'en fait la HATVP. La loi précise explicitement les types d'entités qui ne sont pas concernées par la catégorie de « représentant d'intérêts ». Ces entités que la loi écarte explicitement de la catégorie des « représentants d'intérêts » sont les partis, les groupements politiques, les syndicats de salariés, les organisations professionnelles d'employeurs et les associations cultuelles. Or, il est évident que ces entités sont porteuses d'« intérêts », d'autant

3. On trouve systématiquement la liste complète des études, à date, à la fin des publications de la Fondapol.

qu'elles assument de chercher à influencer la loi comme, d'une façon générale, la décision publique, puisqu'elles en font même officiellement leur raison d'être. La production et la diffusion d'idées sont des activités que mènent les partis les groupements politiques, les syndicats et les associations cultuelles. On ne comprend pas pourquoi le fait de produire et de partager des idées ne serait pas l'expression d'une représentation d'intérêts dans le cas des partis, des groupements politiques, des syndicats et des associations cultuelles, et elle le serait dans le cas d'une fondation politique qui n'est financée par aucun parti, groupement politique ou syndicat, nulle organisation professionnelle d'employeurs, nulle association cultuelle. Ainsi, à titre d'exemple que l'on pourrait aisément multiplier, il n'est pas cohérent de prétendre que la cinquantaine de notes sur le fait religieux produites par la Fondapol soit l'expression d'une organisation représentante d'intérêts, alors que les travaux rendus par des associations cultuelles ne le seraient pas.

Dans le même temps, la HATVP a décidé de ne pas considérer comme des « représentants d'intérêts » des professions dont les activités sont pourtant très proches, voire similaires, à celles des fondations politiques, par exemple, les éditeurs, les universitaires, les sondeurs ou encore les journalistes. Pourtant, les points sont nombreux : une fondation politique comme la Fondapol, sollicite des auteurs (ce que font également les éditeurs, les universités, les journalistes et les sondeurs), produit des idées (ce que font également les éditeurs, les universitaires, les journalistes et les sondeurs), édite et diffuse des textes, livres ou articles (ce que font également les éditeurs, les universités, les journalistes et les sondeurs), conçoit des enquêtes d'opinion (ce que font également les universitaires et les sondeurs, quelquefois les journalistes), rédige les questionnaires des enquêtes qu'elle conduit (ce que font également les universitaires et les sondeurs), en publie les résultats et les commente pour en déduire des enseignements (ce que font également les universitaires et les sondeurs).

Si ces professions ne sont pas explicitement rangées par la loi dans la catégorie des « représentants d'intérêts » alors que les activités sont les mêmes ou de même nature, la question se pose de savoir pourquoi les éditeurs, les universitaires, les sondeurs et les journalistes ne sont pas inclus par la HATVP dans la catégorie des « représentants d'intérêts », ou, à l'inverse, pourquoi les fondations politiques, comme la Fondapol, le sont.

Les incohérences et les contradictions contenues dans la loi se répercutent dans son interprétation débouchant sur la création de deux classes d'entités, moralement hiérarchisées, alors qu'elles renvoient pourtant au même type d'activité.

La première classe regroupe les entités exclues de la catégorie de « représentants d'intérêts », explicitement par la loi ou par l'interprétation de la HATVP. De fait dans le débat public, les partis, les groupements politiques, les syndicats de salariés, les organisations professionnelles d'employeurs et les associations cultuelles, les éditeurs, les universitaires, les sondeurs et les journalistes ne seront donc pas considérés comme des « représentants d'intérêts », soit parce que la loi exclut explicitement ces activités, soit parce qu'elle ne les cite pas et que la HATVP a décidé de ne pas les inclure.

La seconde classe réunit les entités que la loi ne cite pas parmi les représentants d'intérêt qu'elle n'exclut pas explicitement mais auxquelles la HATVP a décidé d'imputer le statut de représentant d'intérêts. L'apparition de cette deuxième classe entraîne inévitablement un effet de hiérarchisation, compte tenu de la stigmatisation politique et morale que ne manque pas d'entraîner la confusion entre une activité d'expertise et de recherche avec une action d'influence.

Jamais, dans l'histoire intellectuelle française, dans l'histoire de notre débat public, de la vie de nos idées, jamais depuis la grande loi de 1881 instituant la liberté d'opinion, jamais n'avait été imaginée et opérée une telle distinction entre des fonctions intellectuelles, entre des femmes et des hommes exerçant une activité de même nature, soudainement supposés œuvrer dans le monde des idées, de l'information, de la connaissance pour les uns, dans le monde de l'influence, des intérêts et du « lobbying » pour les autres.

Du fait que les notions de « représentant d'intérêts », d'« influence » et de « lobbying » apportent une forte dimension négative, évoquent l'intrigue, une part sombre, occulte même, presque immédiatement associée à l'idée de corruption, voire de complot, la distinction entre ces deux classes impose une hiérarchie au sein du monde des idées qui entache la neutralité de la catégorisation.

Le lecteur des travaux d'une fondation politique sera invité à s'interroger *a priori* sur la nature des lobbies qui sont à l'œuvre derrière une étude, un texte, émanant d'une entité inscrite dans la catégorie des « représentants d'intérêts ». Cet effet de stigmatisation est d'autant plus évident que l'origine de cette législation, ainsi que de la création d'une HATVP, est le résultat d'une crise majeure apparue non pas au cœur d'une fondation politique, mais au sein de la classe politique elle-même, concernant des responsables publics, des partis et des groupements politiques[4].

La catégorie de « représentant d'intérêts » dans laquelle les fondations politiques ont l'obligation de se reconnaître altère gravement la nature du débat démocratique.

Dans le monde démocratique, le débat public souffre du développement des partis protestataires au détriment des partis de gouvernement dont les idées raisonnables peinent désormais à exister ; l'abstention électorale est souvent importante, voire massive ; la défiance à l'égard des institutions, des médias, des experts et des responsables publics s'est généralisée et semble enracinée. L'ère du soupçon, la polarisation des opinions sont quelques-uns des phénomènes qui alimentent la montée en puissance de l'antipolitique. Le débat est gagné par la suspicion, la démagogie, l'outrance, voire la violence.

Dans le même temps, dans l'espace numérique, l'à-peu-près et les *fake news*, sapent les bases d'une information de qualité, pourtant indispensable à la civilité et au régime démocratique. Les partis politiques, les syndicats ou les associations cultuelles préservés par la loi ne pourront, à eux seuls, conjurer l'effondrement du civisme. En France, les fondations politiques rencontrent depuis une quinzaine d'années une audience nouvelle. Elle est portée par deux phénomènes différents mais convergents : d'un côté, une demande d'explication et de sens ; d'un autre côté, l'effondrement des partis, la crise des médias et un phénomène de politisation des universités, en particulier en sciences sociales.

4. Voir plus haut le texte de Christian Bidégaray, « L'institution d'une "Haute autorité pour la transparence de la vie publique" ».

> « Une telle interprétation de la vie des idées nous fait faire un pas de plus vers la récusation de la lignée libérale sur laquelle repose notre édifice juridique et politique »
>
> Dominique Reynié

La loi et l'interprétation qu'en fait la HATVP procèdent d'une conception problématique de la vie des idées et du débat d'opinions

Si la HATVP décide que l'expertise, les réflexions, les débats sur la situation politique, économique et sociale, émanant d'une fondation politique sont assimilables à la promotion d'intérêts, et que cette péninsule de la vie intellectuelle est réputée mise au service d'une influence, alors, par voie de conséquence, la HATVP considère que le débat d'idées n'est qu'une illusion, la façade dissimulant la réalité d'un pur rapport de forces entre des intérêts matériels, lesquels sont d'autant plus soupçonnables qu'on ne peut les désigner quand ils n'existent pas. Par ce biais, le doute sur la sincérité des acteurs, notamment des auteurs, s'installe, ainsi que la défiance à l'égard de ceux qui élaborent des réflexions, des idées, qui les expriment et les partagent. Une telle interprétation de la vie des idées nous fait faire un pas de plus vers la récusation de la lignée libérale sur laquelle repose notre édifice juridique et politique.

Il existe une différence essentielle entre l'action d'influencer et celle de convaincre.

L'action de convaincre s'exerce par l'argumentation et la documentation, elle s'adresse à la raison et au libre arbitre de l'interlocuteur, à sa liberté d'admettre en partie ou pas du tout. Elle implique la publicité de l'argumentation. Ce sont les textes et les données publiées, les débats publics qui offrent à quiconque la possibilité d'en juger la validité quoi qu'en dise une interprétation grossière de plus en plus répandue de la grande tradition sociologique. Bien différemment, l'influence cherche à orienter la volonté de l'interlocuteur, soit à son insu, par des techniques relevant de la manipulation, soit en cessant de s'adresser à ses valeurs pour parler à ses intérêts, agissant alors par le biais d'une promesse de rétribution, matérielle ou symbolique, voire, le cas échéant, d'une menace. L'assimilation du débat d'idées à une simple lutte d'influences, participe d'une logique du soupçon, d'une incompréhension de la vie de l'esprit, périlleuse dans un État de droit et dommageable à la vie démocratique. Ramener le pluralisme au pur conflit d'intérêts n'est pas neutre sur le plan politique. Ce n'est pas non plus sans conséquence sur la réputation du travail intellectuel. Il n'y aura bientôt plus d'experts, il n'y aura plus que des lobbyistes dissimulés derrière leurs expertises. On retrouve ici non seulement une tradition idéologique et sociologique très marquée, mais aussi la culture complotiste omniprésente dans l'espace public numérique en général, qui prévaut sur les réseaux sociaux et qui fait tant de dégâts dans l'esprit des jeunes générations. Nous sommes en voie de l'institutionnaliser.

« Monsieur le Directeur général,

Depuis les derniers échanges avec le Président de la Haute Autorité, aucune modification législative n'est venue préciser le domaine d'application du répertoire des représentants d'intérêts.

Le premier alinéa de l'article 18-2 de la loi précitée définit les représentants d'intérêts de la façon suivante :

“Sont des représentants d'intérêts, au sens de la présente section, les personnes morales de droit privé, les établissements publics ou groupements publics exerçant une activité industrielle et commerciale, les organismes mentionnés au chapitre Ier du titre Ier du livre VII du code de commerce et au titre II du code de l'artisanat, dont un dirigeant, un employé ou un membre a pour activité principale ou régulière d'influer sur la décision publique, notamment sur le contenu d'une loi ou d'un acte réglementaire en entrant en communication avec [liste des responsables publics concerné]”.

L'article 18-2 énumère ensuite, de façon circonscrite, les entités qui ne sont pas des représentants d'intérêts :

“Ne sont pas des représentants d'intérêts au sens de la présente section :

a) Les élus, dans l'exercice de leur mandat ;

b) Les partis et groupements politiques, dans le cadre de leur mission prévue à l'article 4 de la Constitution ;

c) Les organisations syndicales de fonctionnaires et, dans le cadre de la négociation prévue à l'article L. 1 du code du travail, les organisations syndicales de salariés et les organisations professionnelles d'employeurs ;

d) Les associations à objet cultuel ;

e) Les associations représentatives des élus dans l'exercice des missions prévues dans leurs statuts.”

Les think tanks ne sont donc pas exclus du champ d'application de la loi du 11 octobre 2013 précitée. »

Extrait du courrier du 11 mars 2022
adressé à la Fondapol par la HATVP

L'objet de cette troisième partie est d'offrir un aperçu des travaux menés par la Fondapol depuis 2004. Il ne s'agit pas d'un inventaire. L'intention est de montrer la réflexion globale qui sous-tend la production des 421 rapports – nous les appelons « notes » –, des 32 études reposant sur une enquête d'opinion réalisée *ad hoc*, des 137 notes ou études en langues étrangères et, enfin des 48 ouvrages publiés par la Fondapol depuis sa création en 2004. À l'exception des ouvrages qui sont en vente en librairies, tous ces travaux sont librement accessibles sur notre site fondapol.org où l'on trouve aussi de nombreuses vidéos, ainsi que des articles dans la série « anthropotechnie », dédiée à la médecine d'augmentation et des articles dans la série « décryptage ».

Les textes qui composent la dernière partie du présent ouvrage ont été sélectionnés ou synthétisés par moi-même. Dans ce cas, ils portent la signature de leur auteur. Dans les autres cas, les textes sont signés de mon nom ou de mes initiales (D. R.). La synthèse d'ensemble est de ma responsabilité, les auteurs des notes n'étant engagés que par leurs propres contributions.

Dominique Reynié

TROISIÈME PARTIE

NOS IDÉES POUR LA CITÉ

1.

Un dérèglement politique

1. La mutation de la représentation politique
2. Déclin des partis de gouvernement, montée des mouvements protestataires
3. Une représentation médiatique décalée
4. L'émergence d'une jeunesse antisémite

« Les partis et groupements politiques concourent à l'expression du suffrage. Ils se forment et exercent leur activité librement. Ils doivent respecter les principes de la souveraineté nationale et de la démocratie ».

Article 4 de la Constitution de 1958.

1. La mutation de la représentation politique

En France, le déclin des partis de gouvernement, les progrès de l'abstention, la poussée phénoménale des votes populistes, la multiplication des mouvements protestataires, le retour de la violence politique donnent à voir un processus de « désinstitutionalisation » de notre vie publique. Les travaux de la Fondapol documentent constamment ce déplacement d'une part croissante de nos différends, de nos oppositions et de nos conflits vers un domaine extra-institutionnel. La violence gagne de l'importance dans notre vie politique. Désormais, ceux qui sont défaits par les urnes, qui ne veulent pas prendre le risque de les solliciter parce qu'ils seraient battus sèchement affaiblissant leur cause, ou ceux qui refusent explicitement l'élection au motif qu'elle est inappropriée à la question – par exemple peut-on gagner des élections si l'on a pour programme la décroissance ? –, bref tous ceux qui ne constituent que des groupes très minoritaires, des associations marginales, des mouvements éphémères, parviennent cependant à imposer leur présence au cœur du débat public, et parfois leurs vues, par l'attraction qu'exerce la radicalité sur les médias, le happening, l'occupation, le blocage, voire la destruction des biens publics ou privés.

SUR FONDAPOL.ORG

Dominique Andolfatto, *Que pèsent les syndicats ?*, avril 2018

À l'inverse, ceux qui votent, ceux qui respectent la loi de l'élection, ceux qui s'en remettent aux institutions ont souvent le sentiment de n'être pas entendus, de ne pas compter.

Les zadistes, les animalistes, les opposants aux innovations scientifiques et technologiques, aux antennes relais, aux bassines, aux sites industriels, aux infrastructures de transport, aux voyages en avion, les destructeurs de plans d'OGM, les opposants aux Jeux olympiques, à la croissance, etc. forment une constellation de mouvements groupusculaires dont les militants sont en partie les mêmes, souvent liés entre eux. Par leurs actions, ils démontrent de fait qu'il est possible de faire de la politique, de peser sur la représentation médiatique, sur la décision publique, en ignorant les partis, les syndicats, les élections ; en recourant aux outils numériques, aux réseaux sociaux, à la téléphonie mobile, pour obtenir une visibilité maximale à partir d'une mobilisation minimale.

C'est la leçon que les Gilets jaunes ont tirée de ce spectacle. Les Gilets jaunes sont la première expression historique d'une massification du processus de désinstitutionalisation. Mais si un tel mouvement devait conduire une part déterminante de la société française à délaisser les urnes, les partis, les syndicats, les médias, pour leur préférer les formes de mobilisation et d'action des groupuscules, les réseaux sociaux aux médias classiques, les ronds-points aux assemblées élues, le coup de poing à l'élection, alors la démocratie française atteindrait la limite de résistance de l'ordre public. Nous y étions presque, le 1er décembre 2018, lors de la manifestation au cours de laquelle certains Gilets jaunes ont saccagé l'Arc de Triomphe.

L'effondrement des partis de gouvernement. Depuis déjà de nombreuses années, il existe un débat sur le déclin des partis. Il est cependant admis que la démocratie ne peut fonctionner

La démocratie est inconcevable sans les partis

Piero Ignazi, *Parti et démocratie. Histoire d'une légitimité fragile*, Paris, Calmann-Lévy, 2021 pour la traduction française publiée à l'initiative et grâce au soutien de la Fondapol et de Terra Nova

« Théoriquement et concrètement, ils sont bien le centre névralgique de la politique depuis les années 1920 mais l'opinion ne parvient pas (et ne parviendra sans doute jamais) à être en paix avec eux. Leur légitimité est toujours remise en cause. Pourquoi, au tournant du XXIe siècle, sont-ils toujours au banc des accusés ? Pourquoi ne trouvent-ils pas une place, un "espace pacifié", au sein des sociétés postmodernes ? Commirent-ils des faux pas ravageurs ?

À mon sens, leur image négative tient à la fois d'un fil rouge d'hostilité et de mépris qui accompagne depuis des siècles l'idée de partition et donc de « parti », et de leurs agissements au cours des dernières décennies.

Les partis gaspillèrent le capital de sympathie qu'ils avaient acquis au lendemain de la Seconde Guerre mondiale en tant qu'instruments essentiels de la démocratie et de la liberté (et à leur service) pour le bien-être général de leur électorat. La longue route depuis cet "âge d'or" jusqu'au XXIe siècle s'achève sur un effondrement spectaculaire de la confiance. Les partis ne savent plus gagner les cœurs et les esprits des citoyens en raison, certes, de l'argument ontologique éculé d'être des facteurs de division, mais surtout de leurs dérapages.

C'est leur ancrage récent dans l'État qui les isole des citoyens.

Les partis tentèrent de survivre dans l'environnement difficile et mouvant des sociétés postindustrielles et postmodernes en se rapprochant de l'État et en s'y installant, en accroissant la part publique de leur financement et en étendant leur champ d'intervention. Cette stratégie leur permit de rester incontournables, tout en les renforçant, mais elle les éloigna des gens. Ils furent perçus comme distants, autocentrés, obsédés par l'augmentation de leurs ressources, et sourds à la volonté et aux besoins des citoyens. Ils devinrent ainsi plus puissants en termes structurels et financiers, mais au prix de la perte de leur légitimité, ressource immatérielle et pourtant essentielle. Ils font désormais figure de Léviathans instables : des colosses aux pieds d'argile qui dominent toujours le processus politique, mais qui ne sont plus que des "coquilles vides".

Longtemps, les partis furent considérés comme des organismes suspects et dangereux pour le corps social et politique. Ce sentiment perdure aujourd'hui. C'est pourquoi, même inconsciemment, ils tendent à être rejetés pour ce qu'ils sont. Tenus pour un mal inévitable et nécessaire, ils sont toujours un mal. Mais s'il est difficile de les placer "du côté des anges", restaurer leur légitimité n'en est pas moins une impérieuse nécessité pour combattre la vague populiste et plébiscitaire montante. La démocratie est inconcevable sans les partis, tant que la régulation politique des conflits nous apparaîtra essentielle, centrale et légitime. »

Piero Ignazi

Les soutiens aux protestations anomiques favorisent… le vote protestataire !

Question : « Si le premier tour de l'élection présidentielle avait lieu dimanche prochain, pour lequel des candidats suivants y aurait-il le plus de chances que vous votiez ? »

Réponses : « Jean-Luc Mélenchon » ; « Emmanuel Macron » ; « Valérie Pécresse » ; « Éric Zemmour » ; « Marine Le Pen »

Base : ensemble de l'échantillon

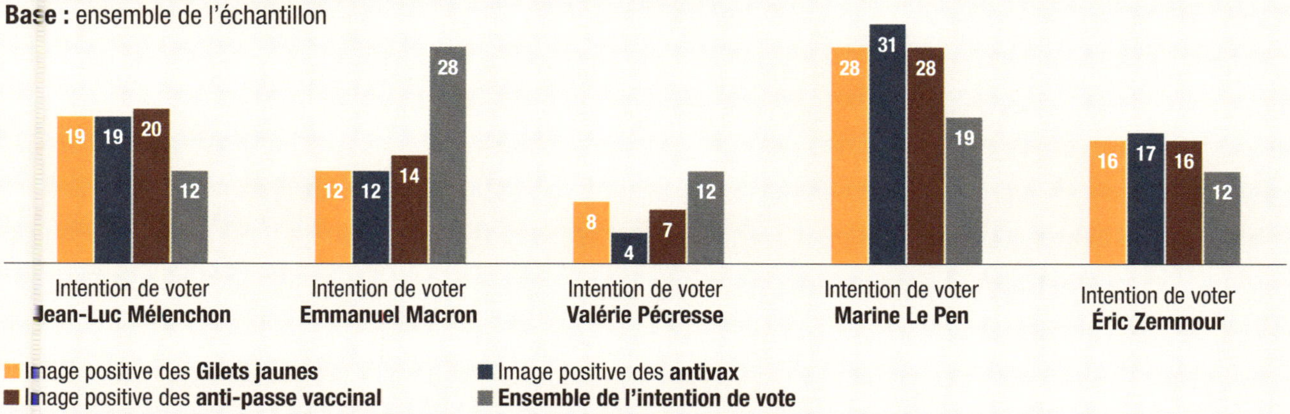

Grille de lecture : parmi les répondants qui ont une image positive des antivax, 31 % comptent voter pour Marine Le Pen au premier tour, contre 19 % pour l'ensemble de l'échantillon.

Source : Dominique Reynié (dir.), *2022, présidentielle de crise*, Fondapol, avril 2022

Dominique Reynié, Rapport pour l'Assemblée nationale sur l'abstention. Mission d'information visant à identifier les ressorts de l'abstention et les mesures permettant de renforcer la participation électorale, Fondapol, novembre 2021

sans les partis. Ils œuvrent à la compréhension du système politique ; ils favorisent la participation à son fonctionnement par la mobilisation des citoyens ; ils organisent leur représentation dans les instances locales, régionales, nationales et européennes ; ils concourent à la formation et à l'expression du suffrage. Mais les partis opèrent encore la sélection et la formation des candidats aux fonctions électives, la production des programmes de gouvernement.

Mais l'utilité indépassable des partis ne suffit pas à empêcher leur fragilisation, leur déclin ou leur mutation dans des formes qui ne correspondent plus aux fonctions pour lesquelles ils ont acquis un statut constitutionnel et des moyens d'action, y compris financiers. Le populisme, l'orientation protestataire du militantisme de certaines organisations, leur emprise croissante sur le corps électoral pose la question de la compatibilité de ces partis, souvent parmi les plus populaires, avec les besoins de la démocratie. Les partis traditionnels semblent voués à disparaître sans être remplacés. « En Marche », le Rassemblement national et La France insoumise sont des « partis personnels », sans ancrage local, sans vie militante en dehors des grands scrutins, et sans véritable doctrine. Ils existent principalement comme des machines électorales pour les grandes élections, les élections législatives, les élections européennes et surtout l'élection présidentielle.

En 2017, l'élection présidentielle est devenue protestataire. L'affaiblissement conjoint des partis de gouvernement et le déclin des médias professionnels, ce que la Fondapol désigne comme la double crise de la représentation, est l'une des causes déterminantes de la politisation négative que nous observons. La numérisation de l'espace public, l'apparition des réseaux sociaux et des applications mobiles jouent incontestablement un rôle clé dans la propagation et l'intensification des colères politiques et sociales. En 2022, lors du premier tour de l'élection présidentielle, selon les données de la Fondapol, le total des votes en faveur d'une candidature protestataire atteint 58 % des suffrages exprimés, soit 42 % des électeurs inscrits.

Depuis plus de vingt ans, l'élection présidentielle enregistre ce dérèglement de la politique démocratique. Ce scrutin central, pivot du bon fonctionnement de nos institutions, est dominé par des comportements électoraux protestataires ; ils alimentent un mouvement d'une ampleur toujours plus grande, associant des attitudes de repli, de rupture et de rejet, jusqu'à atteindre des niveaux que nous n'avons jamais connus dans notre histoire. Même si cette protestation n'a pas encore débouché sur l'arrivée à l'Élysée d'un candidat antisystème, de tels résultats ont pour conséquence que l'acceptabilité des pouvoirs élus n'est plus acquise ; on reproche au Président élu de ne pas avoir été véritablement choisi quand un second l'a opposé à une candidature populiste, comme en 2002, 2017 et 2022 ; on conteste sa légitimité en pointant le rétrécissement de sa base électorale par rapport aux électeurs inscrits. C'est finalement la légitimité de l'élection qui se trouve ébranlée.

Afin d'aider à comprendre et anticiper les contours de nos scrutin nationaux, la Fondapol a conçu un indicateur de la protestation électorale dont le graphique offre un résultat synthétique. Les données sont issues des premiers tours de l'élection présidentielle depuis 1965.

On le voit, le résultat est une protestation électorale en très forte hausse. Les courbes représentent les votes populistes au premier

SUR FONDAPOL.ORG

Hugues Hourdin, La révision constitutionnelle de 2008 : un premier bilan Préface d'Édouard Balladur et de Jack Lang, octobre 2018

Jean-Félix de Bujadoux, Le nouveau Parlement : la révision du 23 juillet 2008, novembre 2011

SUR FONDAPOL.ORG

Guillaume Bazot, *Structure économique et sociale des territoires et vote populiste en France*, Fondapol, octobre 2024

Jérôme Jaffré, *Le Front national face à l'obstacle du second tour*, Fondapol, février 2017

tour des élections présidentielles de 1965 à 2022. À partir de 2007, le choix d'intégrer ou non le vote PCF dans le calcul du vote « populiste » ne fait varier que marginalement le niveau de ce vote antisystème. On sait que le vote FN s'est imposé dans l'effondrement du vote en faveur du PCF. Lors des grandes heures du Parti communiste, entre 1945 et 1981, tout le monde ne regardait pas le PCF comme un parti populiste, même si on lui attribuait une activité contestataire et une fonction tribunitienne, de porte-parole des colères des classes populaires[1]. De fait, par bien des aspects, ce parti répondait pourtant aux critères du populisme ; par d'autres, il s'en éloignait, en particulier en considérant sa forte intégration au système national des élites syndicales, universitaires, médiatiques et bien sûr politiques, notamment à travers ses responsabilités à la tête de nombreuses mairies, et de quelques départements, ce qui fut désigné sous le nom de « communisme municipal ».

En conséquence, dans la reconstitution du vote populiste lors du premier tour des élections présidentielles, nous avons donc choisi de proposer deux séries de données, l'une incluant le vote communiste, à l'exception de la candidature de Pierre Juquin en 1988, l'autre n'incluant pas le vote communiste, ce qui ne change rien à partir de 2007, compte tenu de l'effondrement du vote PCF. Enfin, précisons que les résultats présentés ici ont été calculés par rapport aux suffrages exprimés.

SUR FONDAPOL.ORG

Jérôme Fourquet et Sylvain Manternach, *Départementales de mars 2015 (1) : le contexte ; (2) : le premier tour ; (3) : le second tour*, Fondapol, août 2015

Céline Colange, Sylvain Manternach, *Élections départementales et régionales 2021 : une analyse cartographique*, décembre 2021

Arnaud Chneiweiss, *La défiance vue par le prisme du médiateur de l'assurance*, juillet 2023

1. Cf. Georges Lavau, *À quoi sert le Parti communiste français*, Paris, Fayard, 1981

Le vote populiste lors du premier tour de l'élection présidentielle (1965-2022)
en % des suffrages exprimés

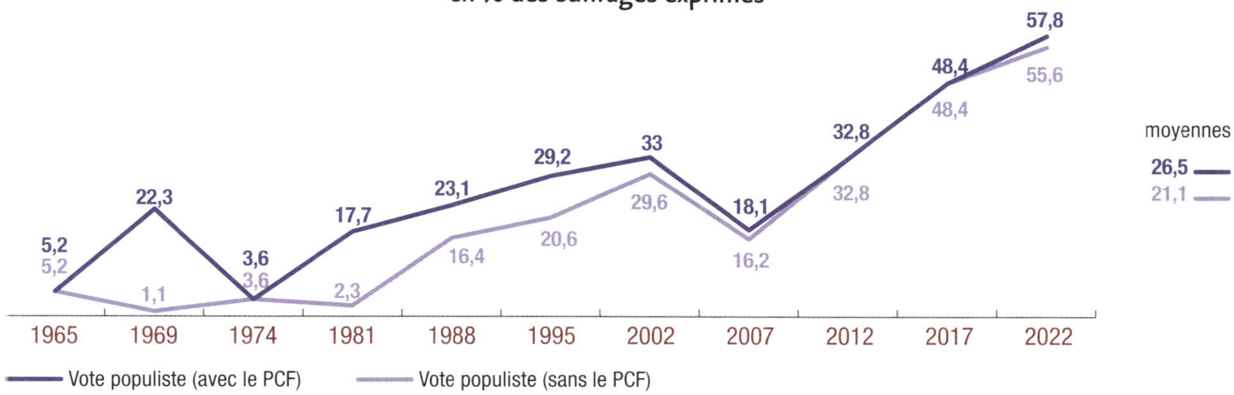

Source : compilation par la Fondation pour l'innovation politique de résultats électoraux (ministère de l'Intérieur)

Candidatures retenues pour comptabiliser le vote populiste :

1965 : J.-L. Tixier-Vignancour (Comités Tixier-Vignancour) ; 1969 : J. Duclos (PCF), A. Krivine (LC) ; 1974 : J.-M. Le Pen (FN), B. Renouvin (NAR), A. Laguiller (LO), A. Krivine (FCR) ; 1981 : A. Laguiller (LO), G. Marchais (PCF) ; 1988 : J.-M. Le Pen (FN), A. Laguiller (LO), A. Lajoinie (PCF) ; 1995 : J.-M. Le Pen (FN), A. Laguiller (LO), R. Hue (PCF), J. Cheminade (SP) ; 2002 : B. Mégret (MNR), J.-M. Le Pen (FN), A. Laguiller (LO), O. Besancenot (LCR), R. Hue (PCF), D. Gluckstein (PT) ; 2007 : J.-M. Le Pen (FN), A. Laguiller (LO), O. Besancenot (LCR), M.-G. Buffet (Gauche populaire et antilibérale), G. Schivardi (PT) ; 2012 : M. Le Pen (FN), N. Dupont-Aignan (DLR), J.-L. Mélenchon (FdG), P. Poutou (NPA), N. Arthaud (LO), J. Cheminade (SP) ; 2017 : M. Le Pen (FN), N.Dupont-Aignan (DLF), F. Asselineau (UPR), J.-L. Mélenchon (LFI), P. Poutou (NPA), N. Arthaud (LO), J. Cheminade (SP); 2022 : M. Le Pen (FN), N. Dupont-Aignan (DLF), É. Zemmour (R !), J.-L. Mélenchon (LFI), P. Poutou (NPA), N. Arthaud (LO), F. Roussel (PCF).

SUR FONDAPOL.ORG

Jérôme Fourquet et Sylvain Manternach, *Régionales. (1) : vote FN et attentats ; (2) : les partis, contestés mais pas concurrencés*, mars 2016

Jérôme Fourquet, *Européennes 2014. (1) : la gauche en miettes ; (2) : poussée du FN, recul de l'UMP et vote breton*, octobre 2014

Pascal Perrineau, *Régionales 2010 : que sont les électeurs devenus ?*, mai 2010

En 2022, le comportement électoral a été massivement protestataire. Si nous intégrons dans le calcul de la protestation électorale les électeurs qui décident de ne pas voter et ceux qui choisissent de voter blanc ou qui déposent dans l'urne un bulletin « nul », la protestation concerne 70 % des électeurs inscrits lors du premier tour de l'élection présidentielle de 2022.

Nous savons que l'abstention peut être systématique ou intermittente et que toute abstention n'est pas protestataire. Nous savons que les raisons de l'abstention sont diverses : le désintérêt, l'incompréhension du scrutin ou des enjeux ou encore l'incapacité à choisir. Puisqu'une partie seulement de l'abstention relève de la protestation, il est difficile de l'évaluer à partir des seuls résultats électoraux. Mais nous avons choisi ici d'intégrer l'abstention dans le calcul de la protestation électorale après avoir interrogé nos huit échantillons successifs, à partir de 2018, sur leur « disponibilité à l'abstention » pour la présidentielle à venir, alors celle de 2022. On a vu s'exprimer une « intention d'abstention » à un niveau que confirmeront les résultats de 2022. On admettra qu'une intention déclarée de s'abstenir est nécessairement sans rapport avec les raisons pratiques d'une abstention (maladie, voyages, etc.). L'intention de s'abstenir est pour nous la manifestation d'un désintérêt pour l'élection ou d'un refus d'y prendre part, dans les deux cas d'une relation critique avec la démocratie électorale. De plus, en faveur de cette thèse, on note que la hausse de l'abstention lors des élections présidentielles à partir de 2002, au premier tour, au second tour ou lors des deux tours, accompagne la poussée du vote en faveur des candidats protestataires.

La protestation électorale (vote populiste, votes blanc et nul* et abstention) lors du premier tour de l'élection présidentielle (1965-2022)
en % des électeurs inscrits

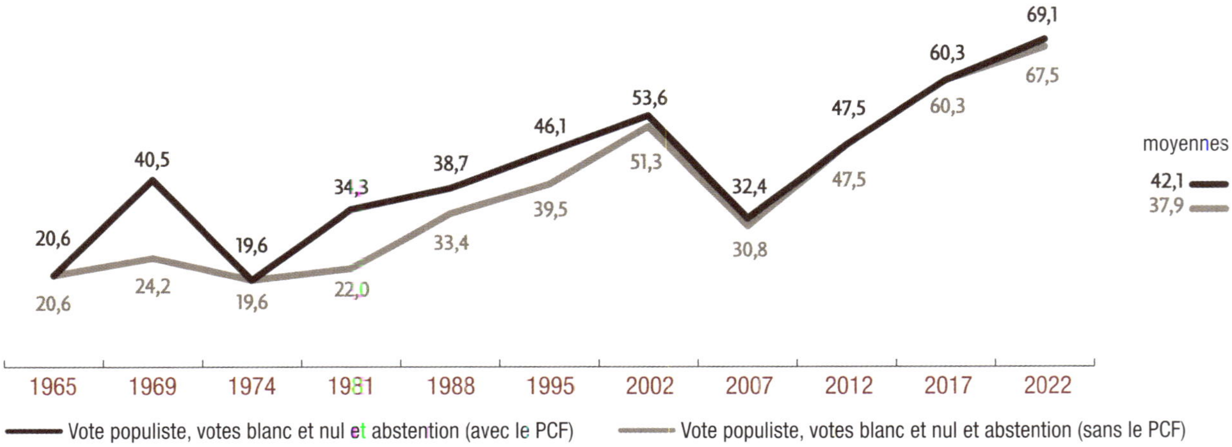

* Depuis la loi du 21 février 2014, le recensement du vote blanc n'est plus confondu avec celui du vote invalide (vote nul).
L'élection présidentielle de 2017 a été la première à connaître le nouveau régime du vote blanc.
À partir de la présidentielle de 2017, nous prenons en compte seulement le vote blanc.

Source : compilation de résultats électoraux (ministère de l'Intérieur) par la Fondapol

Enfin, il y a la question du vote blanc. Jusqu'en 2014, le recensement du vote blanc était confondu avec celui du vote invalide (vote nul) dans une seule catégorie « blancs et nuls ». Le vote blanc est comptabilisé à part depuis la loi du 21 février 2014. Il a été recensé séparément pour la première fois lors des élections européennes de juin 2014. L'élection présidentielle de 2017 s'est donc déroulée dans le cadre de ce nouveau régime du vote blanc. Ici, de même que pour l'abstention, nous avons choisi d'intégrer le vote blanc dans le calcul de la protestation électorale, sans oublier que le vote blanc est une forme atténuée de la protestation électorale, comme le choix de dire son mécontentement en montrant que l'on refuse de prendre la parole.

Entre 2019 et 2024, nous avons publié de nombreuses études dédiées à la montée en puissance de la protestation électorale en France. Les cinq premières études ont porté sur *Le risque populiste en France* ; en avril 2022, une étude complémentaire a été consacrée à la campagne pour l'élection présidentielle, *Présidentielle de crises* ; enfin une étude publiée en 2022 a été dédiée à l'analyse des résultats de l'élection présidentielle et des élections législatives.

Ces travaux nous ont permis de compléter la mesure de la protestation électorale en interrogeant les électeurs sur leur disponibilité à adopter l'un des comportements protestataires : abstention, vote blanc et votes pour les partis populistes. À chacune de ces enquêtes, nous avons enregistré la montée en puissance de l'intention protestataire à partir de la mesure de ces trois types de comportement. Les résultats relevés lors du scrutin présidentiel de 2022 ont confirmé la réalité de cette tendance électorale.

Dans le droit fil de la présidentielle, les élections législatives de juin 2022 ont également été marquées par une forte poussée de la protestation électorale ; pour en évaluer le niveau dans le cadre des élections législatives, nous prenons en compte, outre l'abstention et le vote blanc, les votes en faveur des candidats de la Nupes, des divers extrême gauche, de DLF, de Reconquête ! et du RN. Bien sûr, toutes les candidatures présentées par la Nupes n'étaient pas de type « protestataire », mais tel était bien le cas, selon nous, des candidats LFI. La nature protestataire de la Nupes vient d'abord du rôle dominant qu'a joué le parti de Jean-Luc Mélenchon dans sa constitution, ce que reflète rétrospectivement l'élection de nombreux députés LFI, surplombant largement la coalition. À cela s'ajoutent les profils de plusieurs candidats présentés par les autres formations de la coalition, ceux de EELV en particulier, et plus largement la stratégie parlementaire protestataire acceptée par les différentes composantes de la Nupes. Ceci nous conduit à intégrer la totalité des votes en faveur de la Nupes dans la protestation électorale, même si une part secondaire n'en faisait pas partie dans une configuration politique différente.

Entre les élections législatives de 2022 et celles de 2024, la pression du vote RN sur l'Assemblée nationale augmente fortement. Lors des élections législatives de juin 2022, la Fondapol a réalisé une étude sur l'électorat macroniste, sur l'électorat de la droite LR-UDI et sur l'électorat du centre. Nous avons montré à cette occasion que les électeurs de la droite modérée et les deux tiers des électeurs de Renaissance formaient en réalité une seule et même famille de sensibilité. Notre enquête a permis de renseigner ces différents électorats, y compris bien entendu ceux du RN, qui avait alors réalisé un exploit sans précédent dans son histoire, en réunissant près de 19 % des suffrages exprimés. Nous avons pu ainsi

Dominique Reynié (dir.), *2022, présidentielle de crises*, Fondapol, avril 2022

Dominique Reynié (dir.), *Mutations politiques et majorité de gouvernement dans une France à droite*, Fondapol, septembre 2022

SUR FONDAPOL.ORG

Laurence Morel et Pascal Perrineau, *Les primaires électorales et les systèmes de départage des candidats à l'élection présidentielle*, août 2021

François Bazin, *Les lois de la primaire. Celles d'hier, celles de demain*, juin 2015

Élections législatives 2022 - Élections législatives 2024 : Évolution du vote RN (en %)

		Vote du RN au premier tour des élections législatives 2022*	Intention de vote RN au premier tour des élections législatives 2024	Evolution en points
	Ensemble	**18**	**36**	**+18**
Genre	Hommes	17	35	+18
	Femmes	20	37	+17
Âge	18-24 ans	6	27	+21
	25-34 ans	18	35	+17
	35-49 ans	21	46	+25
	50-64 ans	24	40	+16
	65 ans et plus	14	30	+16
CSP	Artisans, commerçants, chefs d'entreprise	7	23	+16
	Cadres, professions intellectuelles supérie ures	13	29	+16
	Professions intermédiaires	16	31	+15
	Employés	29	46	+17
	Ouvriers	30	51	+21
Catégorie d'agglomération	Commune rurale	22	41	+19
	Ville de 2000 a 19 999 habitants	24	40	+16
	Ville de 20 000 à 99 999 habitants	17	31	+14
	Ville de plus de 100 000 habitants	17	39	+22
	Agglomération parisienne	10	29	+19
Positionnement politique	Gauche	4	5	+1
	Centre	13	24	+11
	Droite	28	56	+28

* Données tirées des résultats de la troisième vague de l'enquête *Mutations politiques et majorité de gouvernement dans une France à droite*, Dominique Reynié (dir.), Fondation pour l'innovation politique, septembre 2022

Source : Anne Flambert, Dominique Reynié, Mélodie Jourdain, Nicola Gaddoni, *Législatives 2024 : le grand désarroi des Français*, Fondapol, juin 2024

procéder à l'étude de l'évolution du profil des électeurs du RN entre 2022 et 2024, alors que les sondages d'intentions de vote promettaient au parti lepéniste de doubler son score de 2022 lors des législatives précipitées par la dissolution en 2024.

2. Déclin des partis de gouvernement, montée des mouvements protestataires

Depuis 2012, l'évolution de la gauche radicale en France épouse les courbes décroissantes de la gauche française dans son ensemble. Parallèlement, elle continue à subir les conséquences politiques de la chute du mur de Berlin, de l'effondrement de l'Union soviétique et du maintien d'une identité communiste forte – dans son acception orthodoxe ou dissidente – et de l'effritement de son influence sur le reste de la gauche française, qui a duré près de soixante-dix ans. L'expression « gauche radicale » a progressivement remplacé la notion d'« extrême gauche » ou celle de « gauchisme », incorporant un Parti communiste français (PCF) qui, jusqu'en 2002, n'était pas qualifié comme tel. La gauche radicale peut aussi être nommée « gauche », « gauche critique » ou « pensée critique », et ses élites peuvent s'appeler « intellectuels critiques ». Il faut entendre par là principalement les forces de la gauche antilibérale et anticapitaliste, qui rejettent l'économie de marché et qui, dans leur ensemble, sont hostiles à la social-démocratie. Ces groupes, qui se réclament des traditions marxistes ou libertaires, demeurent minoritaires et éparpillés. Depuis 2002, le PCF a donc rejoint cette mouvance, se rapprochant, échéance électorale après échéance électorale, de cet état groupusculaire qui caractérise depuis longtemps l'extrême gauche française.

Cependant, phénomène paradoxal, si la gauche radicale est en déclin, elle conserve une influence et une audience relativement élevée, et en tout cas sans commune mesure, avec son poids électoral qui est marginal, voire nul. Cet effet ciseau entre influence et implantation s'est encore renforcé. La gauche radicale apparaît d'autant plus visible que la forme traditionnelle du parti politique s'estompe, laissant place à une expression plus large. Aujourd'hui, la gauche radicale est une nébuleuse complexe d'organisations, de collectifs, de journaux, de sites Web et de maisons d'édition. La plupart des acteurs de la gauche radicale n'appartiennent plus à un parti ou à un groupe structuré mais demeurent marqués par cette expérience et cette sensibilité politiques qu'ils continuent de revendiquer.

Des militants veulent en finir avec toute forme d'exploitation des animaux. Le monde des associations de protection animale a beaucoup évolué ces dernières années, avec notamment la montée en puissance d'un animalisme radical incarné par des courants de pensée, des individus et des groupes qui ne militent plus seulement en faveur de l'amélioration des conditions de vie des animaux mais aussi pour la fin de toute forme d'exploitation des animaux. Ce qui implique, par exemple, de leur point de vue, la fin de l'élevage en France. On a ainsi pu observer l'émergence de nouvelles thématiques (véganisme, antispécisme, libération animale…), de nouveaux mouvements (dont le plus connu est l'association L214) et de nouveaux modes opératoires (diffusion de vidéos à charge contre l'industrie de la viande ou d'autres formes d'exploitation des animaux, actions de vandalisme et d'intimidation visant des boucheries et d'autres commerces…).

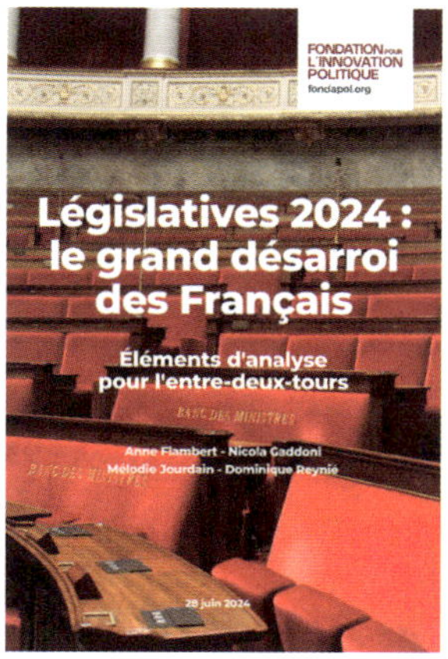

Anne Flambert, Dominique Reynié, Mélodie Jourdain et Nicola Gaddoni, *Législatives 2024 : le grand désarroi des Français*, Fondapol, juin 2024

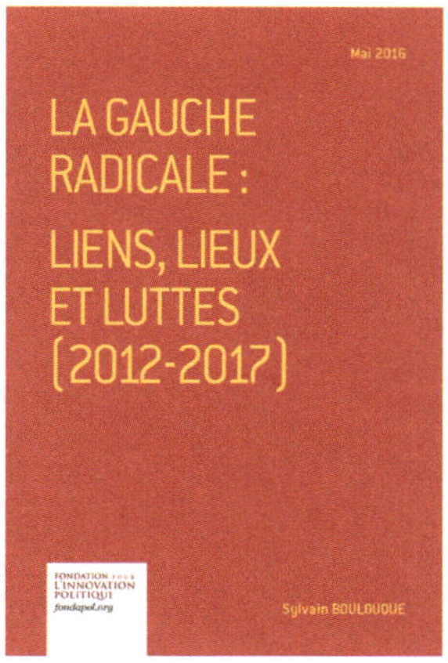

Sylvain Boulouque, *La gauche radicale : liens, lieux et luttes (2012-2017)*, Fondapol, mai 2016

L'étrange dissolution

Le 9 juin 2024, quelques minutes après l'annonce de la victoire aux élections européennes du Rassemblement national (RN, 31,4 % des suffrages), un niveau plus de deux fois supérieur à celui de la majorité présidentielle (14,6 %), le Président de la République est intervenu pour annoncer la dissolution de l'Assemblée nationale. Les élections ont été annoncées pour le 30 juin et le 7 juillet. Le délai le plus court a donc été choisi, d'où l'impression de précipitation. Y-a-t-il eu un « effet Bardella » ? Ce dernier avait en effet haussé le ton pour réclamer une dissolution. Il a été très – trop rapidement – entendu.

Rien n'obligeait le Président à agir ainsi. Jamais un président de la République n'était intervenu un soir d'élections européennes, même lorsque les forces de la majorité en place avaient été défaites (1999 pour l'UMP, 2014 pour le Parti socialiste). La dissolution, décidée pour la sixième fois sous la Ve République, avait jusqu'alors été utilisée pour harmoniser les majorités présidentielle et législative après une victoire présidentielle (1981 et 1988 pour François Mitterrand), pour donner la parole au peuple après une crise sociale et politique majeure (1968) ou pour répondre à une motion de censure victorieuse vis-à-vis du gouvernement en place (1962). Toutes ces dissolutions avaient abouti à des degrés divers à une victoire de la majorité présidentielle. Déjà, en 1997, l'usage de la dissolution avait évolué vers une dissolution d'opportunité : celle opérée par le président Jacques Chirac qui, en dépit d'une majorité législative qui lui était favorable, avait cherché à renforcer celle-ci : le résultat fut déjà parfaitement l'inverse du but alors recherché : la victoire de l'opposition de gauche et la mise en place d'une longue cohabitation de cinq ans.

Cette fois-ci, le Président était à la tête d'une majorité très affaiblie. L'opposition du RN était en vive progression depuis des mois et des années. Emmanuel Macron a donc pris un risque politique majeur dans la mesure où il était hautement improbable qu'il puisse prendre lui-même la tête d'un « front républicain » uni et l'emporter face au RN. Les oppositions de droite et de gauche ne joueraient pas le jeu et ne rendraient pas ce service à Emmanuel Macron. Cette stratégie du « front républicain » a certes privé le RN d'une victoire annoncée, mais elle n'a imposé aucune alternative crédible, aucun parti ni aucune coalition ne dépassant même la barre modeste des 200 députés pourtant bien éloignée de la barre de la majorité absolue des 289 députés... C'est ainsi une issue pour le moins chaotique qui s'est imposée : un éclatement en quatre blocs (NFP, Ensemble et ses alliés, Les Républicains, RN) incapables de dégager une majorité stable pour gouverner.

La dissolution était supposée apporter « la clarification » ; selon le mot du Président, dans une France divisée, endettée et menacée. Tel n'a pas été le cas. Depuis l'issue du scrutin, on ne parle même plus de majorité positive mais de majorité négative à éviter – celle d'une motion de censure – pour qu'un gouvernement puisse persister quelques mois dans son être. N'oublions pas qu'aucune nouvelle dissolution n'est possible dans l'année qui suit une dissolution, quel que soit par ailleurs le calendrier électoral. Le blocage est donc fort possible et, à ce moment-là, la crise de régime succédera à la crise politique.

Pascal Perrineau

Membre du conseil scientifique et d'évaluation

Même si les végans sont ultra-minoritaires dans la société française et plutôt impopulaires si l'on en croit les résultats de quelques enquêtes d'opinion, leur « part de voix » dans l'espace public n'en est pas moins significative, tout comme leur influence auprès d'une partie de la population, notamment dans une partie de la jeunesse et du monde médiatique. Ainsi, la contestation animaliste radicale a réussi à transformer la question animale en controverse et même en un véritable problème public.

Le retour politique de l'affrontement. Les violents affrontements entre éléments radicaux et forces de l'ordre en marge de certaines manifestations – contre le projet de réforme des retraites, lors d'une manifestation non autorisée d'opposants aux projets de « mégabassines », parfois très agressifs comme le 25 mars 2023, à Sainte-Soline dans les Deux-Sèvres, ou encore pour le 1er mai – ont montré qu'en France, depuis plusieurs années, les mobilisations sociales et les diverses formes de contestation sont souvent émaillées de comportements brutaux. À l'instar du journaliste Yaël Goosz, qui se demandait le 7 décembre 2020 dans un éditorial politique sur France Inter : « Pourquoi aucune manifestation ne peut plus désormais se dérouler sans violence ? », on peut constater en effet que, désormais, un grand nombre de manifestations ou de protestations se caractérisent par des dégradations et des destructions de biens, des affrontements avec des policiers et des gendarmes ainsi que par d'autres faits de violence perpétrés par des activistes radicaux.

Cela peut sembler aller de soi dans « un pays à forte tradition contestataire qui peut confiner à la violence » comme le dit le politiste Xavier Crettiez. Le sociologue Michel Wieviorka rappelle également qu'« à la fin des années 60, et jusqu'au milieu des années 70, la violence politique ou sociale en France était loin d'être un tabou[2] ». Mais il remarque également qu'à la fin des années 1970, « le rejet de la violence politique et sociale se généralisait, en même temps que s'étiolaient les idéologies révolutionnaires, tiers-mondistes, marxistes ». On a ainsi connu en France durant les décennies 1980-1990 une période de basse intensité en termes de violence politique. Si l'on se fonde sur la base Vioramil[3], qui recense quelque 6000 épisodes ou événements de violences collectives de 1986 à 2020, on peut voir que, durant les années 1980, seules 5 % des manifestations étaient violentes, alors que plus de 43 % de celles des Gilets jaunes ont généré des violences durant la période 2018-2019.

Cela signifie, par conséquent, que l'on assiste depuis quelques années :

– à un retour de la violence politique en France, notamment avec la contestation de « la loi Travail de 2016 et les "Gilets jaune" [qui] ont été un vrai moment de basculement dans l'expression de la violence physique dans l'espace public » ;

– à un élargissement des types d'individus et de groupes qui recourent à une telle violence, avec en particulier l'émergence depuis les années 2000 d'une violence perpétrée par des mouvements animalistes radicaux et des groupes écologistes radicaux ;

– à la légitimation croissante du recours à celle-ci de la part d'une partie non négligeable de la population.

Les principaux mouvements qui vont nous intéresser ici sont des organisations structurées, des collectifs ou des « groupes informels et réseaux affinitaires » ayant généralement pour caractéristique commune d'être dans une logique anticapitaliste et des mouvements de

Eddy Fougier, *La contestation animaliste radicale*, Fondapol, janvier 2019

2. Michel Wieviorka, « La légitimité de la violence politique et sociale », *Millénaire 3*, 31 mars 2021.

3. Isabelle Sommier, Xavier Crettiez et François Audigier, *Violences politiques en France*, Presses de Sciences Po, 2021.

« À prendre le terme dans la rigueur de l'acception, il n'a jamais existé de véritable démocratie et il n'en existera jamais. Il est contre l'ordre naturel que le grand nombre gouverne et que le petit soit gouverné. On ne peut imaginer que le peuple reste incessamment assemblé pour vaquer aux affaires publiques, et l'on voit aisément qu'il ne saurait établir pour cela des commissions, sans que la forme de l'administration change. »

Jean-Jacques Rousseau, *Du contrat social*, III, 4 (1762)

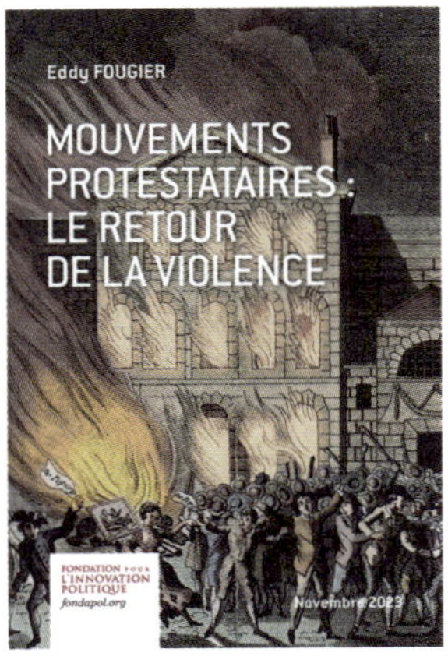

Eddy Fougier, *Mouvements protestataires : le retour de la violence*, Fondapol, novembre 2023

protestation sociale se situant, eux, plutôt dans une vision « antisystème ». Dans cette étude ne sont pas pris en compte les groupes appartenant à l'« ultradroite » et à la mouvance identitaire.

Ces mouvements peuvent être classés dans cinq catégories aux frontières souvent poreuses :

– les courants néoluddites, qui rejettent les technologies et la « technocratie » ;

– les courants animalistes radicaux, qui se présentent comme antispécistes ;

– les courants écologistes radicaux, qui peuvent créer des zones à défendre (ZAD) ;

– les courants de l'ultra gauche incarnés par des anarchistes, des anarcho-syndicalistes, des autonomes, des antifascistes ou bien des communistes révolutionnaires ;

– des mouvements de contestation sociale, dont les composantes les plus radicales ont fréquemment recouru à la violence, à l'instar des « Bonnets rouges » et des « Gilets jaunes ».

Washington, D.C., États-Unis, 6 janvier 2021.
Trump a déclenché des émeutes au Capitole : le « QAnon Shaman », Jake Angeli

Il est vital de réaffirmer la centralité de la procédure électorale et du principe de la démocratie représentative. Dans un pays qui compte 49 millions d'électeurs, le tirage au sort ne remplacera pas l'élection et il n'y aura pas de démocratie directe. Ces idées sont stimulantes sur le plan intellectuel mais inopérantes en pratique. Elles méritent l'intérêt et l'étude approfondie des chercheurs en science politique, mais elles ne sauraient s'immiscer dans le fonctionnement des pouvoirs publics. La place que ces thèmes occupent dans le débat public, leur visibilité médiatique disproportionnée est à la fois le symptôme et la cause de l'une des conséquences les plus dangereuses de la désinstitutionalisation de notre vie politique, qui est certainement la tendance à contester le résultat des élections, comme nous avons pu le voir aux États-Unis, le 6 janvier 2021, avec le refus du Président sortant, Donald Trump, d'admettre sa défaite, entraînant les scènes désastreuses et inacceptables de l'assaut du Capitole par ses partisans. Aux yeux du monde, le chef de la plus grande puissance du monde démocratique, et du monde en général, a montré qu'il était disposé à rejeter le principe fondamental des régimes démocratiques.

Cet événement historique n'intervient pas comme un fait isolé. Il est dramatique parce qu'il est l'expression d'une époque où le doute sur la valeur de l'élection peut s'immiscer au cœur des sociétés libres. On le voit avec les conditions dans lesquelles le tirage au sort fait retour, tout particulièrement en France, sous la forme des « conventions citoyennes », qui sont ces assemblées délibératives composées de citoyens tirés au sort. L'intention des promoteurs de cette forme de délibération n'est évidemment pas de contester la légitimité de l'élection. Une telle forme de discussion est sans aucun doute d'un grand intérêt dans la perspective d'une connaissance plus fine des enjeux d'opinion, à propos d'un sujet important ; de tels échanges peuvent aider à éclairer la décision des responsables politiques, sur le plan local, régional et jusqu'au législateur.

Mais un problème se fait jour dès lors que ces assemblées dites « délibératives », « conventions citoyennes » ou « conférences de consensus », avec les traits sous lesquels elles sont présentées, voire mises en scène, semblent prétendre concurrencer le travail des élus. On peut avoir le sentiment que l'on cherche à opposer implicitement une source pure, qui serait le tirage au sort, à une origine obscure, aléatoire ou problématique, voire douteuse, qui serait l'élection ; en suivant, on opposerait les préférences qui émaneraient de citoyens supposés mieux informés, ceux qui ont été tirés au sort et dont l'opinion aurait été enrichie après audition d'experts. Ces citoyens du hasard aurait une opinion distincte de celle, ordinaire, de l'universalité des citoyens. On peut voir dans ces formes de discussion, particulièrement vantées depuis quelques années, le retour d'une sorte de suffrage capacitaire.

Les « conférences citoyennes » portant sur des sujets cruciaux tels que, en France, le climat ou la fin de vie, ne devraient par définition être autre chose que des modalités de consultation complémentaires destinées à renseigner le législateur. Le risque serait de donner à penser que l'on veut substituer le tirage au sort à l'élection et que ce sont des « experts », c'est-à-dire des « élites » qui procèdent à cette opération. La démocratie, fragilisée, n'a pas besoin que l'on jette de nouveaux fagots dans la chaudière du populisme.

Le tirage au sort est une pratique ancestrale de sélection par le hasard, souvent associée à la Grèce antique. Certains auteurs, qui n'ont pas manqué de remarquer le retour de cette procédure dans quelques cercles politiques, ont choisi de s'intéresser à cette technique de décision pour se concentrer sur les possibilités d'utilisation qu'elle offre aujourd'hui et les raisons pour lesquelles le tirage au sort devient parfois le seul recours face au risque d'injustice inhérent à certains choix. Il devient alors utile de définir les domaines dans lesquels l'usage du tirage au sort peut devenir pertinent, car les usages possibles sont multiples. La pratique du tirage au sort s'inscrit dans une perspective à la fois égalitaire et libérale : le hasard, en effet, ne favorise aucun candidat, il est aveugle aux différences et, si son usage n'est pas faussé, il déjoue toutes les tentatives de corruption et d'abus de pouvoir.

Au-delà de son usage politique, le tirage au sort peut être employé pour résoudre des situations dans lesquelles la justification morale d'un choix est particulièrement difficile. Par exemple, face à la rareté des dons d'organe, le tirage au sort permet de choisir au sein d'un groupe de malades lequel d'entre eux bénéficiera finalement d'une transplantation. Il importe

Gil Delannoi, *Le retour du tirage au sort*, Fondapol, décembre 2010

SUR FONDAPOL.ORG

Robin Berjon, *Internet, politique et coproduction citoyenne*, septembre 2010

Thierry Weibel, *Administration 2.0*, janvier 2011

de réfléchir aux principes à respecter pour une bonne utilisation du tirage au sort et aux limites à lui imposer.

L'élection permet de désigner un pouvoir capable de susciter un consentement libre. La reconnaissance d'une décision politique, et la soumission à la règle édictée qu'elle implique, est d'autant plus fragile que les individus censés lui obéir n'y ont pris aucune part, ou une petite part seulement comme avec le tirage au sort. En effet, dans ce cas, les citoyens peuvent décider eux-mêmes de recourir à la technique du tirage au sort mais ils ne pourront pas ensuite choisir eux-mêmes les titulaires des postes. Si l'on admet le principe selon lequel toute autorité légitime dérive du consentement de ceux sur qui elle est exercée ou, en d'autres termes, « que les individus ne sont obligés que par ce à quoi ils ont consenti »[4], il est un fait que la caractéristique du tirage au sort est de ne pas faire intervenir la volonté humaine et donc de ne pas passer pour une expression du consentement[5].

3. Une représentation médiatique décalée

Les études quantitatives réalisées par la Fondapol permettent de comprendre pourquoi la dislocation du monde médiatique est à la fois un symptôme et un puissant facteur de la crise démocratique.

Les biais de la représentation médiatique dans une France de droite. En 2022, en étudiant le scrutin présidentiel et les élections législatives, la Fondapol a pu décrire l'orientation électorale des Français. Nous avons montré, en premier lieu, que l'électorat d'Emmanuel Macron est à droite. La moitié (47 %) des électeurs d'Emmanuel Macron au premier tour de la présidentielle se positionnent eux-mêmes à droite, 19 % au centre, 20 % à gauche, tandis que 12 % ne se positionnement pas.

Ensuite, nous montrons que les électeurs d'Emmanuel Macron qui se situent au centre ou qui ne se positionnent pas sur l'axe gauche-droite sont plus proches des idées de la droite que de la gauche. En effet, outre les 47 % d'électeurs d'Emmanuel Macron qui se positionnent à droite, il faut compter ceux qui se positionnent au centre mais qui adhèrent à un système de valeurs de droite (soit 9,4 %) ; ajoutons les électeurs qui ne se positionnent pas sur l'échelle gauche-droite mais qui adhèrent à un système de valeurs de droite (6,5 %). Le total nous permet d'estimer à 62,7 % la proportion d'électeurs de droite dans l'électorat d'Emmanuel Macron.

Enfin, lors du premier tour de l'élection présidentielle, le total des voix obtenues par Marine Le Pen, Éric Zemmour, Valérie Pécresse, Jean Lassalle et Nicolas Dupont-Aignan a représenté 40,2 % des suffrages exprimés. Si l'on y ajoute les électeurs d'Emmanuel Macron se situant à droite, on atteint 53,2 %. Avec les électeurs d'Emmanuel Macron se situant au centre mais exprimant un système de valeurs de droite, le total est de 55,9 %. Enfin, avec les électeurs d'Emmanuel Macron ne se positionnant pas sur l'échelle gauche-droite mais partageant des valeurs de droite, le total est 57,7 %.

Dans une France qui penche fortement à droite, une part déterminante du monde médiatique puise principalement ses références dans une culture de gauche. Le contraste est saisissant dans le cas des médias publics. Un aspect de la crise politique dans laquelle se trouve le pays

4. Bernard Manin, *Principes du gouvernement représentatif*, Paris, Flammarion [1995], 2012 p. 113-114.

5. *Idem*, p. 116.

Attention médiatique accordée à l'écologie dans les six mois précédant le premier tour des élections municipales de mars 2020 (en % du nombre total d'articles)

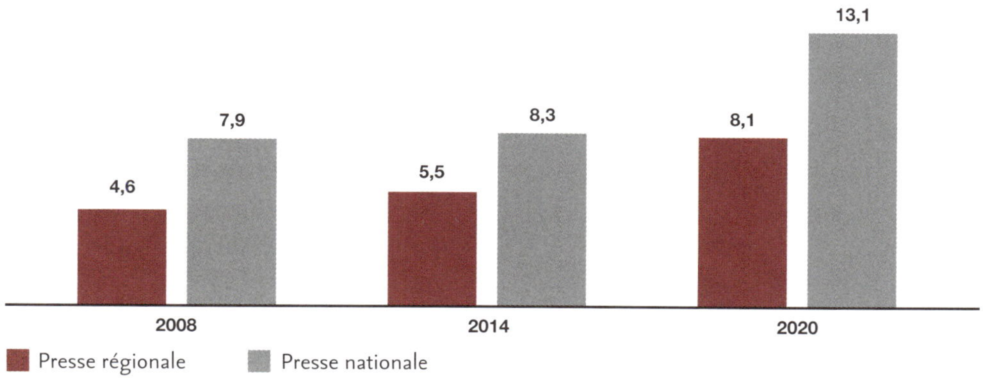

Source : Fondation de l'écologie politique ; Europresse ; articles comportant les mots « climat », « écologie », « environnement » ou « pollution » dans les quatre principaux titres de la presse quotidienne régionale (*Ouest-France*, *Le Parisien*, *Sud-Ouest*, *La Voix du Nord*) et de la presse quotidienne nationale (*Le Figaro*, *Le Monde*, *La Croix*, *Libération*) dans les six mois précédant le premier tour de l'élection.

réside dans cette dissociation quotidiennement expérimentée par la plupart des électeurs. Cela se manifeste notamment dans le fait que des thèmes, des événements consacrés et valorisés par la plupart des médias, n'intéressent pas ou peu le public. Ainsi, à titre d'illustration, les médias publics, mais aussi une bonne partie de la presse, y compris de droite, a voulu voir dans les résultats électoraux des élections municipales de 2020 une « vague verte » dont on pouvait pourtant montrer qu'elle n'avait pas eu lieu.

Sans même attendre le premier tour, de nombreux médias annonçaient une « vague verte ». Dès le 29 janvier 2020, *Le Figaro* titrait ainsi : « Municipales : les écologistes se préparent à une vague verte[6] ». Quelques semaines plus tard, RFI titrait sur son site : « Vers une vague verte aux municipales en France[7] ». De nombreux autres exemples illustrent cette prophétie fondée sur des enquêtes d'opinion.

Une fois les élections municipales passées, de façon surprenante, dans un premier temps, le commentaire public n'a fait qu'effleurer la réalité pourtant incontournable d'une abstention historique ; il lui a été préféré la thèse, certes plus reluisante, d'un triomphe du vote écologiste, toujours présenté comme une « vague », un « tsunami », etc. Si le recours aux superlatifs est de plus en plus fréquent, il est curieux qu'ils n'aient été que rarement employés à propos du niveau d'abstention. Pourtant, en mars 2014, la presse s'inquiétait déjà à ce sujet, qualifiant de « massive » ou de « record » une abstention alors jugée en forte hausse[8].

En 2020, avec environ 20 points de plus qu'en 2014, tant au premier tour qu'au second tour, l'abstention au niveau national est pourtant oubliée dès l'après-scrutin, tandis que EELV a été aussitôt déclaré grand vainqueur. Pendant quelques jours, on a pu avoir le sentiment que ce parti était devenu la première force politique du pays. Il n'est pas surprenant qu'une interprétation des résultats ainsi faussée soit portée par EELV. Les écologistes font de la politique autant que les autres. Ils ont été aidés par la « prise » de quelques villes importantes. Mais la thèse d'une

Olivier Babeau, *Refonder l'audiovisuel public*, Fondapol, septembre 2016

6. *Le Figaro* du 29 janvier 2020.

7. 26 février 2020.

8. Voir par exemple « Une abstention record pour les municipales 2014 », *Le Figaro* du 31 mars 2014 ; « Élections municipales : un taux d'abstention record », *Le Monde* du 23 mars 2014.

La France des métropoles, une sociologie favorable au vote EELV

« [...] Les Verts tendent à obtenir leurs meilleurs scores dans les villes-centres des grandes métropoles françaises, celles dans lesquelles les caractéristiques sociodémographiques et politiques sont les plus favorables aux écologistes, des caractéristiques résumées par Fabien Escalona et Mathieu Vieira sous le concept d'idéopôles*. Ce sont de grandes métropoles régionales «intégrées aux réseaux de l'économie globalisée – tant d'un point de vue économique que culturel », dans lesquelles la part de diplômés du supérieur est importante. De même, ces communes regroupent un nombre important de citoyens favorables à la gauche, dans les urnes comme dans leurs préférences sur les enjeux de distribution des richesses et de lutte contre les inégalités, d'ouverture culturelle et morale, ou de protection de l'environnement. »

Florent Gougou et Simon Persico : « La poussée (inachevée) des Verts : leçons tirées du premier tour des municipales de 2020 », *Les Notes de la FEP*, n° 19, mai 2020. p. 8.

* Fabien Escalona et Mathieu Vieira, « Les idéopôles », laboratoires de la recomposition de l'électorat socialiste, Fondation Jean-Jaurès, 6 février 2012, p. 4.

Dominique Reynié (dir.), *Tsunami dans un verre d'eau. Regard sur le vote Europe-Écologie-Les Verts aux élections municipales de 2014 et 2020 dans 41 villes de plus de 100 000 habitants*, juillet 2020

« vague » était d'autant plus irrecevable qu'elle se rapportait à une abstention qui battait tous les records, dans l'univers atypique des 41 villes de plus de 100 000 habitants.

Un autre élément aurait dû tempérer le récit d'une victoire de EELV, celui de la forte abstention des 18-34 ans ; elle a été estimée à 72 %[9]. Donné pour la France entière, ce chiffre est probablement plus élevé dans les métropoles où la participation a tendance à être plus faible qu'ailleurs. Si cette forte abstention des jeunes est, comme le fait remarquer la sociologue Anne Muxel[10], un phénomène connu, il n'en demeure pas moins que, élection après élection, elle signifie que l'attrait supposé plus prononcé des jeunes pour les questions écologiques, qui dans la tranche 18-34 ans placent la protection de l'environnement comme la préoccupation numéro un[11], ne se manifeste pas dans les urnes. EELV ne parvient pas à convaincre l'électorat, qui devrait lui être favorable, de voter.

L'écart entre la préoccupation environnementale exprimée dans les sondages d'opinion et la faiblesse des scores des écologistes mesurée dans les élections est encore plus nette si nous observons les performances du vote EELV dans le biotope social qui est *a priori* le plus propice à ses progrès électoraux, celui des métropoles. Nous avons ainsi choisi de concentrer notre étude sur les 41 villes de plus de 100 000 habitants en comparant les résultats avec ceux de 2014. Les données présentées ici concernent donc exclusivement les villes de plus de 100 000 habitants, que nous désignerons principalement ci-après comme « la France des métropoles ».

En réalité, en 2020, les partis qui l'emportent sont ceux qui perdent le moins d'électeurs. La prise en considération de l'abstention dans la France des métropoles fait apparaître une forte érosion du vote EELV (en coalition et en liste autonome). En nombre de voix, EELV passe de 491 141 votes favorables au premier tour 2014 à 348 474 au premier tour 2020, soit une baisse de 29,05 % et, au second tour, de 987 219 voix en 2014 à 750 169 voix en 2020, soit une baisse de 24,01 %.

9. Voir Brice Teinturier, « Municipales 2020 – Après le second tour : bilan et perspectives », ipsos.com, 28 juin 2020.

10. Voir Anne Muxel, « “Le surcroît d'abstention des jeunes accentue le problème posé à la démocratie” », propos recueillis par Luc Cedelle, *Le Monde*, 2 juillet 2020.

11. « L'état d'esprit des Français à la veille du second tour des élections municipales », enquête Ipsos-Steria réalisée les 26 et 27 juin 2020, ipsos.com, p. 10.

Ceux qui ont le sentiment que les médias ne traitent pas de sujets qui les concernent répondent aussi que leur niveau de vie s'est dégradé ou que leur style de vie est menacé

Question : « De laquelle des opinions suivantes vous sentez-vous le plus proche ? "La plupart du temps, quand je regarde l'actualité dans les médias..." »

Réponses : « ...j'ai l'impression qu'ils parlent de sujets qui me concernent » et « ...j'ai l'impression qu'ils parlent de sujets qui ne me concernent pas »

Base : ensemble de l'échantillon

	Niveau de vie		
	Il s'est dégradé	Il est resté stable	Il s'est amélioré
... j'ai l'impression qu'ils **parlent de sujets qui me concernent**	30	43	47
... j'ai l'impression qu'ils **parlent de sujets qui ne me concernent pas**	**66**	53	52
Non-réponses	4	4	1

La plupart des personnes interrogées n'ont pas confiance dans les médias

Question : « Veuillez me dire si vous avez tout à fait confiance, plutôt confiance, plutôt pas confiance ou pas confiance du tout dans les médias »

Réponses : « tout à fait confiance », « plutôt confiance », « plutôt pas confiance » et « pas du tout confiance »

Base : ensemble de l'échantillon

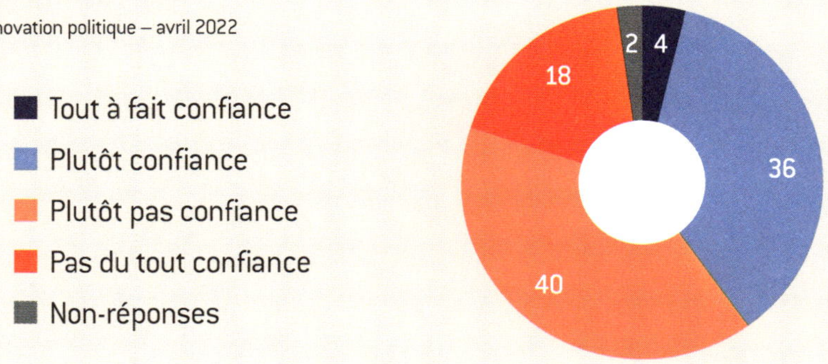

Élections, médias et réseaux sociaux : un espace public en décomposition, Fondapol/ Lire la Société/Assemblée nationale, 29 pages, 32e journée du Livre Politique, mars 2023

Monde vécu, monde représenté : malaise dans l'espace médiatique. La Fondapol a documenté l'existence d'une crise de la représentation politique. Le déclin de la représentation politique, mesurable à travers l'abstention, l'effondrement des partis de gouvernement et la montée des partis populistes, s'accompagne d'une crise de la représentation médiatique. Dans notre enquête, une large majorité des personnes interrogées (58 %) choisissent la réponse : « la plupart du temps, quand je regarde l'actualité dans les médias, j'ai l'impression qu'ils parlent de sujets qui ne me concernent pas ». Ce résultat les situe à 20 points de plus (38 %) au-dessus de ceux qui pensent que les médias traitent de sujets qui les concernent (4 % des personnes interrogées n'ont pas répondu).

Ceux qui ne se reconnaissent pas dans la manière dont les médias traitent l'actualité sont plus nombreux chez les non-diplômés ou peu diplômés (64 %) que chez les électeurs disposant d'un diplôme supérieur au niveau bac + 2 (49 %) ; ils sont plus nombreux chez les ouvriers (63 %) et les employés (58 %) que chez les artisans, commerçants et chefs d'entreprise (41 %). On notera que les personnes qui disent avoir une image positive du mouvement des Gilets jaunes sont plus enclines (63 %) à porter un jugement négatif sur le traitement médiatique de l'actualité, de même que les répondants qui considèrent que « voter ne sert pas à grand-chose » (69 %).

À l'inverse, des réalités qui ne devraient pas être ignorées, et encore moins dépréciées, sont longtemps demeurées reléguées hors du champ de la représentation.

Dans nos enquêtes, les répondants qui reconnaissent leur vie dans la représentation médiatique sont une part minoritaire et leur profil sociologique permet de supposer qu'ils vivent dans une métropole, en France, dans une ville de plus de 100 000 habitants. La vie dans les métropoles est plus facile si l'on correspond à un certain profil sociologique : bon niveau de diplôme, métiers liés aux activités de la communication, de l'expertise, de la parole, de l'enseignement… C'est la culture de ceux qui produisent des contenus, des messages, des jugements, des opinions professionnelles, des informations et des normes, qui les diffusent : journalistes, politiques, classe moyenne de la fonction publique, du marketing, designers, universitaires, et de normalisation, les métiers de l'informatique, du code et de la numérisation, etc. ; ces actifs ne mesurent pas toujours qu'ils construisent, par la superposition de filtres, la représentation médiatique et politique d'une réalité dans laquelle la plupart des Français ne reconnaissent pas leur expérience de vie. Ainsi, les problèmes d'incivilité, de délinquance, les difficultés liées à l'immigration, à l'impuissance publique dans ses prérogatives régaliennes, sont mal ou peu représentés, et presque toujours moralement déconsidérées.

Une partie des sciences sociales a contribué non seulement à l'occultation médiatique mais aussi à la stigmatisation politique et morale des préoccupations de la population confrontée à ces problèmes. Ainsi, on a pu installer dans le commentaire public l'idée d'une illusion collective – c'est ce que suggère la thèse d'un « sentiment d'insécurité » en lieu et place de « l'insécurité » –, puis interpréter ces préoccupations omniprésentes, en particulier au sein des catégories sociales populaires, comme l'effet d'une vision ignorante, fantasmatique et déplorable.

C'est ainsi que les citoyens éprouvent à l'égard des médias le même type de malaise qu'à l'égard des politiques, la même défiance, le même rejet.

SUR FONDAPOL.ORG

Yves Crozet, Les transports et le financement de la mobilité, avril 2015

Jean Coldefy, Numérique et mobilité : impacts et synergies, avril 2015

L'histoire de la France, son centralisme politique institutionnel si intimement imbriqué dans une culture parisienne, où est plongée une bonne part de la culture des élites nationales, tout ceci donne à l'entremêlement des mondes politiques et médiatiques une familiarité sans pareille. En somme, une certaine France, pourtant largement majoritaire, ne parvient jamais à occuper le centre de la représentation.

Les métropoles concentrant l'essentiel des richesses quand des territoires ruraux et périphériques sont menacés de décrochage. Alors que les territoires du monde occidental ont longtemps été porteurs d'identités variées, une nouvelle géographie s'est dessinée pour aboutir à une opposition entre des métropoles, concentrant l'essentiel des emplois et des richesses, et des territoires, ruraux ou périphériques, en voie de décrochage. La crise des Gilets jaunes a constitué un moment de cristallisation de cette fracture entre, d'un côté, une France des ronds-points et des voitures diesel, et, de l'autre côté, une France des Vélib' et des trottinettes. L'analyse de cette fracture géographique s'est doublée d'un discours sociologique et politique opposant une élite urbaine libérale-libertaire à un peuple périurbain en quête de repères et de protections, alimentant le vote populiste.

Les métropolitains présentent les signes d'une meilleure intégration dans l'économie globalisée et l'on en a conclu que tout allait bien pour ces urbains, en ignorant par là même tous les signaux qui nous renvoyaient à un malaise singulier. En réalité, la ville ne fait plus rêver. Les métropolitains sont de plus en plus nombreux à se résigner aux métropoles pour des raisons professionnelles. Le statut des cadres s'est dégradé. Dans les quartiers en gentrification, la mixité est de plus en plus subie entraînant, par exemple, des démarches d'évitement, comme les dérogations scolaires ou le choix du privé. Enfin, la conflictualisation des relations, la délinquance ou la pollution sont vécues comme autant de menaces dessinant un environnement anxiogène.

L'habitant des métropoles nourrit tant de fantasmes politiques qu'on ne sait plus quels traits lui donner. Est-il cet intellectuel de gauche immortalisé dans l'image d'un Sartre assis à la terrasse du Flore ou ce *hipster* végan qui se rend chaque matin dans son espace de coworking ? Les familles ont-elles réellement déserté les centres urbains ? Qui sont ces Français qui s'accrochent coûte que coûte à l'hypercentre ? Sont-ils unanimement acquis aux valeurs de la gauche et du progressisme au point qu'il convient pour certains partis de droite de renoncer à convaincre ces électorats urbains ? Pour répondre à ces questions, il faut s'extraire des discours idéologiques et revenir aux données objectives, sociodémographiques et électorales existantes.

Les différentes infographies réalisées à partir de ces données brossent un portrait de l'habitant des métropoles bien différent des caricatures qui ont pu en être faites, notamment d'un point de vue électoral. Si lors des bascules électorales de 2001 et 2008, le Parti socialiste a été vu comme le parti des grandes villes, aujourd'hui c'est LREM qui semble être le nouveau parti des métropolitains. Dans ce contexte, il convient de se demander s'il existe toujours un espace pour une droite urbaine indépendante de LREM. Nous verrons que c'est en amplifiant l'opposition ville/périphérie, gagnants/perdants de la mondialisation, progressistes/populistes, que l'UMP puis Les Républicains ont contribué à leur propre affaiblissement.

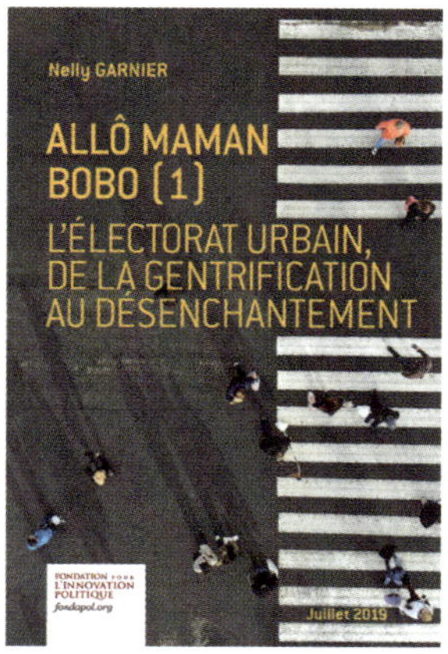

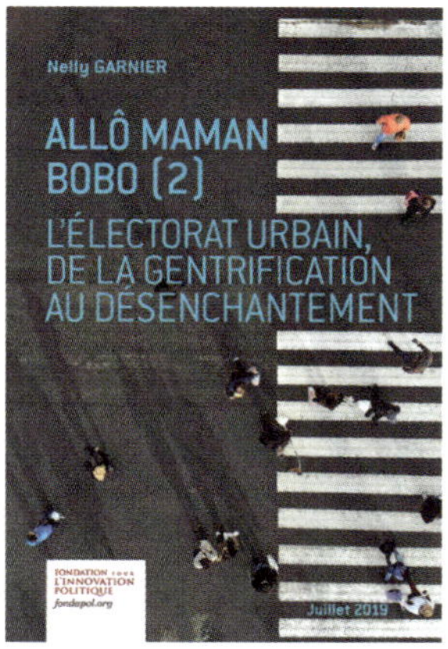

Nelly Garnier, *Allô maman bobo. L'électorat urbain, de la gentrification au désenchantement*, Fondapol, juillet 2019

SUR FONDAPOL.ORG

Jean Coldefy, *Villes et voitures : pour une réconciliation*, juin 2018

Farid Gueham, *Le fact-checking : une réponse à la crise de l'information et de la démocratie*, Fondapol, juillet 2017

Les réseaux sociaux contribuent à la dislocation du débat public. La numérisation de la communication a pour effet d'universaliser l'espace public. Potentiellement, l'humanité entière peut y prendre part. La numérisation individualise l'accès à cet espace universalisé. Chacun peut se connecter. Chacun peut le faire comme récepteur et comme émetteur, ce qui constitue un bouleversement total de la communication. Avec, le web, avec l'ordinateur personnel et plus encore avec la téléphonie mobile, la planète est devenue un espace commun qui jamais ne cesse d'émettre et de recevoir. Mais, cet espace public devenu planétaire, et l'accès universel qu'il rend possible, fait disparaître la notion d'actualité. C'est en ce sens que le web n'a rien à voir avec la presse. Face à la profusion des événements susceptibles d'être évoqués, le journal d'hier sélectionnait une série limitée de faits, rendant possible l'attention de tous, ou d'un grand nombre de personnes, peu ou prou au même moment, offrant ainsi des sujets de discussion qui donnaient de la consistance à la communauté des citoyens. Il n'y a pas de débat politique sans une actualité partagée. Aujourd'hui, les contenus sont largement personnalisés, la fragmentation de l'information est radicale. C'est l'image du « *The Daily Me* » popularisée par Nicholas Negroponte[12]. Mais y-a-t-il encore un monde commun ?

La digitalisation de nos relations n'est pas un changement parmi d'autres. Aux foules qui se réunissent depuis toujours sur les places publiques, aux lectorats invisibles et silencieux du livre et du journal, tous nés de l'imprimerie, s'ajoutent aujourd'hui des auditoires hybrides, à la fois publics et foules, rendus possibles par la numérisation et la formation d'une espace médiatique planétaire. La dichotomie foule *vs* public ne disparaît pas, mais le processus d'hybridation se solde par le retour de la foule au centre de la politique démocratique alors qu'elle en avait été tenue à l'écart, comme a pu l'illustrer, le 6 janvier 2002, l'invasion du Capitole.

C'est chez les utilisateurs quotidiens des réseaux sociaux, et tout particulièrement chez les utilisateurs de TikTok, Telegram et YouTube, que le comportement électoral protestataire est le plus répandu. La numérisation de l'espace public n'est pas la cause du dérèglement de la politique démocratique mais elle entretient désormais un rapport étroit avec lui.

Comment des militants de l'ultradroite ont exploité l'instabilité causée par la pandémie de Covid-19. Les terroristes et les extrémistes sont avant tout des manipulateurs qui cherchent à exploiter les facteurs de stress présents dans nos sociétés. La pandémie de Covid-19, les mesures de confinement qui en ont découlé ainsi que la propagation de la mésinformation et de la désinformation en ligne qui y sont liées sont donc des conditions idéales à exploiter pour certains acteurs malveillants. Les partisans de l'ultradroite, en particulier, ont rapidement saisi l'occasion offerte par la crise du Covid-19 pour ancrer leurs idées dans le débat public et recruter de nouveaux membres. Bien qu'elle se manifeste principalement en ligne, cette exploitation ne s'est pas limitée à la sphère virtuelle et s'est matérialisée dans des événements réels, par exemple lorsque des extrémistes violents se sont mêlés aux protestations contre le confinement et les restrictions sanitaires et que des plans d'attaques terroristes ont été contrecarrés.

Alors que le secteur technologique a rapidement réagi à la vague de désinformation,

12. Cass Sustein, *#republic: Divided Democracy in the Age of Social Media*, Princeton (N. J.), Princeton University Press, 2017, chapiter premier.

Chronologie des récentes attaques terroristes et extrémistes de droite violente

2011. Attaques d'Oslo et d'Utøya, en Norvège, 77 morts.
2018. Fusillade dans une synagogue de Pittsburgh, aux États-Unis, 11 morts.
2019. Fusillade à la mosquée de Christchurch, en Nouvelle-Zélande, 51 morts.
2019. Fusillade d'El Paso, aux États-Unis, 23 morts.
2020. Fusillade de Hanau, en Allemagne, 11 morts.
2022. Attentat de Buffalo. 14 mai 2022, New York, États-Unis, 10 morts
2022. Attentat de Bratislava, 12 octobre 2022, Slovaquie, 2 morts
2022. Fusillade du 23 décembre 2022 à Paris, 3 morts
2023. Fusillade du 6 mai 2023, au centre commercial d'Allen, Texas, USA, 9 morts, en incluant l'auteur du massacre.

les changements apportés aux politiques de modération des contenus ont déjà des conséquences importantes pour l'avenir de la liberté d'expression en ligne. En effet, le secteur technologique mondial, notamment les réseaux sociaux et les plateformes d'hébergement de contenus, a réagi particulièrement rapidement à la propagation des théories de désinformation et de conspiration liées au Covid-19. Pour la Fondapol, *Tech Against Terrorism* analyse comment les partisans de l'ultradroite ont exploité l'instabilité causée par la pandémie de Covid-19, et ce que la réponse du secteur technologique signifie pour la liberté d'expression en ligne et la responsabilité des plateformes.

Qu'est-ce que l'ultradroite ?

Le qualificatif d'extrémisme violent, ou de terrorisme d'extrême droite, d'ultradroite, de droite radicale ou d'extrémisme à motivation ethnique et raciale… regroupe une variété d'idéologies et de réseaux différents, comprenant principalement le néonazisme, le suprémacisme blanc, le nationalisme blanc et le nationalisme culturel. Ils sont qualifiés d'« extrême droite » ou de « droite radicale » car ils partagent un certain nombre de caractéristiques idéologiques, notamment – mais pas uniquement – le racisme, l'ultranationalisme, l'ethnocentrisme, l'antisémitisme, l'opposition à l'égalité et aux principes démocratiques avec l'extrême droite dite *mainstream*.

Cependant, il existe des différences importantes entre l'extrême droite *mainstream* et l'extrême droite violente, le principal contraste étant le recours à la violence : « Une différence essentielle entre la droite radicale/populiste et l'extrême droite réside dans la volonté de cette dernière de recourir à la violence extra-étatique contre les opposants politiques et les ennemis "raciaux". L'extrême droite s'imagine souvent dans des actions violentes (qu'il s'agisse de fantasmes de violence étatique généralisée dans le cas où ils parviendraient au pouvoir, ou de violence terroriste individuelle, dès à présent, ici et maintenant) afin de promouvoir un programme idéologique qui est typiquement une variante du fascisme ou du néonazisme[13]. »

Nous utilisons dans cette étude le terme « ultradroite » pour désigner ces mouvances issues de l'idéologie de l'extrême droite et ayant recours à la violence à des fins politiques.

En comparaison avec le terrorisme islamiste, l'ultradroite représente un mouvement moins structuré, plus décentralisé et fragmenté, avec une multitude de groupes et de réseaux

13. John Richardson et Matthias Wasser, « The symbols and ideas of the radical right: why their opponents should be more informed », connectfutures.org, 26 mai 2020.

Flora Deverell et Maygane Janin, *Covid-19 : la réponse des plateformes en ligne face à l'ultradroite*, Fondapol, novembre 2020

différents – dont certains existent principalement en ligne. Parmi les groupes et mouvements les plus influents, on peut citer :

– Le groupe *Ouest Casual* (basé en France) ;

– *The Nordic Resistance Movement* (basé en Suède) ;

– La *Feuerkrieg Division* (principalement en ligne, pas de base centrale physique) ;

– La *National Action* et sa branche armée *Sonnenkrieg Division* (basées au Royaume-Uni, toutes deux désignées comme organisations terroristes par le gouvernement britannique) ;

– L'*Atomwaffen Division* (basée aux États-Unis, avec des sous-groupes européens, le groupe s'est récemment renommé *National Socialist Order* ;

– L'*Azov Batalion* (basé en Ukraine, forme un certain nombre de combattants étrangers dans le cadre du conflit en Ukraine) ;

– Blood & Honour et sa branche armée Combat18 (basé à l'origine au Royaume-Uni avec une présence en Allemagne, au Canada et aux États-Unis).

4. L'émergence d'une jeunesse antisémite

L'antisémitisme n'a jamais disparu de la terre. Pendant un certain temps il a régressé, mais spécifiquement dans le monde occidental et démocratique. Une résurgence de l'antisémitisme est notable depuis la fin du XXe siècle et sa réaffirmation est certaine aujourd'hui, en ce premier quart du XXIe siècle. L'antisémitisme s'exprime principalement au travers d'insultes, de menaces, d'agressions, sur les réseaux sociaux, dans la rue, à l'école, au travail, au sport ; ce sont aussi des inscriptions griffonnées sur les murs, dans la rue, mais parfois sur la portes d'un appartements où est apposée une *mezouzah*. Mais désormais en Europe, en France, des personnes sont à nouveau assassinées parce que juives, y compris des enfants, comme à Toulouse le 19 mars 2012. En France métropolitaine, il n'y avait pas eu d'enfants assassinés parce que juifs depuis le régime de Vichy.

Sous l'effet de l'effondrement du nazisme, de la découverte de la shoah et du choc du premier procès de Nuremberg, l'antisémitisme est devenu indicible. Les témoignages et les informations attestant des atrocités du nazisme ont imposé une ligne de partage entre l'avant et l'après 1945. Les procès de Nuremberg devaient séparer deux époques. Pour les générations nées après, l'antisémitisme est peu à peu devenu la figure de l'inacceptable, de ce qui suscite les préjugés les plus destructeurs et dont il faut surveiller avec attention les risques de propagation. Car l'antisémitisme est capable de libérer les violences les plus extrêmes.

Depuis le procès de Nuremberg, il y a eu un gigantesque progrès de l'esprit public. C'est aussi le résultat de nos politiques mémorielles ; elles ont fait émerger la nouvelle époque, dans l'avènement d'une conscience claire de ce terrible passé. On doit ce résultat à l'école, à ses programmes et à ses enseignants, aux Fondations, et notamment à la Fondation pour la mémoire de la shoah ; on le doit aussi au monde de la télévision, de la radio, du cinéma, de l'édition, à la recherche en sciences sociales, aux historiens en particulier. L'effort de mémoire et de réflexion n'a pas cessé, ni l'École ni les enseignants n'ont cessé de diffuser la connaissance de l'histoire, et de ses enjeux d'importance vitale.

Cette époque est révolue. Force est de constater que les générations montantes redeviennent plus perméables aux préjugés antisémites, plus disposées qu'auparavant aux dégradations, aux

Dominique Reynié (dir.), *L'antisémitisme dans l'opinion publique française. Nouveaux éclairages*, Fondapol/AJC, novembre 2014

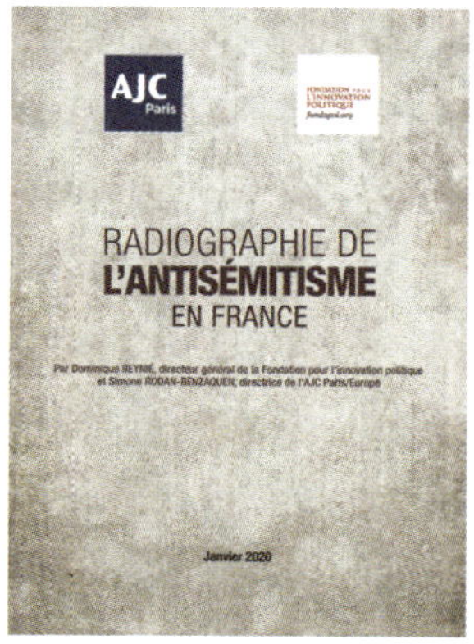

Dominique Reynié, Simone Rodan-Benzaquen, *Radiographie de l'antisémitisme en France, Édition 2019*, Fondapol/AJC, janvier 2020

Anne-Sophie Sebban-Bécache, Dominique Reynié, François Legrand, Simone Rodan-Benzaquen, *Radiographie de l'antisémitisme en France* Fondapol/AJC, janvier 2022

Anne-Sophie Seban-Bécache, Dominique Reynié, François Legrand, *Radiographie de l'antisémitisme en France, Édition 2024*, Fondapol/AJC, octobre 2024

insultes et même aux agressions antisémites. Pour comprendre ce retournement, il est impossible de ne pas établir un lien avec la globalisation et la numérisation de l'espace public ; mais aussi avec la recomposition ethnoculturelle de notre pays. Or, celle-ci, en tant que problème, est moins la conséquence de l'immigration que la conséquence d'une immigration sans régulation ni intégration.

C'est dans ce nouveau contexte historique qu'il faut chercher à comprendre la portée du 7 octobre 2023. Cela suppose d'abord de distinguer deux événements, d'une part, le 7 octobre à proprement parler, qui est le premier massacre antisémite au cœur même de l'État d'Israël ; d'autre part le déchaînement d'antisémitisme consécutif à ce pogrom, visible à travers le monde, alors que l'on attendait l'expression d'une stupeur, d'une compassion et d'une immense colère contre les assassins.

En octobre 2004, dans son rapport intitulé *Chantier sur la lutte contre le racisme et l'antisémitisme*, Jean-Christophe Rufin notait une diminution du rôle de l'extrême droite dans la responsabilité des violences antisémites mais une augmentation de l'antisémitisme porté par une frange de la jeunesse issue de l'immigration. On a parlé alors d'un « nouvel antisémitisme ».

Dix ans plus tard, en 2014, pour vérifier et documenter la réalité de l'antisémitisme en France, nous avons lancé deux enquêtes d'opinion, en partenariat avec AJC : la première a porté sur un échantillon représentatif des Français âgés de 16 ans et plus ; la seconde enquête, administrée en face-à-face, a porté sur un échantillon de personnes déclarant être nées dans une famille de religion musulmane, françaises ou non, vivant en France, âgées de 16 ans et plus.

Mise en doute dans la première décennie du XXIe siècle, y compris dans le milieu des sciences sociales, notre étude concluait que la poussée de l'antisémitisme ne pouvait plus être contestée de bonne foi. Nous écrivions, au terme de cette première radiographie de l'antisémitisme : « l'ensemble fait apparaître une société où les opinions antisémites atteignent une haute intensité dans des univers relativement limités mais dont l'expansion est une hypothèse raisonnable ».

La publication de l'enquête Fondapol se situait alors dans le prolongement d'un séminaire sur l'antisémitisme qui s'est tenu le 16 octobre 2014 et que nous avons organisé en commun avec AJC, la Fondation Jean-Jaurès et le partenariat conjoint de deux quotidiens, *Le*

Mehdi Ghouirgate, Iannis Roder et Dominique Schnapper, *France : Les juifs vus par les musulmans. Entre stéréotypes et méconnaissances*, Fondapol/AJC, mai 2017

La Fondapol et AJC mesurent, ensemble, l'antisémitisme depuis 2014

Source : Dominique Reynié (dir.), *L'antisémitisme dans l'opinion publique française. Nouveaux éclairages*, Fondapol/AJC, novembre 2004

Êtes-vous d'accord ou pas d'accord avec les affirmations suivantes ?
Réponses « d'accord » (%)

	Ensemble	Proches du Front national	Électeurs 2012 de Marine Le Pen
Les Juifs utilisent aujourd'hui dans leur propre intérêt leur statut de victimes du génocide nazi pendant la Seconde Guerre mondiale	35	62	56
Les Juifs ont trop de pouvoir dans le domaine de l'économie et de la finance	25	50	46
Les Juifs ont trop de pouvoir dans le domaine des médias	22	51	48
Les Juifs ont trop de pouvoir dans le domaine de la politique	19	41	39
Les Juifs sont responsables de la crise économique actuelle	6	13	14
Il existe un complot sioniste à l'échelle mondiale	16	37	38

Source : Fondation pour l'innovation politique, avec l'Ifop (2014)

Êtes-vous d'accord ou pas d'accord avec les affirmations suivantes ?
Réponses «d'accord» (%)

	Ensemble	Ensemble musulmans	Origine musulmane	Musulmans croyants	Musulmans croyants et pratiquants
• Les Juifs ont trop de pouvoir dans le domaine de l'économie et de la finance	25	67	52	69	74
• Les Juifs ont trop de pouvoir dans le domaine des médias	22	61	49	58	73
• Les Juifs utilisent aujourd'hui dans leur propre intérêt leur statut de victimes du génocide nazi pendant la Seconde Guerre mondiale	35	56	43	59	62
• Les Juifs ont trop de pouvoir dans le domaine de la politique	19	51	37	49	63
• Les Juifs sont responsables de la crise économique actuelle	6	13	12	14	14
• Les Juifs sont injustement attaqués quand les choses vont mal	46	34	36	37	33

Source : Fondation pour l'innovation politique, avec l'Ifop (2014)

Êtes-vous d'accord ou pas d'accord avec les affirmations suivantes ?
Réponses « d'accord » (%)

	Ensemble	Proches du Front de gauche	Électeurs 2012 de Jean-Luc Mélenchon
Les Juifs utilisent aujourd'hui dans leur propre intérêt leur statut de victimes du génocide nazi pendant la Seconde Guerre mondiale	35	51	39
Les Juifs ont trop de pouvoir dans le domaine de l'économie et de la finance	25	33	29
Les Juifs ont trop de pouvoir dans le domaine des médias	22	28	23
Les Juifs ont trop de pouvoir dans le domaine de la politique	19	27	24
Les Juifs sont responsables de la crise économique actuelle	6	19	11
Il existe un complot sioniste à l'échelle mondiale	16	17	18

Source : Fondation pour l'innovation politique, avec l'Ifop (2014)

Êtes-vous d'accord ou pas d'accord avec les affirmations suivantes ?
Réponses « d'accord » et confiance déclarée dans les vecteurs d'information (%)

	Ensemble	Réseaux sociaux	Sites de partage de vidéos	Forums de discussion	Sites d'information
Les Juifs utilisent aujourd'hui dans leur propre intérêt leur statut de victimes du génocide nazi pendant la Seconde Guerre Mondiale	35	46	67	51	36
Les Juifs ont trop de pouvoir dans le domaine de l'économie et de la finance	25	35	42	28	27
Les Juifs ont trop de pouvoir dans le domaine des médias	22	37	59	31	26
Les Juifs ont trop de pouvoir dans le domaine de la politique	19	27	47	27	21
Les Juifs sont responsables de la crise économique actuelle	6	9	12	7	5

Source : Fondation pour l'innovation politique, avec l'Ifop (2014)

Le tableau se lit ainsi : En moyenne, 22% des répondants trouvent que les Juifs ont trop de pouvoir dans le domaine des médias. Parmi ceux qui ont confiance dans les réseaux sociaux comme vecteur d'information, ils sont 37% à trouver que les Juifs ont trop de pouvoir dans le domaine des médias.

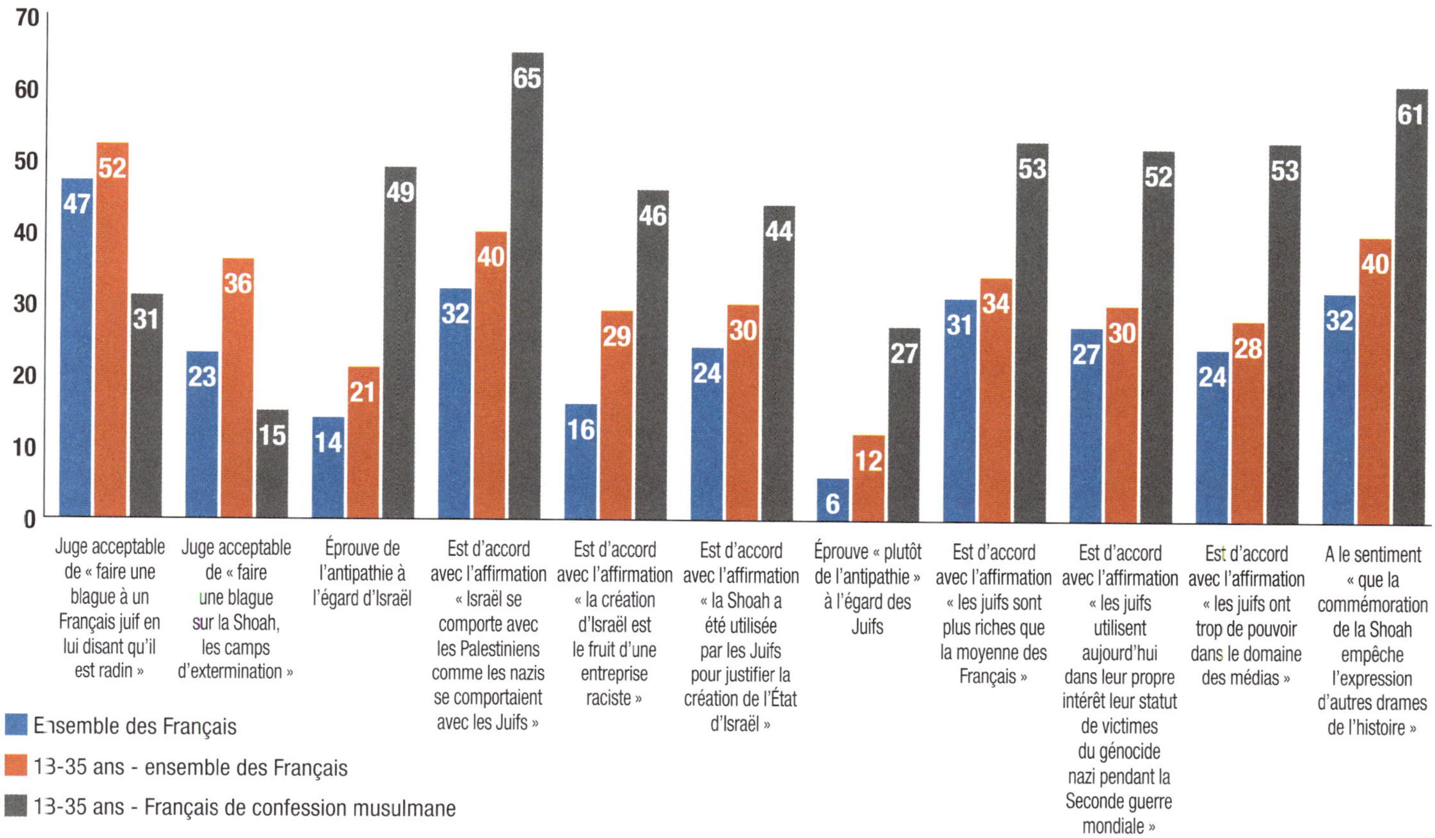

Ifop | AJC | Fondation pour l'innovation politique – octobre 2024

Figaro et *Libération*. Le séminaire a été animé par Simone Rodan-Benzaquen pour AJC, par Gilles Finchelstein pour la Fondation Jean-Jaurès et par Dominique Reynié pour la Fondapol. Parmi la trentaine de membres présents, quatre parlementaires avaient alors pris une part active à ces travaux – deux députés, Claude Goasguen et François Pupponi, et deux sénateurs, David Assouline et Chantal Jouanno –, ainsi qu'une élue locale, Camille Bedin. *Le Figaro* était représenté par Vincent Trémolet de Villers, *Libération* par Annette Lévy-Willard. À l'issue de ce premier séminaire, trois articles sont parus le 23 octobre dans *Le Figaro*[14] et, significativement le même jour, trois autres dans *Libération*[15].

Après le 7 octobre 2023, loin de refluer, l'antisémitisme progresse. La prégnance de l'antisémitisme chez les jeunes d'aujourd'hui est régulièrement interprétée comme l'effet d'un contexte d'aggravation du conflit israélo-palestinien. Mais la poussée de l'antisémitisme chez les jeunes en général et chez les jeunes Français de confession ou de culture musulmane en particulier est enregistrée depuis une trentaine d'années. De plus, nous voyons bien qu'Israël est le seul pays au monde à susciter une opposition aussi radicale, au point de conduire à la stigmatisation, à l'agression, et même à l'assassinat de Français de confession ou de culture juive. En réalité, l'antisémitisme est déjà présent, culturellement ancré dans une partie de la société française, plus encore au sein des nouvelles générations et plus encore parmi les jeunes de confession ou de culture musulmane ; c'est un antisémitisme déjà

14. Gilles Finchelstein, Dominique Reynié et Simone Rodan-Benzaquen, « Nos démocraties sont menacées » ; Camille Bedin, « l'antisémitisme au quotidien » ; et François Pupponi, « sarcelles après l'émeute », *Le Figaro*, 23 octobre 2014.

15. Gilles Finchelstein, Dominique Reynié et Simone Rodan-Benzaquen, « La lutte contre l'antisémitisme est une lutte pour la République » ; Annette Lévy-Willard, « L'antisémitisme, une spécificité française ? » ; et Nonna Mayer, « L'opinion française n'est pas antisémite » *Libération*, 23 octobre 2014.

Johannes Due Enstad, *Violence antisémite en Europe 2005-2015. France, Allemagne, Suède, Norvège, Danemark, Russie et Royaume-Uni*, Fondapol, septembre 2017

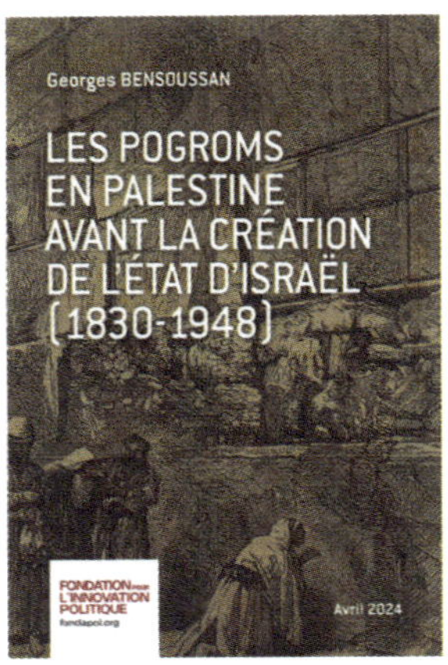

Georges Bensoussan, *Les pogroms en Palestine avant la création de l'État d'Israël (1830-1948)*, Fondapol, avril 2024

présent que le conflit israélo-palestinien active ; c'est un antisémitisme de préjugés installé, et non importé, qui estime trouver dans la politique israélienne la justification d'un antisémitisme d'agression. C'est un antisémitisme culturel qui ignore l'histoire, ne veut pas la connaître ou la refuse au point de partager des jugements outranciers et révisionnistes que l'on trouve à foison sur les réseaux sociaux : 40 % des moins de 35 ans veulent croire qu'Israël se comporte avec les Palestiniens comme les nazis se comportaient avec les Juifs (32 % de l'ensemble des Français, 31 % des moins de 65 ans) ; de même, 29 % des jeunes interrogés pensent que « la création d'Israël est le fruit d'une entreprise raciste », contre 16 % des Français et 12 % des 65 ans ou plus. Le corollaire de cette détestation d'Israël est une complaisance montante à l'égard du Hamas, l'organisation terroriste islamiste palestinienne. Si 2 % des 65 ans et plus disent éprouver de la sympathie pour ce groupe terroriste, le niveau atteint 14 % chez les moins de 35 ans.

Au travers de sa jeunesse, la société française est gagnée par l'antisémitisme. En 2024, notre enquête confirme l'existence d'un phénomène très inquiétant : il combine la progression de l'antisémitisme au sein des nouvelles générations (de 18 à 35 ans) par rapport à leurs aînés avec un antisémitisme déjà dominant chez les 18-35 ans de confession ou de culture musulmane. Sans opérer un changement rapide par un plan d'action massif et immédiat, associant éducation, information, prévention et sanctions, la société française sera bientôt dominée par les préjugés antisémites, comme jamais elle ne l'a été.

Dans la masse de ces données préoccupantes, nous relevons cependant une fois de plus la force d'une conviction au sein de la population. L'antisémitisme n'est plus considéré comme un problème qui concerne les Juifs uniquement, mais comme le problème qui concerne la société dans son ensemble. Cette compréhension louable, aux implications majeures, s'exprime très majoritairement dans

Le sentiment que l'antisémitisme ne concerne que les juifs ou la société dans son ensemble

Question : De ces deux opinions, de laquelle vous sentez-vous le plus proche ?

	Ensemble des Français	Ensemble des Français	Ensemble des Français
	Nov. 2019	Janvier 2022	Mars 2024
	(%)	(%)	(%)
L'antisémitisme est un problème qui concerne la société dans son ensemble	73	73	76
L'antisémitisme est uniquemnt le problème des Juifs et ne concerne pas la société dans son ensemble	8	8	9
Vous ne savez pas	19	19	15
TOTAL	100	100	100

Source : Anne-Sophie Sebban-Bécache, Dominique Reynié, François Legrand, *Radiographie de l'antisémitisme en France, Édition 2024*, Fondapol/AJC, octobre 2024

l'opinion publique depuis trois ans, et avec une ampleur record enregistrée en mars 2024.

Le retour d'un antisémitisme meurtrier en Europe. En combinant les données relatives aux incidents fondées sur les rapports de police avec les résultats d'une enquête sur l'antisémitisme réalisée en 2012 par l'Agence des droits fondamentaux de l'Union européenne (FRA), le travail pionnier du chercheur Johannes Due Enstad, traduit et publié par la Fondapol en 2015, actualisé par la Fondapol, proposait d'établir une première comparaison des niveaux de violence antisémite dans différents pays européens. Les données alors disponibles concernant les sept pays – l'Allemagne, le Danemark, la France, le Royaume-Uni, la Norvège, la Suède et la Russie choisis pour former un échantillon –, ne permettent d'établir des comparaisons qu'entre quatre d'entre eux : la France, le Royaume-Uni, l'Allemagne et la Suède. Parmi ces pays, c'est en France que l'exposition des Juifs à l'antisémitisme meurtrier est la plus forte. Entre 2005 et 2024, nous recensons 18 personnes assassinées en Europe parce que juives. Le profil des auteurs de ces crimes antisémites montrait la prédominance de personnes de culture musulmane.

Le conflit israélo-palestinien n'est pas la cause de l'antisémitisme, il réveille un antisémitisme déjà là, en France comme ailleurs. Ainsi, dans le siècle précédant la création de l'État d'Israël, la Palestine a été le théâtre de nombreux pogroms d'une violence comparable à celle du 7 octobre 2023, ce jour où un pogrom a eu lieu en Israël, pour la première fois depuis la création de l'État juif. Selon l'AFP, le massacre antisémite perpétré par l'organisation terroriste Hamas a fait 1 160 victimes, en majorité des civils, des hommes, des femmes, des vieillards, des enfants, tous morts dans des conditions atroces, et les femmes souvent après avoir été violées, torturées. Les terroristes ont pris en otages quelque 250 personnes, certaines ont été libérées, en échange de prisonniers, d'autres personnes sont mortes durant leur captivité sans que l'on puisse en connaître le nombre au moment de publier cette étude.

Cet acte d'une violence inouïe n'a pas suscité les élans de solidarité que l'on pouvait attendre, notamment eu égard à l'histoire, soixante-dix-neuf ans après le premier procès de Nuremberg. Au contraire, on a vu rapidement surgir un argument plus ou moins assumé établissant un lien de cause à effet entre la politique israélienne dans les territoires palestiniens et la violence du 7 octobre.

Or, un retour par l'histoire sur les relations entre les communautés juives et arabes de Palestine montre que dans le siècle précédant la création de l'État d'Israël, la Palestine a été le théâtre de nombreux pogroms d'une violence comparable à celle du 7 octobre. Entre 1830 et 1948, la répétition de ces massacres visait à contraindre les Juifs de Palestine de quitter cette terre, à dissuader ceux qui avaient été persécutés en Europe de venir s'y réfugier et finalement à empêcher par les moyens les plus violents la création d'un « Foyer national juif ».

Commandée par la Fondapol, l'étude de Georges Bensoussan rappelle qu'un antisémitisme meurtrier s'est abattu sur les Juifs de Palestine bien avant la création d'un État juif. On ne peut comprendre le pogrom du 7 octobre 2023 si on ne le situe pas dans cette histoire d'une violence antijuive sans limite en Palestine. Cette réalité doit être prise en compte par les tenants d'une « solution à deux États ».

2.

Défendre la science

1. Cet activisme qui menace l'école et l'université
2. Un militantisme : contre le progrès
3. Répondre par la connaissance et le progrès scientifique

Nathalie Heinich, *Défendre l'autonomie du savoir*, Fondapol, novembre 2021

1. Cet activisme qui menace l'École et l'Université

Aucune société développée ne peut espérer maintenir ses acquis, financer son niveau de vie, conserver son rang dans la compétition internationale, sur le plan économique, militaire, politique et culturel si elle perd sa capacité d'excellence scientifique et d'innovation technologique. Ces performances dépendent de la production de la connaissance et de sa diffusion. C'est pourquoi il faut défendre la science. Mais on doit aussi défendre la science parce que la propagation et le partage du savoir dans une société est l'une des dimensions de l'esprit critique et de la culture démocratique. Enfin, il faut défendre la science pour elle-même, parce qu'elle prend une part majeure au progrès humain universel.

Si le développement de la science requiert des moyens importants, publics et privés, et de solides institutions dédiées à l'organisation et au fonctionnement de la recherche, la science ne peut se développer sans autonomie, c'est-à-dire sans indépendance par rapport aux pouvoirs, aux pressions, aux influences, qui viennent de l'extérieur mais aussi de l'intérieur, parfois des milieux professionnels eux-mêmes engagés dans la production de la connaissance. L'autonomie de la science n'empêche pas que des pouvoirs publics, que des financeurs publics ou privés, puissent demander des comptes. L'autonomie est un enjeu essentiel pour la science, la condition de son développement.

Or, l'autonomie est menacée, non seulement par des pressions provenant du monde social, notamment économique, mais aussi, de l'intérieur, par la pénétration d'idéologies jouant de la porosité des frontières entre le savoir et l'opinion, entre la vérité scientifique et la croyance, ainsi qu'entre la conviction politique, voire le militantisme, et la mission de production et de transmission des connaissances.

Les effets désastreux d'une science aux mains de militants. En septembre 2012, la publication alarmiste sur la consommation d'un maïs de type OGM, par Gilles-Éric Séralini et ses collaborateurs dans le journal scientifique *Food and Chemical Toxicology*, illustrée de tumeurs monstrueuses chez des rats, déclencha une vague médiatique, des réactions politiques et un immense choc parmi les scientifiques. La presse française généraliste s'aligna presque unanimement sur la vision alarmiste. À notre connaissance, seuls firent exception à cet emballement *Le Figaro* (en particulier les journalistes Cyrille Vanlerberghe et Marc Mennessier) et *Le Monde*. Dans ce dernier journal, on a pu lire les propos critiques du toxicologue Gérard Pascal, un expert ayant exercé de nombreuses fonctions institutionnelles, ainsi que deux articles factuels, l'un modérément sceptique de Stéphane Foucart, l'autre d'Hervé Kempf, empathique avec Séralini. Le magazine *Valeurs actuelles*, lui, fit part de son scepticisme dans un court entrefilet.

L'étude, disponible publiquement le 20 septembre, put ensuite être analysée en détail, et les jours suivants d'autres commentaires critiques émergèrent. Ainsi le toxicologue Jean-François Narbonne (qui a aussi exercé de nombreuses fonctions institutionnelles) affirme-t-il, le 21 septembre, que « cette étude donne des résultats surprenants, inexplicables et comporte quelques lacunes évidentes. Les résultats doivent donc être sérieusement étudiés [...]. En revanche, toutes les extrapolations relèvent de la désinformation caractérisée ». Le 24 septembre, *Sciences et Avenir* publie un décryptage de qualité, rédigé par Rachel Mulot, Hervé Ratel, Olivier Hertel et Loïc Chauveau (ce magazine avait déjà publié le 20 septembre une réaction à chaud de Gérard Pascal). Michel de Pracontal, lui, publie le 22 septembre un article sur *Médiapart* et poursuit sa réflexion avec lucidité le 6 octobre sur le blog du même site. Dans un autre article, ce même journaliste identifiera également « le labo secret » où l'étude a été réalisée et s'interrogera sur l'absence de transparence qui l'entoure, contrairement aux usages, avant et après la publication de l'étude.

Bien que progressivement discréditée, retirée du journal, et finalement réfutée par des études scientifiques financées par des subventions publiques françaises et européennes, cette publication et son mode de médiatisation (notamment, avant parution, les conditions inhabituelles imposées aux journalistes qui ne purent soumettre la publication à avis critiques) marqueront l'histoire des conflits qui peuvent apparaître entre les processus de recherche scientifique et leur réception médiatique, politique ou sociale.

Le rapport de la Fondapol propose de résumer ces événements de manière factuelle et référencée : Marcel Kuntz, *L'Affaire Séralini l'impasse d'une science militante*, Fondapol, juin 2019

Le cas du glyphosate. Le 16 novembre 2023, la Commission européenne a décidé de prolonger de dix ans l'autorisation du glyphosate dans l'Union européenne (UE). La décision a évidemment suscité des critiques, notamment en raison de l'impact environnemental supposé.

Le glyphosate a longtemps été un herbicide considéré comme sans risque de niveau inacceptable pour la santé. En 2015, son classement « probablement cancérogène » par le Centre international de recherche sur le cancer (CIRC, en anglais International Agency for Research on Cancer-IARC) a changé la donne et, en 2017, l'Union européenne n'a renouvelé son autorisation que pour cinq ans – la France voulant même « sortir du glyphosate » en trois ans. Les agences officielles d'évaluation des risques ont pourtant contredit l'avis du CIRC et, comme tente de le montrer notre étude, cette divergence ne se comprend pas de manière satisfaisante sur un plan scientifique. En revanche apparaissent clairement un manque de neutralité idéologique du CIRC

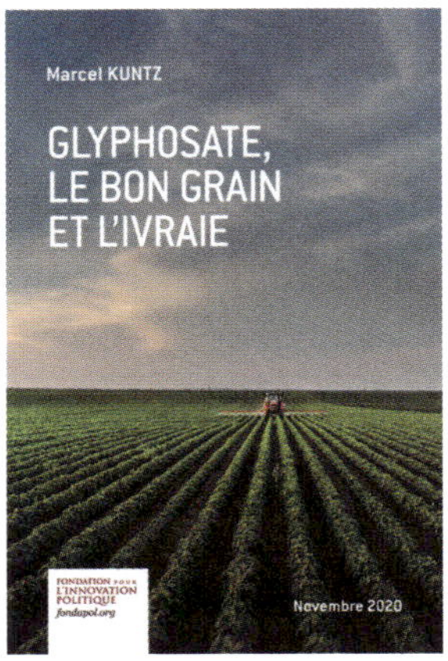

Marcel Kuntz, *Glyphosate, Le bon grain et l'ivraie*, Fondapol, novembre 2020.

Christian Lévêque, *Reconquérir la biodiversité, mais laquelle ?* Fondapol, février 2021

et des liens d'intérêts avec des avocats qui exploitent la loi sur la responsabilité délictuelle aux États-Unis, sur la base de l'avis du CIRC sur le glyphosate.

En Europe, la thèse d'une contamination universelle de la population par cet herbicide a été propagée à la suite d'analyses d'urines de volontaires. La non-fiabilité des tests utilisés dans ces campagnes à caractère militant sera établie. De manière générale, l'influence de structures militantes d'apparence scientifique ainsi que les mises en cause des agences officielles posent un problème en termes de gestion des risques par les pouvoirs publics et de perception publique. D'autant plus que des journalistes sont acteurs de la querelle, notamment autour de l'appréciation des preuves scientifiques pour les uns, et de l'influence supposée de Monsanto sur les chercheurs ou sur l'expertise scientifique du risque pour les autres.

En 2016, est promulguée une loi « pour la reconquête de la biodiversité ». Or, la question se pose de savoir de quelle biodiversité on parle. La biodiversité en France métropolitaine est le produit d'une co-construction entre des processus spontanés et des aménagements qui se sont succédé au cours des siècles. La biodiversité n'a pas cessé de changer sous l'effet des changements climatiques, de l'anthropisation des territoires et des nombreuses espèces introduites volontairement ou accidentellement. Il n'y a donc pas de situation historique qui puisse servir de référence à des projets de restauration. Et s'il n'y a pas d'équilibre de la nature, il n'est pas possible non plus d'établir en la matière des normes sur lesquelles s'appuyer pour élaborer des lois.

Pour gérer notre biodiversité, il est donc nécessaire de répondre à la question : quelle(s) nature(s) voulons-nous ? Pour répondre, il faut se fixer des objectifs réalistes qui tiennent compte à la fois de la préservation de ce patrimoine naturel et de considérations économiques et sanitaires, tout en anticipant les changements à venir qui sont inéluctables, en raison du réchauffement climatique, de la naturalisation d'espèces, etc. Au regard de l'impossibilité dans laquelle nous sommes d'anticiper avec précision notre avenir du point de vue de la biodiversité, il est raisonnable de privilégier une démarche adaptative et pragmatique, en fonction d'objectifs que nous pourrions réactualiser si nécessaire. Nous devons en effet intégrer la prise en compte du changement et le rôle des événements aléatoires dans nos politiques environnementales.

Le wokisme, la destruction des élites, en amont. Depuis les années 1970, l'université américaine d'Evergreen observait une tradition baptisée « Jour d'absence », au cours de laquelle les professeurs et les étudiants non blancs quittaient le campus et se réunissaient ailleurs. L'acte cherchait à rappeler à quel point les non-blancs étaient précieux dans la vie du collège. Mais, en 2017, les organisateurs ont inversé les choses et ont exigé que les professeurs et les étudiants blancs quittent le campus. Un professeur de biologie, Bret Weinstein, s'y est opposé, jugeant qu'il y avait une distinction fondamentale entre un groupe qui décide de ne pas venir sur le campus de sa propre initiative et un groupe qui interdit à un autre de venir. Ce professeur progressiste se trouva immédiatement confronté à la colère de certains étudiants, puis à diverses mesures de rétorsion et enfin à des agressions quotidiennes. Face à l'hostilité de l'administration universitaire, le professeur et sa compagne, craignant pour leur sécurité, quittèrent les lieux définitivement[1].

De nombreux observateurs se sont depuis penchés sur ce type de phénomène, qui a été désigné peu à peu par le terme « *woke* ». Si certains n'ont vu au départ dans cet événement qu'un fait propre aux campus américains, force est de constater que des comportements que l'on croyait circonscrits aux universités des États-Unis se sont déversés dans nombre de nos sociétés occidentales. En effet, depuis l'été 2020, à la suite de la mort de George Floyd fin mai, le phénomène s'est étendu et intensifié en même temps que le mouvement Black Lives Matter prenait une place médiatique considérable. Face à cette nouvelle culture morale, beaucoup expriment dorénavant une forme d'incompréhension, voire d'inquiétude.

Pierre Valentin, *L'Idéologie woke. Anatomie du wokisme* (I) ; *Face au wokisme* (II) Fondapol, Juillet 2021

Un petit retour en arrière sur l'expression « *being woke* » s'impose. Cette expression s'est d'abord popularisée aux États-Unis dans la communauté afro-américaine, où elle fait des apparitions sporadiques tout au long du XXe siècle. Mais il faut attendre 2008 pour voir le terme accéder à la notoriété, grâce au morceau de RnB Master Teacher d'Erykah Badu. Pendant le refrain, la musicienne Georgia Anne Muldrow clame : « I *stay woke* » (« Je reste éveillée ») et, lors d'un entretien réalisé en 2018, elle explique : « Être *woke* est définitivement une expérience noire [...]. [C'est] comprendre ce que vos ancêtres ont traversé. Être en contact avec la lutte que notre peuple a menée ici et comprendre que nous nous battons depuis le jour où nous avons atterri ici[2]. » Si le terme vient se détacher partiellement des luttes afro-américaines lorsque Erykah Badu soutient en 2012

1. Douglas Murray, *The Madness of Crowds. Gender, Race and Identity*, Bloomsbury Publishing, 2019, p. 128-132.

2. Cité in Elijah C. Watson, « The Origin Of Woke: How Erykah Badu And Georgia Anne Muldrow Sparked The "Stay Woke" Era », okayplayer.com, 2018 [traduction Pierre Valentin]

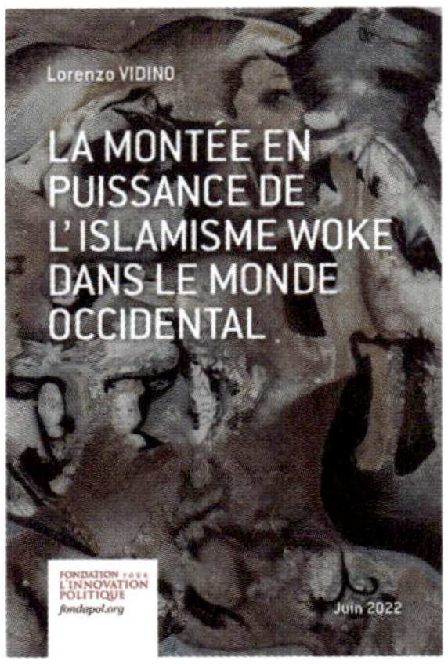

Lorenzo Vidino, La Montée en puissance de l'islamisme woke dans le monde occidental, Fondapol, mai 2022

Martha Lee, L'inévitable conflit entre islamisme et progressisme au États-Unis, Fondapol, octobre 2024

les actions de Pussy Riot, il ne se propage de manière significative qu'à partir du moment où le mouvement Black Lives Matter s'en empare[3] en 2013 et 2014. Contrairement à ce que l'on peut lire très souvent, le terme « *woke* » n'est donc pas d'abord un anathème créé par ses adversaires mais une autodésignation.

Son caractère péjoratif ne se développera que progressivement, dans les feux de la critique. D'ailleurs, en 2016, le documentaire sur le mouvement Black Lives Matter réalisé avec certains membres du mouvement s'intitulait « *Stay Woke : The Black Lives Matter Movement* ». En 2018, le quotidien *Le Monde* considérait encore qu'être « *woke* » avait plus ou moins pour synonyme « être cool » dans la culture noire américaine[4].

Ce terme se prête également à une définition relativement précise, donnée, par exemple, par Radio-Canada : « Dans un contexte de combat en matière de justice sociale, cette expression définit quelqu'un qui est sensibilisé aux injustices qui peuvent avoir lieu autour de lui. On utilise souvent cette expression en opposition à "être endormi", soit ne pas être éduqué sur les enjeux socio-économiques et sur les questions raciales[5]. »

Cette étude présente dans les grandes lignes l'idéologie *woke*. Elle s'attache à analyser les conditions culturelles et sociales de son émergence, ce qui appelle la prise en compte des travaux éclairant la psychologie de ses militants.

L'influence sur nos sociétés occidentales du système de croyances qu'est le wokisme peut être estimée par des enquêtes d'opinion, par la mesure des fréquences d'utilisation du vocabulaire et des concepts *woke* dans des ouvrages et sur les réseaux sociaux, ou encore par le nombre d'institutions clés investies par ces militants.

Sans surprise, lorsqu'une idéologie est capable d'acquérir aussi rapidement une telle influence, les conséquences sociales sont nombreuses. Ainsi, le monde universitaire – le plus touché par le wokisme – voit monter en puissance un phénomène d'autocensure et le renforcement d'un entre-soi idéologique récusant tout pluralisme et débouchant parfois sur le pire, tels ces deux professeurs qui, en 2017, craignant pour leur vie, ont dû fuir l'université d'Evergreen.

Parmi les conséquences sociétales, on assiste aux États-Unis à une course à la victimisation ou, comme au Royaume-Uni, au déchaînement de velléités liberticides.

Quelques tentatives pour contrer l'expansion de cette mouvance ont vu le jour ces dernières années. Nombre d'entre elles se concentrent sur la défense de la liberté d'expression au sein des universités ; d'autres agissent au niveau législatif, tandis que des intellectuels s'efforcent de vulgariser les concepts *woke* afin d'en dévoiler les sophismes et d'en montrer les conséquences. Elles peuvent être redoutables.

Le wokisme est un vecteur de l'islamisme. Les dernières décennies ont vu une mutation de la stratégie et du discours de l'islam radical ainsi que de ses militants. Ces mutations résultent de la présence nombreuse et désormais durable de populations musulmanes dans le monde occidental. Devant l'irréalisme d'un projet originaire d'islamisation intégrale, ses militants ont évolué dans une double direction : la recherche d'une emprise maximale sur les communautés musulmanes occidentales et la promotion de leur vision et de leurs revendications auprès des institutions et des grands acteurs politiques, économiques, culturels et sociaux des pays d'accueil. Ces militants sont issus de nouvelles générations, nées et formées en Occident, la plupart du temps en

3. Pour un bon résumé sur les origines du mot, voir « Qu'est-ce que le woke ? 2. Les origines », ctrlzmag.com, 25 février 2021.

4. Voir Marc-Olivier Bherer, « Ne soyez plus cools, soyez "woke" », *Le Monde*, 3 mars 2018.

5. Cité in Mathieu Bock-Côté, *La Révolution racialiste et autres virus idéologiques*, Presses de la Cité, 2021, p. 72.

sciences sociales, et non plus dans les filières scientifiques et technologiques comme leurs aînés. Simultanément, ces nouveaux islamistes endossent des thèmes ultra-progressistes, leur permettant de conclure des alliances avec la gauche radicale. Les développements les plus récents ont ainsi vu se multiplier les ponts entre islam radical et ce qui est désormais nommé « culture *woke* », dans un contexte de propagation des contenus profondément modifié par les chaînes satellitaires et les réseaux sociaux.

Il faut étudier les structures, les soutiens et les thèmes de ce que Lorenzo Vidino appelle l'« islamisme *woke* » ou l'« islamo-wokisme », mais aussi les réactions négatives qu'il suscite, particulièrement en France et au sein même des musulmans occidentaux. Les nouveaux militants islamistes utilisent rarement les références traditionnelles mais reprennent plutôt le langage de la discrimination, de l'antiracisme, de l'oppression intériorisée, de l'intersectionnalité et de la théorie postcoloniale. C'est cette nouvelle approche qui leur donne un accès au monde politique, médiatique et à la société civile, ce que leurs prédécesseurs n'auraient jamais osé espérer.

Il demeure la question de savoir si une telle mutation traduit une adoption des valeurs occidentales par cette nouvelle génération de militants, via le progressisme, ou si, à l'inverse, le wokisme est en train de devenir un puissant vecteur de l'influence islamiste dans le monde occidental.

Le wokisme est l'un des visages de l'illibéralisme. Les discriminations sont inacceptables. Ce refus est au cœur de la culture occidentale en général et de la culture européenne en particulier. Ce rappel peut étonner dans la mesure où c'est précisément cette partie du monde, cette culture, qui fait les frais des critiques exprimées par les mouvements dits « wokistes ». En effet, c'est bien sur ces terres du continent européen, dans ces pays occidentaux, que se sont manifestées la conceptualisation, la formalisation et l'institutionnalisation d'un humanisme héritier d'une généalogie prodigieuse au confluent de la loi juive, de la raison grecque, du droit romain, de l'universalisme chrétien, de cet humanisme optimiste proclamé par la Renaissance, puis le Siècle des Lumières, accompli pour partie dans l'émancipation des Juifs, l'abolition de l'esclavage, le suffrage masculin puis le suffrage universel.

Cet effort, toujours maintenu en vie quelque part, a pu être minoritaire, incompris, combattu, il a pu même éprouver la peur de disparaître, sous le poids de sa pure négation : la tyrannie, l'impérialisme, la colonisation, l'antisémitisme, le racisme, le fascisme, le nazisme, le stalinisme, les guerres mondiales, la persécution et la destruction de populations entières, de millions de femmes et d'hommes en raison de leur religion, de leurs opinions, de leur orientation sexuelle, de leur appartenance à un groupe ethnique…

Il n'en demeure pas moins que dans aucune autre partie du monde on ne trouve une telle persistance, résistant aux siècles, cherchant à s'étendre toujours plus dans le monde, contribuant à reconnaître et à faire reconnaître la dignité humaine, l'égale condition naturelle de tous. Cet effort et ces résultats demeurent sans équivalent dans une histoire humaine toujours agitée de dévastations, hier comme aujourd'hui, en Europe, en Occident et partout dans le monde.

Il est moralement injuste et historiquement fautif d'ignorer, de ne compter pour rien ou d'oublier les femmes et les hommes qui ont lutté pour le progrès humain, souvent au péril de leur vie, au motif qu'ils ne l'ont pas fait immédiatement ou que tous ne les ont pas aussitôt suivis. La principale faute intellectuelle, politique et morale du wokisme est la généralisation, la simplification de la réalité, l'outrance, la brutalité des propos et des comportements et la sanctification des accusateurs par eux-mêmes.

Le wokisme est la conséquence de cette tradition composite. Parce qu'il est nécessaire de rester fidèle à la lutte contre les discriminations et à la protection des minorités, à la liberté de chacun, à la dignité de tous, il est inacceptable que l'on puisse prétendre prendre appui sur la revendication d'une égale dignité humaine pour former des mouvements que caractérisent l'intransigeance, l'intolérance, la brutalité, parfois la violence, au point de s'abandonner aux passions et aux mécanismes de la persécution et de la tyrannie. Ses conséquences sont dévastatrices pour les sociétés ouvertes, les démocraties, tandis que, par définition, elles ne produisent aucun effet sur les systèmes despotiques. Ses conséquences sont destructrices sur de jeunes générations déjà lourdement affectées par une époque difficile. Le « wokisme » est devenu une idéologie pernicieuse, abusant d'une forme de terreur, abîmant le pluralisme, la liberté d'opinion. Le wokisme est l'une des figures de l'illibéralisme.

2. Les dangers du militantisme contre le progrès

« Zones à défendre » et « zadistes ». Les « zones à défendre » (ZAD) et les zadistes ont beaucoup fait parler d'eux ces dernières années. Ce fut tout particulièrement le cas à l'occasion de la ZAD de Notre-Dame-des-Landes, dont les occupants ont lutté pendant des années contre le projet d'aéroport près de Nantes. Les zadistes ont également été au cœur de l'actualité à la suite du décès en octobre 2014 d'un militant écologiste au sein de la ZAD du Testet, dans le Tarn.

Une ZAD est une « zone à défendre » pour les activistes qui occupent, la plupart du temps de façon illégale, une « zone d'aménagement différé », c'est-à-dire une zone au sein de laquelle un projet d'aménagement doit être réalisé. Il existe actuellement près d'une dizaine de « zones à défendre » en France, alors que près de 30 projets font l'objet de contestations, notamment de la part de collectifs de riverains, d'élus et d'associations, et plus d'une centaine sont critiqués par les associations écologistes.

Les occupants de ces « zones à défendre » sont communément appelés « zadistes ». Même s'il est très difficile d'en établir un profil-type compte tenu de la grande diversité de leurs origines sociales ou de leurs orientations idéologiques, on peut tout de même dire que ce sont souvent des jeunes qui ont décidé de rompre avec une société dont ils rejettent les valeurs et qui entendent vivre autrement. On peut aussi trouver au sein des ZAD d'autres profils, notamment des marginaux, qui sont appelés les « arrachés ».

Ces zadistes s'opposent à ce qu'ils appellent des « grands projets imposés inutiles ». Mais ils ne se contentent pas uniquement de ces actions dites de « résistance ». Ils souhaitent aussi mettre en place une alternative sur les ZAD qu'ils considèrent comme des espaces « libérés ». Cette alternative se réfère en particulier aux idéaux de la décroissance et de la transition post- pétrolière et aux pratiques libertaires. Son objectif principal est d'assurer l'autonomie de cette communauté autogérée vis-à-vis des sphères étatique et marchande. Cette articulation entre luttes et alternative est sans aucun doute l'une des principales singularités des ZAD.

Même si, à ce stade, il est difficile de parler d'un « zadisme » en tant que tel, on peut néanmoins considérer que ce phénomène est vraisemblablement appelé à durer car il est le symptôme de différentes évolutions de la société française : la tentation de l'*exit option* pour une partie de la population, celle du « précautionnisme » ou celle de l'auto-organisation d'une société qui ne croit plus en la capacité de l'État et du marché à régler les problèmes du pays.

La résurgence d'un mouvement anti-industriel. Les exemples de protestation contre les évolutions technologiques se sont multipliés. La pluralité des actions de contestation des technosciences est largement due aux nouveaux modes de communication et à l'émergence d'un tissu associatif plus large et moins soumis au poids du politique. Malgré l'inscription indéniable de ce courant dans les nouvelles modalités du militantisme, ses origines sont anciennes et complexes.

Cette mouvance est héritière du courant anti-industriel né au début du XIXe siècle, en grande partie illustré par le luddisme et le chartisme. Elle s'est nourrie du mouvement antinucléaire – incarné notamment par Greenpeace – et par la conversion d'une partie de la gauche marxiste à l'écologie. C'est l'altermondialisme, formé à la suite de la chute du mur de Berlin, qui a constitué la troisième matrice du réseau disparate mais structuré de ces « anti ».

Ce solide courant est à la confluence de deux réseaux militants historiques : d'un côté, les « chrétiens progressistes », de l'autre, les tiers-mondistes. L'*Association pour la taxation des transactions financières pour l'aide au citoyen* (ATTAC) est un des fruits de cette convergence. Ce réseau « anti » s'est formé d'associations complémentaires, agissant de manière coordonnée et possédant des appuis extérieurs importants dans les médias, l'édition, le monde intellectuel et universitaire.

Dans les faits, les technologies les plus incriminées sont les OGM (organismes génétiquement modifiés), les nanotechnologies et les ondes électromagnétiques émises par les antennes relais. La dénonciation de ces innovations prend des formes diverses : destructions de plants génétiquement modifiés, organisations de meetings pour dénoncer les nanotechnologies, stratégies de *lobbying* locales pour contrer l'implantation d'antennes relais, etc.

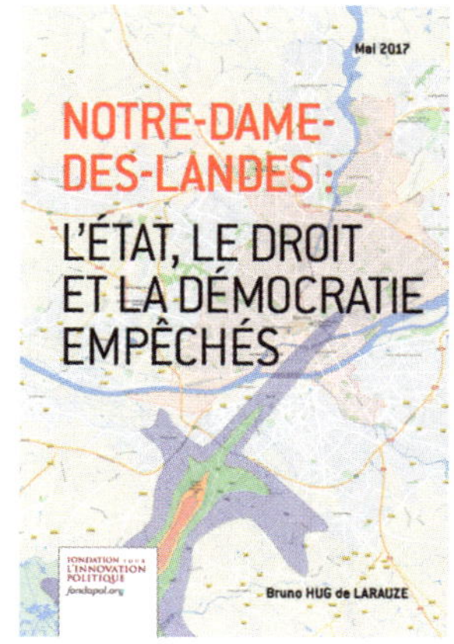

Bruno Hug de Larauze, *Notre-Dame- des-Landes : l'État, le droit et la démocratie empêchés*, Fondapol, mai 2017

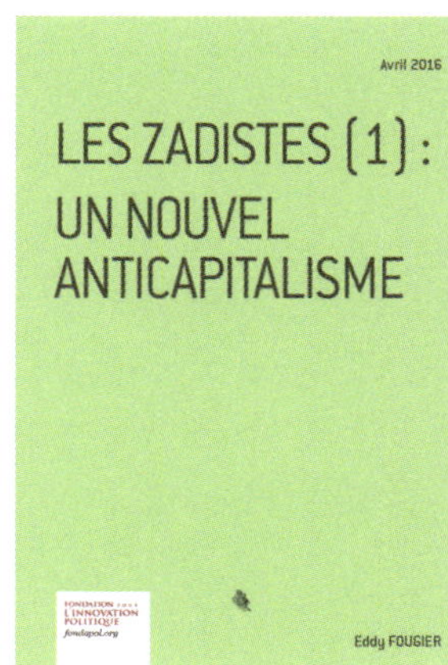

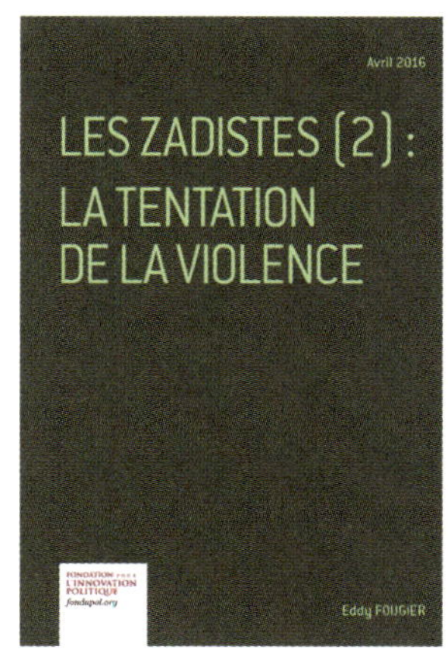

Eddy Fougier, *Les zadistes. (1) Un nouvel anticapitalisme ; (2) La tentation de la violence*, Fondapol, mai 2016

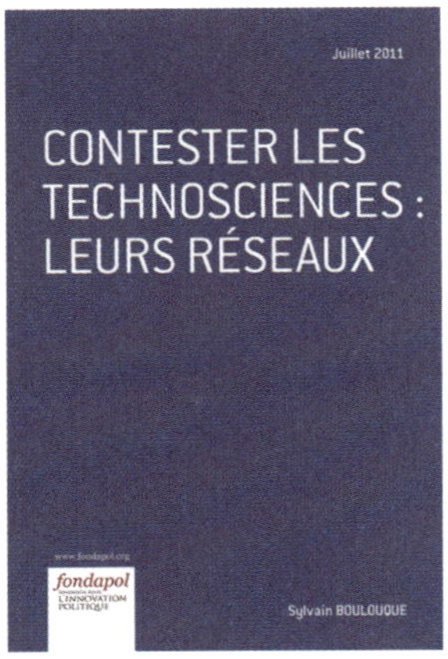

Sylvain Boulouque, *Contester les technosciences, leurs réseaux*, Fondapol, juillet 2011

Eddy Fougier, *Contester les technosciences : leurs raisons*, Fondapol, juillet 2011

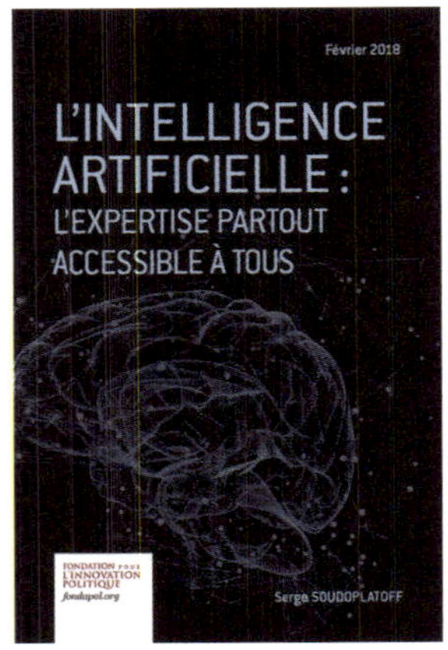

Serge Soudoplatoff, *L'intelligence artificielle : l'expertise partout accessible à tous*, Fondapol, février 2018

Aifang Ma, *L'intelligence artificielle en Chine : un état des lieux*, novembre 2018

3. Répondre par la connaissance et le progrès

Le cas de l'intelligence artificielle (I. A.). L'intelligence artificielle est l'un des grands facteurs de bouleversements qui affectent notre époque. Rarement une évolution technologique aura fait espérer autant d'opportunités et promettre autant de résolutions de problèmes, autant de changements dans les usages, et donc aussi, inévitablement, autant de peurs. Pourtant, il ne s'agit pas d'une rupture technologique. L'intelligence artificielle s'inscrit dans la continuité de l'informatique dont la puissance de calcul ne cesse de croître, augmentée par la disponibilité de grandes masses de données que le monde Internet sait agréger.

L'intelligence artificielle ne se résume pas à gagner les championnats du monde du jeu de go ; elle permet maintenant aux voitures de rouler sans conducteurs, aux robots de devenir de plus en plus autonomes, aux médecins de faire des diagnostics plus fins, aux avocats de faire des contrats plus précis. Après l'information, puis la connaissance, c'est maintenant au tour de l'expertise d'être disponible partout, accessible à tous. Sa rareté, qui jusqu'ici a été source d'un profit légitime mais considérable, est en passe de se transformer en abondance. Seuls les experts les plus pointus, qui auront compris comment tirer parti de la nouveauté qu'apporte l'intelligence artificielle, survivront. Mais c'est potentiellement une très bonne nouvelle pour l'ensemble de l'humanité.

En matière d'I. A., la Chine est aux avant-postes. Il est donc utile de décrire les politiques chinoises qui ont permis l'essor de l'intelligence artificielle. De l'élaboration de stratégies conquérantes aux investissements colossaux, les géants de l'e-commerce et le gouvernement de Xi Jinping ont façonné un climat social propice au développement de cette nouvelle technologie.

Le Parti communiste chinois entend répondre de cette façon, à des impératifs économiques, sécuritaires, sociaux et environnementaux. Son objectif est clair : la Chine souhaite devenir leader mondial en 2030. Pour ce faire, le gouvernement mise sur la définition de programmes nationaux sur le long terme et sur les partenariats entre les différents acteurs agissant pour le compte des entreprises et de l'État dans le cadre d'une vision politique ambitionnant clairement le leadership mondial de la Chine au XXIe siècle.

L'édition du génome. Les méthodes de modification du génome sont intimement liées à l'histoire de l'humanité, des balbutiements de l'agriculture au néolithique en passant par le développement des thérapies géniques au cours du XXe siècle. Aujourd'hui, les techniques employées sont issues des biotechnologies (transgénèse, mutagénèse ainsi que les nouvelles techniques d'édition du génome NBT, ou New Breeding Techniques), et suscitent un débat sociétal empreint d'inquiétudes philosophique, religieuse et morale, ou de rejet idéologique. Ces craintes sont-elles fondées ? Les avancées scientifiques que propose cette approche biotechnologique méritent d'être prises en considération, tout particulièrement en matière de santé. Aujourd'hui, la mondialisation a souligné que les santés, qu'elles soient humaines ou animales, végétales ou environnementales, sont interdépendantes et réunies sous le concept *One Health* : une seule santé, un seul monde.

Là encore, les programmes nationaux chinois dans le domaine des biotechnologies sont particulièrement ambitieux. Un état des lieux de l'avancement du pays dans ses applications médicale, industrielle, énergétique et agricole est devenu nécessaire. En tant que nouvel acteur majeur sur la scène internationale, la Chine multiplie ses efforts pour concurrencer les États-Unis, leader dans le domaine. La Chine va cependant devoir trancher entre deux options, à savoir, continuer à prioriser les avancées technologiques en reléguant la régulation des biotechnologies dans une position secondaire, ou bien se donner le temps de réfléchir à la manière de cultiver un modèle alternatif de développement scientifique et technologique afin d'endiguer les éventuelles dérives éthiques.

Catherine Regnault-Roger, *Des outils de modification du génome au service de la santé humaine et animale*, Fondapol, janvier 2020

Catherine Regnault-Roger, *Des plantes biotech au service de la santé du végétal et de l'environnement*, Fondapol, janvier 2020

Catherine Regnault-Roger, *OGM et produits d'édition du génome : enjeux réglementaires et géopolitiques*, janvier 2020

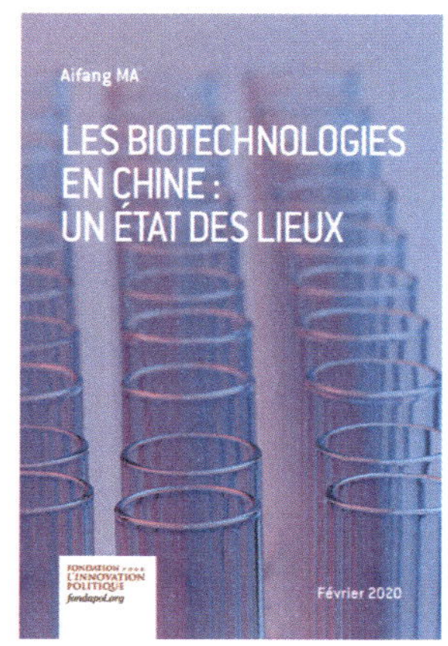

Aifang Ma, *Les biotechnologies en Chine : un état des lieux*, Fondapol, février 2020

3.

Pas de puissance publique sans souveraineté

SUR FONDAPOL.ORG

Jean-Marc Daniel, *Dette publique : la mesurer, la réduire*, Fondapol, avril 2017

Jean-Marc Daniel, *Réduire notre dette publique*, septembre 2011

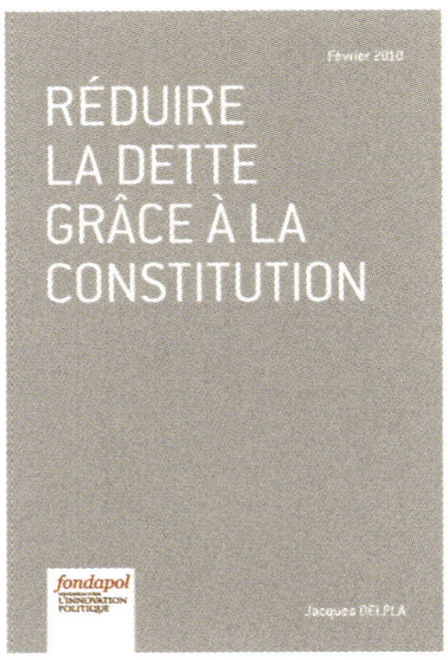

Jacques Delpla, *Réduire la dette grâce à la Constitution*, Fondapol, février 2010

Christian Pfister et Natacha Valla, *Qui paie ses dettes s'enrichit*, Fondapol, septembre 2020

La puissance se définit comme un moyen ou un droit grâce auquel on peut réaliser une action. La puissance publique peut être définie comme l'ensemble des moyens à la disposition d'un État pour qu'il puisse accomplir les missions qu'il se donne, en particulier celles qu'il ne peut délaisser sans renoncer à être un État, comme assurer le contrôle de son territoire et le gouvernement de sa population.

1. Pas de puissance publique sans souveraineté nationale

L'idée d'une règle budgétaire stricte : la « règle d'or ». À un certain niveau, l'endettement public implique un renoncement de fait à la souveraineté nationale et donc à la puissance publique. La situation budgétaire dans laquelle nous nous trouvons appelle une organisation institutionnelle de la responsabilité budgétaire. Elle doit devenir commune aux partis de gouvernement. Cela passe notamment par l'adoption d'une véritable norme constitutionnelle d'équilibre des comptes, la « règle d'or », défendue activement par la Fondapol depuis 2010. Il est vital de contraindre les surenchères électoralistes et de faire du désendettement public un programme commun de gouvernement. Il n'interdira pas aux uns de promettre une hausse des dépenses publiques, dès lors qu'ils préserveront l'équilibre en augmentant les prélèvements obligatoires, ou aux autres d'annoncer la baisse des prélèvements obligatoires, dès lors qu'ils préserveront l'équilibre en réduisant la dépense publique.

L'instauration d'une règle budgétaire apparaît comme le moyen le plus efficace pour garantir la maîtrise de nos finances publiques et la réduction à terme de notre endettement. La Fondapol a joué un rôle actif et pionnier dans ce débat, avec la publication, en février 2010, de la note de Jacques Delpla intitulée *Réduire la dette grâce à la Constitution*.

Le bon fonctionnement d'un mécanisme de limitation des déficits suppose une gouvernance garantissant l'effectivité de la règle. Un conseil indépendant comprenant notamment des personnalités qualifiées en charge de la politique budgétaire pourrait être mis sur pied en détachant auprès de la Commission des finances de l'Assemblée nationale une partie du personnel de la Cour des comptes chargé des activités non juridictionnelles de cette institution. Placé sous l'autorité d'un comité indépendant composé de personnalités qualifiées, ce *Congressional Budget Office* à la française aurait pour missions la détermination des prévisions de croissance, le suivi des grands équilibres, la formulation de recommandations budgétaires et l'évaluation des dépenses. Les compétences de cet organisme ne devraient pas être limitées aux seules lois de finances, mais devraient aussi s'étendre aux lois de financement de la sécurité sociale.

Contrairement à la solution retenue en Allemagne, où le Conseil de stabilité est

SUR FONDAPOL.ORG

Dominique Reynié, *Après le 29 janvier : la fonction publique contre la société civile ? Une question de justice sociale et un problème démocratique*, mars 2009

Remy Prud'homme, *Politique énergétique française (1) : les enjeux ; (2) : les stratégies*, janvier 2012

placé sous la présidence du ministre des Finances, il semble préférable d'assurer l'indépendance de ce conseil en le subordonnant au Parlement. Son indépendance vis-à-vis du gouvernement est d'autant plus cruciale que cet organisme serait le seul habilité à fixer les conditions macroéconomiques permettant de suspendre temporairement l'application des lois-cadres d'équilibre des finances publiques. Il déterminerait également les modalités d'amortissement des déficits constatés et non anticipés.

Les retraites sont responsables de la moitié de l'envolée de la dette depuis 2017[1]. Réduire la dette, c'est donc d'abord réformer les retraites. Considérée comme un acquis social majeur, la retraite est l'une des grandes figures de notre État social, lequel est l'un des piliers de l'adhésion collective à la convention démocratique. La solidité de notre système de retraite détermine donc directement la stabilité de notre système politique.

Face aux défis du vieillissement, accentués par l'augmentation régulière de l'espérance de vie, divers dispositifs ont progressivement été mis en place, aboutissant à un système où toute personne qui part à la retraite se voit allouer un revenu de remplacement prélevé sur le revenu des actifs. Si la vieillesse n'est plus aujourd'hui synonyme de pauvreté, la menace qui pèse sur sa soutenabilité est dans tous les esprits. Les travaux de la Fondapol sur la question des retraites reposent sur l'examen de réformes dans les pays voisins, sur des études d'opinion auprès du public français et sur les rapports de nos experts.

La réforme des retraites, d'un système par répartition vers un système par capitalisation est rendue nécessaire par le niveau d'endettement de la France, au moment où la société française semble plus favorable à un tel changement, en particulier au sein des jeunes générations. L'attachement au principe de la répartition est fort ; en effet, une large majorité des actifs (63 %) disent leur préférence pour un système de retraite par répartition, contre un tiers (37 %) qui préfèrent un système fondé sur la capitalisation. En revanche, plus de la moitié des jeunes de 18 à 24 ans (52 %) privilégient le système de financement par capitalisation pour leur future retraite.

2. L'énergie, clé de notre souveraineté

Nous sommes dépendants de l'énergie, quelle qu'en soit la source et il n'y a pas d'énergie propre. Depuis le XIXe siècle, le déroulement de la vie humaine requiert une gigantesque quantité d'énergie. Cette quantité d'énergie n'a cessé d'augmenter de manière spectaculaire, et aujourd'hui encore, parce que les hommes sont de plus en plus nombreux, parce qu'ils vivent de mieux en mieux et parce qu'ils vivent de plus en plus vieux. Rien de ce qui est vital pour nous – l'eau, l'alimentation, la sécurité – n'est possible sans consommation d'énergie. D'une manière générale, il y a peu de choses et peu d'activités que nous pourrions déployer, posséder ou conserver sans consommer de l'énergie. L'expansion du nucléaire s'est déplacée des économies avancées vers les économies émergentes. Depuis des décennies, l'énergie nucléaire est une source majeure de production d'électricité bas carbone, garantissant l'accès de millions de personnes dans le monde à une énergie abordable.

Mais pour répondre aux besoins qui sont considérables et grandissants, la politique

Dominique Reynié (dir.), *Les Français jugent leur système de retraite*, Fondapol, octobre 2018

Gérard-François Martinot, *Face aux retraites et à la crise budgétaire : la capitalisation*, Fondapol, décembre 2024

SUR FONDAPOL.ORG

Victor Fabre, Mathieu Kohmann, Mathieu Luinaud, *Une « norme intelligente » au service de la réforme*, décembre 2017

1. Cf. Jean-Pierre Robin, *Le Figaro* du 22 septembre 2024.

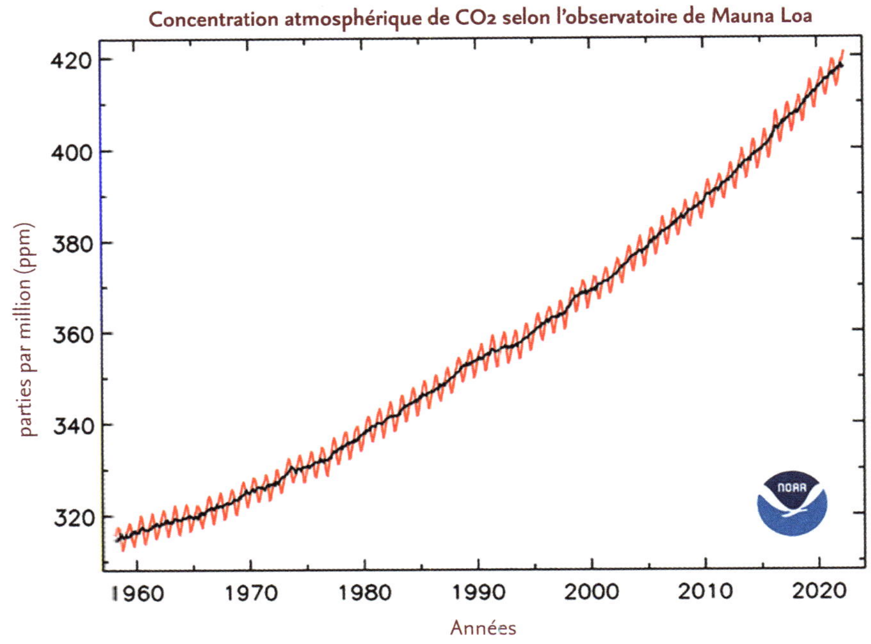

Source : Scripps Institution of Oceanography, UC San Diego, juin 2022

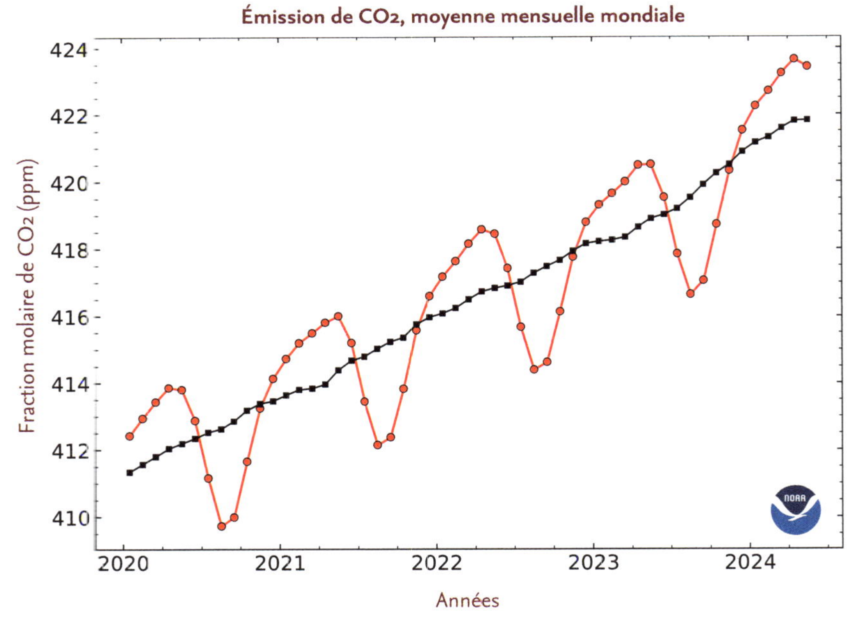

Source : Scripps Institution of Oceanography, UC San Diego, juin 2022

énergétique est nécessairement un « mix énergétique », c'est-à-dire la satisfaction de la demande d'énergie par la mobilisation d'une pluralité de sources d'énergie – électricité, pétrole, gaz, géothermie, etc. – ou une pluralité de modalités de production d'une même énergie – par exemple, l'énergie électrique peut être produite à partir du nucléaire, de l'éolien, du solaire, du charbon, du pétrole, de l'hydraulique, etc. Le débat ne peut pas porter uniquement sur le nucléaire, bien que cette source d'électricité soit capable de satisfaire 37 % de nos besoins en énergie primaire. C'est par le mix énergétique que l'on peut fournir aux Français l'énergie dont ils ont besoin non seulement quotidiennement mais aussi à chaque instant, mais il faut progresser encore dans la décarbonation de notre mix énergétique.

Le nucléaire est en plein développement, la Chine en est le centre. L'industrie nucléaire est redevenue très dynamique. Selon l'Agence Internationale de l'Énergie Atomique (AIEA), fin décembre 2023, la capacité électronucléaire mondiale des 413 réacteurs en exploitation dans 31 pays s'établissait à 371,5 Gwe. L'AIEA parle « d'un contexte marqué par l'émergence d'un nouveau consensus mondial pour accélérer son déploiement[2] ». L'innovation se poursuit sur de nombreux fronts, des Générations III et IV aux petits réacteurs modulaires, des réacteurs expérimentaux à la fusion nucléaire. Le centre de gravité de l'expansion du nucléaire s'est déplacé, depuis les économies avancées vers les économies en développement. Cette tendance devrait se poursuivre : la part prise dans la capacité nucléaire mondiale par les économies émergentes et en développement va doubler au cours des vingt prochaines années.

Sécurité énergétique, production d'électricité bas carbone et fiabilité sont les éléments essentiels qui sous-tendent le déploiement de l'énergie nucléaire. Celle-ci a également de fortes implications sur le plan économique et sur le plan géopolitique. Avec 24 réacteurs russes en chantier dont 19 à l'exportation, propulsés par un programme solide et cohérent de déploiement sur leur territoire, la Russie, avec Rosatom, est en 2024 le plus grand exportateur de technologie nucléaire. La Chine est amenée à devenir également un acteur majeur du nucléaire. Les économies avancées, constituant autrefois les principaux acteurs et exportateurs, sont à présent confrontées au vieillissement de leur parc et aux questionnements sur l'opportunité de prolonger la durée de vie de certaines centrales et la nécessité d'en construire de nouvelles.

De nombreux challenges se posent au nucléaire : coûts d'investissement initiaux importants, modes de financement coûteux, allongement des délais de construction et forte opposition de certaines parties de la population qui a pu conduire, en particulier dans certains pays européens, à l'interruption immédiate de programmes nucléaires ou à leur abandon progressif. Face aux défis économiques, des solutions existent, comme le démontrent clairement les cas de la Russie et de la Chine. L'Europe possède le plus grand parc nucléaire du monde, une chaîne d'approvisionnement industriel totalement intégrée et un important écosystème d'innovation.

Pour certaines régions du monde, le fait de ne pas poursuivre ou d'abandonner l'option nucléaire rendra difficile, en termes de coûts comme de calendrier, l'atteinte des objectifs de décarbonation. Un avenir sans carbone exige que toutes les technologies soient mises à profit, et le nucléaire peut prendre part à ces efforts

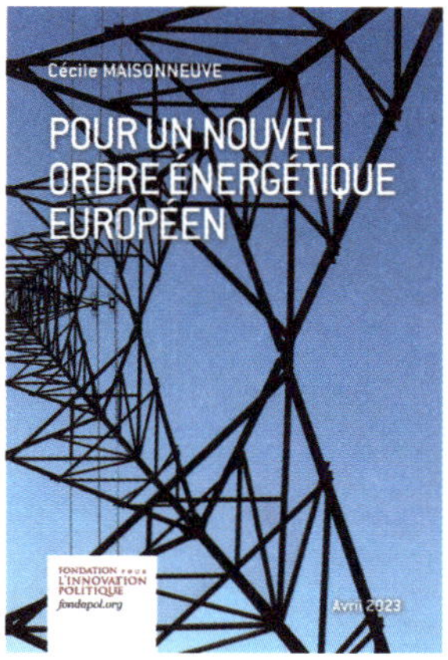

Cécile Maisonneuve, *Pour un nouvel ordre énergétique européen*, Fondapol, avril 2023

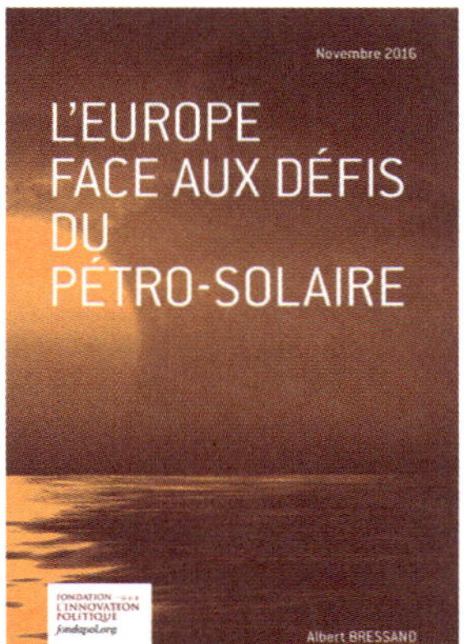

Albert Bressand, *L'Europe face aux défis du pétro-solaire*, Fondapol, novembre 2016

2. AIEA, 30 août 2024 [en ligne].

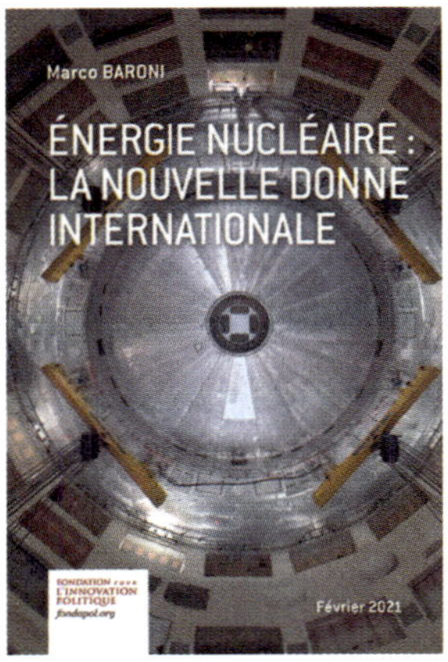

Marco Baroni, *Énergie nucléaire : la nouvelle donne internationale*, Fondapol, février 2021

SUR FONDAPOL.ORG

Albert Bressand, Good COP21, Bad COP21. (1) : *le Kant européen et le Machiavel chinois* ; (2) : *une réflexion à contre-courant*, octobre 2015

Albert Bressand, Énergie-climat : *pour une politique efficace*, septembre 2014

Albert Bressand, *Transition énergétique européenne : bonnes intentions et mauvais calculs*, juillet 2013

Malcolm Grimston, *L'énergie nucléaire après Fukushima*, septembre 2011

de façon décisive, y compris pour les applications non électriques telles que la production de chaleur, la production d'hydrogène et le dessalement de l'eau. Les décideurs politiques devraient prendre des mesures pour garantir cette contribution de l'industrie nucléaire à un monde décarboné en 2050.

Les risques attachés aux déchets nucléaires sont comparables à ceux d'autres déchets chimiques toxiques produits en quantités importantes par l'industrie. L'activité humaine a connu dans les dernières décennies un changement d'échelle concernant la transformation de matières et la production de déchets de tous ordres. Ces déchets produits massivement sont parfois réutilisables ou recyclables. Certains sont potentiellement toxiques. Sont exposées les caractéristiques des dangers potentiels des déchets nucléaires, les phénomènes physiques à l'œuvre et les dangers liés à la radioactivité avant mise en place de solutions de protection.

Les dangers potentiels des déchets nucléaires sont comparables à ceux d'autres déchets chimiques toxiques produits en quantités importantes par l'industrie. Les déchets nucléaires ont cependant l'avantage de représenter de faibles quantités (en masse et en volume) et d'être très facilement traçables. Leur quantité et leur dangerosité dépendront de la stratégie de recyclage adoptée.

Les solutions pour maîtriser le risque des déchets radioactifs reposent sur deux principes : réduire les quantités à la source et empêcher les radionucléides d'arriver jusqu'à l'être humain et de se répandre dans l'environnement. C'est à leur sortie du réacteur, pendant les premières décennies qui suivent, que les déchets nucléaires sont les plus dangereux, c'est-à-dire émettent plus de rayonnement et de chaleur. Les solutions de protection contre ces rayonnements passent par des moyens simples : interposer entre ces produits et l'être humain de l'eau, du béton ou du plomb. Diverses solutions, selon les différentes catégories de déchets, sont actuellement mises en œuvre en France sous le contrôle de l'ASN. Elles permettent de protéger efficacement les populations et l'environnement à un horizon de deux ou trois siècles.

Une très petite partie de ces déchets nécessite de mettre en place des solutions à très long terme pour préserver les générations futures. Les travaux de recherche scientifique très importants menés ces dernières décennies en France comme à l'échelle internationale permettent de disposer aujourd'hui de solutions adaptées au long terme, qui combinent entreposage de longue durée, transmutation et stockage géologique (projet Cigéo en France). Le stockage géologique est considéré par la communauté internationale comme la solution de référence.

L'horizon temporel des risques liés aux déchets nucléaires conduit à s'interroger sur nos responsabilités concernant les générations futures, y compris à très long terme (siècles, millénaires et au-delà). Les approches du « calcul économique public » éclairent le choix entre stockage géologique et entreposage de longue durée en fonction de l'état des sociétés futures. Une grille d'analyse plus large des risques et des opportunités transmis aux générations futures, qui hiérarchise les degrés de danger, les échelles géographiques et prend en compte le niveau de réversibilité, permet une meilleure appréciation des questions posées par les déchets nucléaires par rapport à des risques locaux, comme ceux liés aux déchets industriels toxiques, et par rapport à des risques globaux et majeurs, comme la perte de biodiversité ou l'évolution du climat.

Cette grille d'analyse permet de comparer l'intérêt de la filière nucléaire par rapport aux autres filières énergétiques (fossiles et renouvelables) pour les générations présentes et futures. Enfin, les ressources des philosophies éthiques sont mobilisées pour mieux penser l'équilibre à trouver entre les responsabilités des générations présentes et celles des générations futures, et mieux hiérarchiser ce qui pourrait être le patrimoine le plus précieux à léguer à ces dernières : connaissances scientifiques, institutions démocratiques, sagesses pratiques.

Différentes solutions de gestion des déchets nucléaires existent et peuvent protéger les générations futures sur le très long terme mais il ne faut pas minimiser les difficultés que rencontre leur mise en œuvre. Ces solutions supposent un État efficace, doté de compétences de prospective à long terme afin d'éclairer les enjeux du système nucléaire, et de compétences opérationnelles de pilotage de projets industriels de grande ampleur comme Cigéo. L'histoire des débats en France sur les déchets nucléaires illustre également la nécessité de faire des progrès importants concernant le fonctionnement de nos institutions démocratiques pour traiter ce genre de sujet mais encore davantage des sujets complexes comme l'évolution du climat ou la biodiversité.

Ce fonctionnement doit s'appuyer sur le travail d'une expertise scientifique et technique transverse, ainsi que sur la sollicitation de ressources prospectives et éthiques, au service de l'intérêt général et non d'objectifs partisans ou militants. Il s'agit là d'un appel à l'invention de nouvelles institutions démocratiques afin de prendre en compte ces enjeux techniques et industriels majeurs pour les générations futures.

Jean-Paul Bouttes, *Les déchets nucléaires, une approche globale*

(1). *Déchets et déchets nucléaires : durée de vie et dangers potentiels*, Fondapol, janvier 2022

(2). *Les solutions pour maîtriser le risque effectif*, Fondapol, janvier 2022

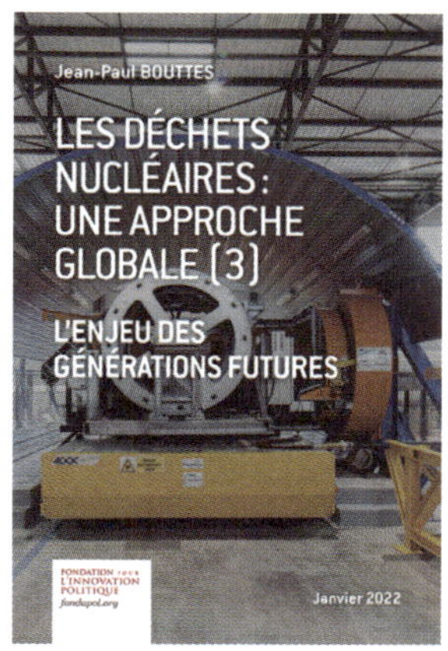

(3). *L'enjeu des générations futures*, Fondapol, janvier 2022

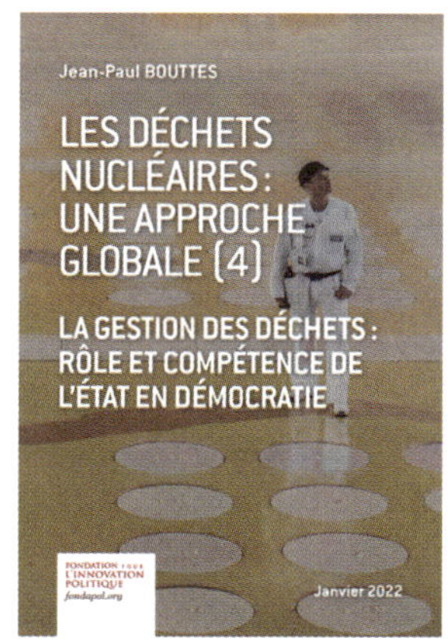

(4), *La gestion des déchets : rôle et compétence de l'État en démocratie*, Fondapol, janvier 2022

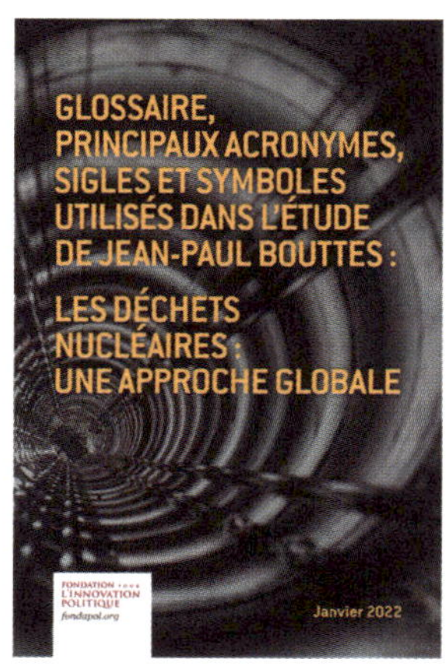

Jean-Paul Bouttes, *Glossaire, principaux acronymes, sigles et symboles utilisés dans l'étude - Les déchets nucléaires : une approche globale*, Fondapol, janvier 2022

L'agriculture, l'eau : l'indispensable maîtrise. Le stock mondial d'eau douce n'est pas insuffisant mais sa répartition pose un certain nombre de problèmes : un problème global dans les zones arides, un problème saisonnier dans les pays n'ayant pas de capacités de stockage suffisantes pour affronter la saison sèche, et un problème de qualité quand l'eau devient impropre à la consommation (comme dans le cas des inondations par exemple). Il faut donc passer d'une logique de gestion de la pénurie à une logique d'optimisation des usages en identifiant les besoins et en luttant contre le gaspillage. Pour accroître la quantité d'eau disponible, il faut améliorer la maîtrise des pollutions de l'eau par l'homme (polluants agricoles, rejet d'eaux polluées par les activités industrielles, eaux usées par les populations). La dépollution coûte cher et ne profite pas au payeur, ce qui génère une difficulté à mobiliser les ressources nécessaires. C'est surtout le cas dans les pays en voie de développement, où la mauvaise qualité de l'eau finit par toucher l'ensemble du monde via le milieu marin. Un autre défi de taille est la réduction de la fracture entre ceux qui ont accès à l'eau potable grâce à un service public de l'eau et ceux qui doivent se la procurer par leurs propres moyens (la moitié de la population mondiale n'a pas l'eau du robinet).

SUR FONDAPOL.ORG

Bernard Bachelier, *Pour une nouvelle politique agricole commune*, novembre 2010

Bernard Bachelier, *Sécurité alimentaire : un enjeu global*, novembre 2010

Pascal Perri, *Quatre propositions pour rénover notre modèle agricole*, mai 2010

Loin de provenir du manque global d'eau, ces difficultés sont le résultat d'un manque de volonté politique. En 2010, l'ONU a reconnu le droit humain à l'eau et à l'assainissement, les autorités publiques étant garantes de la mise en place effective de ce droit. Un quatrième défi est l'anticipation des catastrophes liées à l'eau que sont les sécheresses, les inondations et les tsunamis. Si aucun moyen de prévention ne peut éradiquer ces risques, il est nécessaire d'anticiper, en prenant en compte les nouvelles menaces (déforestation, changements climatiques, etc.) et en généralisant les moyens d'alerte. Lors des inondations, les réseaux séparatifs permettent d'évacuer par des conduits différents eaux usées et eaux pluviales et limitent ainsi les risques de contamination de l'eau. Si la responsabilité de la mauvaise gestion de ces catastrophes incombe généralement aux États, on peut regretter l'absence de plan mondial de prévention des catastrophes naturelles qui prennent notamment en compte les évolutions pluviométriques prévues par le GIEC.

La conception que nous avons des enjeux de la gestion de l'eau est aujourd'hui dépassée, et nous prenons conscience de la nécessité de passer d'une perspective en termes de volume à une perspective en termes de *valeur*. Pour mieux répondre aux difficultés quantitatives et qualitatives qui se posent quant à la ressource en eau, y compris en France, il est indispensable de repenser notre vision de sa gestion en valorisant davantage le dialogue entre les acteurs et la mobilisation du débat politique sur le sujet. Du côté de l'offre, une gestion du « grand cycle de l'eau », actuel angle mort de la gouvernance française, devrait permettre d'intégrer davantage les différents acteurs en simplifiant les structures administratives concernées, et en renforçant les obligations de résultat par le biais de contrats d'objectifs et de gestion. Mais les actions doivent également porter du côté de la demande, en responsabilisant davantage le consommateur et en développant des solutions innovantes et économes pour limiter le gaspillage, réutiliser les eaux usées, ou encore récupérer les eaux de pluie. Grâce à la montée des nouvelles technologies, l'utilisation de systèmes « intelligents » (compteurs permettant de maîtriser sa consommation, *smart grids*) est désormais à portée de main, et peut être exploitée afin d'améliorer la transparence de la gestion de l'eau.

Cependant, la mise en œuvre d'une transformation de notre vision de l'eau exigera nécessairement de redonner du sens au prix de l'eau, qui doit prendre en compte le caractère mixte, mi-marchand, mi-public, du bien « eau », par exemple en évoluant vers une tarification progressive pour les consommateurs, et une prise en compte de la performance environnementale et sociétale dans la rémunération des opérateurs. Pour ces derniers, la posture du *business as usual* doit peu à peu évoluer vers une stratégie des trois « R » : réduire la quantité de produits qui arrivent en fin de vie, réutiliser des produits ou certaines de leurs parties qui deviendraient autrement des déchets, recycler les matières premières pour de nouveaux produits. Seule une telle implication de tous les acteurs permettra l'évolution indispensable de l'*eau facile* à l'*eau patrimoine*.

Les nouveaux défis que doit relever le marché de l'eau nécessitent que l'on creuse plusieurs pistes de réflexion. Le premier grand axe de réflexion est l'exploitation de nouvelles ressources pour faire face aux besoins croissants en eau et à l'urbanisation du monde. Il faut tout d'abord économiser l'eau. En France, la mauvaise qualité des canalisations engendre près de 20 % de déperdition. La responsabilisation des utilisateurs est une autre piste. Elle permettrait d'optimiser le cycle de l'eau, tout comme la micro-irrigation en agriculture : grâce à elle, l'eau est amenée directement à la plante, sans déperdition. Par ailleurs, les avancées technologiques permettent de développer deux solutions déjà existantes : le recyclage de l'eau usée pour rallonger sa durée d'utilisation et la transformation de l'eau de mer, qui représente 97,5 % de l'eau mondiale. Cette dernière solution est néanmoins très coûteuse en énergie. Une dernière option est la mobilisation des ressources non exploitées, le meilleur exemple étant l'utilisation des nappes souterraines provenant des eaux de pluie. Le second axe de réflexion consiste à adapter le modèle économique de l'eau aux nouveaux besoins.

Le modèle actuel est bâti autour de la santé publique et de l'hygiène. Cet objectif est aujourd'hui atteint. Il faut donc reconstruire ce modèle économique autour des nouveaux défis liés à la rareté de l'eau. Un mode de financement reposant en partie sur le contribuable doit être envisagé, les opérateurs fournissant désormais des services bénéficiant à toute la collectivité. Il faudrait également mettre en place des grilles tarifaires différenciées, où les plus gros consommateurs verraient leur facture majorée. La rémunération des opérateurs à la performance, en fonction d'indicateurs comme la qualité de l'eau, la protection de l'environnement ou les investissements, pourrait également être mise en place, comme c'est le cas à Indianapolis. Il conviendrait aussi d'augmenter la productivité de l'eau chez les consommateurs : dans l'industrie, le recyclage des eaux usées constitue une piste intéressante car il permet de réutiliser l'eau avant son rejet final.

On distingue deux types de micropolluants. La pollution chimique, d'une part, est liée à la contamination des ressources en eau par l'activité humaine, au traitement de l'eau destinée à la consommation ou à son altération au cours de la distribution ou du stockage. La pollution biologique des eaux (bactéries, virus et parasites), avant tout liée aux déjections humaines et animales, est aussi très importante. La prévention doit permettre de surveiller la qualité de tout ce qui a une influence sur la production de l'eau, de son captage au transport mais aussi des réseaux de distribution publics comme privatifs et jusqu'au robinet. Les défis ne manquent pas pour réduire les risques de contamination. Si des progrès notables ont été enregistrés en vue

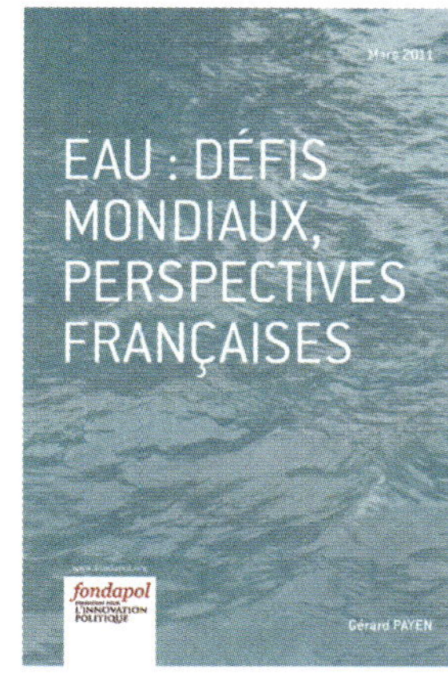

Gérard Payen, *Eau : défis mondiaux, perspectives françaises*, Fondapol, février 2011

Jean-Louis Chaussade, *L'eau : du volume à la valeur*, Fondapol, février 2011

Antoine Frérot, *Gestion de l'eau, vers de nouveaux modèles*, Fondapol, février 2011

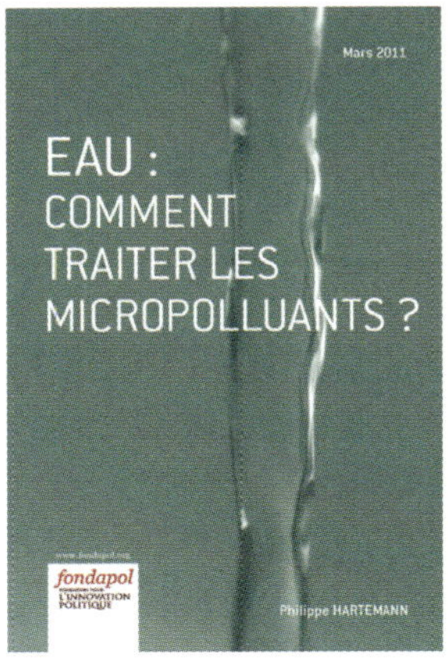

Philippe Hartemann, *Eau : comment traiter les micropolluants ?* Fondapol, février 2011

Gérard Morice, *Productivité agricole et qualité des eaux*, Fondapol, février 2011

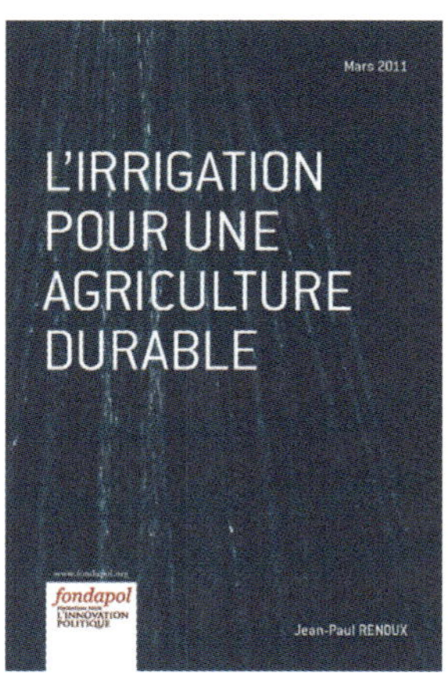

Jean-Paul Renoux, *L'irrigation pour une agriculture durable*, Fondapol, février 2011

de réduire les pollutions d'origine industrielle et urbaine, il reste encore beaucoup à faire pour lutter contre les pollutions diffuses en grande partie liées à l'agriculture et à l'élevage et pour améliorer l'évaluation des risques sanitaires liés aux micropolluants biologiques.

D'autre part, les techniques d'épuration des eaux usées produisent de grosses quantités de boues dans lesquelles sont accumulés les polluants. En France, les unités de production et de distribution d'eau sont trop éclatées pour accomplir cette tâche. Si l'eau destinée à la boisson est en général de très bonne qualité, les eaux destinées aux loisirs ne sont pas au même niveau. Des dizaines de molécules organiques issues des industries chimiques et pharmaceutiques ont été découvertes. Dans tous ces domaines, la réglementation, qu'elle soit européenne ou nationale, est souvent satisfaisante. Elle doit cependant être appliquée de manière optimale. Enfin, les citoyens doivent être mieux informés sur les risques liés aux multiples usages de l'eau.

Les progrès de l'agriculture ont permis à la France de sortir de sa dépendance à l'égard des importations alimentaires depuis la fin de la Seconde Guerre mondiale. Cependant, des préoccupations sont apparues à partir des années 1980 quant à l'impact de l'agriculture sur l'environnement et la qualité des eaux. La recherche doit désormais permettre de répondre à ces inquiétudes. En premier lieu, la France apparaît comme disposant d'une agriculture déjà compétitive, grâce à des conditions climatiques favorables et des sols fertiles ; trois sources d'innovation, la génétique, les techniques de nutrition minérale (notamment la fertilisation azotée), et la protection des cultures contre les maladies, ont permis d'accroître considérablement nos capacités de production. Mais le mode d'utilisation de ces techniques doit faire l'objet d'innovations, afin de réduire et maîtriser les risques de pollution des eaux.

En ce qui concerne la protection des végétaux contre les bioagresseurs, une meilleure prise en compte de leur impact sur les eaux a d'ores et déjà conduit à mesurer et maîtriser la présence des pesticides, en particulier des substances herbicides, dans les eaux ; les progrès de la recherche permettent désormais d'employer des méthodes prophylactiques visant à limiter à la fois l'usage des produits phytosanitaires et les risques de fuite dans le milieu naturel.

Si l'irrigation fait partie depuis plusieurs millénaires des principales techniques utilisées par les agriculteurs, son utilisation fait débat. Cette technique permet pourtant de satisfaire de larges besoins. L'agriculture irriguée couvre ainsi un cinquième des surfaces en Europe mais produit deux cinquièmes des besoins. En France, dans certaines régions et certaines filières en particulier, l'irrigation valorise considérablement les cultures et constitue même une condition de leur viabilité comme de la qualité des produits. Elle compte par ailleurs un certain nombre d'externalités positives pour l'économie et l'emploi locaux. Les nécessités économiques et les demandes sociétales ont conduit depuis longtemps les agriculteurs à optimiser l'utilisation de l'eau et à s'organiser collectivement. L'efficience de l'irrigation a ainsi régulièrement progressé ces vingt dernières années malgré les contraintes croissantes et les restrictions d'accès à la ressource. Aujourd'hui, une nouvelle ère s'ouvre. D'une part, les irrigants doivent prouver que l'irrigation permet une utilisation durable de l'eau. D'autre part, l'agriculture française doit prendre en compte les effets potentiels de l'évolution des conditions climatiques. Les hypothèses actuellement retenues parient sur une augmentation de la pluviométrie hivernale et sur des séquences de sécheresse estivales plus longues et plus marquées. Dans ces conditions, le stockage de l'eau des précipitations hivernales doit être envisagé.

L'agriculture dite « biologique » est née au début du siècle dernier. Plus qu'un modèle de production, elle prônait le retour à la nature. Pendant longtemps, elle n'a intéressé qu'un nombre très restreint d'agriculteurs et de consommateurs. Il faut attendre 1980 pour que l'État inscrive officiellement l'agriculture biologique dans la loi d'orientation agricole. Puis la succession de crises sanitaires dans les années 1990 (vache folle, scandale des lasagnes au cheval, œufs contaminés…) opère un changement profond au sein de l'opinion publique vis-à-vis de l'alimentation. Les consommateurs ne craignent plus de manquer, mais s'inquiètent dorénavant de ce qu'ils mangent. Les critiques d'une agriculture « productiviste » prennent de l'ampleur. Sont-elles pour autant justifiées ? En toute hypothèse, ces critiques ont sans doute su convertir un nombre croissant de consommateurs aux bienfaits avancés par les promoteurs de l'agriculture et de l'alimentation biologiques.

À présent, le « bio » est devenu un véritable marché de masse. Cette dynamique est en train de transformer en profondeur l'écosystème de ce secteur d'activité. L'environnement concurrentiel des filières bio est en grande mutation, avec l'émergence de nouveaux acteurs. Le monde agricole ne reste pas sans réagir et s'engage dans la transition écologique en prenant de multiples initiatives. Encouragée à s'industrialiser et à s'internationaliser au risque de mettre en péril ses fondamentaux, la filière bio est néanmoins contrainte de se remettre en question.

L'agriculture biologique est-elle meilleure pour l'environnement que l'agriculture dite conventionnelle ? L'un des arguments le plus souvent mobilisés par les adeptes de l'agriculture biologique pour justifier leur recours aux aliments issus de ce mode de production est son impact sur l'environnement, censé être meilleur que celui de l'agriculture dite conventionnelle. Alors que le marché du bio est en forte expansion et en sachant qu'aucun des critères de la certification bio n'a trait directement à des caractéristiques environnementales, il convient de s'interroger sur le bien-fondé de cet argument, et ce afin que les citoyens puissent choisir en connaissance de cause.

Cette étude s'appuie sur la recherche scientifique afin d'analyser l'impact différencié des agricultures biologique et conventionnelle sur divers compartiments de l'environnement, à savoir : l'eau, l'air, la fertilité des sols, la biodiversité sauvage et l'utilisation de l'espace terrestre. Les principaux indicateurs utilisés seront les teneurs en différents éléments « polluants » de l'eau et de l'air, l'impact sur la production de gaz à effet de serre, la teneur des sols en matière organique et en éléments fertilisants minéraux, l'abondance de différentes espèces formant la biodiversité et, enfin, les surfaces nécessaires pour une production agricole suffisante.

La valeur des aliments bio est relativement similaire à celle des aliments conventionnels. S'appuyant sur les travaux de recherche et les faits ayant permis d'aboutir à un consensus scientifique international, cette étude déconstruit certains arguments sous-tendant la promotion de l'agriculture biologique. En termes nutritionnels, il est admis que la valeur des aliments bio est relativement similaire à celle des aliments conventionnels et que les quelques différences relevées demeurent négligeables au sein du

Gil Kressmann, *Quel avenir pour l'agriculture et l'alimentation bio ?* Fondapol, mars 2021

Bernard Le Buanec, *L'agriculture bio et l'environnement*, Fondapol, mars 2021

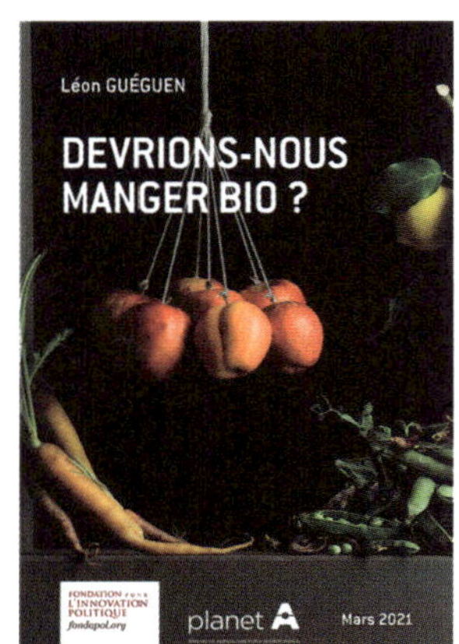

Léon Guéguen, *Devrions-nous manger bio ?* Fondapol, mars 2021

régime alimentaire global. Au niveau sanitaire, si des traces quantifiables de résidus de pesticides sont beaucoup plus souvent détectées dans les fruits, légumes et céréales conventionnels, mais sans conséquences sur la santé, les produits bio végétaux – non protégés – ou animaux – élevés en plein air – présentent plus de risques de présence de constituants naturels toxiques ou de contaminations chimiques ou microbiennes.

La traduction médiatique de récentes études épidémiologiques liant une plus faible incidence de cancers à une alimentation bio confond souvent association et relation causale. Ces résultats ne traduisent pas un effet bénéfique des seuls aliments bio mais de la meilleure hygiène de vie et du comportement alimentaire des « mangeurs bio ». L'argument « nutrition santé », le plus souvent avancé, ne devrait donc plus être revendiqué.

Enfin, il convient de souligner qu'une expansion de l'agriculture bio au-delà de 15 % des surfaces cultivées n'est pas possible, notamment pour les grandes cultures, sans élevage de proximité pour fournir les engrais organiques indispensables. Une trop grande expansion, *a fortiori* le tout-bio, n'est pas non plus souhaitable pour pouvoir nourrir une population mondiale croissante : les rendements plus faibles nécessiteraient de plus grandes surfaces cultivées, non disponibles, et la hausse des prix associée rendrait les aliments plus difficilement accessibles au plus grand nombre.

SUR FONDAPOL.ORG
Eddy Fougier et Jérôme Fourquet, *Le Front national en campagnes. Les agriculteurs et le vote FN*, octobre 2016

3. Contrôler l'immigration, devoir d'État, impératif démocratique

Jusqu'au milieu des années 1970, il n'y avait aucun doute sur les droits de l'État à contrôler l'immigration, même très strictement. Dans la philosophie morale classique, c'est-à-dire en excluant l'éthique chrétienne[3], jusqu'au milieu des années 1970, il n'y avait aucun doute sur les droits de l'État à contrôler l'immigration, même très strictement. Ce consensus tenait à deux éléments : d'une part, la question de la régulation de l'immigration était pensée dans le cadre de la philosophie libérale. Celle-ci affirme l'égalité morale de tous les individus quelle que soit leur nationalité, mais cette égalité morale n'impliquait pas une égalité politique. Ces deux éléments étaient considérés comme distincts, et non sans raison. Il est symptomatique, à cet égard, que la théorie de la justice de John Rawls était pensée dans le cadre de l'État libéral et que le choix d'une théorie de la justice, sous voile d'ignorance, se faisait dans le cadre national. Cela signifiait que, dans la pensée de Rawls, il était légitime de discriminer entre nationaux et étrangers sur le plan de l'égalité politique.

D'autre part, la philosophie libérale s'est développée (de même que la démocratie) dans le cadre national. Sur ce point, on peut se reporter au livre de Pierre Manent, *La Raison des nations*. Il était impensable, jusqu'à récemment, de concevoir une égalité morale qui ne serait pas garantie par des institutions politiques libérales et nationales. D'où la dissociation entre le principe de l'égalité morale et celui de l'égalité politique.

Probablement sous l'influence du livre de Nozick, *Anarchie, État et Utopie*, ce consensus s'est effrité et il est aujourd'hui franchement remis en cause. L'idée de contrôles très rigoureux aux frontières est désormais tenue par plusieurs philosophes comme moralement illégitime[4].

JEAN-PHILIPPE VINCENT

3. L'éthique chrétienne est abordée plus loin dans le texte pour la Fondapol de Jean-Philippe Vincent : *Éthique de l'immigration*.

4. Cf. par exemple Rich Furman, Alissa R. Ackerman, Melody Loya, Susanna Jones et Nalinin Negi, « The Criminalization of Immigration: Value Conflicts for the Social Work Profession », *The Journal of Sociology and Social Welfare*, 39, n° 1, mars 2012, pp. 169-185 ; Joseph H. Carens, « Aliens and Citizens: A Case for Open Borders », *The Review of Politics*, vol. 49, n° 2, printemps 1987, pp. 251-273 ; Veit Bader, "Citizenship and Exclusion: Radical Democracy, Community and Justice. Or, What is Wrong with Communitarianism?", *Political Theory*, vol. 23, n° 2, mai 1995, pp. 211-246 ; Christopher Heath Wellman et Phillip Cole, *Debating the Ethics of Immigration. Is there a right to exclude?*, Oxford University Press, 2011.

L'intégration des immigrés et la cohésion sociale, l'expérience danoise

« L'un des points centraux des débats danois sur l'intégration et l'immigration est la place accordée à la cohésion sociale. Ce sujet est devenu important quand l'ancien Premier ministre social-démocrate, Poul Nyrup Rasmussen, a commencé, à la fin des années 1990, à exprimer sa préoccupation pour la "cohésion" en tant que ciment de la société. Avec l'élection de la coalition libérale-conservatrice en 2001, la référence à la cohésion sociale s'est "ethnicisée" en ce sens que la diversité ethnique et d'autres formes de diversité ont été considérées comme une menace pour la cohésion de la société. En 2007, dans son discours prononcé à l'occasion du Jour de la Constitution, le Premier ministre Anders Fogh Rasmussen a déclaré : "Si nous voulons maintenir le haut niveau de cohésion sociale nécessaire au progrès et à la stabilité du Danemark, il est essentiel que nous continuions à nous reconnaître en tant qu'êtres humains et citoyens du Danemark dans la sphère publique, non en tant que représentants de différentes religions."

L'idée selon laquelle la diversité ethnique est un problème pour la cohésion sociale a été abordée plus succinctement par l'ancienne ministre de l'Intérieur, Karen Jespersen, membre du Parti libéral. En se basant sur des résultats d'enquêtes d'opinion, elle a établi un lien entre le fait que les Danois soient les personnes les plus heureuses au monde, avec le plus haut niveau de confiance, et le fait que le Danemark soit une nation ethnoculturellement homogène. Cette homogénéité et ses effets positifs sont toutefois perçus comme menacés. Selon Jespersen et Pittelkow, "la crainte principale n'est pas de savoir s'il y aura une intégration sur le marché du travail ou dans le système éducatif. Il s'agit de quelque chose de plus fondamental encore : le risque de ne pas faire partie d'une *communauté de valeurs*, ces valeurs qui sous-tendent la société dans laquelle on vit. Si une telle communauté devait faire défaut, la cohésion sociale serait menacée. Le capital social, qui crée la confiance entre les citoyens, ferait défaut. Des chercheurs ont montré que, dans une société donnée, il existe une relation entre l'existence de grandes différences ethnoculturelles et un faible niveau de confiance interpersonnelle. Cela empêche la société de bien fonctionner et cela réduit les capacités à poursuivre des objectifs politiques communs". [...]

La cohésion sociale est jugée menacée par un communautarisme ouvrant sur le développement de conflits religieux et politiques, de sociétés parallèles et de la criminalité, dégradant entre les citoyens la solidarité requise par l'État providence.

[...] Appelons "conceptions communes" les valeurs qui favorisent la cohésion sociale. Plus précisément, une "conception commune" peut être considérée comme un ensemble de valeurs, formelles ou informelles, réglant les conditions dans lesquelles les individus interagissent au sein d'un groupe, y compris la distribution des avantages politiques, sociaux et culturels, dans le but de garantir la perpétuation au sein de ce groupe de biens sociaux tels que la confiance, la disponibilité à la coopération, la stabilité des règles, le sentiment d'appartenance et la solidarité*. »

* Nils Holtug, « Danish Multiculturalism, Where Art Thou? », in Raymond Taras (dir.), *Challenging Multiculturalism. European models of diversity*, Edimbourg, Edinburgh University Press, 2013, chap. 9, p. 196-197 (traduction Fondapol).

SUR FONDAPOL.ORG

Julien Damon, *Campements de migrants sans-abri : Comparaisons européennes et recommandations*, septembre 2019
Jérôme Fourquet et Sylvain Manternach, *Calais : miroir français de la crise migratoire européenne (1) et (2)*, mars 2017

Dominique Reynié (dir.), *La politique danoise d'immigration : une fermeture consensuelle*, Fondapol, janvier 2023

Michel Aubouin, *Les étrangers extra-européens et le logement social en France*, Fondapol, avril 2024

En France, s'il est un enjeu central dont il très difficile de débattre sereinement, c'est certainement l'immigration. Au XXIe siècle, la gestion de l'immigration devient l'une des principales dimensions de l'action étatique. Dans les pays d'émigration, les États vont devoir préserver leurs intérêts et veiller en particulier à ne pas être dramatiquement dévitalisés par une hémorragie de compétences et de talents. Dans les pays d'immigration, les États vont subir la pression de centaines de milliers de migrants fuyant la misère ou la guerre, l'oppression ou un climat insupportable. Les pays européens seront la destination d'une part importante de ces flux. Sa liberté, sa richesse et son humanisme rendent l'Europe irrésistible. D'autant plus que sa position géographique offre diverses voies d'accès. Mais, accueillir des migrants en grand nombre conduira inévitablement une crise si les États européens n'assument pas pleinement leur rôle souverain qui est de défendre leurs intérêts, leur territoire et leur population.

Pour mieux comprendre, il faut se comparer. Nous avons réalisé un tour d'Europe des politiques nationales d'immigration. Au terme de cette étude, il est clair que la France n'a pas de vision stratégique en la matière. Nous ne sommes pas en mesure de dire quels intérêts nous avons à l'immigration, quelles sont nos préférences, quels sont nos objectifs. Il est impossible de mesurer l'efficacité des décisions. Ainsi, par certains aspects, notamment notre offre de santé, la France est le pays le plus attractif. Cette générosité ne se justifie pas du point de vue de l'État, ni du point de vue de nos obligations en matière d'asile, ni du point de vue de nos besoins de main-d'œuvre puisqu'il n'y a aucune sélection *a priori* des entrants.

Nous avons besoin d'une politique d'immigration conçue depuis notre intérêt d'État et dans le cadre européen. Nous espérons contribuer à son élaboration par notre étude.

La politique danoise d'immigration : une approche restrictive justifiée par la défense de l'État providence. Du point de vue danois, la politique migratoire est une condition de la pérennité de l'État providence. Il s'agit de le préserver en limitant les recours aux aides jugés excessifs ou injustifiés au motif, d'une part, qu'ils épuisent les ressources du pays et, d'autre part, que ces aides sapent les fondations du consensus politique danois en propageant la défiance.

On sait que l'État providence dépend autant du niveau de confiance dans la société que des performances économiques du pays. L'homogénéité nationale à laquelle sont attachés les Danois repose moins sur des motifs ethniques que politiques, culturels et moraux. C'est ainsi que le Danemark a décidé de restreindre l'immigration et d'imposer aux arrivants un programme énergique d'intégration. L'effort pour réduire la distance culturelle séparant les immigrés de l'ensemble de la société danoise permet de cultiver et de transmettre la confiance interpersonnelle, la confiance dans les institutions et, finalement, le modèle national danois tout entier. La politique danoise d'immigration pose une question fondamentale aux Européens : peut-on assurer l'avenir de l'État providence sans une politique migratoire restrictive et intégratrice ?

Multiculturalisme et défiance interpersonnelle. Depuis le début des années 1970 s'est développée une analyse totalement renouvelée du rôle de la confiance dans la vie en société.

Ce renouveau doit beaucoup à Russel Hardin, professeur à l'Université de Chicago, décédé en 2017, à des penseurs allemands comme Niklas Luhmann [5] ou encore à l'Américaine Elinor Ostrom, prix Nobel d'économie en 2009.

Selon ces auteurs et d'autres encore, la confiance est envisagée comme un actif incorporel dont l'existence est essentielle au bon fonctionnement des sociétés. Elle peut être un actif privé, c'est-à-dire le produit d'une interaction entre au moins deux individus, le rendement de ce produit et de cet actif étant réservé à ceux qui l'ont produit. Dans une entreprise, comme l'ont montré les économistes David Kreps40 et Jean Tirole [6], la confiance entre les différents acteurs (dirigeants, salariés, fournisseurs, clients) peut produire un bénéfice de confiance mais qui sera réservé à ceux qui auront coopéré à la production de confiance : celle-ci est un actif privé. Globalement, telle est la thèse de Russell Hardin [7].

Mais la confiance peut également être un actif social au sens où ceux qui auront produit la confiance ne seront pas les seuls à en profiter et qu'une bonne partie de la société touchera les dividendes de la confiance. La confiance est alors un capital social dont la production se fait en réseau : telle est la thèse de Robert Putnam, professeur de science politique à Harvard [8].

Il n'y a pas lieu de trancher entre ces deux conceptions, qui sont d'ailleurs plus complémentaires que véritablement opposées. Elles se rejoignent pour considérer que la confiance (privée et sociale) est probablement le capital social le plus précieux d'une société. Pour reprendre une image que j'ai déjà utilisée dans l'un de mes ouvrages, la main invisible libérale d'Adam Smith ne peut rien sans la seconde main invisible et conservatrice de la confiance [9]. Il n'y a pas de bonne économie sans confiance.

Robert Putnam, Elinor Ostrom et d'autres estiment que le capital social de confiance se construit principalement en réseau et dans le cadre de communautés (et non de communautarismes, évidemment) de tous ordres. Cette production en réseau donne toute sa force à la production de confiance mais est également une source de faiblesse, car un réseau est par essence fragile. En 1992, Russell Hardin a eu une intuition très forte : si une partie de la confiance se produit en réseau et par des communautés, est-ce que des chocs migratoires répétés et importants ne risquent pas de déstabiliser les communautés, la production en réseau et, en définitive, celle de la confiance ? Robert Putnam – et d'autres se sont engouffrés dans cette brèche. Dans plusieurs de ses livres, il défend notamment l'idée qu'il faut maîtriser l'immigration de telle sorte qu'elle ne dégrade pas le capital social d'une nation [10]. Putnam a reçu le soutien objectif du grand économiste et spécialiste de l'immigration, George Borjas [11]. Ce dernier, en étudiant quelques vagues d'immigration massive aux États-Unis et ailleurs, a montré, chiffres à l'appui, que l'immigration incontrôlée pouvait détruire la confiance entre communautés, dégrader le capital social et engendrer toutes sortes d'effets pervers (baisse du taux d'assimilation, migrations internes, baisse du capital humain, etc.). D'où la recommandation d'avoir une politique d'immigration sans excessive faiblesse.

La thèse de Putnam peut donc se formuler de la façon suivante : la politique d'immigration doit être indexée sur le degré de confiance d'une société. Si ce degré est élevé, alors la politique peut être souple. Si le degré de confiance est faible, la politique d'immigration doit tendre vers des *closed borders*, le temps que la confiance du pays d'accueil soit « soignée ». S'il s'agit là

5. Voir Niklas Luhmann, *Trust and Power*, John Wiley & Sons, Niklas Luhmann, *La Confiance. Un mécanisme de réduction de la complexité sociale* [1968], Economica, 2006, et *Le Pouvoir* [1975], Presses de l'Université Laval, 2010.

6. Bengt Holstrom et Jean Tirole: "The Theory of Firm", chapitre 2, in *Handbook of Industrial organization*, Richard Scmalensee et Robert Willig, eds, North-Holland, 3rd printing, 1992.

7. Russell Hardin, Trust, Polity Press, 2006.

8. Voir notamment Robert Putnam et Lewis Feldstein, *Better Together*, Simon & Schuster.

9. Jean-Philippe Vincent, *Qu'est-ce que le conservatisme ? Histoire intellectuelle d'une idée politique*, Les Belles Lettres, 2016.

10. Robert Putnam, *Bowling The Collapse and Revival of American Community*, Simon & Schuster, 2000; *Democracies in Flux. The Evolution of Social Capital in Contemporary Society*, Oxford University Press, 2002 ; avec David E. Campbell, *American Grace. How Religion Divides and Unites Us*, Simon & Schuster, 2010.

11. George Borjas, *Immigration Economics*, Harvard University Press, 2014.

d'une approche très séduisante, car finalement assez flexible et subordonnée à des conditions – le bien commun, en fait, acceptable par presque toutes les écoles –, elle n'en pose pas moins des problèmes sérieux.

Notons tout d'abord que cette approche fournit des *guidelines* pour mener une politique d'immigration, mais qu'elle ne justifie pas la différence de traitement politique entre nationaux et étrangers. Celle-ci reste l'apanage de la « position libérale classique », décidément incontournable. Par ailleurs, l'approche en termes de capital social a des fondements philosophiques incertains et contradictoires : Putnam est probablement communautarien, mais Hardin était utilitariste, tandis que Elinor Ostrom était une libérale de stricte observance, avec des influences conservatrices, et David Halpern, proche du libéralisme de gauche[12].

Par ailleurs, si les indices de confiance sont désormais nombreux à tous les niveaux et de mieux en mieux calculés, les index pertinents – puisque la confiance est produite en réseau dans le cadre de communautés – seraient des indices de confiance par communauté. C'est possible, mais déjà plus difficile. Et surtout, que se passe-t-il si les index de confiance de certaines communautés sont au beau fixe tandis que ceux d'autres communautés sont très faibles ? Dans de tels cas, comment arbitrer ? On peut craindre, en définitive, que la politique d'immigration se cale sur l'indice communautaire le plus faible et qu'elle soit donc restrictive de façon permanente.

Jean-Philippe Vincent

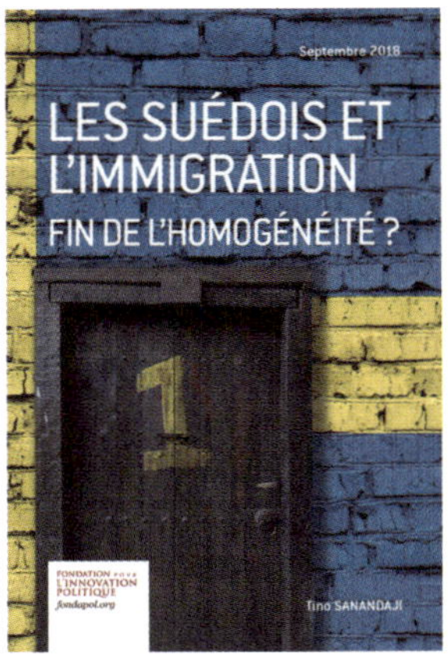

Tino Sanandaji, *Les Suédois et l'immigration (1) : fin de l'homogénéité ? ; (2) : fin du consensus ?*, Fondapol, septembre 2018

Johan Martinsson, *Les « Démocrates de Suède » : un vote anti-immigration*, Fondapol, août 2018

Jean-Philippe Vincent, *Éthiques de l'immigration*, Fondapol, juin 2018

12. David Halpern, *Social Capital*, Polity, 2005.

Entre 1955 et 1964, à population égale, la France a reçu chaque année plus de migrants que les États-Unis. Sur la question migratoire, la France occupe une position singulière, souvent mal perçue dans les débats publics. Alors que certains estiment que notre pays a tourné le dos à l'accueil, d'autres, au contraire, considèrent que trop de personnes entrent en France de manière légale, soit parce qu'elles ont un droit acquis au séjour, en particulier dans le cadre du regroupement familial, soit pour y demander l'asile. Or, en 2015 et 2016, les migrants eux-mêmes portaient sur notre situation économique une appréciation négative que ne contrebalançaient pas les avantages que peut offrir notre pays une fois le statut de réfugié obtenu. C'est pourquoi, lors de leur entrée massive en Europe en 2015, le choix de la France n'a pas été spontanément privilégié.

Ce n'est donc pas en raison d'une politique plus stricte que les flux vers la France ont été plus faibles. De même, ce n'est pas en raison d'une politique plus laxiste que ces flux sont récemment devenus plus importants. En effet, la France est actuellement le pays où les demandes d'asile augmentent très fortement, alors même que la plupart des États de l'Union européenne connaissent sur ce plan une forte baisse.

Notre pays connaît aujourd'hui la plus forte proportion d'immigrés de toute son histoire contemporaine : aux alentours de 11 % de la population résidente est immigrée au sens de l'Insee, c'est-à-dire composée de personnes nées étrangères à l'étranger, ce qui donc inclut ceux qui obtiennent la nationalité française. C'est un niveau que l'on retrouve dans beaucoup de pays européens et qui est même dépassé dans certains cas, comme en Suède, où la part de la population née à l'étranger est passée de 7 % en 1975 à près de 20 % aujourd'hui.

Mais la spécificité de la France en Europe ne tient pas tant à la proportion actuelle d'immigrés au sein de la population française qu'aux effets du processus migratoire sur la longue durée. En effet, nous sommes le pays d'Europe qui présente la proportion la plus élevée de personnes de « seconde génération » issues de l'immigration, c'est-à- dire résidant en France et dont au moins un parent est immigré. Si l'on ajoute les enfants d'immigrés nés sur le territoire français, c'est près du quart de la population française qui a un lien direct avec l'immigration. Ce niveau est comparable à celui des États-Unis (26 %), souvent pris en exemple sur les questions d'immigration. Ces évolutions démographiques dues à l'immigration ont un autre effet concret : en 2017, plus de 17 % des jeunes de moins de 24 ans en France métropolitaine étaient d'origine extra-européenne, contre moins de 3 % en 1968. La jeunesse d'origine africaine, hors Maghreb, quasiment inexistante en 1968, représente aujourd'hui 20 % de la jeunesse d'origine étrangère.

Pour mieux comprendre cette singularité française, la comparaison avec les États-Unis apporte d'autres données intéressantes sur notre immigration et ses effets sur la longue durée. Contrairement à ce qui est le plus souvent avancé, la France a été pendant plusieurs décennies un pays d'immigration plus important que les États-Unis, notamment en raison des quotas en vigueur outre-Atlantique de 1923 à 1964. Durant cette période, le taux d'immigrés (*foreign born*) a drastiquement baissé aux États-Unis : alors qu'il s'élevait à 15 % de la population américaine lors du recensement de 1910, il n'en représentait plus que 5 % lors du recensement de 1970, avant de remonter après l'abolition des quotas. En comparaison, entre 1955 et 1964, la France a reçu chaque année (à population

SUR FONDAPOL.ORG
Elvire Fabry, *Défense, immigration, énergie : regards croisés franco-allemands sur trois priorités de la présidence française de l'UE*, octobre 2008

Didier Leschi, Migrations : la France singulière, Fondapol, octobre 2018

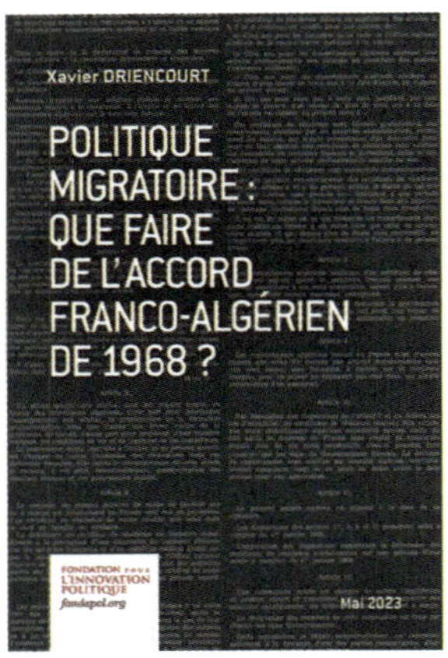

Xavier Driencourt, Politique migratoire : que faire de l'accord franco-algérien, Fondapol, mai 2023

égale, bien entendu) plus de migrants que les États-Unis. C'est notamment le moment où ont fortement progressé les immigrations marocaine, espagnole, portugaise et la très ancienne immigration algérienne.

Toujours en France, du fait du tarissement de l'immigration ibérique à partir de la fin des années 1970, la part de la migration venant du Maghreb et du reste de l'Afrique a fortement augmenté, passant de 20 % à près de 50 % au début des années 2000. Alors que, jusqu'au début des années 1990, un immigré sur deux venait d'Europe (52 %), à présent un sur deux vient d'Afrique. Et si la part des Maghrébins reste stable, représentant 30 % de cette immigration, le fait notable est l'arrivée massive de Subsahariens, issus en particulier des pays francophones, qui dépasse aujourd'hui celle des immigrés algériens. C'est à l'aune de ces chiffres que peuvent être mesurés les efforts d'intégration réalisés dans notre pays, chiffres qu'il faut mettre en rapport avec les difficultés rencontrées aujourd'hui.

Didier Leschi

En matière de politique migratoire, la France peut prendre une décision simple, rapide, efficace, c'est la dénonciation de l'accord franco-algérien de 1968. Le 27 décembre 1968, la France et l'Algérie ont signé un accord définissant les conditions de circulation, de séjour et de travail des Algériens en France. Cet accord bilatéral reste peu connu. Pourtant, les implications de ce texte sur la politique migratoire française sont considérables puisqu'elles offrent à l'Algérie un statut exceptionnel en octroyant à ses ressortissants un statut dérogatoire au droit commun. Relevant du droit international, ce traité bénéficie donc d'une autorité supérieure à la loi française. Dès lors, son contenu est hors de portée du législateur national. L'accord de 1968 a été révisé en 1985, 1994 et 2001, mais les principes qui le fondent ont toujours été maintenus.

Cette anomalie a installé une brèche dans notre ordre juridique, d'autant plus importante que, comme l'a rapporté l'Insee dans sa dernière enquête publiée en mars 2023, les Algériens constituent la première nationalité étrangère en France. Or, l'accord de 1968 prive le législateur et le gouvernement français de la possibilité d'agir significativement sur les flux en provenance de l'Algérie. La situation de la France est d'autant plus défavorisée, que l'Algérie ne remplit pas ses obligations, notamment en ce qui concerne la délivrance des laissez-passer consulaires sans lesquels il n'est pas possible de réaliser les obligations de quitter le territoire français (OQTF). Il apparaît donc qu'aucune politique migratoire cohérente ne soit possible sans la dénonciation de l'accord franco-algérien.

Rejeter la revendication communautariste. Le multiculturalisme désigne une cohabitation entre différents groupes dotés de cultures et de normes singulières, au sein d'une société globale elle-même porteuse d'une culture et de normes communes à tous ses membres. Le multiculturalisme est d'abord un fait, dans la mesure où les migrations ont modifié la composition ethnique et culturelle des sociétés d'accueil, devenues plus hétérogènes sur le plan ethnoculturel. La notion de « multiculturalisme » renvoie à l'idée qu'il existe un modèle social multiculturel, c'est-à-dire, pour une société donnée, une façon de reconnaître les singularités de groupes, puis d'organiser les relations entre ces groupes. En ce sens, la notion a été vivement discutée à partir des années 1960, notamment dans les pays anglo-saxons, en relation avec l'affirmation croissante de singularités culturelles de la part des groupes de migrants ou issus de l'immigration, prenant leurs distances avec le projet assimilationniste, voire le rejetant au nom de la lutte contre toutes les formes de domination, voire d'impérialisme.

Dans le prolongement de cette politisation, le multiculturalisme est devenu une revendication progressiste, une contribution à la poursuite du processus de démocratisation de la société libérale et d'émancipation de ses membres. Mais un glissement s'est peu à peu opéré. La revendication est devenue moins progressiste et plus conservatrice, avec l'idée de préserver des traditions ; elle est également devenue plus corporatiste, avec l'idée de défendre et de promouvoir les intérêts particuliers d'une communauté et de ceux qui la dirigent, au point de frôler parfois le séparatisme. Finalement, la revendication multiculturaliste s'est presque entièrement détachée du mouvement initial d'émancipation qui la déterminait et qui, en tant que tel, correspondait à un projet commun à tous les membres de la société, au-delà des membres de telle ou telle communauté, et capable de les réunir ensemble. L'autonomie se voit de plus en plus fragilisée par l'évolution du droit, en réponse à des demandes communautaires qui contestent l'individualisme démocratique, mais qui affirment leur droit à la reconnaissance au nom du pluralisme, sans voir que leur revendication identitaire rejoint les fondements psychologiques du holisme. Il s'agit là de formes d'aliénation dont les remèdes sont à rechercher dans l'éducation et dans le droit.

Alain-Gérard Slama

4. Un État fort face au retour du religieux

En France, le libre exercice du culte rencontre actuellement un certain nombre de difficultés : les personnes de confession juive ne se sentent plus en sécurité lorsqu'elles se rendent à la synagogue, et d'un autre côté, la visibilité, même pacifique, de la religion musulmane dans l'espace public est source de nombreuses contestations et l'extraordinaire patrimoine religieux de la France n'est pas suffisamment protégé – des églises, véritables joyaux historiques, subissent des dégradations volontaires.

À nouveau, la religion est devenue un objet de conflit ouvert. Ainsi, ce sujet a pris une acuité renouvelée lors des récents événements tragiques qui ont frappé le pays en 2015. Plusieurs propositions ont alors été émises et ont, pour l'essentiel, concerné l'islam. On songe notamment à celle de l'ancien Premier ministre Manuel Valls, qui suggérait l'organisation de l'islam de France comme l'une des réponses à la guerre qui se joue sur le front des attentats[13]. Déjà, dans un travail remarqué, Gérald Darmanin avançait l'idée que l'État devrait faire avec l'islam ce qu'il avait réalisé, dans le passé, avec les religions catholique et juive[14]. Ces propositions traduisent une volonté d'apporter des solutions à un sujet qui est en situation de prendre une importance considérable.

Il faut désormais admettre qu'adopter une politique de gestion publique du culte constitue une nécessité d'État. C'est ce que relevait déjà Louis Canet (1883-1958), le conseiller du ministère des Affaires étrangères pour les affaires religieuses de 1920 à 1946, puis conseiller d'État ; il considérait qu'un État qui n'a pas de politique ecclésiastique est un État faible. Nous privilégierons ici la compréhension de la notion d'État

Alain-Gérard Slama, *La responsabilité*, Fondapol, novembre 2011

SUR FONDAPOL.ORG

Lila Guermas-Sayegh, *La religion dans les affaires : la finance islamique*, mai 2011

Aurélien Acquier, Jean-Pascal Gond et Jacques Igalens, *La religion dans les affaires : la responsabilité sociale de l'entreprise*, mai 2011

13. Manuel Valls, « Reconstruire l'islam de France », tribune parue dans *Le Journal du dimanche*, 31 juillet 2016.

14. Gérald Darmanin, « Plaidoyer pour un Islam français. Contribution pour la laïcité », 7 juin 2016.

Thierry Rambaud, *Gouverner le religieux dans un État laïc*, Fondapol, janvier 2018

fort telle que l'a analysée Robert Putnam[15], en mesurant sa « performance institutionnelle », c'est-à-dire sa capacité d'État à s'imposer au sein de la société.

En ce sens, on définira l'État fort comme celui qui se révèle apte, au nom de l'intérêt général, à s'imposer dans une société caractérisée par de vives tensions sociales et religieuses. Ce type d'État doit constituer la référence partagée par tous car il est la « chose commune » à tous. En aucune manière, il ne saurait être en concurrence avec d'autres forces sociales ou religieuses pour la détermination de la loi commune à l'ensemble des citoyens. Seul l'État définit cette dernière, c'est-à-dire celle qui assure, pour reprendre la terminologie de la Cour européenne des droits de l'homme, l'« être-ensemble » de tous les citoyens quelle que soit leur religion. Un tel schéma ne saurait naturellement rompre avec le principe constitutionnel de laïcité qui doit rester la charte juridique de la République dans les domaines religieux et institutionnel. On entend à ce stade de nos développements par « État laïc », l'État qui ne professe aucune confession déterminée, qui ne favorise ni ne discrimine aucune religion et qui assure l'égalité de tous les citoyens, quelle que soit leur religion, devant la loi. Il s'agit de l'État neutre sur le plan confessionnel.

Quels sont alors les objectifs que doit se fixer un tel État ? La problématique en a été parfaitement résumée par Pierre Manent : « La question, c'est l'État en tant qu'instrument du politique. Nous avons aujourd'hui des États sans tête [...], mais qui ont perdu leur articulation avec un projet politique. Nous sommes dans un interrègne entre l'État-nation qui a perdu le mandat du ciel, mais qui reste à certains égards un instrument indispensable, et une Europe qui ne me paraît pas destinée à proposer réellement un autre instrument politique, une autre communauté politique, susceptible de résoudre nos problèmes[16] ».

Thierry Rambaud

Aujourd'hui, en Europe, l'islam suscite le rejet d'une part croissante de la population. Pourtant un multiculturalisme de fait, pour lequel rien ni personne n'a été préparé, s'est installé. Conséquemment, des tensions surgissent à propos de la laïcité, de l'égalité entre les hommes et les femmes, de la liberté d'opinion... À cela, il faut ajouter l'utilisation assourdissante et quotidienne de références à l'islam par des organisations terroristes dont la violence, sciemment choquante, parfaitement conçue pour envahir l'espace médiatique à coups d'images bouleversantes, finit par imposer dans l'esprit public une équivalence entre islam et barbarie. Avec la série de notes *Valeurs d'islam*, reprises dans le présent ouvrage, la Fondapol a voulu contribuer à une meilleure connaissance de la deuxième religion de France. Cela suppose notamment de donner à voir une autre réalité de l'islam, qui n'est pas moins tangible, même si elle est devenue presque invisible, écrasée par l'image géante d'un islam détestable. Cette autre réalité n'est ni vraiment reconnue ni toujours connue, y compris des musulmans eux-mêmes.

D.R.

Libérer l'islam de l'islamisme. Depuis la mort du Prophète Mohammed, le récit islamiste a kidnappé la foi musulmane, pour en faire un projet politique dominant des esprits et des territoires. Après quatorze siècles, ce même panislamisme s'emploie à imposer son agenda à l'Orient et à l'Occident. Sa branche armée se charge de l'accélérer via une stratégie sanguinaire du « jihad global », considérant l'Europe comme ce « ventre mou de l'Occident ».

SUR FONDAPOL.ORG

Nader Vahabi, *Iran : une révolution civile ?*, novembre 2009

15. Robert Putnam, avec Robert Leonardi et Rafaella Y. Nanetti, *Making Democracy Work. Civic Traditions in Modern Italy*, Princeton University Press, 1993.

16. Pierre Manent, « Crise de l'État, crise de la politique », *Liberté politique*, n° 6, automne 1998, 99 et 101-103.

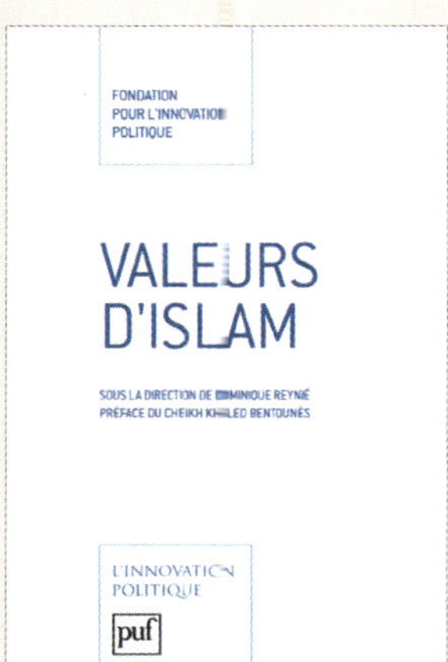

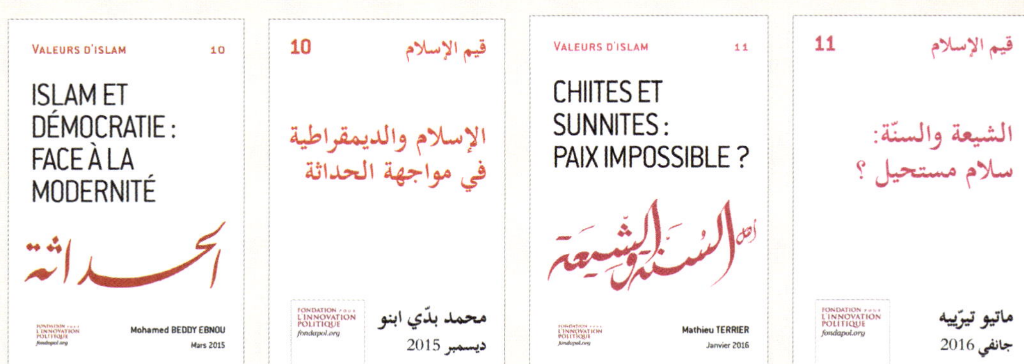

Dominique Reynié (dir.)
Valeurs d'islam, Fondapol,
janvier 2016

Mohamed Louizi, *Libérer l'islam de l'islamisme*, Fondapol, janvier 2018

« Un islam apolitique existe »

« Cet islam je l'ai d'abord observé chez mon grand- père, Sidi, mon chibani préféré, jusqu'à sa mort, en 1991. Des souvenirs me reviennent et m'aident à esquisser les contours de cet islam porteur d'espoir et, surtout, d'une vision ancrée dans un humanisme profond. J'avais écrit que si son islam n'était pas consigné dans un livre de propagande, il était en revanche visible et lisible dans son dévouement sincère pour assurer le bonheur de sa famille, l'éducation de ses enfants, le sourire des nécessiteux, le bien-être de son chien, la sérénité de ses vaches, la verdure de son champ, la paix de son voisin, la satiété de ses frères les oiseaux, qui se posaient à côté de lui comme à côté d'un saint François d'Assise, pour picorer ses grains de blé, louer le Seigneur et repartir le jabot plein.

Dans le village de mon grand-père, il n'y avait pas de maison de Dieu, pas de mosquée, pas de mosquée cathédrale, mais il y avait Son âme. Il n'y avait pas de minaret. L'appel à la prière n'avait besoin ni de muezzin ni d'amplificateur. Mon grand-père l'entendait certainement au fond de lui-même, comme une alerte à la conscience pour rester éveillée contre l'asservissement. Lorsqu'il faisait sa prière, il était toujours seul, face au vide, debout dans sa petite chambre. Sa prière, il ne l'exhibait pas devant les autres. Sa voix, lors de sa lecture du Livre saint, ne la transformait pas. Je n'ai jamais entendu Sidi psalmodier à voix haute le Livre saint. Certainement, il considérait que la beauté d'un texte ne venait pas de sa disposition phonique à être chanté, mais plutôt de son pouvoir mystérieux d'enchanter son lecteur, de permettre à son lecteur conscient d'être profondément enchanté. Mon grand-père, comme mon père, ne s'est jamais rendu à La Mecque, peut-être à cause de son diabète, mais le souvenir d'Abraham, de sa paix, était partout dans sa demeure. Il n'avait pas de barbe mais il avait un cœur. Il n'avait pas de déguisement trompeur, il était juste lui-même, sans additifs, sans masque. Il ne prêchait pas par sa voix. Son comportement parlait à sa place. Ce n'est qu'après sa mort que j'ai découvert que Sidi connaissait le Livre saint par cœur depuis sa jeunesse. »

Mohamed Louizi

En France, un tel projet totalitaire, invoquant systématiquement l'islamophobie, initie des revendications communautaristes, des radicalisations islamistes et des violences jihadistes. De défi en défi, il met les décideurs politiques et les divers acteurs sociétaux dans une situation embarrassante. Ces derniers se trouvent tiraillés entre le nécessaire sursaut vital pour préserver les acquis démocratiques fondamentaux et la peur de stigmatiser une partie de la communauté nationale, en raison de sa foi religieuse. La décision politique se montre timorée.

Mohamed Louizi fait le pari de la connaissance comme prérequis fondamental d'une action politique éclairée, visant à réaffirmer l'identité et les valeurs du récit progressiste français et européen, face au péril islamiste visant à ressusciter le Moyen Âge. Il nous dit que cette connaissance invite à distinguer la foi musulmane du récit islamiste : islam et islamisme ne sont pas synonymes. Cela passe nécessairement par un voyage vers les premiers temps de l'islam politique pour mieux comprendre la genèse et le sens de toutes ses revendications s'appliquant à imposer à la République la visibilité d'une idéologie dans un paysage sécularisé. La France, par ses valeurs démocratiques universelles, issues de la Réforme, des Lumières et de la Révolution française, se trouve, comme il l'écrit, « en pole position pour impulser cette réforme vitale, mettant en marche cette règle des 3 R : Redéfinir le sacré, Repenser les textes et Réconcilier l'islam avec la modernité et la laïcité ». Dix recommandations, à la fin, ouvrent des perspectives.

Il semble que les attitudes des musulmans aient tendance à suivre les caractéristiques de la population du pays de résidence. Grâce au chercheur Vincent Tournier, une note publiée par la Fondapol permet au lecteur d'analyser les caractéristiques et les valeurs des musulmans en Europe. À partir des données cumulées de l'enquête European Social Survey (ESS), l'auteur cherche à voir si les musulmans constituent une population homogène sur le plan des valeurs sociales et politiques ou si, différemment, on peut observer des différences entre les musulmans et les non-musulmans.

Les données montrent que la population musulmane présente des spécificités par rapport au reste de la population tout en étant relativement diversifiée selon les pays. Sur le plan de la religion, le niveau de croyance et de pratique apparaît assez élevé, ce qui peut s'expliquer par une combinaison de facteurs relatifs à l'offre et à la demande. Les données valident aussi la thèse de Pippa Norris et Ronald Inglehart sur le lien entre la « sécurité existentielle » et la sécularisation[17].

Du point de vue politique, les musulmans sont moins politisés et moins participatifs que les autres groupes. Ils se situent rarement à droite, notamment en France où la proximité avec gauche est très présente parmi eux. Contrairement à ce que l'on pouvait penser, la confiance des musulmans dans les institutions est élevée, y compris lorsqu'il s'agit de la police. Dans le domaine des mœurs, les musulmans soutiennent des opinions plus traditionalistes que le reste de la population. Plus généralement, il semble que les attitudes des musulmans aient tendance à suivre les caractéristiques de la population du pays de résidence. Ce résultat incite à penser que la religion musulmane n'est pas hermétique aux changements. Il reste toutefois difficile d'anticiper les futures évolutions, faute de maîtriser la dynamique de la religiosité.

D.R.

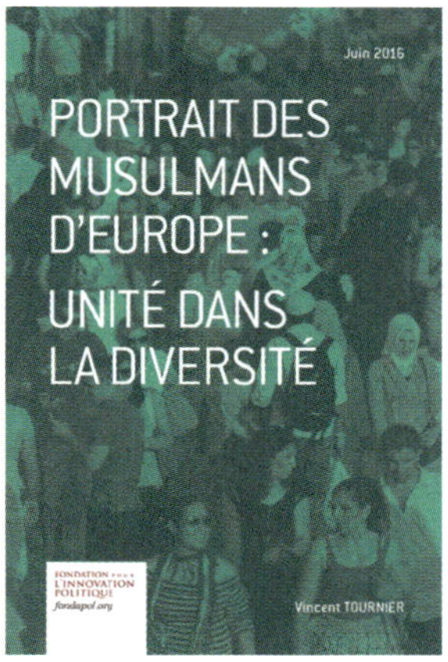

Vincent Tournier, *Portrait des musulmans d'Europe : unité dans la diversité*, Fondapol, juin 2016

« L'islamisme est un mal que je nomme crise de la conscience arabo-musulmane ». Assassinats de masse, enlèvements, guerres, terrorisme et exactions en tout genre semblent être le lot quotidien du Moyen-Orient depuis que cette partie du monde est confrontée à un fléau redoutable. Son nom : l'État islamique en Irak et au Levant. Défrayant chaque jour la chronique, les membres de cette organisation massacrent, sans considération d'âge ou de sexe, tous ceux qui refusent d'embrasser leur interprétation particulière de l'islam. Les minorités religieuses, de rite chrétien, yézidis ou chiites, l'ont appris à leurs dépens. Pour certains observateurs avisés, cette mouvance est le fruit de la politique américaine marquée au coin du bellicisme en Irak. Pour d'autres, ce sont des pétromonarchies du Golfe, cyniques, qui ont armé puis financé ce groupe afin qu'il déstabilise tel ou tel voisin.

Quant aux fatalistes, ils estiment que l'État islamique en Irak et au Levant n'est, après tout, qu'une nouvelle vicissitude frappant un monde arabe se mourant de consomption depuis des temps immémoriaux. Leur emboîtant le pas, certains considèrent même qu'il faut taire nos scrupules et soutenir les dictatures arabes en

Nadia Henni-Moulaï, *Portrait des musulmans de France : une communauté plurielle*, Fondapol, juin 2016

Malik Bezouh, *Crise de la conscience arabo-musulmane*, Fondapol, septembre 2015

17. Pippa Norris et Ronald Inglehart, *Sacré versus sécularisation. Religion et politique dans le monde*, Éditions de l'Université de Bruxelles, Bruxelles, 2014.

Alessandra Luciano (dir.), *Islam des Lumières. Illuminisme spirituel du troisième millénaire*, Éditions Mimesis Sciences Sociales, 2019, avec le soutien de la Fondapol

lutte contre ces extrémistes religieux car, aussi liberticides soient-ils, ces régimes, dont certains seraient « laïques », nous protégeraient du spectre islamiste…

Et si, en réalité, l'islamisme, dans ce qu'il a de plus radical, n'était pas cette maladie, tant crainte en Occident, mais le symptôme d'un mal plus profond que nous n'aurions pas diagnostiqué, par simplisme, par aveuglement ou tout simplement par ignorance ? C'est de ce mal dont nous allons parler à présent. Un mal que nous avons nommé crise de la conscience arabo-musulmane.

MALIK BEZOUH

Parmi les concepts imprécis largement employés par la sphère médiatique et politique à propos des Français musulmans, la plus courante est l'expression « communauté musulmane ». Régulièrement cités dans l'actualité, les musulmans de France appartiendraient à une seule et même communauté de valeurs, à un bloc monolithique qui se penserait et agirait comme une seule personne. Si le terme « communauté » fluctue en fonction de la réalité ciblée, il renvoie pourtant à des acceptions plus ou moins différentes. Dans le cas de la communauté musulmane, sa définition relève davantage du concept auquel elle réfère, c'est-à-dire un groupe de personnes qui partagent quelque chose de commun.

Si les Français musulmans sont associés de fait à la communauté musulmane, la réalité paraît plus complexe. La communauté porte par définition des valeurs communes à l'ensemble de ses représentants. Dans le cas de l'islam, si leur énumération n'est pas exhaustive, ces valeurs se résument à la paix, au respect, à la solidarité et à l'harmonie sociale dont les membres de cette dite communauté sont censés témoigner à travers leur pratique. Ces valeurs font écho aux valeurs républicaines.

La définition même de « communauté » renvoie à une réalité conceptuelle. Au sens philosophique, elle renvoie à une représentation abstraite d'une réalité, en l'occurrence celle de la population musulmane. Si les Français musulmans incarnent cette abstraction dans l'inconscient collectif, impossible pour autant de cerner les spécificités de cette communauté. Face à cette abstraction, à partir de quand alors appartient-on à la communauté musulmane ? Suffit-il de se dire musulman pour s'identifier et être assimilé à la communauté musulmane ? À l'inverse, suffit-il de rejeter son islamité pour en sortir ? Des questions qui permettent de pointer la difficulté de délimiter la notion de communauté en général. Dans le cas de l'islam de France, ces interrogations prennent une dimension particulière tant les enjeux sont décisifs. Les musulmans de France forment une communauté mouvante, traversée par une myriade de réalités religieuses, sociales, économiques et même politiques.

Ainsi, depuis plus de vingt ans, l'islam en France se retrouve régulièrement au centre du débat public. Si l'idée qu'il existe une communauté musulmane est largement répandue dans l'opinion, la réalité est plus complexe. Concept clé en islam, la *oumma*, au sens de communauté de foi, se reflète-t-elle sur le terrain ? Il s'agit donc de fournir des éléments d'analyse pour mieux définir la communauté musulmane. En fait, les Français musulmans constituent une population hétéroclite. Qu'il s'agisse des courants, des trajectoires de vie ou même des liens avec les pays d'origine, l'islam en France est loin d'être un cadre uniforme et immuable.

À y regarder de plus près, on perçoit à quel point l'idée d'une communauté est contestable,

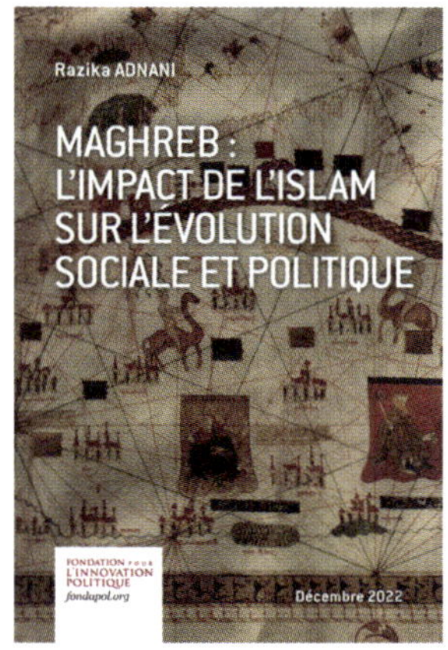

Razika Adnani, Maghreb : l'impact de l'islam sur l'évolution sociale et politique, Fondapol, décembre 2022

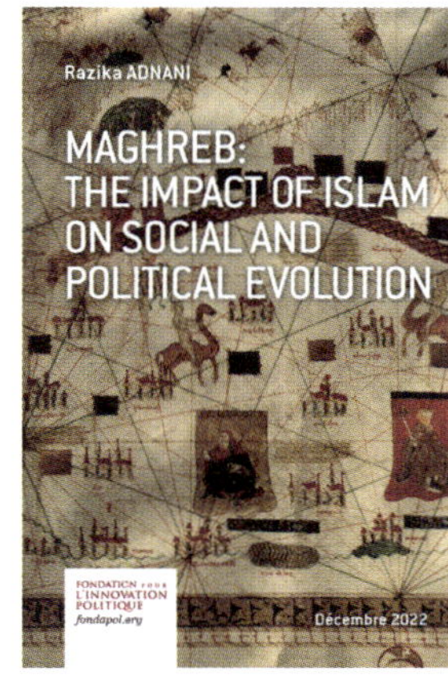

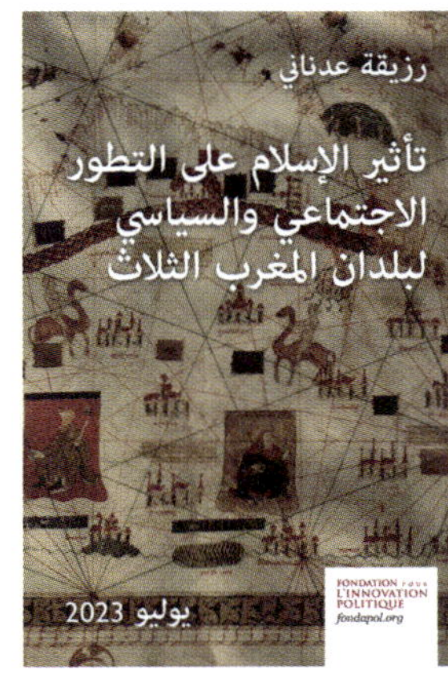

offrant un terreau fertile aux raccourcis. Cette perception monolithique des musulmans renvoie aussi à l'histoire entre l'Occident chrétien et l'Orient musulman, où les croisades ont marqué le début d'une relation tumultueuse. Un effort de compréhension est indispensable tant les musulmans de France sont à l'image d'une religion où cohabitent plusieurs courants de pensées. À l'heure où les crispations atteignent leur paroxysme, éclairer cette question reste un préalable pour combattre tous les obscurantismes et favoriser des relations plus harmonieuses au sein de notre communauté nationale.

Lors de l'accession de l'Algérie, du Maroc et de la Tunisie à l'indépendance, les religieux ont obtenu la garantie que l'État ne serait pas séparé de l'islam.

Pourquoi les démocrates et les modernistes qui ont eu le pouvoir lors de l'accession de l'Algérie, du Maroc et de la Tunisie à l'indépendance ont-ils introduit la référence à l'islam au sein de leur constitution alors que les règles juridiques de la religion, mises en place lors des premiers siècles de l'islam, constituaient une entrave à la modernisation de l'État et de la société ? Ils ont assurément subi la pression des religieux pour qui cette référence était une garantie que l'État ne serait pas séparé de l'islam. Cela leur permettait d'avoir la main sur les domaines du droit et de la société, ou de la reprendre en cas de nécessité. C'était un objectif politique lié au contrôle du pouvoir.

Il y avait toutefois un autre objectif, également politique. Les chrétiens arabes du Proche-Orient étaient très actifs dans le mouvement de la Nahda[18]. Selon les musulmans, y compris les plus démocrates, préciser que l'islam était la religion de l'État, c'est-à-dire que État était musulman et que donc le président devait être musulman, permettait d'empêcher les non-musulmans d'accéder au pouvoir, et par suite, de ne pas avoir un président de la République juif ou chrétien. Mais était-ce la vraie raison ? En effet, dans un système démocratique où la décision revient aux urnes, la chance des minorités religieuses de parvenir au pouvoir est minime.

Il y avait donc un autre pouvoir à sauvegarder, celui des hommes sur les femmes, plus important que celui des musulmans sur les non-musulmans. Quelle que soit la fascination des modernistes pour la modernité, elle n'était pas éprouvée au point d'accepter l'égalité entre les femmes et les hommes. Les intellectuels et les politiques qui voulaient moderniser leur société ont décidé que la famille devait rester en dehors de ce processus. Ce sont les porteurs du changement et de l'évolution eux-mêmes qui ont refusé que la modernité concerne la famille. Au début du XXe siècle, l'idée d'émancipation de la femme, présentée comme condition pour sortir du sous-développement, était acceptée mais celle de l'égalité entre hommes et femmes n'était pas à l'ordre du jour. Entre le début du XIXe siècle et la première moitié

18. « Le terme *Nahda* (essor, éveil, renaissance) désigne un mouvement intellectuel et culturel qui s'est développé à partir du début du XIXe siècle dans le monde arabe et musulman. Il désigne par extension et plus précisément sous le vocable devenu courant de *'asr al-nahda* une période d'effervescence liée notamment au développement de centres d'édition dans la région. Cette période s'étend du début du XIXe siècle à la fin de la Première Guerre mondiale ». Leyla Dakhl, *Encyclopédie de l'humanisme méditerranéen* [en ligne].

Anne-Sophie Monsinay, Eva Janadin, *Une mosquée mixte pour un islam spirituel et progressiste*, Fondapol, février 2019

du xxe siècle, les sociétés musulmanes ont connu de profondes réformes sociales et politiques qui leur ont permis de faire un pas important vers la modernité. Les pays du Maghreb ne sont pas restés en retrait de ce mouvement de réformes appelé « Nahda », mais l'interruption de sa dynamique a provoqué l'inversion du processus et le renoncement progressif à ses acquis, notamment dans le domaine de l'égalité et de la liberté. L'évolution sociale et politique des pays du Maghreb témoigne d'un renforcement du conservatisme religieux qui les empêche de se libérer de pratiques et de valeurs traditionnelles pesantes. Les colères populaires revendiquant le changement ne parviennent pas à moderniser des sociétés qui imposent finalement une réaffirmation du poids de la religion et du passé.

Dans ce renoncement à la modernisation, le rôle de l'islam tel qu'il est conçu et pratiqué est incontestable. Il détermine la relation des musulmans à la vérité, à la pensée, à l'autre et au temps. Il est impératif de s'interroger sur les causes du renoncement aux acquis de la Nahda et aux valeurs de la modernité, et de savoir jusqu'où il peut aller. Les conséquences de ce renoncement sont préoccupantes, non seulement pour les pays du Maghreb mais aussi pour l'Occident, et plus encore pour les pays où l'islam est une religion importante, tels la France et la Belgique.

Razika Adnani

Face aux dérives conservatrices, parfois fondamentalistes, voire obscurantistes, de certaines interprétations de l'islam, de nombreux musulmans, issus d'horizons divers, se sont engagés depuis des années dans une grande réflexion collective pour faire émerger une vision progressiste de l'islam. Ces voix entendent participer à la construction d'une société française qui saura résister à toutes les forces de fragmentation et de division.

En septembre 2018, le mouvement pour un islam spirituel et progressiste Voix d'un islam éclairé (V.I.E.) a vu le jour. Cette initiative a notamment été motivée, dans le prolongement de plusieurs années d'animation de groupes de discussion sur les réseaux sociaux, par la prise de conscience d'une réalité de terrain que nous ne pouvons plus négliger aujourd'hui en islam : une demande de nouveauté et de liberté de la part de nombreux musulmans. Nous souhaitons donc leur offrir les jalons d'un cheminement spirituel ancré dans la modernité. Ce mouvement a pour but de tisser un réseau de collaboration entre les acteurs individuels et associatifs qui incarnent cet « autre islam » afin qu'ils se rassemblent et fassent émerger de nouvelles options théologiques et spirituelles. Nous avons aujourd'hui une responsabilité spirituelle et citoyenne qui consiste à ne plus laisser le monopole de l'interprétation du Coran et de la tradition prophétique aux extrémistes et aux conservateurs de tous les bords. C'est à nous, musulmanes et musulmans, de prendre cette initiative, et à personne d'autre. Nous sommes désormais nombreux à nous rassembler autour de principes communs, à nous organiser pour faire surgir une véritable force collective, à ne plus rester tapis dans l'ombre de l'intimité et à ne plus avancer en électrons solitaires.

Notre démarche s'articule autour de plusieurs objectifs :

– le recensement, la vulgarisation, la production et la diffusion auprès du plus grand nombre des options théologiques déjà existantes qui entrent dans le cadre de notre vision de l'islam et de nos principes fondateurs ;

7 septembre 2019 : L'imam est une femme !

La Fondapol a assisté à la première prière musulmane mixte de France, à Paris, conduite par deux femmes imames converties : Anne-Sophie Monsinay et Eva Janadin.

Près de soixante-dix fidèles étaient présents. Femmes et hommes, dans une quasi-parité, ont prié ensemble. Le port du voile n'était pas obligatoire, la moitié des femmes présentes ne le portaient pas. Les sermons furent prononcés en français et les formules en arabe ont été systématiquement traduites pour assurer la compréhension du discours.

L'imam est une femme

« Les textes de la tradition ne sont pas contre l'imamat de la femme. C'est la compétence qui compte, pas le genre. Mais la sociologie des mosquées reste très conservatrice. »

Tareq Oubrou, imam de Bordeaux, *L'Obs*

« J'ai beaucoup aimé l'ouverture de cette prière. Traditionnellement, dans une mosquée, on doit trouver la salle pour les femmes, on sent plein de regards, de jugements. C'est un frein pour moi, je ne me rends pas fréquemment à la mosquée. Là, c'est la première fois que je me suis sentie au bon endroit. »

Afida, 45 ans, fidèle

„Am Samstag war ich in Paris, um Eva Janadin und Anne-Sophie Monsinay bei ihrem tollen Moschee-Projekt beizustehen. Tolle, mutige Frauen."

« J'étais ce samedi à Paris avec Eva Janadin et Anne-Sophie Monsinay pour soutenir leur magnifique projet de mosquée. Ce sont des femmes exceptionnelles et courageuses. »

Seyran Ateş, imame de la mosquée Ibn Rushd-Goethe à Berlin

« Cet événement symbolise le retour à l'islam d'origine. L'islam ne fait aucune différence entre hommes et femmes. »

Mustapha, 35 ans, fidèle

« Nos imams sont en train d'étudier le texte, pour voir s'il y a des bases solides au souhait exprimé par des femmes de pouvoir diriger la prière. »

Dalil Boubakeur, recteur de la Grande Mosquée de Paris, président par intérim du Conseil français du culte musulman (CFCM)

« Il y a une lecture patriarcale, misogyne des textes, qui s'est perpétuée à travers les siècles. Ce sont toujours des hommes qui se sont appropriés la légitimité de pouvoir lire, d'interpréter les textes et de dire la norme religieuse. »

Kahina Bahloul, imame en France

"The US has had female imams since 2005 when Amina Wadud led the first prayers in New York. In Denmark, imam Sherin Khankan created the Mariam mosque; Canada, London and Berlin also have women leading non-segregated prayers."

« Aux États-Unis il y a des imames depuis 2005, quand Amina Wadud a dirigé les premières prières à New York. Au Danemark, l'imame Sherin Khankan a créé la mosquée Mariam ; au Canada, à Londres et à Berlin aussi, des femmes dirigent des prières mixtes. »

Alison Hird, journaliste pour RFI

« C'est compliqué parce qu'aucune municipalité ne veut les aider. »

Didier Leschi, président de l'Institut européen en sciences des religions (IESR), *L'Obs*

« Je suis particulièrement fier d'avoir pu assister à cette première prière musulmane mixte en France, dirigée par deux femmes, en présence de près de soixante-dix fidèles.
Hélas ! tout le monde n'a pas eu la possibilité d'entrer faute de places.
La prochaine fois. »

Dominique Reynié, directeur général de la Fondation pour l'innovation politique

2

L'imam est une femme

La mosquée mixte dans la presse

Nationale

Saphir News (26.02.2019), **Le Courrier de l'Atlas** (07.03.2019), **Sud Radio** (13.03.2019), **Vice** (19.03.2019), **Oumma** (02.04.2019), **Judaïque FM** (08.04.2019), **RCF Radio** (09.04.2019), **RFI** (03.05.2019), **Le Monde** (06.05.2019), **Le Monde des religions** (mai 2019), **AFP** (07.09.2019), **Ouest-France** (07.09.2019), **Nice-Matin** (07.09.2019), **L'Est Éclair** (07.09.2019), **La Provence** (07.09.2019), **CNews** (07.09.2019), **Sputnik France** (07.09.2019), **L'Obs** (07.09.2019), **Le Parisien** (08.09.2019), **L'Express** (08.09.2019), **La Croix** (08.09.2019), **Le Figaro** (08.09.2019), **France Inter** (08.09.2019), **L'Union** (08.09.2019), **20minutes** (08.09.2019), **BFM TV** (08.09.2019), **RMC Info** (08.09.2019), **RTL** (08.09.2019), **Oumma** (08.09.2019), **Francetvinfo** (08.09.2019), **Europe 1** (09.09.2019), **Le Figaro Vox** (09.09.2019), **France 3** (09.09.2019), **Le Monde** (09.09.2019), **Le Figaro** (09.09.2019), **La Voix du Nord** (09.09.2019), **Atlantico** (09.09.2019), **AuFéminin.com** (09.09.2019), **Marie Claire** (09.09.2019), **SaphirNews** (09.09.2019), **Terrafemina** (10.09.2019), **Le Courrier de l'Atlas** (10.09.2019), **Le Courrier du soir** (10.09.2019), **Le Monde des religions** (10.09.2019), **Journal des femmes** (11.09.2019), **Oh my mag** (11.09.2019), **AgoraVox** (14.09.2019), **France Culture** (15.09.2019)

Internationale

El País (05.05.2019), **Euronews** (08.09.2019), **Luzerner Zeitung** (08.09.2019), **RFI Español** (08.09.2019), **MétroDakar** (08.09.2019), **Il Messaggero** (08.09.2019), **Sénégal Plus** (08.09.2019), **Yabiladi** (08.09.2019), **Badische Zeitung** (08.09.2019), **Morocco World News** (09.09.2019), **Alternative Guinée** (09.09.2019), **AfrikMag** (09.09.2019), **Haber3** (09.09.2019), **Tout sur l'Algérie** (09.09.2019), **Marokko.nieuws** (09.09.2019), **Nupel**, (09.09.2019), **Odatv** (09.09.2019), **Yeni Akit Gazetesi** (10.09.2019), **El Watan** (10.09.2019), **Opinion Internationale** (10.09.2019), **Al Bidda** (10.09.2019), **The Times of Israel** (10.09.2019), **Todos Noticias** (11.09.2019), **DW Indonesia** (11.09.2019), **Euro Times** (13.09.2019), **Morocco World News** (13.09.2019), **RTS** (14.09.2019), **Euro-Islam Info** (16.09.2019), **The Straits Times** (18.09.2019), **VOA Afrique** (18.09.2019)

7

fondapol | l'innovation politique

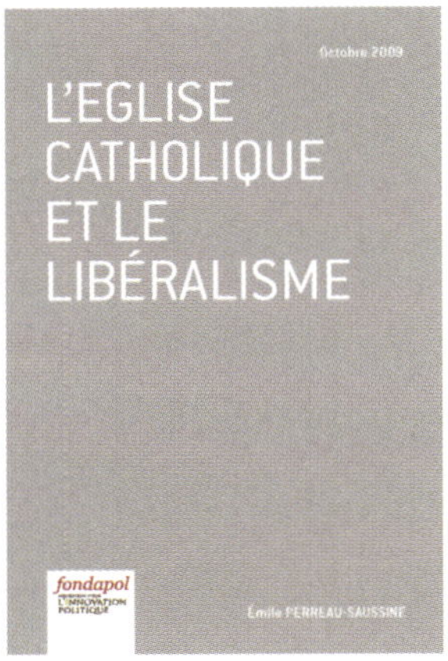

Emile Perreau-Saussine, *Où va la politique de l'Église catholique ? D'une querelle du libéralisme à l'autre*, Fondapol, octobre 2009

Jean-Paul Willaime, *Les protestants en France, une minorité active*, Fondapol, avril 2021

– l'intervention dans le débat médiatique et citoyen français pour expliciter les principes, les objectifs et les positions théologiques du mouvement, en qualité d'interlocuteurs au sein des acteurs de l'islam de France ;

– l'animation d'espaces de dialogue libres par le biais des réseaux sociaux et par l'organisation d'événements et de débats publics ;

– le soutien à la création de lieux de culte spirituels et progressistes, et à la formation de leurs imams.

Anne-Sophie Monsinay, Eva Janadin

L'Église et les religions dans l'État. La liberté religieuse, droit fondamental garanti constitutionnellement, est une conquête des temps modernes. Sous-jacente dans les récits évangéliques, elle ne s'est mise à affleurer dans les consciences et à entrer dans les législations qu'au prix de drames et de conflits qui ont parsemé l'histoire. À cela rien d'étonnant, puisqu'il s'agit d'une liberté pour l'homme, qui fraie son chemin à travers les étroitesses, les oppositions, les aspirations des cœurs. Bien souvent, elle risque de rester formelle ; elle ne commence à devenir réelle que quand les conditions politiques sont réunies pour qu'elle puisse se déployer effectivement. C'est pourquoi il est impossible, pour en parler, de faire l'économie d'une réflexion sur l'État, sur le contenu éthique de son action. Mais parler de l'État oblige à parler corrélativement de l'Église et des religions, en tant qu'elles sont les premières bénéficiaires de l'aspect social de la liberté religieuse. Si l'on prend au sérieux l'immunité de toute contrainte dans notre monde pluraliste, cela affecte un certain nombre de comportements tant ecclésiaux qu'étatiques.

Nous avons insisté, dans la ligne du concile Vatican II, sur l'encadrement juridique du droit dont il s'agit. Mais il est bien évident que tout n'est pas dit par là. Nous aimerions énoncer quelques considérations qui peuvent élargir encore notre approche de la question. Dans son livre *Idéologies et réalité*[19], Jeanne Hersch montre que celui qui croit à la vérité veut conquérir le monde entier pour le soumettre à l'empire de celle-ci ; et quand ce vrai perçu est une expérience de l'Absolu, c'est la totalité de l'univers qui, seule, sera le champ d'action de la croyance.

Mais cette volonté d'intégration totale, universelle dans son dessein, ne peut passer outre à ce qui constitue le cœur de l'Absolu : la liberté, précisément. Tout doit être soumis à l'exigence de l'Absolu ; la seule limite est justement la liberté, qui est à la racine même de l'Absolu. On peut vouloir amener tous les hommes à Jésus-Christ, mais Jésus-Christ pose, à la base de l'accès auprès de lui, le respect foncier des libertés. C'est pourquoi se servir de l'appareil politique pour faire triompher cet Absolu est un leurre, parce que l'on ne peut lier l'Absolu à des formes empiriques et contingentes.

P. Henri Madelin SJ

Henri Madelin, *La liberté religieuse*, Fondapol, septembre 2011

19. Jeanne Hersch, *Idéologies et réalité. Essai d'orientation politique*, Paris, Plon, 1956.

Dominique Reynié (dir.), *Le XXIe siècle du christianisme*, Paris, Editions du Cerf, mai 2021

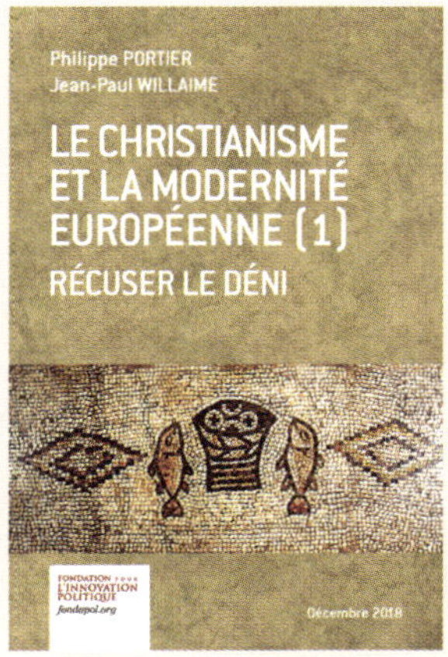

Philippe Portier et Jean-Paul Willaime, *Le christianisme et la modernité européenne (1) Récuser le déni*, Fondapol, décembre 2018

Philippe Portier et Jean-Paul Willaime, *Le christianisme et la modernité européenne (2) Comprendre le retour de l'institution religieuse*, Fondapol, décembre 2018

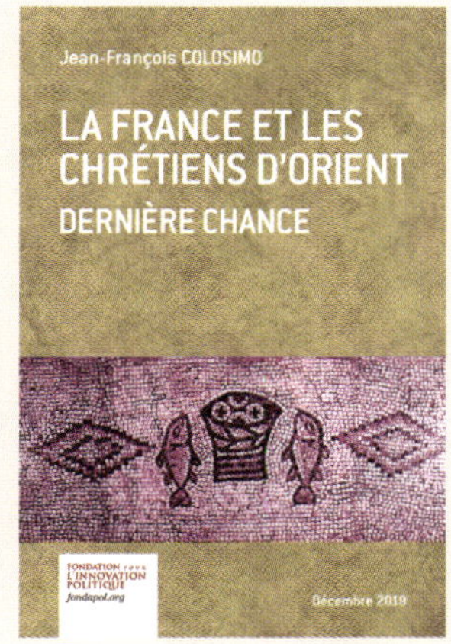

Jean-François Colosimo, *La France et les chrétiens d'Orient, dernière chance*, Fondapol, décembre 2018

Dominique Reynié (dir.), *Le XXIe siècle du christianisme*, Paris, Éditions du Cerf, mars 2023 pour l'édition de poche

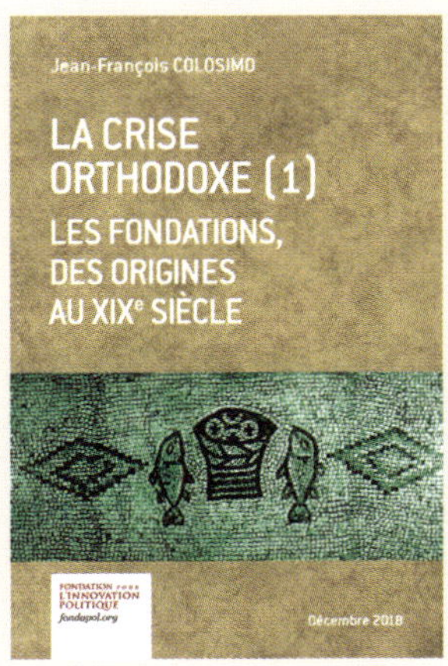

Jean-François Colosimo, *La crise orthodoxe (1). Les fondations, des origines au XIXe siècle*, Fondapol, décembre 2018

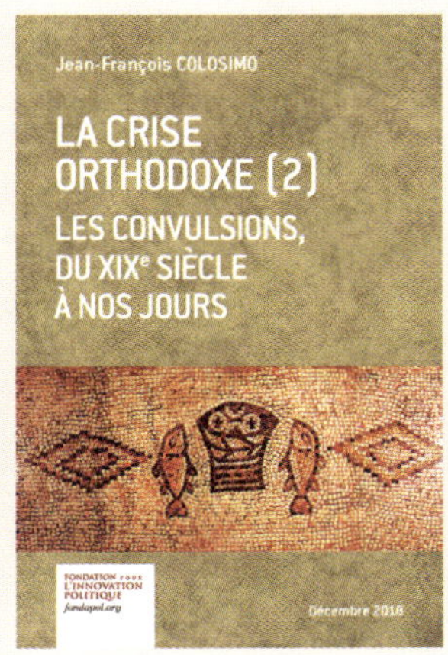

Jean-François Colosimo, *La crise orthodoxe (2). Les convulsions, du XIXe siècle à nos jours*, Fondapol, décembre 2018

Jean-Dominique Durand, *Les apports du christianisme à l'unité de l'Europe*, Fondapol, décembre 2018

Maria Elena Cavallaro, Gaetano Quagliariello, Dominique Reynié (dir.), *L'Europe et la Souveraineté. Approches franco-italiennes (1897-2023)*, éditions Plein Jour/Fondation pour l'innovation politique, 2024 ; en italien : *L'Europa et la Sovranità. Riflessioni italo-francesi (1897-2023)*, éditions Rubbettino/Fondation Magna Carta, 2024

Le rejet ou l'oubli de la culture chrétienne fragilise la démocratie. Aujourd'hui, deux modèles refusent également la séparation du politique et du religieux : d'un côté l'islamisme, qui porte un projet théologico-politique, y compris au cœur du monde occidental supposé sécularisé ; de l'autre côté, le régime chinois, où la religion est placée sous la direction du Parti communiste et subit la répression du pouvoir. Ces deux négations de la séparation menacent la religion autant que la démocratie. Cela s'illustre tragiquement par les persécutions dont sont victimes en Chine les Ouïghours et les chrétiens, mais aussi par celles dont souffrent les chrétiens dans le monde musulman. Rappelons que, selon l'*Index mondial de persécution des chrétiens*, la source de référence, le nombre de chrétiens tués en raison de leur foi a augmenté de 88 % entre 2019 et 2022, passant de 2 983 à 5 621. La quasi-totalité (94 %) des chrétiens assassinés en 2022 l'ont été sur le continent africain. C'est l'une des conséquences du développement des groupes djihadistes en Afrique subsaharienne.

L'islamisme et le Parti communiste chinois mènent, pour des raisons opposées, une guerre à la séparation du politique et du religieux, l'islamisme parce que la séparation contredit frontalement sa dimension politique ; le communisme parce que la séparation ferait surgir un jugement politique et moral du pouvoir au sein de la société civile. Si le christianisme est aujourd'hui la religion la plus persécutée dans le monde, c'est qu'elle est une religion de la séparation et, en tant que telle, l'une des conditions *sine qua non* d'un État laïc, d'un ordre politique démocratique et d'une société libérale. Dans le monde comme en France, christianisme et démocratie ont destin lié.

D.R.

5. Une puissance publique européenne au service de la souveraineté nationale

Au XXIe siècle, l'affirmation de puissances étatiques et non-étatiques agressives, la multiplication de redoutables difficultés qui ne peuvent être traitées qu'à l'échelle transnationale, voire planétaires, mettent la plupart des État au défi de pouvoir exercer souverainement leurs prérogatives. Cette perte d'efficacité et de capacité affecte gravement les performances des pouvoirs publics et sape la légitimité des régimes démocratiques.

Les Européens l'ont parfaitement compris. C'est pourquoi ils adressent à l'Union européenne une demande de puissance publique. Cette demande recouvre l'exigence d'un pouvoir capable de protéger mais aussi d'offrir aux citoyens l'accès aux promesses du monde nouveau en déployant les potentiels dont nous sommes encore dépositaires. Il s'agit d'engager d'ambitieux investissements communs en matière de transport, d'énergie, de télécommunication, d'innovation, de recherche et d'enseignement supérieur, d'environnement et de solidarité, de défense.

Dimensionner la puissance publique à l'échelle du monde n'implique nullement l'effacement des nations. Ce n'est qu'en apparence que la construction européenne s'oppose à l'idée de souveraineté nationale. En réalité, au contraire, elle en est la condition de possibilité parce qu'elle dote les nations de la force perdue, notamment il y a cent ans, dans cet invraisemblable moment d'autophagie que fut la Première Guerre mondiale. Nous ne parviendrons plus à retrouver séparément ce qui a disparu dans ce moment-là.

D.R.

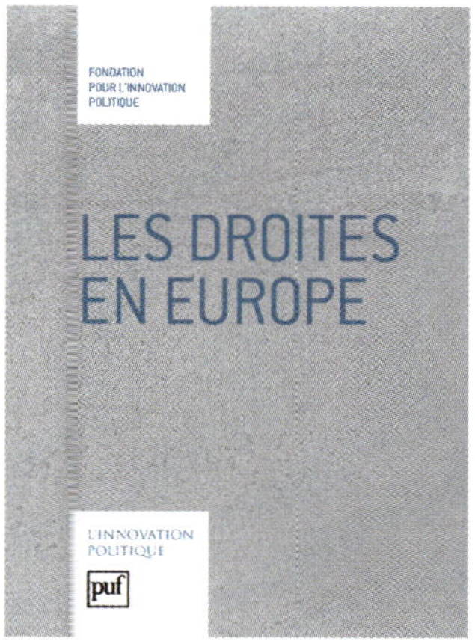

Dominique Reynié (dir.), *Les droites en Europe*, PUF, 2012

Édouard Balladur, *L'Europe et notre souveraineté. L'Europe est nécessaire, la France aussi*, Fondapol, juin 2023

Corinne Deloy, *Le vote des Européens. Vingt-trois ans d'élections nationales en Europe*, Préface de Dominique Reynié, Éditions du Cerf, avril 2024

Pour l'ancien Premier ministre Édouard Balladur, la France ne peut s'en remettre à personne d'autre pour garantir sa souveraineté. L'Union européenne peut-elle contribuer au redressement de la France, atteinte dans ses forces vitales ? En l'état, rien n'est moins sûr. La construction européenne, qui fut la grande affaire du XXᵉ siècle, est aujourd'hui en panne.

Il ne pourra être porté remède à cette situation qu'au prix d'un effort de clarification et de simplification, préalable à tout élargissement supplémentaire de l'Union.

Revoir la répartition des compétences entre l'Union et les États membres, mieux tenir compte des équilibres démographiques au sein de l'Union, préciser le rôle des juges nationaux et supranationaux, telles sont les priorités d'une nécessaire remise en ordre.

Dans l'exercice de son pouvoir souverain, le peuple français devrait être appelé à approuver cette nouvelle politique européenne. Ce serait aussi l'occasion d'affirmer que la France ne peut s'en remettre à personne d'autre pour garantir sa souveraineté, et que la Constitution demeure sa norme suprême.

ÉDOUARD BALLADUR

Mais ne risque-t-on pas de défaire ce qui a été fait ? L'union des souverainetés nationales se justifie par la volonté de faire émerger une puissance publique supplémentaire, au service des peuples et de leurs États nationaux librement associés. La construction d'une souveraineté européenne offre aux Européens l'unique et dernière chance de peser sur le cours de l'histoire. Pour les peuples d'Europe, le choix n'est plus entre l'Union européenne ou la souveraineté nationale, mais entre la perte de leur double liberté dans l'aventure séparatiste ou la régénération de la souveraineté populaire dans l'affirmation d'une puissance publique européenne.

Pour chacun des États européens, la restauration de la puissance publique passe avant tout par la reconnaissance, l'affirmation et la défense des frontières communes. Le rapport désinvolte à la frontière est la faute historique des responsables européens. Elle provoque une sécession politique : « On ne peut pas ouvrir les frontières sans fermer les frontières », écrivent Ulrich Beck et Edgar Grande[20]. Pour accueillir, il faut pouvoir ne pas accueillir. Affirmer et défendre ses frontières est l'ardente nécessité des Européens.

SUR FONDAPOL.ORG

Dominique Reynié (dir.), *L'opinion européenne en 2023* éditions Marie B/ collection Lignes de Repères (22ᵉ édition)

Corinne Deloy, Dominique Reynié et Pascal Perrineau, *Élections européennes 2009 : analyse des résultats en Europe et en France*, septembre 2009

20. *Pour un empire européen*, Flammarion, 2007, p. 367.

Patrick Moreau, L'AfD : *L'extrême droite allemande dans l'impasse*, Fondapol, avril 2024

Christophe de Voogd, *Victoire populiste aux Pays-Bas : spécificité nationale ou paradigme européen ?* Fondapol, avril 2024

Patrick Moreau, Le FPÖ *au défi de l'Europe : radicalité idéologique et contrainte électorale en Autriche*, Fondapol, avril 2024

Marco Tarchi, Fratelli d'Italia : *héritage néofasciste, populisme et conservatisme*, Fondapol, février 2024

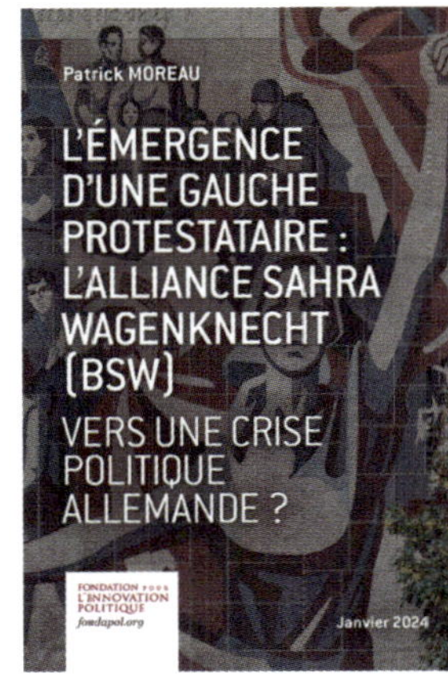

Patrick Moreau, *L'émergence d'une gauche conservatrice en Allemagne : l'Alliance Sahra Wagenknecht pour la raison et la justice (BSW)*, Fondapol, janvier 2024

SUR FONDAPOL.ORG

Alberto Toscano, *Un an de populisme italien*, mars 2019

Pierre-Adrien Hanania, AJC, Fondapol, *Les troubles du monde, l'islamisme et sa récupération populiste : l'Europe démocratique menacée*, mars 2017

Henri Hude, *Comprendre le Tea Party*, mars 2011

Pourquoi les élections européennes des 6-9 juin 2024 ont-elles-été marquées par une nouvelle et si forte poussée des partis populistes de droite ? Au terme des élections européennes de juin 2024, les eurodéputés issus des divers partis populistes de droite, si par hypothèse ils ne formaient qu'un seul groupe parlementaire, seraient d'un poids équivalent à celui du PPE… Désormais, tous les pays de l'Union européenne sont peu ou prou concernés par cette réalité politique dont l'expression électorale se déploie. Dans le cadre de ses nombreux travaux consacrés au populisme, la Fondapol a mené une enquête d'opinion dans les 27 pays de l'Union européenne et au Royaume-Uni[21]. Or, à la lumière des résultats, il apparaît qu'au moment des élections européennes, la plupart des Européens sont acquis aux valeurs de la démocratie et à l'idée européenne. Cette double conviction est d'autant plus significative qu'elle s'exprime dans une Union européenne qui n'a jamais été aussi étendue et intégrée.

Pour y voir plus clair, il faut adopter une approche plus compréhensive de ces Européens qui deviennent électeurs des partis populistes de droite ; il importe d'interroger davantage leurs motivations, et d'abord de cesser de les confondre avec les justifications idéologiques et les discours politiques colportés par les populistes, leurs discours et celui de leurs chefs. Ainsi, nous montrons que les électeurs de la droite populiste sont massivement favorables à l'Europe, à l'euro, à l'armée européenne, à l'OTAN, à la démocratie parlementaire, aux libertés publiques. Ils demandent des frontières, la défense et la promotion des valeurs qui ont fait l'Europe et qui demeurent singulières dans le monde.

Ces dizaines de millions de citoyens européens qui votent pour des partis populistes ont compris que la souveraineté populaire n'est rien sans une puissance publique capable de l'accomplir. Séparés, les États européens sont incapables de faire face aux défis du siècle, ni même de conserver leur indépendance en cas de conflit armé. Or, si des États ne peuvent plus ni accomplir la volonté de leur peuple ni assurer sa sécurité, il serait plus juste d'en conclure qu'ils n'existent plus, qu'ils ne sont tout au plus

21. L'enquête Fondapol a été administrée par l'institut Ipsos, entre le 22 mars et le 26 avril 2024, dans 24 langues, auprès d'échantillons nationaux représentatifs de la population âgée de 18 ans dans chacun des 28 pays. Au total, 23 788 personnes ont été interrogées.

Dominique Reynié,
Les Européens abandonnés au populisme, Fondapol,
mai 2024

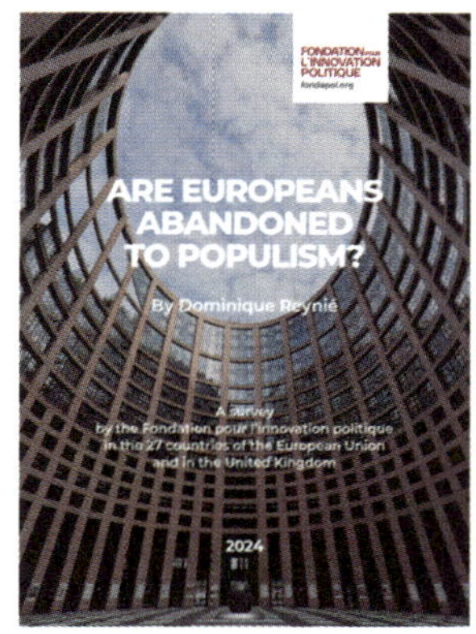

Dominique Reynié,
Are Europeans abandoned to Populism?, Fondapol,
may 2024

L'armée européenne, l'expression d'un repli sans nationalisme

Question : « Souhaiteriez-vous que l'Union européenne se dote d'une armée commune à tous les États membres, en complément de celle de chaque pays ? »
Réponses : « Oui, tout à fait » et « Oui, plutôt »
Base : Pays membres de l'Union européenne

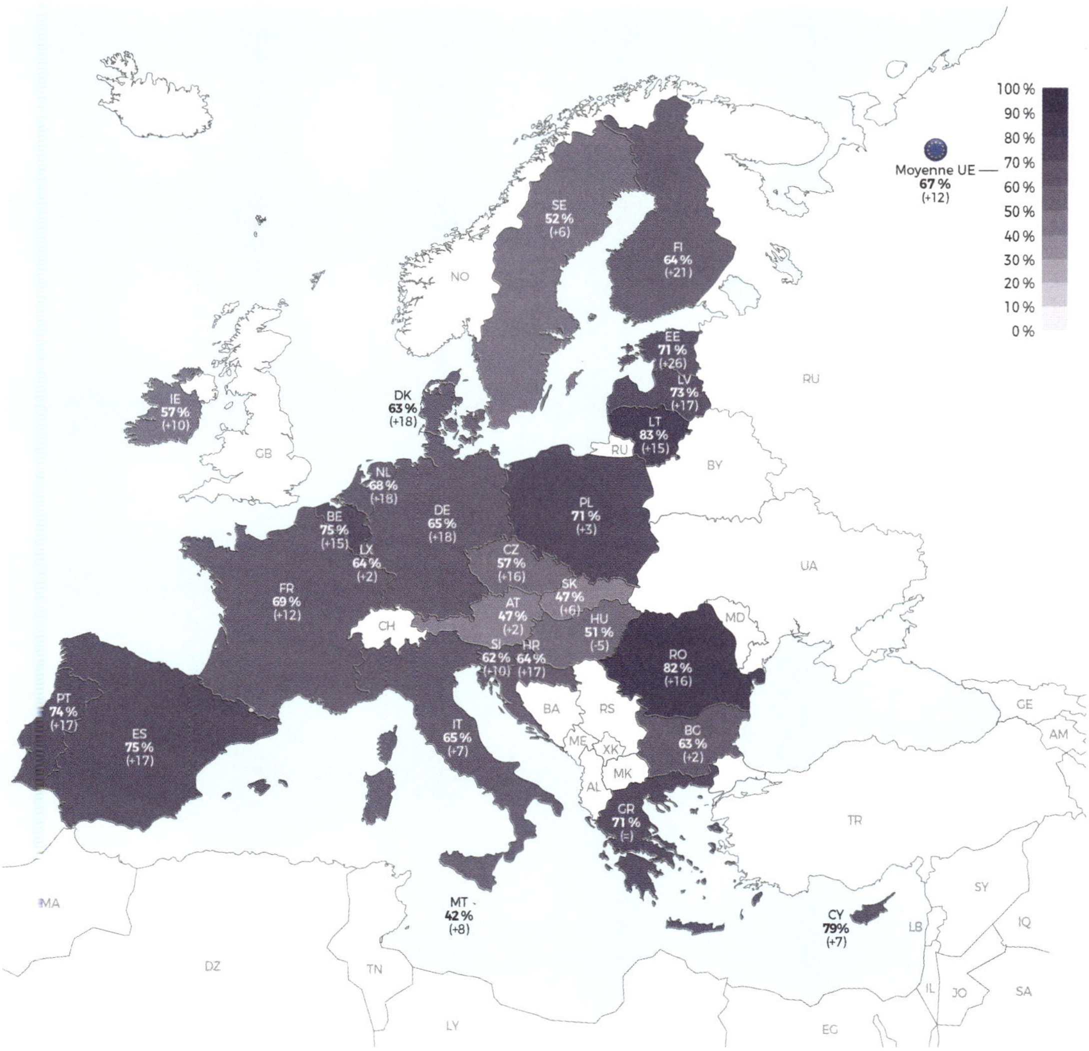

Note : Les chiffres entre parenthèses indiquent l'évolution en points de pourcentage par rapport aux résultats de l'enquête *Libertés : l'épreuve du siècle*, dir. Dominique Reynié, Fondation pour l'innovation politique, International Republican Institute, Community of Democracies, Konrad-Adenauer-Stiftung, Genron NPO, Fundación Nuevas Generaciones, República do Amanhã, 2022 [fondapol.org].

Astrid Barrio, *Vox, la fin de l'exception espagnole*, Fondapol, août 2019

que de simples systèmes administratifs. C'est probablement ce qu'éprouvent confusément les Européens en manifestant leur souhait d'une puissance publique supplémentaire et européenne.

Pour saisir le sens de cette demande, il faut changer de perspective. Admettons que désormais l'idée européenne ne menace la souveraineté nationale que si elle ne débouche pas sur une souveraineté européenne, seule capable de permettre aux États membres d'échapper à la vassalisation que leur promet le XXIe siècle.

La plupart des Européens ne conçoivent plus de devoir choisir entre leur État et l'Europe. Tout discours opposant l'Union européenne aux États membres comme deux entités aux destins divergents et entre lesquels il faudrait choisir, heurterait frontalement l'aspiration profonde et dominante des Européens à une synthèse nouvelle qu'ils savent légitime parce qu'elle prolonge l'idée européenne qu'ils approuvent depuis longtemps. L'absence de réponse à une telle aspiration amènerait les Européens à se résigner en optant pour le repli national, la mort dans l'âme.

Les « big techs », des puissances impériales privées capables d'assujettir des puissances publiques. Si les géants américains des nouvelles technologies sont tantôt célébrés à l'occasion du lancement de l'un de leurs produits, tantôt vilipendés pour leur emprise sur notre vie quotidienne, leur usage massif des données personnelles ou la faiblesse de l'impôt dont ils s'acquittent, il reste un sujet largement occulté : leur influence grandissante dans la finance internationale.

Le poids des gauches, du centre et des droites au Parlement européen (% de sièges)

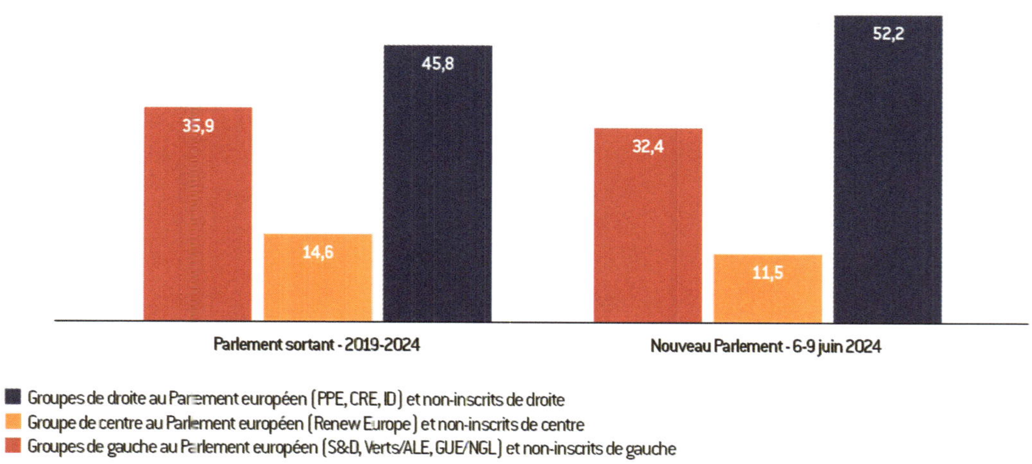

Source : elections.europa.eu

Note : Nous n'avons pas pris en compte les eurodéputés issus des listes difficiles à classer sur une échelle gauche/droite comme, par exemple, les régionalistes, les élus du SMER slovaque, du BSW allemand ou encore du Mouvement 5 étoiles italien.

Source : Fondapol, *Élections européennes de 2024. L'évolution du rapport de forces au sein du Parlement européen*, Fondapol, 19 juin 2024.

SUR FONDAPOL.ORG

Patrick Moreau, *Alternative für Deutschland : établissement électoral*, octobre 2018

Patrick Moreau, *L'Autriche des populistes*, novembre 2016

Christophe de Voogd, *Pays-Bas : la tentation populiste*, mai 2010

Fortes d'un succès commercial sans précédent, les entreprises phares de la « tech » ont accumulé ces vingt dernières années d'immenses réserves de liquidités dans leurs trésoreries. À contre-pied de leur image d'innovateurs de premier plan, elles ont fait le choix d'une gestion ultraconservatrice de ce capital. Ce phénomène de thésaurisation, sans égal dans l'histoire du capitalisme, prive l'économie de capitaux productifs et entretient la pénurie d'actifs sûrs avec des dommages collatéraux sur l'équilibre économique mondial.

Des solutions existent pour ralentir cette accumulation de liquidités : renforcer le pouvoir des actionnaires dans l'allocation des profits afin d'encourager leur distribution, imposer aux « Big Tech » des contraintes propres à la régulation financière pour décourager la rétention de liquidités sur leurs bilans ou encore taxer davantage leurs profits pour limiter *de facto* le potentiel de thésaurisation à venir.

Mais ces solutions ont toutes pour limite de s'attaquer au symptôme plutôt qu'à la cause du problème : des profits anormalement élevés qui résultent aujourd'hui davantage d'une monopolisation croissante des segments clés du marché des nouvelles technologies que de la poursuite d'un processus d'innovation aussi exigeant qu'il l'a été par le passé. Il est essentiel de rétablir une juste concurrence dans le secteur des nouvelles technologies.

Face aux nationalismes économiques américain et chinois. À la suite de l'interdiction par la Commission européenne du rapprochement entre Alstom et Siemens, les tenants du déclassement de l'Europe semblaient avoir trouvé leur coupable : une politique européenne de concurrence entravant, par excès de zèle, l'émergence de « champions européens ». Une comparaison avec les États-Unis invite à se méfier des théories qui voient dans les règles de concurrence communautaires un obstacle au développement économique de l'Europe. Que faire pour que les entreprises européennes puissent exister dans la concurrence mondiale, face aux entreprises étrangères, notamment chinoises, largement subventionnées par la puissance publique ?

Avec les instruments de défense commerciale, l'Union européenne dispose d'ores et déjà d'outils opérationnels, compatibles avec les règles de l'Organisation mondiale du commerce (OMC) pour lutter, via l'imposition de droits de douane à ses frontières, contre les pratiques anticoncurrentielles étrangères. Mais, en raison notamment de divergences de vues entre États membres sur la pertinence de ces instruments, l'Union européenne dans son ensemble se protège moins efficacement que les États-Unis contre les stratégies hostiles émanant d'entreprises ou de puissances étrangères.

Nos intérêts commerciaux ont besoin d'une vision large. La France doit moderniser son action commerciale pour renouer avec la conquête des grands marchés. Cette nouvelle politique, plus « réciproque » vis-à-vis des grands pays émergents, pourrait s'appuyer sur un Conseil de sécurité européen de la politique commerciale et un MITI à la française qui remettrait le commerce extérieur au cœur de notre stratégie de croissance.

L'amélioration de notre solde extérieur passe par des actions majeures qui doivent s'insérer dans le temps long d'un quinquennat, avec une grande stabilité dans la mise en œuvre, et un ministre délégué compétent et disposant des « codes » internationaux, au premier rang desquels la connaissance des économies

Antoine Michon, Paul-Adrien Hyppolite, *Les géants du numérique (1) : magnats de la finance ; (2) : Un frein à l'innovation ?* Fondapol, novembre 2018

Une puissance européenne au service de la souveraineté nationale

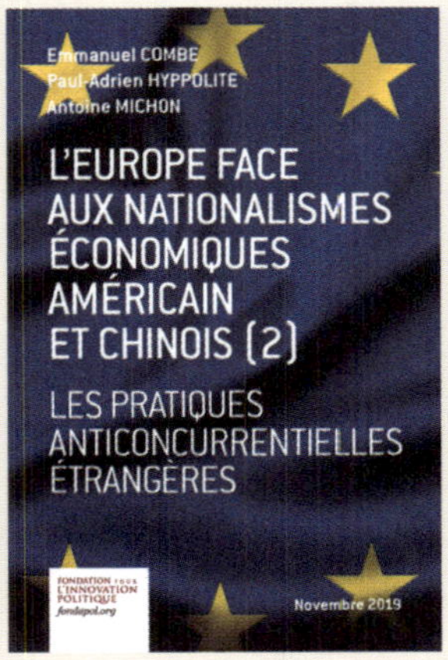

Emmanuel Combe, Paul-Adrien Hyppolite et Antoine Michon, *L'Europe face aux nationalismes économiques américain et chinois. (1). Politique de concurrence et industrie européenne ; (2). Les pratiques anticoncurrentielles étrangères ; (3). Défendre l'économie européenne par la politique commerciale*, Fondapol, novembre 2019

Farid Gueham, *Vers la souveraineté numérique*, Fondapol, janvier 2017

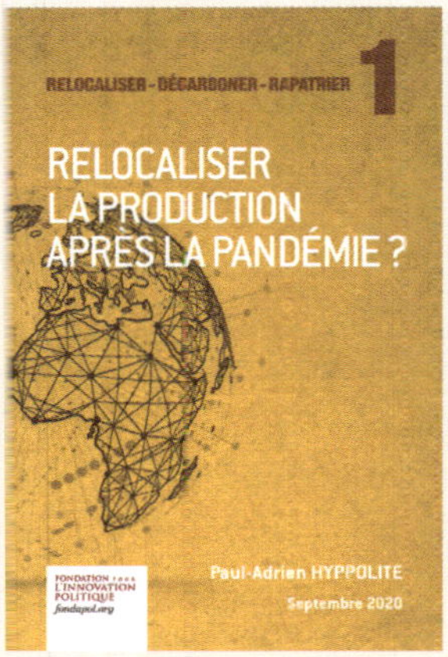

Paul-Adrien Hyppolite, *Relocaliser la production après la pandémie ?*, Fondapol, septembre 2020

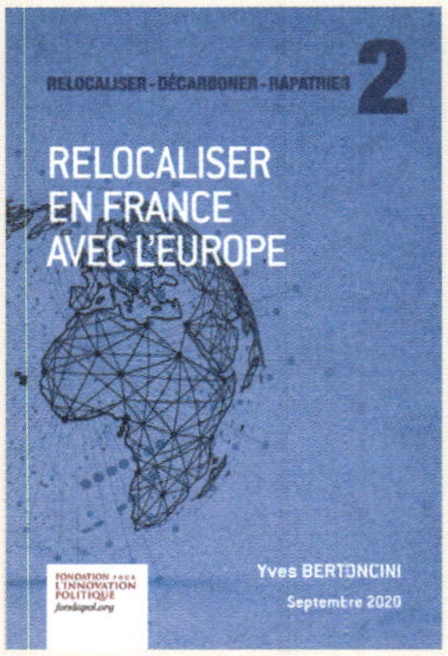

Yves Bertoncini, *Relocaliser en France avec l'Europe*, Fondapol, septembre 2020

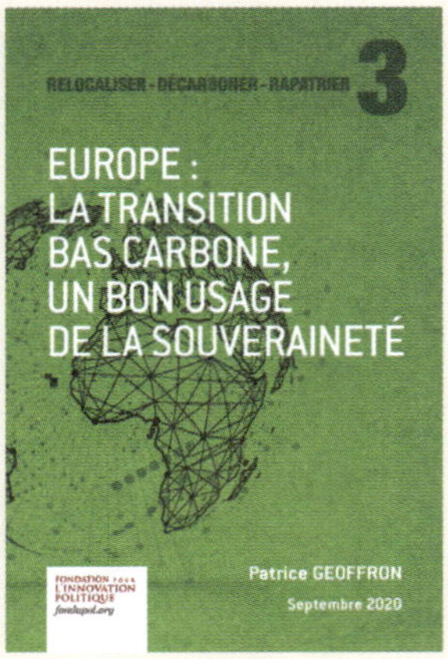

Patrice Geoffron, *Europe : la transition bas carbone, un bon usage de la souveraineté*, Fondapol, septembre 2020

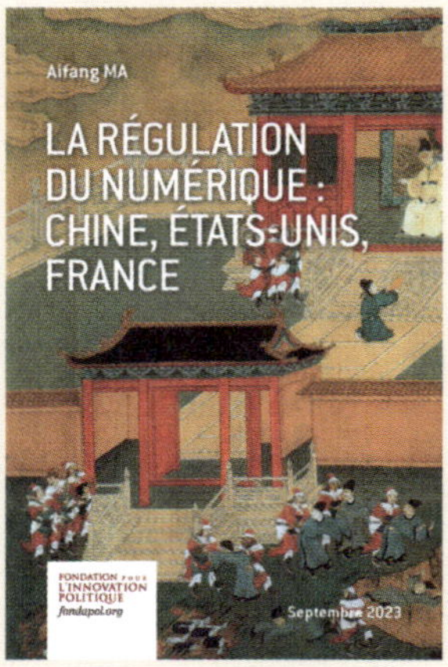

Aifang Ma, *La régulation du numérique : Chine, États-Unis, France*, Fondapol, sept. 2023

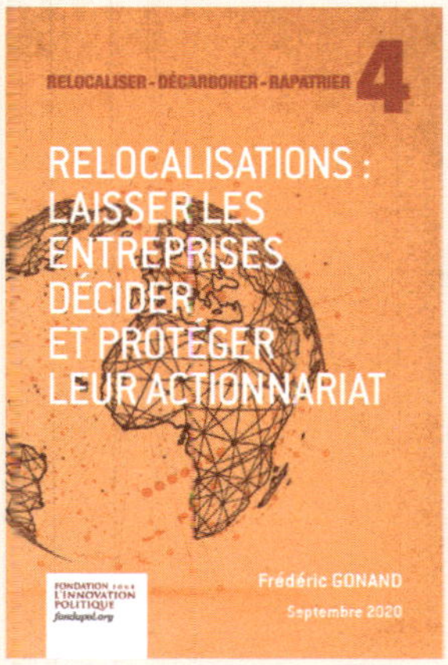

Frédéric Gonand, *Relocalisations : laisser les entreprises décider et protéger leur actionnariat*, Fondapol, septembre 2020

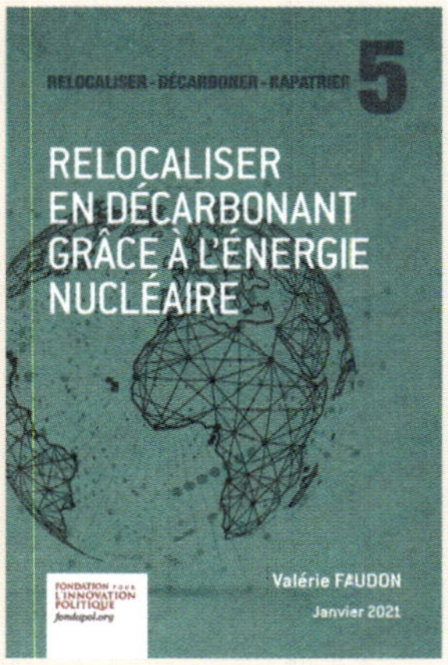

Valérie Faudon, *Relocaliser en décarbonant grâce à l'énergie nucléaire*, Fondapol, janvier 2021

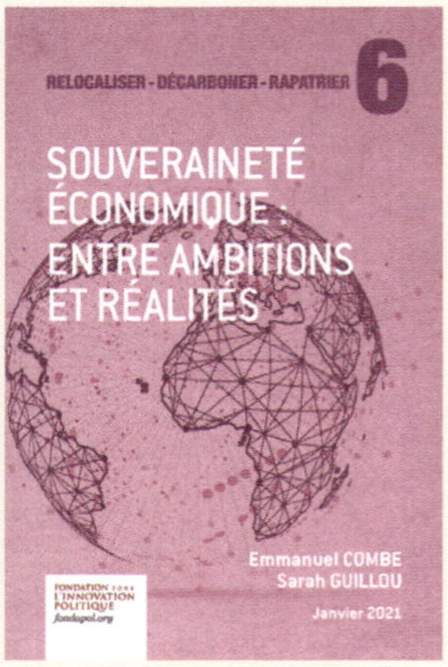

Emmanuel Combe et Sarah Guillou, *Souveraineté économique : entre ambitions et réalités*, Fondapol, janvier 2021

émergentes. Parmi les principales réformes, il convient de rappeler : l'accroissement de nos parts de marchés dans les pays émergents, à un moment où le commerce international stagne ; la clarification et la rationalisation du dispositif public d'appui à l'exportation, afin, notamment, de développer nos PME exportatrices ; l'amélioration, au-delà des coûts salariaux, de notre compétitivité hors coûts, c'est-à-dire notre offre en matière de qualité, d'innovation et de montée en gamme de nos produits ; la création d'une « War Room » pour les grands contrats, qui permette d'avoir un suivi, dans la durée, des relations politiques et diplomatiques de haut niveau, des conditions de financement et d'assurer la cohérence de l'action du gouvernement et des entreprises françaises concernées.

Il faut une vision large de nos intérêts commerciaux. Ils passent autant par nos intérêts offensifs traditionnels que par la promotion des normes techniques ou la lutte contre la contrefaçon. La question de la propriété intellectuelle ou l'incitation de nos entreprises à investir chez les grands émergents sont des intérêts stratégiques de premier plan pour la France.

LAURENCE DAZIANO

Laurence Daziano, *Repenser notre politique commerciale*, Fondapol, Janvier 2017

Dominique Reynié (dir.), *Où va la démocratie ?*, Plon, octobre 2017

Dominique Reynié (dir.), *Démocraties sous tension. volume I, Les enjeux ; volume II, Les pays*. Enquête réalisée en partenariat avec l'International Republican Institute, mai 2019

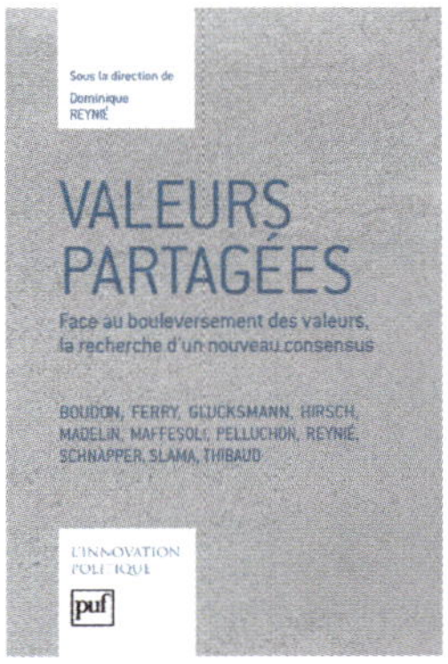

Dominique Reynié (dir.), *Valeurs partagées*, PUF, mars 2012

4.

La croissance c'est la puissance

La croissance désigne le développement des corps vivants. Toute société est vivante dès lors qu'elle parvient à croître. Les individus croissent, déclinent et meurent, mais les sociétés, les nations, les États ne meurent pas, ou pas si vite, s'ils savent assurer la transmission de la vie aux générations suivantes.

SUR FONDAPOL.ORG

Raphaël Wintrebert
Indicateurs de richesse et de bien-être. Des pistes de réflexion pour la commission Stiglitz, juin 2008

Valéry Morron et Déborah Sanchez, *Agir pour la croissance verte*, octobre 2009

1. La décroissance volontaire, une négation de la nature

Par leur remise en cause virulente de l'économie de marché et du capitalisme, les militants de la décroissance appartiennent à une gauche qui, dans sa configuration actuelle – c'est-à-dire combinant, selon des liens plus ou moins distendus, une extrême gauche trotskiste, une gauche communiste, mélenchoniste, écologiste, socialiste –, fait coexister sans parvenir à faire cohabiter un discours sur l'idéal d'un appauvrissement et l'exigence d'une hausse du pouvoir d'achat.

Le principe de précaution est-il bien raisonnable ? Le principe de précaution commande de la part des autorités publiques une méthodologie d'un nouvel ordre. A la différence de l'action curative, qui répare, ou de l'action préventive, qui limite les conséquences d'un événement sans empêcher qu'il advienne, le principe de précaution exige de prendre des mesures de protection malgré la nature incertaine des risques ou de retarder l'exécution de certains projets tant que les risques n'ont pas été identifiés. Ce principe s'est développé au cours des dernières décennies : la science et les savoirs techniques se complexifiant, les autorités sont confrontées

Les militants de la décroissance

« "Un ciel sans avions, des routes sans camions, des océans sans super-cargos, une vie simple et un commerce local. Voilà la grande trouille du patronat : que nous vivions mieux, que la planète respire." Ce tweet du 7 août 2020 du député La France insoumise (LFI) François Ruffin faisait explicitement référence à un communiqué publié en avril 2020 par le patronat suisse, en pleine période de confinement, dans lequel celui-ci mettait justement en garde la population helvétique qui pouvait être tentée par l'option décroissante. La réponse sans doute la plus cinglante au tweet du député LFI n'est pas venue du patronat, qu'il fût suisse ou français, mais de la CGT, en l'occurrence de la section syndicale de la centrale nucléaire de Fessenheim, par le biais d'un tweet posté le même jour s'adressant directement à François Ruffin : "Commence déjà par couper ton téléphone, ton ordinateur et ton compte Twitter… La planète retrouvera toute sa jeunesse d'hier. Y va nous faire croire qu'il se déplace en cheval bientôt." (CGT Fessenheim, tweet du 7 août 2020.)

Le terme "décroissance", qui a plusieurs significations, a été sciemment utilisé par les militants comme un "mot-obus", selon leur expression. L'objectif était de choquer, de susciter un débat sur la croissance et sur un mode de développement qu'ils critiquent vigoureusement. Cela a eu l'effet escompté pendant un temps mais a fini par se retourner contre eux, conduisant une grande partie du public à les assimiler au "parti de la récession", même s'ils s'en défendent régulièrement.

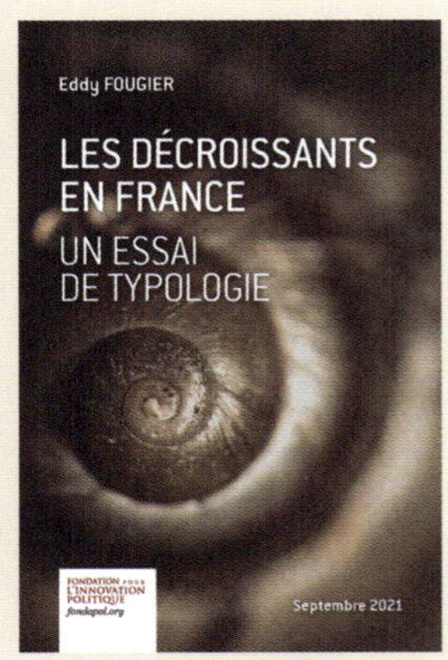

Eddy Fougier, *Les décroissants en France. Un essai de typologie*, Fondapol, septembre 2021

à des menaces, dont on ne peut apporter la preuve qu'elles se concrétiseront. Il occupe désormais une place importante dans le droit de l'Union européenne et le droit international. Au niveau européen, la jurisprudence permet de mesurer son importance et de définir ses implications juridiques. Il est ainsi possible de déterminer que le principe de précaution concerne à la fois les risques environnementaux et sanitaires, que ces risques s'ils ne sont pas prouvés, doivent être documentés sur la base de données scientifiques disponibles. Lorsque l'évaluation scientifique montre ses limites, la gestion des risques doit être conduite par les autorités politiques, selon des objectifs qui doivent être clairement énoncés.

Au niveau international, le principe de précaution est reconnu par certains textes, notamment la déclaration du 13 juin 1992, lors de la Conférence de Rio de Janeiro. Hormis les quelques accords internationaux en matière d'environnement qui obligent les parties à appliquer ce principe, tout porte à croire qu'il ne revêt pas encore les contours d'un principe général de droit international de nature contraignante. A ce titre, on le retrouve dans des conventions multilatérales relatives à la protection de l'environnement, comme les écosystèmes fluviaux, la pollution des mers, le changement climatique ou la biodiversité. De manière plus inattendue, il est apparu en 2009, dans la jurisprudence de la Cour européenne des Droits de l'Homme, qui intègre le principe aux devoirs incombant à un État en ce qui concerne la protection de la vie privée, à l'encontre des nuisances. En revanche, le droit du commerce international ne reconnaît pas le principe de précaution : les restrictions aux importations ne peuvent être justifiées que dans le cas de risques avérés. En définitive, le principe de précaution est plus présent dans le droit de l'Union européenne, notamment la jurisprudence, que dans le droit international.

Dans le monde des décroissants, le revenu individuel mensuel avant impôt serait de 572 euros. Au-delà de la simple remise en question du consumérisme, les théories de la décroissance proposent une refonte radicale du capitalisme et de la société. L'idée est de promouvoir un modèle économique coopératif, social et solidaire, donnant plus de place au localisme. Le bien-être social ne s'en trouverait pas nécessairement diminué dans la mesure où la société de consommation et l'individualisme qui lui correspondent sont réputés engendrer un mal-être et une accoutumance fictive avec laquelle il serait urgent de rompre. Autrement dit, les théories de la décroissance partent du principe que le lien social et le temps libre sont plus importants que le niveau matériel de vie dès lors que celui-ci ne descend pas sous un certain seuil. Réduire notre temps de travail et rompre avec le matérialisme permettraient d'accroître notre bien-être à long terme tout en réduisant nos émissions de gaz à effet de serre (GES).

Voyons ce qu'une décroissance de nos revenus en accord avec les objectifs climatiques impliquerait pour notre bien-être. Si, dans le cadre d'une politique de décroissance

« S'il faut de la tempérance dans la sagesse, il en faut aussi dans les précautions qu'elle inspire, de peur que des soins ignominieux à la vertu n'avilissent l'âme et n'y réalisent un danger chimérique à force de nous en alarmer. »

Jean-Jacques Rousseau, *La nouvelle Héloïse*, IV, 13.

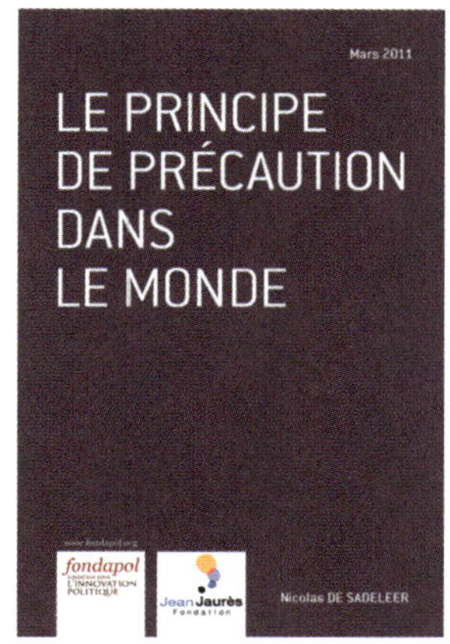

Nicolas de Sadeleer, *Le principe de précaution dans le monde*, Fondapol/Fondation Jean-Jaurès, mars 2011

Emmanuel Combe, *Vers des prix personnalisés à l'heure du numérique ?*, Fondapol, octobre 2019

économique mondiale, l'on accepte l'idée que les pays pauvres puissent croître, il est nécessaire d'admettre que les pays riches doivent décroître de beaucoup, d'autant plus que ces derniers ne représentent qu'un sixième de la population mondiale. C'est pourquoi le seul compromis international possible est l'égalisation des niveaux de vie moyens dans tous les pays du monde.

D'après les données de la Banque mondiale relatives au revenu national net par habitant en parité de pouvoir d'achat (PPA) en 2018, une parfaite répartition des revenus entre tous les pays correspond au pouvoir d'achat d'un Français gagnant 1 022 euros par mois avant impôt. Puisque les prévisions d'accroissement démographique mondial sont d'environ 30% d'ici à 2050, le revenu mondial devrait décroître d'autant pour compenser cet effet. Ajoutons à cela une décroissance du revenu par habitant de 20%, baisse très insuffisante pour endiguer le réchauffement climatique, et misons sur des progrès technologiques, effets cumulatifs ou autres changements de comportement faisant que la somme des taux de décroissance de l'intensité énergétique et carbone atteigne, de façon très optimiste, 60%. Ceci nous amène à 572 euros mensuel avant impôt. Afin de ne pas voir les services publics péricliter, au moins 30% de ces revenus doivent être alloués, par l'impôt, à la santé, à l'éducation, à la justice, à la recherche ou encore à la culture. Ainsi, après impôt et dans l'hypothèse d'une parfaite égalisation des revenus, le pouvoir d'achat mensuel moyen par personne de 20 ans et plus tomberait à 400 euros.

De fait, notre calcul se trouve dans une fourchette haute, notamment parce qu'il part du principe que l'intensité énergétique et carbone s'améliorera suffisamment pour contrebalancer l'insuffisante baisse du PIB mondial. Cette hypothèse est particulièrement optimiste dans la mesure où la décroissance tend à réduire le montant des fonds alloués à la recherche et au développement d'énergies propres. En outre, même en cas de forte relocalisation de la production, la baisse des GES ne saurait être suffisante sans une stricte interdiction de certaines productions carbonées, notamment dans le domaine des transports de personnes. Ceci implique de restreindre les déplacements et donc de remettre en cause un des piliers de nos démocraties libérales, à savoir, la libre circulation des personnes. Il s'agit donc d'un système peu propice aux libertés individuelles.

GUILLAUME BAZOT

La multiplication des acteurs sur un marché bénéficie en premier lieu aux consommateurs. Les études empiriques récentes permettent de soumettre nos idées reçues à l'épreuve des faits. Nous disposons ainsi des outils objectifs pour mesurer, ou découvrir, les effets vertueux de la concurrence. Il apparaît, en effet, que la multiplication des acteurs sur un marché bénéficie en premier lieu aux consommateurs. La concurrence leur permet de réaliser d'importantes économies, en agissant à la baisse sur les prix de ventes et de bénéficier de biens et de services plus variés et de meilleure qualité.

La concurrence agit également sur les entreprises qui, lorsqu'elles ne dominent plus leur marché, sont incitées à accroître leur productivité. Si elle conduit à la disparition de certains postes, elle améliore enfin la situation globale de l'emploi dans un pays.

Ces vertus ne se limitent pas à l'économie ; elles peuvent se manifester dans des domaines aussi variés que l'éducation ou la politique.

Guillaume Bazot, *Les coûts de la transition écologique*, Fondapol, mai 2021

David Sraer, *Les vertus de la concurrence*, Fondapol, septembre 2010

SUR FONDAPOL.ORG

Robin Rivaton, *Libérer le financement de l'économie*, avril 2012

Sophie Vermeille, Mathieu Kohmann et Mathieu Luinaud, *Un droit pour l'innovation et la croissance*, février 2016

La concurrence engendre parfois des effets pervers. Elle peut ainsi fragiliser les salariés de certains secteurs d'activité. Pour remédier à cette situation, les pouvoirs publics, loin de freiner la concurrence, doivent organiser une protection efficace des travailleurs et permettre leur reconversion. De même, pour le consommateur, la concurrence n'a de vertus que s'il a accès à une information claire et exhaustive sur les produits et services qui lui sont proposés. Pour s'en assurer, l'intervention du régulateur est parfois indispensable.

La SNCF est forte de son histoire issue du libéralisme de la révolution industrielle. La mise en concurrence du transport régional de voyageurs constitue une évolution inéluctable mais surtout heureuse. Au contraire d'une privatisation, la mise en concurrence doit être considérée comme une chance pour ce fleuron français qu'est la SNCF, forte de son histoire issue du libéralisme de la révolution industrielle du XIXe siècle, des compétences exceptionnelles de ses collaborateurs et de sa renommée mondiale. L'occasion lui est donnée, au travers de cette évolution majeure, de contribuer encore davantage au développement du service public ferroviaire qui appartient à notre patrimoine national.

Plus que jamais ce service public joue un rôle essentiel pour les transports du quotidien, la cohésion territoriale et sociale de notre pays, le développement de notre économie et la transition écologique et énergétique. Compte tenu que maintenant le droit national est conforme aux ambitions européennes, la SNCF possède toutes les cartes en main pour réussir ce défi, aussi bien pour limiter la dépense publique et améliorer l'offre de services aux usagers que pour maintenir – mieux encore, pour développer – la desserte de tous les territoires.

David Valence, *Ferroviaire : ouverture à la concurrence, une chance pour la SNCF*, Fondapol, mars 2019

Charles-Antoine Schwerer, *La concurrence au défi du numérique*, Fondapol, juillet 2016

Emmanuel Combe et Didier Bréchemier, *Avant le covid-19, le transport aérien en Europe : le secteur déjà fragilisé*, Fondapol, décembre 2020

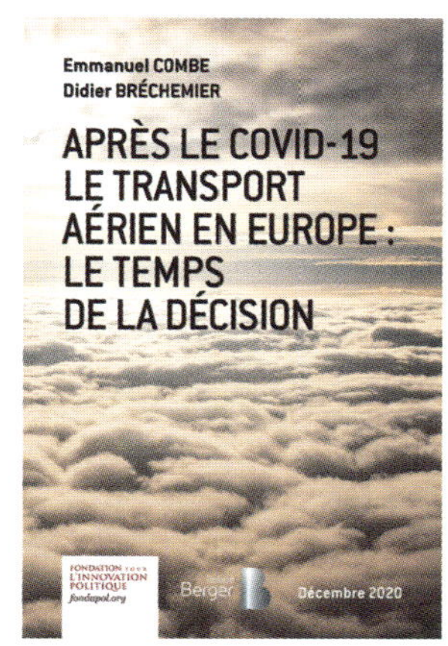

Emmanuel Combe et Didier Bréchemier, *Après le covid-19, le transport aérien en Europe : le temps de la décision*, Fondapol, décembre 2020

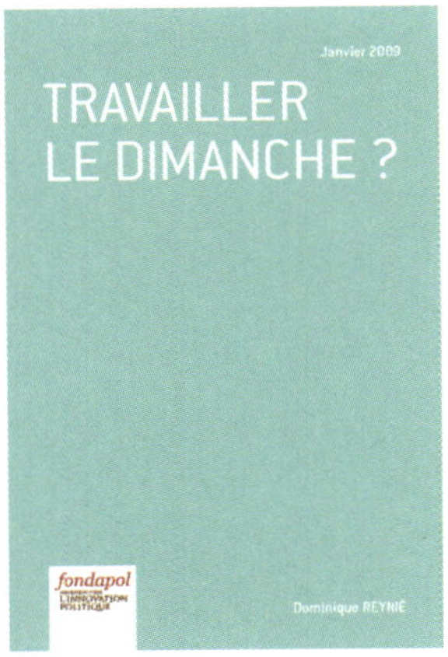

Dominique Reynié, *Travailler le dimanche : qu'en pensent ceux qui travaillent le dimanche ?* Fondapol, janvier 2009

Charles Beigbeder, *Un contrat de travail unique avec indemnités de départ intégrées*, Fondapol, septembre 2013

Veut-on travailler le dimanche ? Une enquête d'expérience à la place d'une enquête d'opinion. À la fin de l'année 2008, pour contribuer à éclairer un débat éruptif, la Fondapol a proposé une enquête inédite, réalisée non pas auprès de l'opinion publique en général, mais auprès d'actifs travaillant le dimanche. Il s'agissait donc moins d'une enquête d'opinion que d'une enquête d'expérience. S'il y a de nombreuses enquêtes d'opinion, nous manquons d'enquêtes d'expérience. Celle-ci nous a appris que le salarié entretenait avec son travail une relation individualisée et que dans des cas particuliers, travailler le dimanche ne posait pas de problème, voire correspondait à une préférence, pour augmenter ses revenus, financer une partie de ses études, voire égayer une vie sociale rendue plus dure par l'âge.

Dans le cadre d'un séminaire organisé par la Fondapol, Charles Beigbeder, alors vice-président, a proposé, afin de réduire le chômage, la mise en place d'un contrat de travail unique, dans lequel serait inclus, en annexe, grâce à un agrément préalable entre l'employeur et l'employé, le détail des indemnités de départ du salarié sur un barème simple et logique, proportionnel à l'ancienneté.

Est-il trop tard pour avoir nos robots ? Alors que les débats sur la compétitivité de l'économie française se suivent et se répètent, les solutions conjoncturelles qui en ressortent se limitent bien souvent à explorer la seule facette du coût du travail. Pour autant, la prospérité des systèmes économiques modernes trouve plutôt son origine dans la qualité de leur outil de production, sa modernité et son degré d'automatisation. C'est la raison pour laquelle les usines du monde entier, du *Mittelstand* allemand aux ateliers chinois en passant par les *chaebol*

Robin Rivaton, *Relancer notre industrie par les robots (1). Les enjeux ; (2). Les stratégies*, Fondapol, décembre 2012

SUR FONDAPOL.ORG

Fayçal Hafied, *Marché du travail : pour la réforme !*, juillet 2017

Olivier Faron, *Former, de plus en plus, de mieux en mieux. L'enjeu de la formation professionnelle*, avril 2017

Jacques Perche et Antoine Pertinax, *La participation au service de l'emploi et du pouvoir d'achat*, février 2011

sud-coréens, se convertissent aux robots industriels, dont les améliorations rapides offrent de formidables gains de productivité pour l'industrie. Il faut d'emblée écarter tout déterminisme géographique qui laisserait penser que, tel un problème de riches, la robotisation n'épouserait pas les contours de la mondialisation. En réalité, la robotisation est partout à l'œuvre, y compris dans les pays émergents.

Prisonnière d'un appareil productif vieillissant, la France a de plus raté la révolution robotique, manquant des opportunités d'exportation pour se replier sur le marché national. Toute accumulation supplémentaire de retard écarterait encore davantage le pays de cette révolution industrielle et de ses conséquences positives en termes de production et de richesse, mais aussi d'emploi, car il n'est pas de vision plus naïve que celle qui consiste à voir dans les robots les ennemis des ouvriers. En rendant de la compétitivité à l'outil industriel français, les robots sont bien au contraire les alliés de l'emploi industriel.

Pour comprendre comment rattraper ce retard, il faut mettre le cap vers l'Orient. Ces dix dernières années, certains pays asiatiques ont mené des politiques de rattrapage rapide, démontrant qu'au-delà des montants investis c'est avant tout la confiance des dirigeants politiques dans le progrès technologique que représente la robotisation qui assure la réussite du projet. La France possède de nombreux atouts, notamment une importante épargne nationale et des infrastructures de recherche et développement de haut niveau. Encore faut-il les mobiliser sans tarder en faveur de ce projet de réindustrialisation.

Robin Rivaton

L'automobile, un objet passé du produit au service. L'automobile a pris conscience qu'elle était une industrie ancienne. Son écosystème mute. Elle doit se transformer en acceptant la remise en cause de son modèle économique et de sa fonction sociale, et surmonter quatre défis : s'adapter à un monde urbanisé ; traiter la relève du pétrole ; devenir un acteur d'un système de mobilité efficient et frugal ; participer au monde numérique.

Chaque constructeur pensait que le « plaisir de conduire » était immuable, que l'association du progrès à l'automobile allait motiver les jeunes générations et les classes moyennes des pays émergents. Marché de plaisir mais industrie d'ingénieurs, la réponse aux défis ne pouvait venir que de l'abondance et de la fuite en avant technique.

Avec le smartphone sont arrivés le covoiturage et l'autopartage ; avec la crise du diesel, la méfiance envers les constructeurs ; avec les drames de la géopolitique, un rejet du pétrole ; avec Google, la voiture autonome ; avec les législateurs et la COP, une chasse aux émissions de polluants et de particules et au CO2. Ces coups de boutoir ébranlent les certitudes de l'industrie et la poussent à se remettre en cause.

Cette industrie est au carrefour des fantasmes, de l'innovation et de la vie quotidienne. Anthropologique, technologique, l'industrie automobile est le reflet de toutes les ambiguïtés. Plus concentrée, plus « essentielle », encore plus technique avec le mariage de l'automobile et du système global de transport grâce à l'électronique, moins carbonée avec l'abandon à long terme de la « voiture au pétrole », l'automobile sera encore un des secteurs clés du XXIe siècle. Mais ce ne sera plus la même, passant du produit au service.

Jean-Pierre Corniou

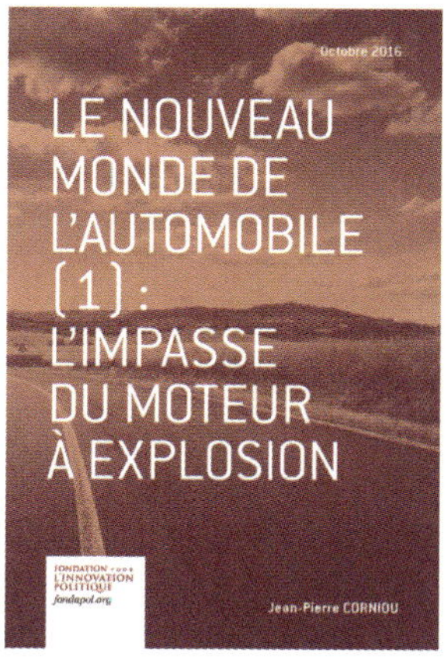

Jean-Pierre Corniou, *Le nouveau monde de l'automobile* (1) : *L'impasse du moteur à explosion* ; (2) : *Les promesses de la mobilité électrique*, Fondapol, septembre 2016

Jean-Pierre Corniou, *L'industrie automobile européenne en 2035*, Fondapol, décembre 2024

Christian Saint-Étienne, Robin Rivaton, Le Kapital. Pour rebâtir l'industrie, Fondapol, avril 2013

SUR FONDAPOL.ORG

Alain Madelin, Unir pour agir : un programme pour la croissance, mai 2015

Pascal Salin, Que peut-on demander à la politique monétaire ?, mai 2014

Guillaume Leroy, Qui détient la dette publique ?, avril 2011

Jérôme Fourquet, Dette publique, inquiétude publique, juin 2010

Nicolas Bouzou, Stratégie pour une réduction de la dette publique française, février 2010

Daniel Hurstel, Projet d'entreprise : renouveler le capitalisme, décembre 2015

2. Pas d'emplois sans capital, pas de capital sans capitalistes

L'industrie française a été abandonnée dans le cadre d'une vision erronée de la mondialisation. On a cru pouvoir faire produire plutôt que produire soi-même. Pourtant il n'est de richesse que d'usines et la maîtrise des outils de production est bien un enjeu stratégique dans les relations économiques d'aujourd'hui. Pour comprendre les causes du déclin industriel français, il faut remonter trois décennies de l'histoire industrielle de la France. Trois vagues se dessinent, mettant en évidence des politiques macro-économiques différentes. Si les années soixante et le début des années soixante-dix ont pu marquer un âge d'or de la politique industrielle, – au cours de la première année du septennat de George Pompidou 54 % des Conseils des ministres, soit 25 sur 46, furent consacrés à la politique industrielle –, les années quatre-vingt sont marquées par une série d'échecs qui vont contribuer, inconsciemment, à affaiblir la vocation industrielle de la France. Deux outils ont ainsi vu le jour cherchant à favoriser l'offre de production : le plan Machines à commandes numériques et le Fonds Industriel de Modernisation (FIM), 1983. Ces deux faits majeurs, qui représentèrent du point de vue de leurs contemporains des échecs importants, constituent sans nul doute les deux blessures originelles de la chute de l'industrie française.

La seconde période va de 1985 à 1998 et correspond, de manière provocante, à une industrie abandonnée à elle-même. Paradoxalement les résultats ne sont pas moins bons car la politique générale est plutôt favorable aux entreprises. Alors que la rentabilité de l'appareil industriel français est la plus basse des pays du G7 au milieu des années 1980, les entreprises françaises se situent à la fin de la décennie au second rang des entreprises les plus profitables, juste derrière leurs consœurs américaines.

L'amélioration des marges des entreprises va surtout permettre de consacrer des ressources nouvelles à l'investissement. La période de 1985 à 1990 s'avère être l'une des plus fortes périodes de croissance de l'investissement industriel sur les quarante dernières années. Cela permet aux industriels français, à une époque où l'Union monétaire rend les dévaluations moins évidentes, de mener un travail de montée en gamme et de réaliser des progrès en termes de productivité hors coût. Cette décennie de réforme structurelle permettra d'atténuer la détérioration de l'industrie manufacturière dans les années 1990. À l'aube de l'an 2000, l'industrie française semble avoir traversé avec une certaine résistance les crises de 1986 et de 1993 alors même que les pouvoirs publics n'ont conduit aucune politique spécifique à l'industrie depuis les échecs des années 1980 ni mené de réflexion profonde sur la structure du secteur exportateur français.

C'est pourtant cette période 1998-2012 qui sera le révélateur de la déshérence de l'industrie française. La politique générale marquée par l'abandon de la politique de désinflation compétitive, l'instauration de la réduction du temps de travail alimentée par une vision délirante d'un monde sans usines et d'une croissance tirée par la consommation, devient hostile aux entreprises. Aucun autre pays que la France, à partir de 1998, n'a mis en œuvre de façon aussi systémique et centralisée une pensée à ce point erronée que l'entrée revendiquée dans un monde post-travail post-industriel. La première réponse, relativement inefficace, n'intervient qu'au début des années 2000 et est centrée sur l'innovation immatérielle et non spécifique au secteur manufacturier. Sur la période 2001-2007 la branche manufacturière poursuit sa diminution dans la valeur ajoutée de 15,2 % à 11,9 % en accélérant (–3,5 % contre –1,4 % par an). Plus grave encore, alors que la France suivait une trajectoire de désindustrialisation somme toute assez similaire à celle de ses voisins, les années 2000-2007 marquent un décrochage avec nos concurrents européens. Face à notre incapacité à sortir de la trappe à productivité, une seule solution : mobiliser le capital.

CHRISTIAN SAINT-ÉTIENNE,
ROBIN RIVATON

Qu'est-ce qu'une fiscalité optimale ? Une fiscalité est optimale lorsque les gains en matière de justice sociale induits par une augmentation de la pression fiscale équilibrent les pertes en matière d'efficacité économique. C'est le cœur du débat fiscal entre équité et efficacité, et de la recherche d'un optimum fiscal. Selon l'optimum de premier rang (*first best*) de Pareto, obtenir une répartition des richesses plus juste par l'entremise du système fiscal est en principe parfaitement compatible avec l'efficacité économique.

En d'autres termes, la taille du gâteau à redistribuer (richesse nationale) ne dépendrait pas de la façon dont les parts sont déterminées. Il n'y aurait pas à arbitrer entre équité et efficacité. Il en serait ainsi si les transferts forfaitaires imposés par le décideur public par souci d'équité étaient fondés sur une caractéristique de l'agent qui échappe à sa volonté, par exemple une taxe sur la taille ou sur la couleur des yeux. Dans un tel cas et en principe, les transferts forfaitaires n'induiraient aucune perte d'efficacité économique. En réalité, tout n'est pas si simple, car un impôt basé sur le patrimoine ou sur le revenu implique que l'agent puisse modifier son comportement, de la même manière que l'impôt sur les portes et les fenêtres établi par la Constituante avait conduit à la construction de logements insalubres, d'où sa suppression en 1926.

Faute de pouvoir recourir à des transferts forfaitaires sur une base objective, les démocraties modernes ont mis en place une fiscalité qui peut distordre les comportements individuels. Ainsi le financement de biens publics ou des politiques de redistribution par l'impôt ont un coût strictement positif : il ne s'agit pas simplement d'un transfert de richesse entre agents, dans lequel ce qui est perdu par les uns est intégralement gagné par les autres. Tout transfert de richesse s'accompagne d'une perte au cours de la transaction. Elle est la contrepartie du gain en matière de justice sociale.

Depuis l'article fondateur de Mirrlees[1], la théorie de la fiscalité optimale est fondée sur la séparation essentielle entre informations publiques et informations privées. La compétence, la productivité ou le « capital humain » (concepts interchangeables) d'un agent donné ne sont pas directement observables par le décideur public. Ils constituent une information privée. Comme la compétence n'est pas observable par le décideur public, la politique redistributive doit utiliser une autre variable, *a priori* corrélée avec la compétence. Il s'agit, par exemple, du revenu, mais dans ce cas un agent productif peut décider de travailler moins pour payer moins d'impôt. Autrement dit, cet agent ne contribue pas autant qu'il le pourrait au produit global, ce qui réduit les recettes fiscales et donc les possibilités de redistribution au sein de la société.

Cet effet de substitution a été popularisé par la fameuse courbe de Laffer[2], dessinée sur un coin de table dans un restaurant de Washington, selon laquelle « trop d'impôt tue l'impôt ». L'histoire

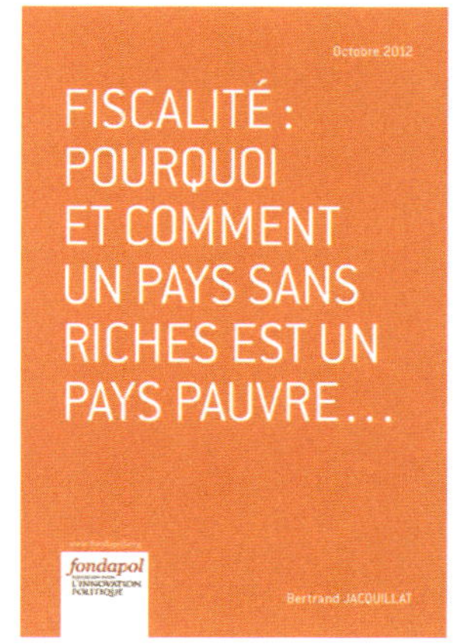

Bertrand Jacquillat, *Fiscalité : Pourquoi et comment un pays sans riches est un pays pauvre*, Fondapol, octobre 2012

Aldo Cardoso, *La nouvelle politique fiscale rend-elle l'ISF inconstitutionnel ?*, Fondapol, novembre 2012

1. James Alexander Mirrlees, « An exploration in the theory of optimum income taxation », *The Review of Economic Studies*, 38, n° 2, avril 1971, p. 175-208.

2. La courbe de Laffer, développée par l'économiste américain Arthur Laffer, illustre la thèse selon laquelle « trop d'impôt tue l'impôt », car la relation positive entre augmentation du taux d'imposition et croissance des recettes publiques s'inverse lorsque le taux d'imposition devient trop élevé.

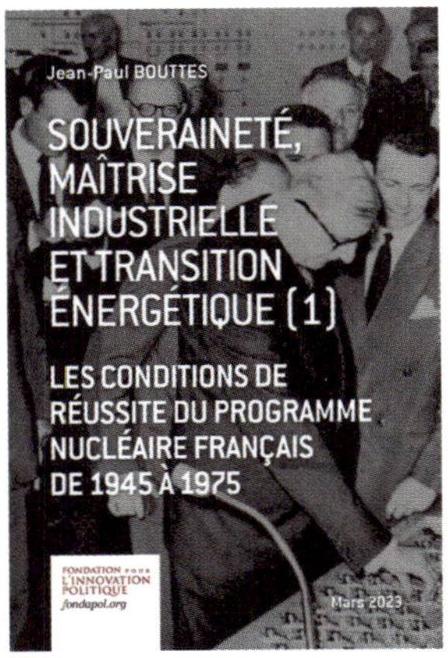

Jean-Paul Bouttes, *Souveraineté, maîtrise industrielle et transition énergétique (1) : Les conditions de réussite du programme nucléaire français de 1945 à 1975 ; (2) : Transition énergétique, géopolitique et industrie : quel rôle pour l'État ?*, Fondapol, mars 2023

montre en effet qu'une trop forte taxation des riches n'augmente pas les rentrées fiscales. En 1936, le Front populaire a instauré un taux supérieur de 40% pour les contribuables de la tranche la plus élevée et, en 1981, les socialistes ont créé en France une tranche de 65% assortie de majorations d'impôts applicables aux plus riches : dans les deux cas, ces mesures se sont traduites par une diminution de 20% des rentrées fiscales des contribuables concernés.

Bertrand Jacquillat

3. La croissance par la décarbonation

Les sujets énergétiques sont des enjeux de prospérité et de souveraineté des États. Les années 1945-1990 en France illustrent comment il a été possible, pour l'énergie électrique, d'explorer des voies nouvelles et de déployer à la fois massivement et rapidement des technologies innovantes adaptées à ces enjeux essentiels pour notre pays. Ainsi, la France a choisi de miser sur des ressources nationales, d'abord la « houille blanche », l'hydroélectricité, au sortir de la guerre, puis l'électricité d'origine nucléaire. Les dernières décennies écoulées en Chine ou aux États-Unis confirment l'efficacité de cette stratégie. Elle repose sur le rôle centralisateur et décisionnaire joué par l'État dans la maîtrise des conditions de la réussite industrielle. Renouer avec une telle stratégie peut permettre de relancer le secteur (électrique ?) et de retrouver la puissance et la prospérité qui lui sont attachées, à condition qu'une vision politique soit commune aux différents acteurs. L'étude de l'histoire met au jour les principales caractéristiques de la période qui a vu la France devenir pionnière dans le domaine de l'énergie nucléaire.

À partir d'exemples étrangers et plus récents de réussite industrielle, tels que la fabrication des panneaux photovoltaïques en Chine ou la version américaine (Advanced Research Projects Agency-Energy, ARPA-E) des Programmes d'investissements d'avenir (PIA), on peut voir que cette stratégie est particulièrement adaptée à la transition énergétique. Hélas, en France, les deux dernières décennies ont été marquées par un recul de nos compétences industrielles, particulièrement dans le domaine du nucléaire, et de nos points forts traditionnels tels que le réseau (besoin de modernisation, de renforcement, d'une meilleure résilience aux nouveaux aléas climatiques). Les difficultés d'EDF, d'Areva, de Framatome, d'Alstom ainsi que l'échec des tentatives industrielles dans la production de panneaux photovoltaïques ou d'éoliennes terrestres témoignent de la nécessité de revoir l'approche stratégique de la souveraineté énergétique française, enjeu majeur de compétitivité et de sécurité d'approvisionnement.

Pour figurer les bénéfices immenses, de chaque instant, en tous domaines et pour un nombre sans cesse croissant d'humains, on a parlé de la « fée électricité ». Pendant longtemps, l'électricité a été le symbole de la modernité, porteuse d'un type de progrès technique dont l'impact sur les modes de vie a été tout à fait essentiel. Cette modernité s'est traduite par la volonté d'encourager et de favoriser l'essor et la pénétration de cette énergie particulière. Des années 1880 jusqu'aux années 1970, l'électricité, sous des modalités diverses, a accompagné une profonde mutation des modes de vie.

La saga de l'électricité apparaît comme moins linéaire à partir des années 1970, rapidement réduite à son rôle technico-économique. Pourtant, l'électricité possède encore

SUR FONDAPOL.ORG

Jeremy Rifkin, *Engager la troisième révolution industrielle. Un nouvel ordre du jour énergétique pour l'Union européenne du XXIe siècle*, janvier 200

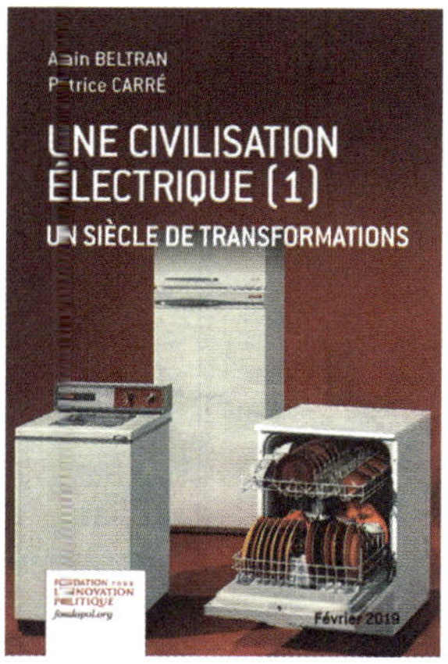

Alain Beltran, Patrice Carré, *Une civilisation électrique (1) un siècle de transformations*, Fondapol, février 2019

Alain Beltran, Patrice Carré, *Une civilisation électrique (2) Vers le réenchantement*, Fondapol, février 2019

Jacques Percebois, *Prix de l'électricité : entre marché, régulation et subvention*, Fondapol, février 2019

de nombreux atouts pour se faire entendre et réenchanter l'avenir, pour tisser un discours fédérateur et non clivant, pour humaniser la technique et la science. L'automobile, les big data, ou encore la climatisation écologique ouvrent de nouvelles perspectives. Le miracle électrique se manifeste à nouveau pour vivre autrement et mieux. Sans compter que l'arrivée de cette énergie dans des régions qui jusque-là en étaient dépourvues va permettre d'améliorer les conditions de vie d'un milliard d'hommes et de femmes.

L'énergie hydraulique est une opportunité enthousiasmante pour les quelque 1,2 milliard d'êtres humains dépourvus d'accès à l'électricité. L'augmentation de la part des énergies renouvelables dans la production d'électricité est un objectif stratégique pour la France dans le cadre de la transition énergétique. L'énergie hydraulique, qui a marqué avec fierté l'histoire industrielle de notre pays, est-elle encore une candidate compatible avec ses multiples contraintes ? Elle est renouvelable, décentralisée et décarbonée, fonctionne sans obéir aux caprices du vent et du soleil, elle est stockable et libérable à la demande. La production d'énergie hydraulique est une filière industrielle d'excellence essentielle à la stratégie énergétique comme à la régulation d'une production aléatoire. Elle doit se réinventer pour être acceptée tant la ressource est âprement disputée. L'innovation, le respect des sites, la miniaturisation sont les pistes à explorer de façon dépassionnée pour que l'hydroélectricité puisse être exploitée dans le long terme avec succès.

Le grand débat sur la transition énergétique donne lieu à d'abondantes controverses insuffisamment documentées, au risque de biaiser les discussions et de rendre finalement impossible les bonnes décisions publiques. La Fondapol a publié plusieurs contributions sur ces enjeux énergétiques. Nous pensons utile d'y revenir dans le cadre des présupposés suivants : alors que relever le défi climatique doit être une priorité absolue et que, depuis au moins deux siècles, nos sociétés ont montré que leurs ambitions en termes de niveau de vie et de style de vie entraînaient une dépendance croissante à l'énergie, toutes sources confondues, l'hypothèse d'une réponse au défi climatique par une décroissance de la consommation d'énergie ne correspond ni à la marche économique, démographique,

Jean-Pierre Corniou, *L'avenir de l'hydroélectricité*, Fondapol, novembre 2018

Patrice Geoffron, *Vers une société post-carbone*, Fondapol, février 2019

Emmanuel Tuchscherer, *Énergie-climat en Europe : pour une excellence écologique*, Fondapol, février 2019

SUR FONDAPOL.ORG

Elvire Fabry et Damien Tresallet (dir.), *Environnement et compétitivité. Une stratégie globale pour l'Europe*, novembre 2008

technologique et sociale du monde, ni à ce que les populations sont en mesure d'accepter compte tenu de leurs attentes légitimes de progrès. En conséquence, il nous semble que la combinaison de la prise en considération de l'impératif climatique, de la satisfaction des besoins et des espérances collectives dans nos sociétés appelle un système de production et de distribution d'une énergie décarbonée. La Fondapol a voulu contribuer au débat en publiant conjointement cinq rapports sur les enjeux liés à l'impératif climatique.

Limiter le réchauffement sous les +2°C impose de diviser les émissions de CO_2 par trois d'ici 2050, soit le niveau de 1950, avec entre-temps un PIB multiplié par dix. Cette rupture conditionne la sortie du thermocène, en vigueur depuis deux siècles.

Au-delà des systèmes énergétiques, une transformation profonde des sociétés s'impose (habitat, transport, agriculture, industrie, chaînes logistiques, commerce international…), dans un monde urbanisé à 70 %, où des villes de 10 millions d'habitants parsèmeront la planète en 2050.

Des turbulences s'annoncent, fissurant les nations, à l'image des États-Unis, coupés en deux, avec une Alliance pour le climat regroupant dix-sept États face à des États miniers qui espèrent un retour du charbon roi.

Ces turbulences traversent aussi la France et sont à l'origine de la crise des « Gilets jaunes ». L'opposition des nations menace également, l'entrée dans l'ère post-carbone ébranlant les fondations de la Russie, de l'Arabie saoudite, de l'Algérie…

Les enjeux énergétiques et climatiques peuvent-ils être le terrain d'un sursaut du projet européen, à la rencontre d'un projet d'intégration politique continentale et d'une ambition d'excellence écologique qui se diffuse dans toute la société ? On peut le croire, tant l'Europe est à la recherche d'un nouveau récit mobilisateur pour se relancer et tant les sujets énergie-climat démontrent qu'ils sont un domaine de compromis entre les États membres de l'Union européenne.

L'Eurobaromètre publié à l'automne 2018 fait état du soutien des trois quarts des citoyens de l'Union européenne à une politique énergétique commune des États membres.

Le même sondage confirme la montée dans l'opinion publique des préoccupations climatiques et environnementales, parmi les thématiques phares des élections européennes de mai 2019.

Quelle que soit l'évolution des technologies et des coûts à plus long terme, le chemin vers l'excellence écologique passera assurément par une approche flexible, adaptable et non idéologique des grands choix de politique énergétique européenne. C'est à cette condition que la construction d'une véritable Union de l'énergie échappera au grief d'imposer aux citoyens européens des objectifs intenables auxquels ils ne consentent pas.

4. La réforme, pour croître, fortifier et transmettre

Pour réformer, observons davantage ce que d'autres pays font mieux que nous. Ainsi, il est utile de savoir comment des États sont parvenus à rétablir leurs finances publiques. Entre 1991 et 1994, la Suède a connu une crise économique violente, avec notamment un PIB qui avait reculé en 1993 de 5 % par rapport à 1991. Cette crise a conduit le parti social-démocrate, parti dominant à l'époque, à revoir ses références idéologiques.

Les nouveaux axes de la politique économique suédoise sont une ouverture accrue vers l'extérieur, une politique monétaire de lutte contre l'inflation et d'appréciation permanente du taux de change de la couronne pour améliorer les termes de l'échange, donc *in fine* le pouvoir d'achat. Mais la révision la plus nette et la plus tranchée porte sur la politique budgétaire. Constatant que le creusement du déficit budgétaire ne parvient pas à ramener la croissance, les sociaux-démocrates suédois promeuvent une politique budgétaire fondée sur l'adaptation au cycle et la baisse du poids de la dette publique dans le PIB.

Dans un premier temps, entre 1994 et 1999, les finances publiques sont ramenées à l'équilibre. Pour y parvenir, les pouvoirs publics ont agi essentiellement sur les dépenses. Entre 1994 et 1999, la dépense publique est passée en Suède de 67 à 53 % du PIB. Quel a été le résultat de cette baisse drastique ? En 1993, le déficit budgétaire est de 10 % du PIB ; en 1994, année du retour au pouvoir des sociaux-démocrates et de la rupture avec le modèle suédois tel que conçu dans les Trente Glorieuses, ce déficit est encore de 9,2 %. En 2000, l'excédent a été porté à 5 % du PIB : la Suède a consenti sur six ans un effort budgétaire sur ses dépenses de 14 points de PIB, principalement concentré sur les dépenses de fonctionnement de l'État et sur les prestations sociales. Le gouvernement suédois a négocié avec les syndicats une baisse des prestations traditionnelles de l'État providence. Ainsi, la politique de l'emploi, qui absorbait 3 % du PIB en 1994, ne coûtait plus que 1,5 % du PIB en 1999. Durant la même période, l'ensemble des prestations sociales est passé de 27 % du PIB à 19 %.

L'OCDE a mené une étude sur seize pays sur la période 1970-2002. Il ressort de cette étude que si, en général, l'assainissement ralentit la croissance, celle-ci se redresse assez vite. Deux cas sont mis en avant : le Danemark, entre 1983 et 1986, et l'Irlande, en 1987, pour lesquels l'assainissement s'est accompagné d'une accélération de la croissance et d'une baisse simultanée des déficits structurel et conjoncturel. En outre, l'OCDE indique *a contrario* que la Suède a changé radicalement sa politique budgétaire en 1994, car le déficit pénalisait la croissance.

L'exemple canadien est celui d'une réponse par la réorganisation de l'administration. Entre 1993 et 1997, dans le cadre de la « revue des programmes », les réductions de dépenses publiques réalisées au Canada ont permis de passer d'un déficit public de 5,9 % du PIB à l'équilibre budgétaire. Les économies ont touché divers domaines, à l'image de ce qui s'est passé en Suède. Dans la fonction publique fédérale, la masse salariale a été réduite par une diminution de 16 % des effectifs, dans le cadre d'une réorganisation administrative globale. Cette réforme, facilitée par des transferts de compétences vers les provinces, s'est notamment traduite par la réorganisation du système administratif autour d'agences dotées d'une liberté de gestion

SUR FONDAPOL.ORG

Luc Chatel, *Réformer le statut des enseignants*, janvier 2014

Jean-Patrick Brady et Stéphane Paquin, *Sortir d'une grève étudiante : le cas du Québec*, octobre 2013

David Bonneau, *La protestation contre la réforme du statut des enseignants-chercheurs : défense du statut, illustration du statu quo*, Suivi d'une discussion entre l'auteur et Bruno Bensasson, mai 2009

étendue. Une révision des prélèvements obligatoires a été menée, entraînant la suppression des niches fiscales et une progressivité accrue de l'impôt. Une réforme de la fiscalité locale, considérée comme excessivement opaque dans sa répartition, a également été mise en place. En outre, l'assurance chômage a été entièrement étatisée et le niveau de couverture a été réduit dans des proportions importantes.

Une évolution analogue a été amorcée pour l'assurance maladie, fondée sur la fiscalisation des dépenses de santé et garantissant l'universalité de l'accès aux soins. La tutelle des services de santé et le financement des soins sont assurés par le même organisme fédéral. En cas de dérapage des dépenses, l'augmentation des ressources fiscales permet de rétablir l'équilibre financier du système. Enfin, le rôle joué par les responsables politiques canadiens a été décisif : le gouvernement de Jean Chrétien a fait de son plan de réforme des finances publiques un véritable choix de société, rendu acceptable par l'opinion grâce à un souci permanent d'exemplarité (réduction du train de vie de l'État, baisse du traitement des ministres, etc.). Le solde budgétaire du Canada a été positif à chaque exercice entre 1997 et 2007.

Les Néozélandais réagissent par une réforme de leur système de santé. L'expérience néozélandaise a concerné plus précisément la question des dépenses de santé, qui ont concentré l'essentiel des efforts réformateurs du gouvernement travailliste (en particulier sous l'impulsion de Roger Douglas, ministre des Finances entre 1984 et 1987). Elle offre ainsi une alternative au modèle de l'État providence adopté par le Canada. En Nouvelle-Zélande, la sécurité sociale a été divisée en cinq groupes, qui ont été privatisés et mis en concurrence. Pour assurer l'efficacité du système, chaque citoyen est légalement tenu de se tourner vers les assureurs pour gérer ses dépenses de santé. En conséquence, un rôle accru a été dévolu à la prévention des risques, avec une modulation des cotisations en fonction des comportements à risque. Toutefois, l'équité est assurée par le soutien public aux assurés les plus modestes : en 2009, en Nouvelle-Zélande, les dépenses de santé représentaient 10,3 % du PIB (11,8 % en France), couvertes à 80,5 % par des ressources publiques (77,9 % en France). Les autres branches de la protection sociale ont, par ailleurs, été recentrées sur les populations les plus modestes (attribution des allocations familiales sous condition de ressources depuis 1990).

JACQUES DELPLA

SUR FONDAPOL.ORG

Julien Damon, *La démobilité : travailler, vivre autrement*, juin 2013

Emmanuel Combe, *Pouvoir d'achat : une politique*, septembre 2011

Jean-Pierre Corniou *La transformation numérique au service de la croissance*, juin 2011

Il est possible de réduire les dépenses publiques en réformant la protection sociale. À l'image de la réforme des retraites initiée en 2023, la maîtrise des dépenses sociales devra être progressive et donc soutenue. Le maintien du *statu quo* est irréaliste. Les dépenses sociales constituent la majorité des dépenses publiques. La vitesse de leur progression indique qu'elles ne se stabiliseront pas d'elles-mêmes. Si la croissance des dépenses liées à la protection sociale, tout particulièrement celles de santé, est un indice fiable du haut niveau de développement humain d'une société, on peut néanmoins s'inquiéter de la rapidité de leur progression comparativement à l'Allemagne : alors que les dépenses sociales dans les pays de l'Union européenne représentent en moyenne 27 % du PIB en 2022, elles atteignent en France 32,2 %, ce qui est le record européen (source : DREES).

Que font les États pour réguler l'immigration (et que nous pourrions faire) ? La Fondapol a également consacré de nombreuses études aux enjeux de l'immigration. L'observation de ce que font nos voisins européens permet de dresser une liste de recommandations que la France pourrait reprendre en matière de politique migratoire.

Assurer un accès à l'information, en instituant une audition annuelle du gouvernement par l'Assemblée nationale et le Sénat sur la politique d'immigration, précédée de la remise d'un rapport aux parlementaires. Emmanuel Macron avait formulé ce souhait le 25 avril 2019 : « Je souhaite que nous puissions instaurer chaque année, au Parlement, un débat sur la politique migratoire. »

Nous recommandons, à l'exemple du Danemark et de la Suède, la création d'un ministère de l'Immigration et de l'Intégration chargé de conduire la politique d'immigration fixée par le Gouvernement. Pour rappel, initialement un ministère de l'Immigration, de l'Intégration, de l'Identité nationale et du Développement solidaire avait été créé sous la présidence de Nicolas Sarkozy, par décret du 18 mai 2007 (gouvernement Fillon). Ce ministère avait été dirigé du 18 mai 2007 au 15 janvier 2009 par Brice Hortefeux puis par Éric Besson jusqu'au 13 novembre 2010. Il avait ensuite été supprimé. À l'exemple du Danemark, de la Grèce et des Pays-Bas, la publication d'un rapport annuel statistique enrichi de ce que nous préférons nommer les statistiques complètes (et non « statistiques ethniques ») permettant de mieux connaître et de mieux étudier le profil sociologique des immigrés, de suivre leur intégration et leur parcours, leur présence dans les données statistiques concernant la santé, le logement, l'emploi, l'école ainsi que la criminalité.

S'agissant des mineurs isolés, à l'exemple de la Finlande, en cas de doute sur l'âge d'un étranger se déclarant mineur isolé, tout refus de sa part sans raison valable d'un test osseux pour déterminer son âge conduira à le considérer et à le traiter comme un adulte.

Dans le domaine de l'intégration, à l'exemple de l'Autriche, passage d'un test de français pour évaluer le niveau de langue de l'étranger au début de sa formation. Une formation d'une durée totale de deux ans, adaptée à son résultat lui sera proposée afin qu'il atteigne le niveau A2. À l'exemple de l'Autriche, de l'Allemagne et du Danemark, un examen final obligatoire sur le niveau de langue. Sa réussite conditionnera l'obtention d'un nouveau permis de séjour. Un an de cours supplémentaire sera proposé en cas d'échec à l'examen. À l'exemple de l'Allemagne, un volume de 100 heures sera consacré à la formation civique (contre quatre jours en France aujourd'hui). À l'exemple de l'Autriche et de l'Italie, la formation doit être sanctionnée par un examen. La réussite à l'examen conditionnera l'obtention d'un nouveau permis de séjour. À l'exemple de l'Italie, des « pass culture » seront offerts en cas de très bons résultats aux tests de langue et lors de la formation civique. À l'exemple de la Suède, une formation favorisant l'insertion professionnelle sera obligatoire pour les étrangers dont la formation reçue est inférieure au niveau du lycée à leur arrivée en France. A l'exemple du Danemark, les étrangers devront trouver un emploi dans l'année qui suit leur arrivée sur le sol français. Le cas échéant, ils devront accepter parmi les emplois qui leur seront proposés, celui qui se rapprochera le plus de leurs compétences, sous peine de devoir quitter le territoire. Cela suppose donc non seulement

Le néolibéralisme, un coupable trop idéal

Le « déclassement » de la classe moyenne, le « creusement » des inégalités, le « recul » des services publics… le « néolibéralisme » est chaque jour accablé de tous les maux de notre époque. Mais au-delà des postures idéologiques, que nous disent les faits ?

Premièrement, le – prétendument – « néolibéralisme » ne semble pas avoir favorisé « les riches » aux dépens des autres catégories. Partons du principe qu'un tournant « néolibéral » se serait produit depuis les années 1980-90 et regardons l'accroissement des revenus des individus avant et après impôts et transferts en fonction du niveau d'aisance économique. Deux faits importants ressortent : l'accroissement des revenus est d'autant plus faible que l'on s'élève dans la hiérarchie des revenus ; la redistribution des revenus améliore le revenu des 20 % les plus pauvres et réduit celui des 10 % les plus aisés sans porter atteinte à la classe moyenne*. Autrement dit, si « néolibéralisme » il y a, celui-ci semble plutôt positif en matière sociale.

Deuxièmement la répartition au sein des entreprises ne s'est pas faite à l'avantage des détenteurs de capitaux. En effet, la part du capital tend à diminuer, que ce soit depuis 1970 (-1,5 pp) ou 1990 (-4,3 pp). Si la part du travail diminue légèrement (-0,4 pp) depuis 1970, l'explication se trouve du côté de la hausse de la part des taxes (+1,9 pp). Pire, si l'on se focalise sur la période 1990-2019, la hausse de la part du travail (+6,1 pp) se fait principalement aux dépens de la part du capital (-4,3 pp). Les capitalistes semblent bien être les principaux perdants du « tournant néolibéral ».

Face à ces faits une question légitime émerge : la France est-elle vraiment économiquement libérale ? Plusieurs éléments nous disent le contraire. Tout d'abord, les prestations sociales ont constamment augmenté depuis 50 ans pour atteindre 31 % du PIB en 2019 (contre 24 % en 1990 et 18 % en 1970). Ensuite, la part de la production de biens et services des administrations publiques a augmenté, passant de 21 % du PIB en 1970, à 29 % en 2019 du fait des dépenses de santé et de logement. Enfin, ces hausses contribuent à l'élargissement d'un système de taxation réduisant la capacité supposée du marché à gouverner les affaires économiques et sociales.

Quid alors de nos problèmes ? Une des principales difficultés de la France demeure sa faible croissance (à peine 0,6 % annuel entre 2000 et 2023), et ce, malgré la hausse drastique de son niveau d'endettement (+50 points de PIB depuis l'an 2000). Notre pays souffre donc d'un manque de productivité et de compétitivité, or, le poids de l'État joue sur celles-ci via la taxation. De fait, la France est, après la Suède, le pays taxant le plus ses entreprises (42 % des revenus bruts des sociétés en 2019**). De même, le coût du travail est particulièrement affecté par la hausse des cotisations salariales, notamment de retraite. Ainsi, d'après certains calculs, les taux implicites de taxation du travail (40 %) et du capital (51 %)*** seraient proches voire supérieurs au seuil au-delà duquel une hausse d'impôt réduit les rentrées fiscales****.

Enfin, selon certains travaux, la réglementation et la protection des statuts semble favoriser chez nous les plus « connectés » et non les plus démunis*****. Un déficit de libéralisme favoriserait donc les rentes statutaires et la reproduction sociale.

Guillaume Bazot
Membre du conseil scientifique et d'évaluation

* Guillaume Bazot, *L'épouvantail néolibéral*, PUF, 2022.

** Le taux de taxation se mesure ici par la somme des impôts sur les sociétés, impôts sur la production et cotisations patronales rapportée au revenu des entreprises (excédent brut d'exploitation plus cotisations patronales plus subventions diverses).

*** Données de la Commission Européenne.

**** Trabandt M. et H. Uhlig : "The Laffer curve revisited", *Journal of Monetary Economics*, vol. 58, 2011, pp. 305-327.

***** Alesina et Giavazzi : *The Future of Europe*, MIT Press, 2006.

la capacité d'ordonner des OQTF mais aussi de les faire exécuter. À l'exemple des Pays-Bas, en cas de non-respect du contrat d'intégration républicaine, des amendes ou des obligations supplémentaires, comme des heures de cours, seront imposées, ou à l'exemple de l'Italie, le fait de ne pas obtenir le nombre de crédits requis par le programme d'intégration entraînera la révocation ou le non-renouvellement de la carte de séjour.

En matière de naturalisation, porter à 9 ans le nombre d'années de résidence nécessaires pour accéder à la naturalisation (5 ans en France actuellement, contre 8 ans en Allemagne, qui envisage de passer à 5 ans, 9 ans au Danemark, 10 ans en Autriche, en Espagne, en Italie, en Lituanie, en Pologne ou en Slovénie). Fermer l'accès à la naturalisation pour tout candidat qui aura été condamné à une peine de 3 mois avec sursis ou plus, à l'exemple de l'Allemagne (contre une peine de prison ferme de 6 mois et plus aujourd'hui en France). Au Danemark, l'obtention de la nationalité est impossible pour toute personne ayant été condamnée à de la prison ferme ou avec sursis ; les infractions plus légères entraînent une augmentation du temps nécessaire pour accéder à la nationalité. En Allemagne, l'obtention de la nationalité est impossible pour toute personne ayant été condamnée pour acte antisémite, raciste ou xénophobe. À l'exemple du Danemark et de la Finlande, nécessité d'être à jour de ses cotisations, taxes, amendes, pensions alimentaires…

Pour l'accès aux soins, à l'exemple de l'Allemagne et de l'Italie, en dehors des cas d'urgences, mettre fin à la gratuité des soins pour les migrants irréguliers, sauf pour les mineurs et les femmes enceintes.

La France est le seul pays à délivrer des permis de séjour pour soins. Il serait pertinent de modifier la loi. Le texte actuel dit : « le ressortissant étranger bénéficie d'une carte de séjour temporaire pour soins si : son état de santé nécessite une prise en charge médicale dont le défaut pourrait avoir pour lui des conséquences d'une exceptionnelle gravité ; et si, eu égard à l'offre de soins et aux caractéristiques du système de santé dans le pays dont il est originaire, il ne pourrait pas y bénéficier effectivement d'un traitement approprié » (loi n° 2016-274 du 7 mars 2016) ;

Le texte pourrait être : « le ressortissant étranger bénéficie d'une carte de séjour temporaire pour soins si : son état de santé nécessite une prise en charge médicale dont le défaut pourrait avoir pour lui des conséquences d'une exceptionnelle gravité ; et si l'offre de soins n'existe pas dans le pays dont il est originaire ».

Pour le regroupement familial, à l'exemple de l'Allemagne, de l'Autriche, de la Finlande, le regroupement familial ne doit être possible que si le ménage est autosuffisant, c'est-à-dire s'il n'a pas besoin des aides d'État. À l'exemple de l'Allemagne, de l'Autriche, du Danemark, il faut ajouter un critère de maîtrise de la langue (A1) pour les regroupés. À l'exemple des Pays-Bas, il faut exiger des regroupés un casier judiciaire vierge.

Réforme des retraites, le succès de la Suède. Qu'importe le pays, le moment ou le gouvernement en place, peu de choses en politique sont aussi vivement contestées que les questions liées à la réforme des retraites. Nous avons tenté de décrire la manière dont le système de retraite suédois a évolué. Les politiques sociales et, plus particulièrement, les réformes des retraites, sont

Fondapol, *Immigration : comment font les États européens*, Fondapol, mars 2023

SUR FONDAPOL.ORG

Philippe Brongniart, Arnaud Mercier Anna Stellinger, *L'État providence face à la mutation des risques sociaux*, septembre 2007

le fruit d'une situation à une époque donnée. Par conséquent, il s'agit aussi d'observer comment ce pays scandinave, agité et affaibli par la guerre, s'est réformé pour devenir un État démocratique prospère et moderne

La politique suédoise en matière d'aide sociale repose sur des principes universels selon lesquels tous les citoyens ont accès à une protection sociale garantie sous la forme de services sociaux financés par l'État ainsi qu'une sécurité sociale. Les services sociaux peuvent être assurés à la fois par des prestataires privés et/ou publics. Ces systèmes couvrent chaque citoyen tout au long de sa vie. Le régime public de retraite est de loin le système le plus important en matière de sécurité sociale. En 2017, selon la Swedish Pensions Agency, des prestations de retraite ont été accordées à 1 036 311 hommes et à 1 167 073 femmes, soit environ 22 % de la population globale. De plus, la même année, 2 917 171 hommes et 2 816 981 femmes en âge de travailler ont cotisé au régime public de retraite, soit près de 60 % de la population. Au total, 82 % des Suédois ont cotisé ou bénéficié de prestations du système national de retraite.

En juin 1994, le Parlement suédois approuvait un nouveau régime de retraite, introduisant un système notionnel par répartition en cotisations définies (NDC), avec un système secondaire de cotisations financières définies (FDC)[3]. L'histoire des réformes suédoises en matière de retraite peut être assimilée à l'histoire de la protection sociale. Celle-ci est bien plus complexe et a été l'objet de combats politiques bien plus difficiles que ce que l'on s'imagine en considérant la Suède moderne. On sous-évalue souvent les doutes et les incertitudes qui ont rythmé les évolutions historiques passées. Ce biais temporel nous pousse à minimiser les luttes menées par les personnes impliquées dans des combats politiques et sociaux. La réforme des retraites en est un exemple.

Il s'agit de savoir comment, et dans quel environnement s'est développée la réforme suédoise des retraites. Il convient d'abord de revenir sur les évolutions du système de retraite suédois, de la fin du XVIIIe siècle jusqu'aux récentes évolutions. Les leçons à tirer des processus de réforme et de leurs applications seront ensuite analysées. Notons enfin que le régime des retraites aujourd'hui en place est précisément détaillé en annexe de l'étude.

Les raisons du succès de la réforme en Suède. L'expérience de réforme suédoise est marquée par une culture politique nationale forte qui vise le consensus, par un échelonnage de la réforme sur un temps long et par une organisation particulière du travail et de la réflexion. Mais si la Suède est aujourd'hui une société fondée sur le consensus, cela n'a pas toujours été le cas. Changer la mentalité politique d'un pays est difficile, mais pas impossible. Il s'agit de trouver un accord acceptable, selon ce que l'on appelle un « processus de consensus » (*förankringsprocessen*). D'un point de vue extérieur, cela peut sembler naïf voire inefficace, mais un accord fondé sur un consensus, lorsqu'il est trouvé, est accepté et toléré par la plupart des personnes et devient ainsi la nouvelle norme. En suédois, il existe un mot pour exprimer cet idéal : *lagom*. Ce terme désigne une situation intermédiaire optimale et acceptable pour tous et vers laquelle tendre. On pourrait dire que le processus de réforme des retraites en Suède illustre bien cette notion si l'on considère le débat politique qu'il a suscité.

La question des retraites et de leur réforme a toujours occupé une place centrale dans ce pays scandinave, comme en témoigne la bataille

3. Voir Bo Könberg, Edward Palmer et Annika Sundén, « The NDC Reform in Sweden: The 1994 Legislation to the Present », in Robert Holzmann et Edward Palmer (dir.), *Pension Reform. Issues and Prospects for Non-Financial Defined Contribution (NDC) Schemes*, The Word Bank, 2006, p. 449-466 [en ligne].

politique acharnée menée lors de l'introduction du système ATP. Associés au contexte politique, ces débats ont traversé les générations. Par ailleurs, c'est précisément pour cette raison que les responsables politiques ont pu s'accorder sur l'importance de l'art et la manière de ne pas être d'accord. La réforme, ou plus précisément le processus de réforme, a bénéficié d'un soutien politique important de la part du gouvernement et de l'opposition au Parlement. Ce soutien a également contribué à convaincre le public. En 1994, la décision prise entre les cinq partis politiques à l'origine de la réforme a permis de parvenir à un solide accord.

Sur la question de la méthode qui devrait régir tout type de travail d'une réforme, Bo Könberg, qui a participé à la commission sur les retraites, a fait remarquer que la création d'un petit groupe était nécessaire pour avancer rapidement et que le nombre de participants devait être limité.

Selon Margit Gennser, membre du groupe de travail parlementaire sur les retraites, d'autres leçons sont à tirer :

– il est important de tenir les partenaires sociaux à distance du processus politique ;

– une enquête visant à effectuer des changements structurels importants devrait inclure des participants qui se concentrent sur la pratique et d'autres qui se focalisent sur la politique. L'objectif de cette stratégie est d'influencer et de susciter l'accord des membres des partis politiques ;

– une réforme radicale a besoin d'un climat social apaisé et l'importance d'une bonne dynamique de groupe ne doit pas être sous-estimée ;

– un soutien politique fort de la part des hauts responsables politiques est nécessaire.

Si ces éléments peuvent rester des sujets à débattre, ils donnent un aperçu des points de vue au sein du groupe de travail parlementaire sur les retraites. En outre, il est important de noter que, bien qu'il y ait un consensus concernant les méthodes de travail de ce groupe, certains partis politiques ne font pas partie de cet accord. De plus, la réforme et le manque de transparence du groupe de travail parlementaire font l'objet d'une critique et d'un débat de longue date.

KRISTOFFER LUNDBERG

Kristoffer Lundberg, *Retraites : leçons des réformes suédoises*, Fondapol, avril 2020

Michel Martone, *Retraites : leçons des réformes italiennes*, Fondapol, novembre 2018

Frank Vandenbroucke, *Retraites : leçons des réformes belges*, Fondapol, février 2020

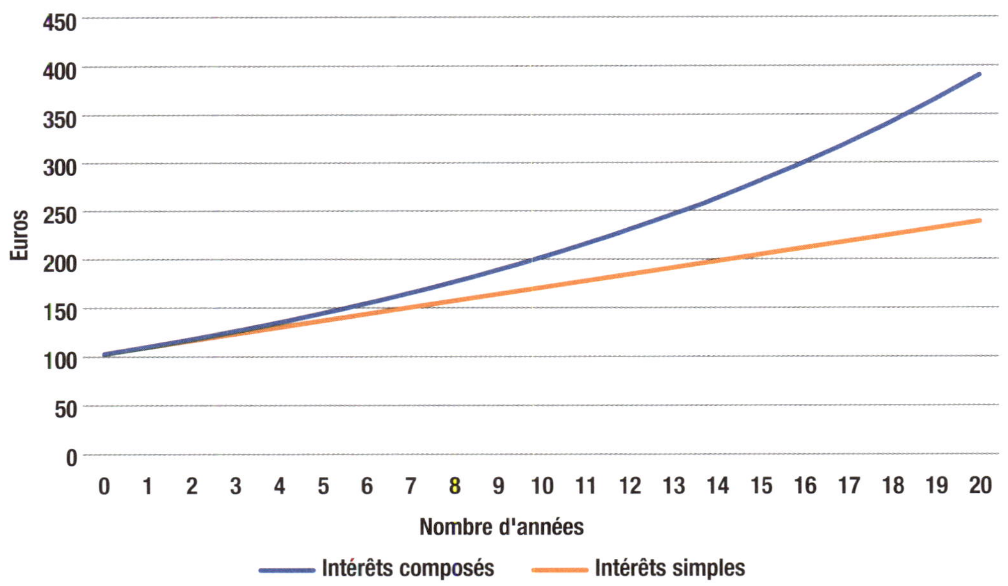

Jean-Baptiste Wautier, « La Composition des intérêts : pourquoi la retraite par capitalisation est la solution », Décryptage, fondapol.org , sept. 2023,

« La composition des intérêts : pourquoi la retraite par capitalisation est la solution ». Pour parler à l'intérêt des électeurs, un bon exemple est celui des retraites. « Les intérêts composés sont la plus grande force de l'univers ». Cette phrase est communément attribuée à Einstein qui se serait ainsi émerveillé de la puissance de la composition, allant jusqu'à la qualifier de « huitième merveille du monde ». Qu'il ait prononcé cette phrase ou non, le débat sur le financement des retraites et plus généralement sur le manque de marges de manœuvre budgétaires pour les États devrait réhabiliter cette vérité première.

La composition des intérêts est un terme principalement connu des mathématiciens, des financiers et autres banquiers. C'est un concept aisé à comprendre mais dont il est quasiment impossible de deviner le mécanisme. « Composition » signifie que lorsque, par exemple, on investit une certaine somme d'argent, on s'assure que le principal mais aussi les intérêts reçus au cours de ce placement soient investis.

Prenons un exemple simple. On souhaite investir 100 euros au taux de 7 % par an. La première année, cet investissement va donc rapporter 7 euros. Mais dès la deuxième année, si l'on investit non seulement les 100 euros originels, mais également les 7 euros d'intérêt de l'année 1, on va recevoir non pas 7 euros en année 2, mais 7 % de 107 soit 7,50 euros. En année 3, on place 114,50 euros (100 + 7 + 7,5) et le capital est donc de 122,50 euros, au lieu de 121 euros (100 + 3 × 7) si l'on avait des intérêts simples.

Si l'écart entre intérêts simples et intérêts composés paraît encore minime (1,50 euros en année 3), c'est déjà équivalent à un surcroît d'intérêt de 0,5 % par an. Ce qui montre la puissance évoquée dans la citation ci-dessus, c'est lorsque l'on considère, par exemple, la dixième année. En intérêts simples, les 100 euros de capital auront produit 10 × 7 % × 100 soit 70 euros. Les intérêts composés auront produit eux près de 100 euros. En 20 ans, les intérêts simples sont de 140 euros, tandis que les intérêts composés sont d'environ 290 euros. Un graphique illustre cette divergence qui ne cesse d'augmenter – exponentiellement – avec le temps.

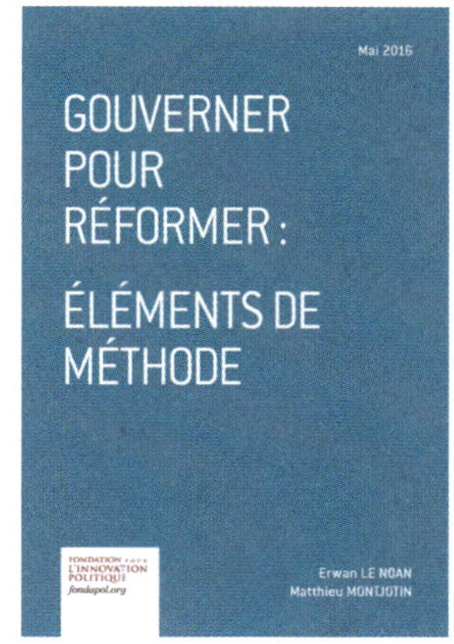

Erwan Le Noan et Matthieu Montjotin, *Gouverner pour réformer : éléments de méthode*, Fondapol, mai 2016

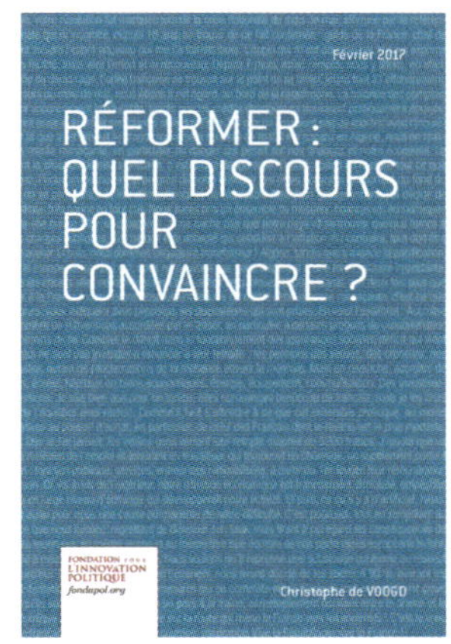

Christophe de Voogd, *Réformer : quel discours pour convaincre ?* Fondapol, février 2017

Lorsqu'il faut réformer, parler à l'intérêt des électeurs est plus efficace qu'un discours sur les « sacrifices nécessaires ». Parmi les multiples facettes de l'« exception française », il en est une dont on ne peut sans doute guère se réjouir : de toutes les grandes démocraties occidentales, la France est la seule à n'avoir pas réformé son État providence. Celui-ci, tel Jabba le Hutt de Star Wars, a donc continué à enfler, au point d'écraser le corps social sous l'accumulation des prélèvements et des normes, tout en sombrant lui-même dans l'impotence, paralysé par son propre poids. Le diagnostic et les mesures indispensables sont pourtant disponibles depuis une bonne décennie, de rapports en commissions, d'expertises en recommandations. Et ils font l'objet d'un large consensus, du centre gauche à la droite républicaine.

Quelles sont donc les causes de cette inaction durable et paradoxale ? Question de méthode, d'abord, comme l'ont montré, dans une note de la Fondapol, Erwan Le Noan et Matthieu Montjotin, notamment en raison d'une trop modeste pédagogie de la réforme, contrariée par le discours « médiatico-politique » dominant.

Certes, les attentes de la population sont désormais plus favorables à des changements décisifs – limitation de la dépense publique, libération de l'initiative, réforme du marché du travail et de la protection sociale –, mais les enquêtes d'opinion montrent toutefois des réponses incertaines, changeantes et parfois contradictoires, comme si le désir de réforme était contrebalancé par une crainte égale.

Surmonter cette crainte constitue l'enjeu principal de la prochaine élection présidentielle. C'est donc un discours convaincant de la réforme qu'il faut d'urgence mettre au point dans la perspective de cette échéance décisive. Pour ce faire, les leçons les plus assurées – et les plus oubliées – de la rhétorique politique, c'est-à-dire de l'art d'argumenter sur les affaires de la Cité, pourraient être utilement mises à profi, pour construire d'abord un vigoureux contre-discours face à de très puissantes forces conservatrices, pour proposer ensuite une parole réformatrice, non pas punitive et sacrificielle, mais positive et prometteuse, fondée sur les valeurs consensuelles de liberté et d'équité. Et, conformément à l'intuition libérale, sur l'intérêt bien compris.

Tout homme a intérêt à être libre et protégé pour être en mesure de développer son projet de vie. Cette prégnance de l'intérêt dans l'analyse libérale ne tient nullement, contrairement à ce que dit une critique simpliste, à un quelconque « économisme » mais à une considération *anthropologique* fondamentale : il est impossible de fonder l'ordre social sur la vertu des hommes – divergence radicale avec Rousseau, car selon l'aveu même d'un rousseauiste convaincu, à savoir Robespierre, «la vertu fut toujours en minorité sur la terre[4]». Parler à l'intérêt des électeurs sera donc toujours plus efficace qu'un discours sur les « sacrifices nécessaires ».

CHRISTOPHE DE VOOGD

Devenue un objectif prioritaire en raison du dérèglement climatique, la transition écologique est conduite par une puissante bureaucratie. Si une très large majorité de citoyens adhère à un nouveau modèle de développement pour permettre cette transition, les moyens mobilisés, prenant l'habit de normes et d'interdictions, sont souvent éloignés des réalités locales.

Confiée à des « bureaucrates de l'écologie », eux-mêmes poussés par la radicalité d'un certain

4. Non que le libéralisme nie – c'est un contresens courant qui est fait – l'existence d'autres motivations humaines fondamentales, comme l'empathie, condition première de l'*affectio* (voir notamment la notion de *sympathy* chez Adam Smith, *Théorie des sentiments moraux* (1859).

David Lisnard, Frédéric Masquelier, *De la transition écologique à l'écologie administrée, une dérive politique*, Fondapol, mai 2023

Arnaud Chneiweiss, *Les assureurs face au défi climatique*, août 2020

SUR FONDAPOL.ORG

Jean-Pierre Teyssier, *La régulation professionnelle : des règles non étatiques pour mieux responsabiliser*, décembre 2011

Nicolas Bouzou, *Renforcer le rôle économique des régions*, mars 2010

nombre de collapsologues, la transition écologique crée de fréquentes tensions chez ceux qui sont directement affectés par des régimes d'autorisation, de contrôle ou de surveillance de plus en plus stricts. La question de la légitimité de cette bureaucratisation de l'écologie, entre une régulation des consommations et la préservation des libertés individuelles, constitue le point de départ de cette réflexion.

Sans tomber dans la caricature, l'organisation bureaucratique se caractérise par un cloisonnement, une hiérarchie pressante, un devoir d'obéissance, des oukases, un langage spécifique, une tendance à l'immobilisme et une absence de responsabilité presque totale. La bureaucratie, lorsqu'un problème est posé, tend à mettre en place des règles élaborées sur les bases qu'elle connaît le mieux, c'est-à-dire des interdictions, des limitations et des sanctions, reproduisant ce modèle en de nombreuses circonstances. C'est ce que les Français vivent lorsqu'ils sont confrontés au millefeuille des redoutables administrations environnementales dont notre pays s'est doté.

Cette administration bureaucratisée n'intervient pas sans heurts. Alors que la lutte contre le réchauffement climatique devrait être consensuelle, sa traduction concrète crée des fractures entre l'État et les élus locaux, entre les administrations et les citoyens, entre le monde administratif et les entreprises. L'hyper-bureaucratisation des politiques écologiques conduit en effet à décourager l'initiative, voire l'innovation, en rendant toutes les actions complexes, longues, onéreuses. Son poids redoutable conduit de nombreux projets à la mort pure et simple. Ses injonctions sont vécues par une grande partie des citoyens, sans compter leurs représentants locaux, comme des diktats. C'est ainsi que, on le sait maintenant, le mouvement des Gilets jaunes est né de l'augmentation du coût du diesel, de la limitation de la vitesse sur les routes départementales et de l'application d'une taxe carbone. Les plus modestes se sentent particulièrement pénalisés par l'inflation des normes environnementales, d'autant plus qu'elles concernent directement la satisfaction de besoins primaires qui ont une part prépondérante dans leur budget. Alors qu'ils connaissent déjà des difficultés, on leur impose de nouvelles contraintes pour eux-mêmes et pour les générations futures. Ces clivages sont regrettables car les incidences du réchauffement climatique et des périodes de canicule sur l'agriculture, sur la gestion de l'eau potable, ou encore sur la santé devraient entraîner la participation de chaque citoyen.

David Lisnard, Frédéric Masquelier

En France, pour réformer, il faut souvent débureaucratiser. L'innovation ne peut pas avoir lieu au sein de technostructures qui reproduisent, consciemment ou non, le corpus de règles qui les fondent, quelle que soit la nature de l'innovation qui les traverse. Ainsi, de petits investissements, souvent réalisés en marge de l'organisation, peuvent créer plus de richesse que des projets, par exemple, informatiques coûteux planifiés par les organisations en place. Mieux, ces nouveaux outils sont alors porteurs d'innovation sociale, car ils s'affranchissent des rites obsolètes présents dans nos bureaucraties.

De petites équipes motivées, emmenées par des agents publics déterminés, ont revivifié les valeurs de sens, d'autonomie et de responsabilité trop souvent absentes des grandes organisations. Dans une exceptionnelle frugalité de moyens, elles ont produit des services publics numériques plébiscités par leurs usagers. Par analogie avec les méthodes de production et d'organisation des startups, nous les avons appelées « startups d'État », même si elles ne visent ni le profit ni l'entrée en bourse.

Cette expérience est riche d'enseignements pour la réforme de l'État dans son ensemble. Pour qu'elle ne demeure pas un simple témoignage, il reste à en décider et à en organiser le passage à l'échelle pour engager une réelle et profonde conversion numérique de l'État.

C'est une réforme peu coûteuse : 0,1 % du budget de chaque administration suffirait à y implanter un incubateur d'innovation radicale comme beta.gouv.fr. Elle peut galvaniser une génération d'« intrapreneurs » de la fonction publique et émanciper une foule de contributeurs qui créeront des milliers de filières simplifiées, soulageant des millions de Français et dégageant d'énormes gains d'efficacité.

Exode numérique choisi ou « uberisation » subie, la traversée du désert est devant nous. L'exode de millions de salariés dépossédés du sens de leur travail est engagé, mais un nouveau pari de la confiance est possible. Il est même à portée de main.

Henri Verdier, Pierre Pezziardi

Il est possible de se connecter en quelques secondes à n'importe quel réseau Wi-Fi dans le monde. La blockchain permet la même révolution, mais appliquée aux transactions. Les grandes innovations sont le fruit du croisement de nouvelles possibilités technologiques et d'un contexte sociologique propice qui transforme ces technologies en usages. Ainsi, la blockchain est née, d'une part, de la rencontre de la cryptographie asymétrique et des systèmes distribués, et, d'autre part, d'un terreau sociologique opportun. Ce dernier résulte de la crise de confiance des citoyens envers les institutions, les amenant à chercher de nouvelles formes de gouvernance.

L'avènement d'Internet a démontré l'effectivité d'un système mondial de communication sans le besoin d'opérateurs de télécommunications. Désormais, il est possible de se connecter en quelques secondes à n'importe quel réseau Wi-Fi dans le monde.

La blockchain permet la même révolution, mais appliquée aux transactions. Elle permet à des personnes de réaliser entre elles des opérations, notamment financières, qui sont garanties sans l'interaction d'un tiers de confiance. De ce fait, les échanges sont plus rapides et moins coûteux. Par conséquent, la blockchain remet totalement en question le rôle des institutions, banques, études notariales, et modifie en profondeur l'administration.

Les premières expérimentations, qui vont bien au-delà du bitcoin, comme les organisations décentralisées autonomes, montrent le caractère radicalement disruptif de la blockchain.

Serge Soudoplatoff

Pour réformer, il faut savoir décider, c'est-à-dire savoir s'extirper de la complexité. « Comme tout ce qui est vivant, les idées ont toujours besoin d'être régénérées, re-générées, pour conserver leur intégralité et leur vitalité. »

Edgar Morin ne croit pas si bien dire. Lui qui exhorte depuis un demi-siècle nos sociétés occidentales à ouvrir les yeux sur la complexité du monde, a vu cette idée se diffuser si efficacement que son paradigme de « la pensée complexe »[5] a désormais tout envahi.

La sémantique que nous utilisons chaque jour en témoigne : rien qui ne soit devenu « systémique », « hybride », « global », « liquide » voire « gazeux », qu'il s'agisse du champ politique ou de celui des entreprises, du domaine des sciences ou de l'espace médiatique, miroir

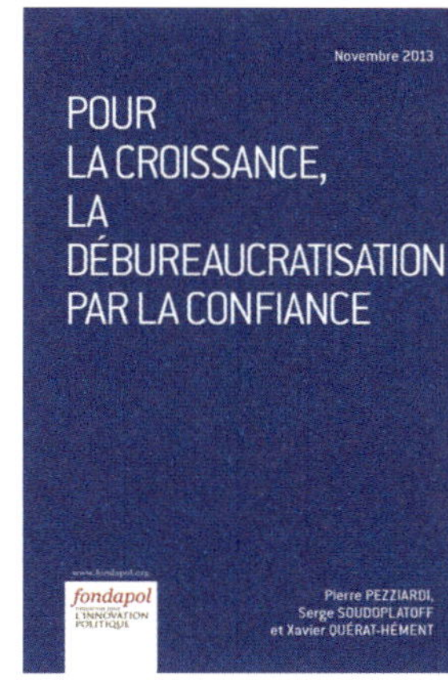

Pierre Pezziardi, Serge Soudoplatoff, Xavier Quérat-Hément, *Pour la croissance, la débureaucratisation par la confiance*, Fondapol, novembre 2013

Henri Verdier, Pierre Pezziardi, *Des startups d'État à l'État plateforme*, Fondapol, janvier 2017

5. Publié en 1990, le livre d'Edgar Morin, *Introduction à la pensée complexe*, rééditions au Seuil, 2005, présente les grands principes de la pensée complexe.

Serge Soudoplatoff, Yves Caseau, *La blockchain, ou la confiance distribuée*, Fondapol, juin 2016

Sophie Chassat, *Complexité. Critique d'une idéologie contemporaine*, Fondapol, juin 2023

comme faiseur de l'opinion publique. Où que nous tournions nos regards, le monde de la volatilité, de l'incertain, de la complexité, de l'ambiguïté (*Volatility, Uncertainty, Complexity and Ambiguity*, exprimé sous l'acronyme VUCA), s'impose désormais comme notre horizon ultime, définitif.

D'idée fertile, qui a permis aux sociétés humaines de progresser dans leur compréhension d'elles-mêmes et du monde qui les entoure, la complexité s'est peu à peu muée en idéologie. Désormais indiscutable et indiscuté, le dogme de la complexité est devenu le présupposé de toutes nos réflexions et actions.

S'il a eu son utilité pour penser le XXe siècle – et notamment contrer des idéologies réductrices et destructrices –, il n'est plus l'outil conceptuel qu'il nous faut pour agir au XXIe siècle. C'est que, appliqué à toute situation, le dogme de la complexité nous fait perdre en compréhension, en potentiel d'action et en responsabilité.

Perte de compréhension, d'abord, et donc de capacité de décision, car il impose une représentation baroque du monde où tout est enchevêtré, incertain et intrinsèquement contradictoire. Renvoyant la recherche de la vérité à une approche mutilante du réel, il encourage le relativisme et accentue les travers de l'ère de la post-vérité.

Perte d'action, ensuite, car à partir du moment où tout est complexe, comment ne pas céder à la panique et à la paralysie ? Par où commencer si, dès lors qu'on bouge le petit doigt, on peut déclencher une catastrophe à l'autre bout du monde, par « effet papillon » ? Notre désarroi climatique tient en partie à cette représentation du problème.

« C'est complexe » devient enfin bien vite une formule d'excuse pour ne pas agir. Alors que l'état actuel du monde exige que nous nous engagions plus que jamais, nous assistons aujourd'hui à un phénomène de grand désengagement, perceptible dans la sphère civile comme sur le terrain des entreprises. Renvoyant à des effets de systèmes, le dogme de la complexité déresponsabilise les individus : le monde est si complexe, tout est à ce point systémique, qu'« à quoi bon » agir ?

Autant d'effets pervers et délétères qui se retournent contre l'esprit humaniste de la « méthode » originelle d'Edgar Morin[6]. Aujourd'hui, la complexité n'est plus un concept libérateur. Elle est devenue un concept inhibant, qui appelle à être dépassé.

Il s'agit donc de montrer les limites de la pensée complexe et de rappeler les vertus de la simplicité, voire de la simplification. Mais le retour au simple ne peut être le fin mot de notre rapport au monde contemporain. Nous entrons désormais dans l'ère du « crucial » car nous sommes aujourd'hui « à la croisée des chemins » : nous avons des défis à relever, des combats à mener, des décisions à prendre. L'heure est venue de trancher.

SOPHIE CHASSAT

6. Edgar Morin, *La Méthode*, Éditions du Seuil ; la publication des six volumes de *La Méthode* s'est échelonnée entre 1977 et 2006.

Pour la croissance, la débureaucratisation par la confiance

Dans une petite organisation, le comportement par défaut est la coopération et l'entraide, ce qui implique une hiérarchie plate par définition, ne s'arrêtant pas au statut de chacun, développant le sentiment que chaque contribution est décisive pour la survie du groupe. Dans une grande structure, en revanche, la caractéristique est une hiérarchisation forte. Lorsque nous sommes nombreux, les théories de l'organisation nous engagent à diviser le territoire en autant de baronnies, responsables d'une activité dans la chaîne de valeur. Dans cette vision analytique, tout problème peut être décomposé en sous-problèmes, dont l'optimisation locale conduit à l'optimisation du tout. C'est une croyance extrêmement prégnante, aussi bien dans le monde académique que dans le monde industriel, et qui a permis à nos sociétés de bâtir nos routes, nos banques, nos avions. Malheureusement, dans un monde moins déterministe, qui relève d'interactions humaines complexes – cette vision est devenue non seulement obsolète, mais surtout nocive. L'empilement des territoires augmente la distance entre les collaborateurs et la réalité du client, les rendant de moins en moins responsables de la qualité du service fourni. Ainsi la défense des territoires devient un objectif plus important que l'intérêt général, la survie de l'entreprise.

On se serait donc trompé sur le management ? Nous cherchions des chefs guerriers en compétition, il nous faut des pairs bienveillants ayant un sens aigu de l'intérêt général. Nous cherchions « la » solution imaginée par nos penseurs, elle doit être réinventée tous les jours par nos faiseurs. Nous cherchions à sanctionner les erreurs, elles sont structurelles à l'amélioration continue et réclament le questionnement plus que l'opprobre ou le déni. Nous ferions également plus confiance à nos troupes en passant moins de temps à les contrôler ou à trouver des solutions à leur place, et en les aidant à résoudre leur problème de manière autonome. Ce faisant, nous accepterions de diluer ce qui constituait notre fonction dans des équipes rendues plus indépendantes. Pour qui a tenté une amélioration des procédés dans une bureaucratie, la réponse est assez simple : innover consiste toujours à faire différemment, et donc risquer de déplaire, jusqu'à l'ostracisation. S'agissant d'un modèle radicalement différent, il est nécessaire d'agir sur trois axes de manière cohérente : la structure, les outils et les comportements. L'impact d'Internet sur ces trois axes est immense. Sur la structure de l'entreprise, il favorise le modèle communautaire. Sur les outils, il apporte des solutions moins chères et un mode de pensée qui favorise le travail collaboratif. Sur les comportements, il apporte l'autonomie, c'est-à-dire la capacité de chacun à pouvoir prendre des décisions à son niveau.

Dans un monde complexe, les approches systémiques se révèlent aujourd'hui mieux à même de répondre aux défis qui sont posés. Cette méthode de recherche incrémentale de valeur, ce désir de se confronter le plus rapidement possible au jugement des usagers, est parfaitement incarné par la transformation progressive des bureaux de poste. L'État doit donc permettre aux start-ups de l'administration d'émerger. Pour cela, autoriser dans chaque administration une enveloppe budgétaire dédiée à l'innovation améliorant la vie des usagers.

Xavier Quérat-Hément
Membre du conseil scientifique et d'évaluation

5.

Une politique de la vie

SUR FONDAPOL.ORG

Pierre-François Gouiffès, *L'actif épargne logement*, février 2017

Tanneguy Larzul, *L'école de la liberté : initiative, autonomie et responsabilité*, janvier 2012

Franck Debié, Monique Sassier et Anna Stellinger, *La réussite des jeunes*, mai 2006

1. Les classes moyennes, pivot d'une société démocratique

« Ce n'est pas seulement quant au nombre que certaines aristocraties sont en décadence, c'est aussi quant à la qualité, en ce sens que l'énergie y diminue, et que se modifient les proportions des résidus[1] qui leur servirent à s'emparer du pouvoir et à le conserver. [...] La classe gouvernante est entretenue, non seulement en nombre, mais, ce qui importe davantage, en qualité, par les familles qui viennent des classes inférieures, qui lui apportent l'énergie et les proportions de résidus nécessaires à son maintien au pouvoir. Elle est tenue en bon état par la perte de ses membres les plus déchus. »

Vilfredo Pareto[2].

La littérature en sciences sociales, et singulièrement en sociologie et en science politique, a montré le rôle moteur joué par les classes moyennes dans le développement économique d'un pays. Il a été montré également comment ce développement économique ne manquait pas de pousser ces classes moyennes à défier les élites en place, et à revendiquer une participation aux affaires publiques. C'est grâce aux classes moyennes que le développement économique se prolonge en un développement politique, également désigné processus de démocratisation. La politisation des classes moyennes favorise l'avènement de la démocratie, ce régime leur donnant droit de revendiquer leur promotion sociale en rejoignant les élites.

Dans une société donnée, on désigne par « élites » la minorité disposant de pouvoirs et de droits, d'avantages, voire de privilèges, et du prestige qui y est attaché. On peut distinguer ici trois principes présidant à la désignation des élites : le premier est un élitisme de type aristocratique ; le deuxième est de type méritocratique et le troisième est de type démocratique.

Les positions sociales jugées éminentes ont procédé dans le passé, et peuvent encore procéder aujourd'hui, de qualités naturelles prêtées à un individu ou à un groupe d'individus auxquelles la société accorde une valeur particulière, telle que la filiation, le « sang », etc. Cela définit l'élitisme aristocratique. Ces positions de pouvoir et de prestige sont aujourd'hui plus souvent acceptées quand elles sont supposées dériver de qualités fondées sur le mérite, le travail, les aptitudes, en un mot le mérite ; c'est l'élitisme méritocratique. Enfin, il existe un élitisme accepté parce qu'il résulte de l'élection, c'est-à-dire d'une décision impliquant le choix de tout le monde. La décision est prise au terme d'une compétition arbitrée par le suffrage.

Il existe au sujet de ces trois grands modèles des débats infinis, notamment celui qui conteste la réalité d'une justification par le mérite de certaines positions de pouvoir et du prestige qui leur est attaché. La thèse considère que ces positions éminentes sont le plus souvent le résultat d'un héritage, au sens d'une détermination sociale favorable. Il n'y aurait donc pas de mérite.

1. La notion de « résidu », qui est centrale dans la psycho-sociologie de Pareto, peut être définie comme les certitudes que les individus mobilisent spontanément, sans autre réflexion avant d'agir, ce qui leur confère une certaine quantité de force.

2. *Traité de sociologie générale*, chapitre XI, § 2054, édition française par Pierre Boven, Librairie Payot, Lausanne/Paris, 1919.

Laure Bonneval, Jérôme Fourquet, Fabienne Gomant, *Portrait des classes moyennes*, Fondapol, octobre 2011

Nicolas Pécourt, *Les classes moyennes et le crédit*, Fondapol, octobre 2011

Élisabeth Dupoirier, *Le vote des classes moyennes*, Fondapol, novembre 2011

Julien Damon, *Les classes moyennes et le logement*, Fondapol, décembre 2011

La question, pour nous, n'est pas de savoir s'il peut ou non exister des élites. Il n'y a pas de société développée sans élites économiques, politiques, scientifiques et sociales. Toute société complexe a besoin d'être organisée ; toute organisation génère des hiérarchies ; toute hiérarchie fait apparaître des élites.

La question est de savoir comment former les élites pour maintenir le niveau de compétences et de performances dont l'État et la société ont besoin, comment favoriser leur renouvellement, comment les régénérer, comment avoir l'assurance que les meilleurs sont repérés, formés et recrutés. C'est dans ce cadre qu'il est pertinent d'assurer la promotion des membres issus des classes moyennes. Il s'agit d'un enjeu essentiel. D'une manière générale, il concerne la prise en charge des nouvelles générations, en particulier à travers l'éducation, l'école, l'entrée dans le monde du travail et l'accès aux responsabilités. Mais il s'agit aussi des conditions culturelles, politiques et sociales qui, dans une société, reconnaissent, encouragent, protègent plus ou moins efficacement l'excellence, le mérite, c'est-à-dire aussi la connaissance, le talent, pour le profit de la société. Dans une société donnée, la promotion de l'égalité des chances est l'une des conditions à respecter pour assurer la sélection des meilleurs. Bien organisés, ces mécanismes produisent nécessairement des effets de justice sociale et ils sont perçus comme une façon de récompenser l'effort, mais leur objectif premier ne peut pas être autre que la recherche des meilleurs éléments, en tous domaines, sauf à préparer le déclin de la société et de son État.

Les classes moyennes en France constituent-elles une réalité sociologique et, par extension, une cible électorale exprimant des attentes propres qu'un programme politique serait susceptible de venir satisfaire ? La Fondapol a mené une vaste étude sur les classes moyennes. Il s'agissait notamment de définir le périmètre des classes moyennes. Il faut d'abord cerner ceux qui se reconnaissent sous ce vocable de classe moyenne, et en somme de privilégier une lecture plus qualitative et psychologique qu'économico-descriptive, le choix de l'autopositionnement des individus sur une échelle d'appartenance a été retenu au détriment d'une définition fondée sur une variable objective, telle que le revenu. Dès lors, la question se pose de savoir dans quelle mesure les profils des personnes se considérant comme appartenir aux classes moyennes s'avèrent homogènes et, conjointement, quelles sont les lignes de

Julien Damon, *Les classes moyennes dans les pays émergents*, Fondapol, avril 2013

Julien Damon, *La classe moyenne américaine en voie d'effritement*, Fondapol, décembre 2014

fractures qui traversent les classes moyennes, au préalable subdivisées en trois groupes : classe moyenne inférieure, classe moyenne intermédiaire et classe supérieure. Dans cette optique, deux champs sont passés au crible : d'une part, les attributs matériels et le niveau de vie ; d'autre part, le système de valeurs. Pour ce qui est du premier point, la question de la pression fiscale, entre autres, s'avère déterminante.

Concernant un éventuel système de valeurs qui permettrait de caractériser, voire d'expliquer le sentiment d'appartenance aux classes moyennes, la question de la peur du déclassement s'avère centrale, plus qu'un système unifiant bien défini. Cette note s'attache ainsi à circonscrire le phénomène de fragilisation des classes moyennes ou, plus précisément, à distinguer le déclassement en tant que tel de la peur du déclassement. Car si l'on parle d'une paupérisation des classes moyennes, il faut aussi considérer la « peur du déclassement ».

Laure Bonneval,
Jérôme Fourquet
et Fabienne Gomant

Ceux qui réussissent aujourd'hui le plus brillamment dans notre système, ce sont… les enfants d'enseignants. Pourquoi ? En particulier parce qu'ils maîtrisent les clés du système, et de l'orientation au sein du système. En revanche, les enfants des classes moyennes non enseignantes ont tendance à être absents de la grande réussite scolaire. Ce sont les enfants d'Osny, dans le Val d'Oise, dont les parents font soixante kilomètres par jour dans les embouteillages pour aller travailler à Paris. Eux ne bénéficient, dans notre système actuel, d'aucune aide spécifique et, pourtant, ils ne détiennent pas les clés du système. Les classes moyennes, ce sont aussi les élèves du lycée Simone-Weil, au Puy-en-Velay, qui n'ont pas forcément plus de chance d'intégrer une grande école que leurs homologues d'un lycée difficile, classé en ZEP.

On n'a jamais vu une société démocratique progresser si ses élites ne sont pas renouvelées grâce à de nouveaux apports. Le cœur vivant de la démocratie, ce sont les classes moyennes. C'était d'ailleurs l'idéal scolaire de la IIIe République, qui sur ce point n'a pas vieilli : celui d'une école conçue pour assurer la promotion sociale des classes moyennes. Et c'est grâce aux classes moyennes que les classes populaires peuvent espérer elles aussi franchir les étapes de la promotion sociale[3].

Pierre-François Mourier

Les classes moyennes sont peuplées d'individus dotés de cette énergie et de cette volonté dont Pareto estime qu'elles sont vitales pour la société. Mais, en France, les familles des classes moyennes animées de cet esprit conquérant ne sont pas suffisamment assurées de pouvoir progresser, en particulier, de pouvoir placer leurs enfants sur des trajectoires de réussite sociale. Elles sont confrontées à une évolution qui leur fait craindre de se trouver de nouveau dans l'impasse de leur condition initiale. En effet, elles sont prises en étau. Elles voient, d'une part, des élites en place, minorités dirigeantes, fruits de la reproduction sociale, usées par la facilité, accoutumées aux rentes, affaiblies sur le plan de leurs performances, qu'il faudrait remplacer par des éléments plus capables. Et elles voient d'autre part, la mise en place de nouveaux mécanismes, d'ordre idéologique, fondés sur une idée de la justice sociale qui ne s'énonce plus en termes d'inégalités sociales mais de « mixité sociale ». Dès lors, la mesure des inégalités et la manière de les compenser ne repose plus sur des critères de mérite académique. Cette

SUR FONDAPOL.ORG

Mathieu Flonneau et Jean-Pierre Orfeuil, *Vive l'automobilisme ! (1). Les conditions d'une mobilité conviviale ; (2). Pourquoi il faut défendre la route*, octobre 2015

Emmanuel Combe, *Le low cost, une révolution économique et démocratique*, février 2014

Mathieu Zagrodzki, *Quel policier dans notre société ?*, juillet 2010

Emmanuel Combe et Sébastien Daziano, *Lutter contre les vols et cambriolages : une approche économique*, mai 2015

3. Pierre-François Mourier, *La Lettre* n° 15, Fondapol, novembre 2004

nouvelle donne pourrait, de fait, empêcher la sélection des meilleurs et remettre en cause, la notion de promotion sociale, fortement ancrée dans les classes moyennes.

Les difficultés de l'Éducation nationale à emmener tous les enfants motivés vers la réussite, l'échec du marché du travail à fournir des emplois à tous les candidats – particulièrement aux plus jeunes – font peser sur ces classes une incertitude trop lourde. Pour les classes moyennes, l'institution scolaire nationale n'est plus, cette promesse de promotion dans laquelle elles ont pu croire longtemps et qui avait fait ses preuves. Les classes moyennes sont à la recherche de solutions scolaires alternatives.

Le passage de l'égalité des chances à la mixité sociale a-t-il un effet sur la promotion des individus méritants issus des classes moyennes ? Avec le double objectif d'augmenter la mixité sociale (c'est-à-dire celle des milieux sociaux) et la mixité scolaire (c'est-à-dire celle des niveaux scolaires) au sein des différents lycées publics parisiens, l'académie de Paris a engagé en 2021 une profonde réforme de la procédure informatisée Affelnet qu'elle utilise pour l'affectation en seconde générale et technologique des élèves de troisième dans ses établissements.

La principale innovation de cette réforme est l'introduction d'un bonus de points qui est fonction de l'indice de position sociale (IPS) moyen du collège d'origine de l'élève.

Notre étude montre l'ampleur d'un nouveau type de discrimination que cette innovation a mise en place. Elle établit également que les progrès réalisés en termes d'augmentation de la mixité sociale sont loin d'être aussi élevés que la statistique, largement relayée dans les médias d'une « baisse de 39 % de la ségrégation sociale », le laisse entendre. Elle expose enfin les autres interrogations que suscite cette réforme, ainsi que les principaux biais et lacunes de « l'évaluation scientifique » réalisée en février 2023 par le président de son comité de suivi.

MARION OURY

Soutenir les classes moyennes par un mécanisme de cession de créances. Pour soutenir les familles, notamment des classes moyennes, nous avons imaginé un mécanisme visant à relancer la dynamique des services à la personne en favorisant l'accès du plus grand nombre aux services déclarés. Il s'agit de supprimer le décalage de crédit d'impôt que le système actuel fait supporter aux ménages. Ce décalage de trésorerie freine le recours aux services à la personne, contrariant le développement de ce secteur aux effets positifs, potentiellement considérables sur l'emploi et la croissance. Selon les techniques de la cession de créances, ou de subrogation conventionnelle prônées ici, le mécanisme permettrait une mobilisation immédiate de la créance par le secteur bancaire, sans avoir à requérir un effort financier de la part de l'État. La créance naîtrait lors de chaque consommation de services à la personne et serait immédiatement mobilisable auprès d'un établissement financier.

Du côté de l'État, la création de créance correspondant aux 50 % de crédit d'impôt ne change pas le mécanisme actuel de comptabilisation de la dépense fiscale. Il n'y a donc pas d'incidence sur la dette au sens de Maastricht. Du côté du consommateur, la créance ainsi prise en charge, lui permet de bénéficier immédiatement d'un remboursement. Ce mécanisme encourage donc une demande plus importante de services auprès d'un organisme d'aide et de services à la personne ou d'un employé de services à la personne via un intermédiaire.

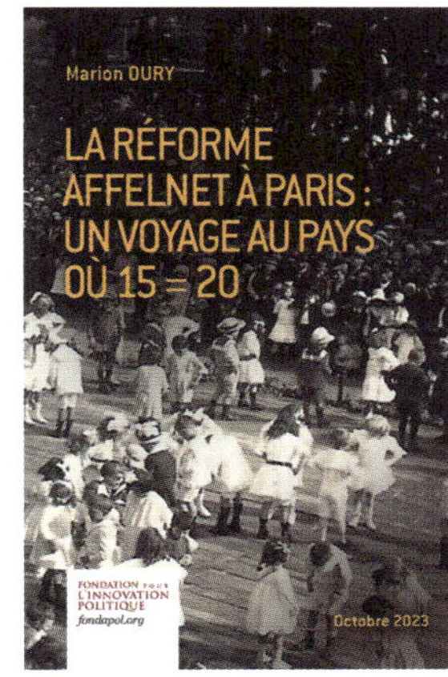

Marion Oury, *La réforme Affelnet à Paris : un voyage au pays où 15=20*, Fondapol, octobre 2023

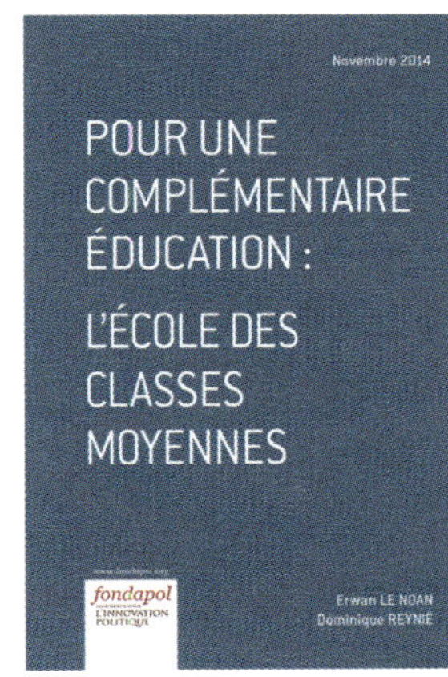

Erwan Le Noan et Dominique Reynié, *Pour une complémentaire éducation : l'école des classes moyennes*, Fondapol, novembre 2014

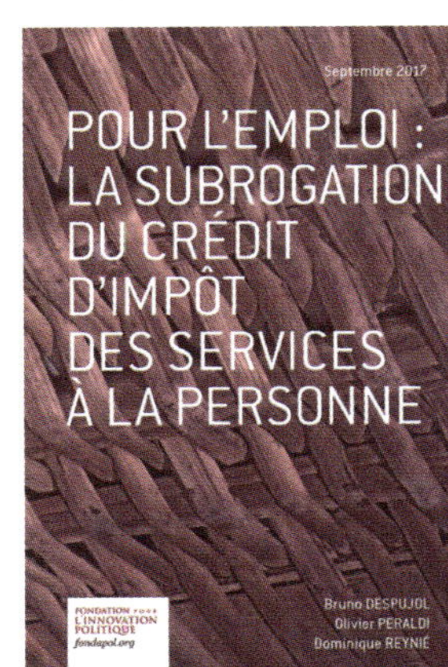

Bruno Despujol, Dominique Reynié, Olivier Peraldi, *Pour l'emploi : La subrogation du crédit d'impôt des services à la personne*, Fondapol, août 2017

Les classes moyennes sont le « moteur » de la croissance

Les Échos, le 6 septembre 2024

Alors que le ministère de l'Économie constate un nouveau dérapage des finances publiques avec un déficit qui atteindrait 5,6 % du PIB en 2024, le prochain gouvernement devra réfléchir à la question des recettes fiscales. C'est dans ce cadre, et alors que le programme du Nouveau front populaire prévoit une forte hausse de l'impôt sur le revenu, que le débat sur la taxation des « riches » et des inégalités de revenus a resurgi en France.

Or, Daniel Waldenström, professeur d'économie à Stockholm, vient de publier un ouvrage, *Richer and More Equal*, qui remet en cause le livre de Thomas Piketty. Selon les recherches de l'économiste suédois, les 150 dernières années ont été le théâtre d'une augmentation importante des revenus et de la richesse qui a coïncidé avec une réduction des inégalités.

Daniel Waldenström tire cinq conclusions de ses travaux. La première est que, contrairement à ce que croient une majorité d'économistes, l'économie n'est pas un jeu à somme nulle : ce n'est pas parce que certains s'enrichissent que d'autres s'appauvrissent. L'économiste suédois démontre que la richesse des plus riches et celle des autres augmentent de la même manière.

Sur les cent-trente dernières années, la richesse par habitant dans les sociétés occidentales a augmenté de près de dix fois en termes réels. Depuis 1980, elle a augmenté entre 2 et 3 fois. L'accumulation de richesse des classes les plus défavorisées aurait été plus importante depuis la fin de la Seconde Guerre mondiale que celle des classes supérieures.

La deuxième conclusion est que l'accession à la propriété s'est avérée un investissement rentable sur le long terme et a diminué les inégalités grâce à l'augmentation des acquisitions par la classe moyenne. La pierre constitue un investissement judicieux avec le même rendement à long terme que la Bourse, la volatilité en moins.

La troisième conclusion est que l'épargne pour la retraite a diminué également les inégalités. Que la retraite soit par capitalisation et constitue une richesse présente, ou par répartition et constitue une richesse future, elle réduit les inégalités.

La quatrième conclusion est que l'impôt sur le revenu, nécessaire pour financer les services publics, a un impact négatif sur la réduction des inégalités. Une hausse de revenus investie dans un achat immobilier ou dans une assurance-retraite réduit réellement les écarts de richesse, donc les inégalités, alors que les effets de l'impôt sont remis en question.

La cinquième conclusion de Daniel Waldenström est qu'il faut taxer les revenus du capital et non le patrimoine. Au cours du XXe siècle, la réduction des inégalités est davantage liée à l'accumulation de richesse par la classe moyenne que par des impôts sur la richesse. La plupart des pays ayant créé un impôt sur la fortune l'ont abandonné. La taxation des revenus du capital serait plus pertinente car elle s'ajuste aux cycles économiques et aux gains exceptionnels.

Ces phénomènes se retrouvent dans la croissance des pays émergents. La constitution d'une classe moyenne, qui s'élève dans la pyramide de Maslow et accumule assez de richesse pour investir dans le logement, l'éducation, la santé, les assurances, permet de développer les économies sur le long terme. La France devrait revenir aux fondamentaux économiques et oublier les idéologies ou les idées reçues.

Laurence Daziano

Membre du conseil scientifique et d'évaluation

Le bénéfice attendu est la création de 200 000 emplois dès la première année.

Au-delà du cas particulier du secteur des services à la personne, cette note promeut une méthode de réforme. Elle veut contribuer à l'avènement d'une nouvelle culture politique associant intimement à la décision publique, les acteurs de la société civile et particulièrement le monde entrepreneurial. Cette méthode repose sur une identification partagée de l'intérêt général.

Soutenir les classes moyennes en accompagnant le développement de l'enseignement supérieur privé. L'enseignement supérieur privé s'est invité à la tribune du débat public, d'abord en raison de son succès. Sauf à considérer que les consommateurs sont irrationnels, il doit bien exister des raisons positives à l'attrait du secteur privé. Pourtant, à peine lui reconnaît-on quelque mérite que les objections se lèvent. Elles viennent du secteur public, enclin à réduire le sujet à l'insuffisance des moyens qui lui sont alloués. Les critiques viennent aussi de l'intérieur même du privé qui révèle ainsi sa diversité : contre des dérives marchandes avérées, les grandes écoles privées protestent de leur vertu.

Il existe assurément un ensemble d'établissements qui ont en commun de relever d'un statut et d'un financement privés. Mais l'enseignement supérieur privé n'est pas un et indivisible. La segmentation courante entre deux pôles, lucratif et non lucratif, n'épuise pas l'analyse. La dispersion est grande, depuis l'association 1901 jusqu'au groupe piloté par un fonds de *private equity*. La variété se retrouve dans les domaines de formation des écoles, comme dans l'ambition des programmes selon qu'ils sont sanctionnés par des diplômes reconnus ou par des certifications de niveau.

Comprendre les ressorts communs au secteur, identifier ses acteurs et leurs différences, apprécier leurs apports et leurs abus, imaginer des évolutions probables ou souhaitables : tel est le sujet de cette contribution.

Un étudiant sur quatre est inscrit dans un établissement privé. Au cours de la décennie 2010-2020, les effectifs postbac ont globalement augmenté de 600 000 étudiants et le secteur privé en a absorbé presque la moitié. La part du secteur privé est donc passée en dix ans, de 19,1 % à 24,8 % des effectifs globaux. Les sites à destination des jeunes et de leurs familles reflètent le dynamisme du secteur privé. Une recherche sur l'item du privé fait ressortir plus de 4 000 établissements, dont beaucoup de centres de formation d'apprentis (CFA) sur Studyrama comme sur *L'Étudiant*. Après filtrage des doublons et des établissements étrangers, le nombre d'écoles dépasse 1 500, y compris les filiales des groupes, sans compter les CFA indépendants.

Le nombre de diplômés de l'enseignement supérieur est en constante augmentation, année après année. En parallèle, on constate un allongement de la durée des études, avec le master qui s'impose de plus en plus comme la norme. Pour autant, le chômage et le déclassement des jeunes se maintiennent à des niveaux historiquement hauts.

Les déterminants aux politiques publiques visant à la démocratisation des diplômes sont doubles : une conception républicaine empreinte du principe d'égalité, la croyance qu'une augmentation du taux de diplomation (et donc du niveau de connaissances de la population) tirerait la croissance du pays.

La réalité est autre : le nombre de « bac + 5 » délivrés est deux à trois fois supérieur à ce que le marché du travail est en mesure d'absorber.

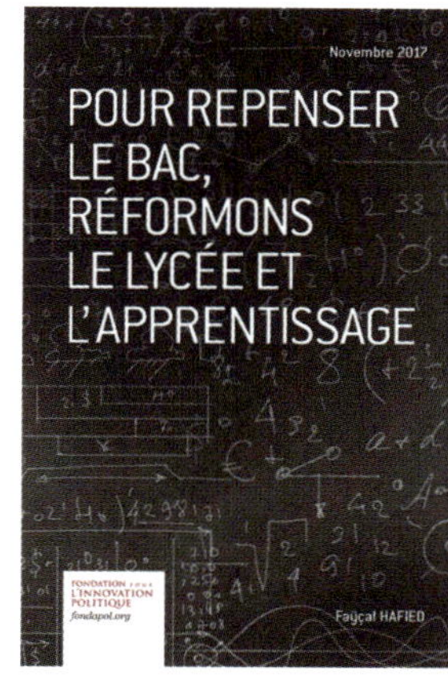

Fayçal Hafied, *Pour repenser le bac, réformons le lycée et l'apprentissage*, Fondapol, novembre 2017

Laurent Batsch, *L'enseignement supérieur privé en France*, Fondapol, juin 2023

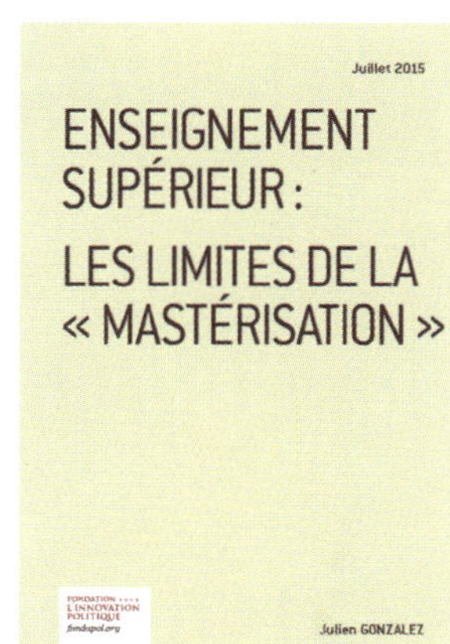

Julien Gonzalez, *Enseignement supérieur : les limites de la « mastérisation »*, Fondapol, juillet 2015

La liberté sauvera la France

Dans son *Essai sur les libertés*, Raymond Aron écrivait que « libérales, les démocraties occidentales veulent sauvegarder les droits des personnes, laisser une part à l'action spontanée de tous et de chacun : elles s'interdisent l'ambition de construire l'ordre social selon un plan et de soumettre l'avenir à leur volonté ». Publiée en 1965, ce constat résonne comme un programme dans la France de 2024.

L'esprit démocratique est affaibli. Les enquêtes d'opinion montrent l'attrait pour les solutions autoritaires* et les élections confirment le succès croissant des populismes. L'antisémitisme se déploie, quittant les franges de l'électorat pour s'exprimer dans le débat public**.

En matière économique, l'autonomie du marché est en berne. La quantité de normes ne cesse de croître, contraignant les initiatives. La dépense publique atteint des records (57 % du PIB en 2023), financée par des recettes astronomiques (51,5 % du PIB en 2023) mais insuffisantes (le déficit continu entretenant une dette exorbitante – au-delà de 110 % du PIB en 2023).

Cette dynamique néfaste révèle les failles du « modèle » français. Au sortir de la Seconde guerre mondiale, la France a institué un régime de solidarité dont l'objet était d'ordre social mais également politique : l'État-providence (au nom salvateur si révélateur) est une concrétisation de la fraternité nationale, une illustration pécuniaire de la volonté d'un peuple de partager un destin, autrement dit un exemple d'« un fait tangible : le consentement, le désir clairement exprimé de continuer la vie commune »***.

Cette belle ambition s'est heurtée de plein fouet à la transformation du monde depuis les années 1980. La mondialisation, puis la révolution numérique et aujourd'hui la transition écologique ont révélé les défauts d'un modèle construit pour les temps de croissance soutenue. Dans une économie ouverte et d'innovation accélérée, le régime de 1945 aurait dû évoluer. Il n'en a rien été.

Les conséquences politiques en sont funestes. Convaincue qu'elle ne saurait plus croître (le « on a tout essayé » mitterrandien), la France s'est abîmée dans un renoncement malthusien : faute de savoir créer de la richesse, elle s'est organisée pour mieux la répartir. L'obsession égalitaire a figé la société : la redistribution s'est muée en ordonnancement social, construit sur un empilement de régulations et une débauche de fiscalité. L'efficacité des politiques déployée n'étant jamais réellement interrogée, les finances publiques ont dérivé, la subvention étant perçue comme un palliatif à l'incapacité de proposer un avenir meilleur par l'éducation et le travail. La faillite des services publics, en dépit de moyens croissants, a effrité la confiance des citoyens envers les pouvoirs publics. Plus encore, elle a engendré la défiance entre eux : dans un contexte où l'avenir semble sombre et où les ressources sont réputées manquer, les citoyens ont engagé un combat pour les miettes de la solidarité. Le populisme prospère sur cet échec.

De grandeur cocardière, la puissance de l'État s'est muée en pesanteur sclérosante. Elle est aujourd'hui le principal défi qui se pose au pays. Les pistes pour y répondre sont aussi connues que complexes : redynamiser l'économie, revaloriser l'enseignement, soutenir l'innovation, rénover les services publics. D'autres pays ont su le faire, avec méthode – la France aussi, par le passé****. La liberté et la confiance en l'individu, affranchi des lourdeurs administratives, en ont été les fondements.

Erwan Le Noan

Membre du conseil scientifique et d'évaluation

* Fondapol, *Libertés : l'épreuve du siècle*, 2022

** Fondapol, *Radiographie de l'antisémitisme*, 2024.

*** Ernest Renan, *Qu'est-ce qu'une nation*, Calmann-Lévy, 1882.

**** Fondapol, *Gouverner pour réformer*, 2016.

Les conséquences sont préoccupantes : frustration des jeunes diplômés et de leurs familles, dévalorisation des diplômes, renchérissement du coût de l'enseignement supérieur, emplois moins qualifiés non pourvus…

Il faut prendre garde à une possible surdiplomation artificielle qui n'induirait ni réduction des inégalités sociales ni augmentation du niveau général des connaissances. L'objectif doit être une meilleure adéquation entre les diplômes émis et la structure du marché du travail.

LAURENT BATSCH

Les addictions altèrent gravement les jeunes générations, toutes classes sociales confondues. Les nouvelles générations sont mises en danger par les addictions. La Fondapol et la Fondation Gabriel Péri, affiliée au courant de pensée du Parti communiste français, mais aussi le Fonds Actions Addictions, dont l'expertise éclaire le débat public en matière d'addictions, se sont associés pour concevoir et réaliser une vaste enquête sur les addictions chez les jeunes. Le phénomène est particulièrement préoccupant. Nous vivons dans une société addictogène, où les consommations et les pratiques à risque ne cessent de croître. Les addictions sont un problème de santé et de sécurité publiques de premier plan. C'est aussi un problème politique majeur dans la mesure où le renouvellement des générations doit permettre à une société de conserver au moins le niveau de compétences et de performances nécessaires à son bon fonctionnement, à son indépendance et à sa contribution au développement de la connaissance et du progrès universel.

L'enquête sur les addictions chez les jeunes se fonde sur un échantillon de 1 000 jeunes âgés de 14 à 24 ans représentatif de cette population. Nous avons également soumis notre questionnaire à un échantillon de parents de jeunes de 14-24 ans (402 parents), ainsi qu'à un échantillon représentatif du grand public (2 005 personnes), afin de mesurer les écarts entre leurs perceptions de cette réalité et celle des jeunes générations.

Il apparaît que 12 % des jeunes de 14 à 24 ans déclarent consommer de l'alcool plusieurs fois par semaine. Plus les jeunes sont diplômés, plus leur consommation d'alcool est importante. C'est ainsi que 15 % des jeunes fument du tabac plusieurs fois par jour ; plus le revenu mensuel net du foyer est bas, plus le pourcentage de jeunes qui fument plusieurs fois par jour est élevé ; 9 % des jeunes Français disent fumer du cannabis au moins une fois par mois ; en ce qui concerne les substances telles que la cocaïne, la MDMA et le GHB, que nous refusons de qualifier de « festives » comme la presse tend à le faire trop souvent, leur consommation concerne 3 % des 14-17 ans. Si nous cherchons à extrapoler les résultats de notre enquête selon les données de l'Insee, nous obtenons un chiffre supérieur à 350 000 jeunes de 14-24 ans qui auraient déjà consommé de la cocaïne, de la MDMA ou du GHB en France. Parmi ces personnes, la moitié en consommerait au moins une fois par semaine, soit environ 175 000 jeunes.

Un autre type d'addiction, l'addiction aux écrans s'installe comme un problème crucial. Un quart (26 %) des 18-22 ans estiment passer plus de 5 heures par jour sur les réseaux sociaux, 10 % y consacrent plus de 8 heures chaque jour ; 16 % des 18-22 ans disent passer plus de 5 heures par jour sur les jeux vidéo et 7 % plus de 8 heures. Les jeux vidéo constituent un véritable phénomène de société : 46 % des 14-24 ans consacrent quotidiennement au moins 1 heure aux jeux vidéo, et plus précisément 60 % des garçons.

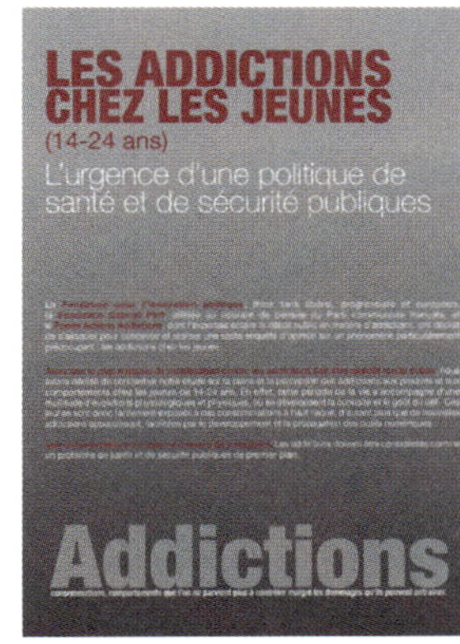

Les addictions chez les jeunes (14-24 ans). L'urgence d'une politique de santé et de sécurité publiques, Fondapol/ Fondation Gabriel Péri/ Fonds Action Addictions, juin 2018

Loïse Lyonnet, Michal Stora, Jeux vidéo : violence et addiction ?, décembre 2024

L'addiction aux jeux d'argent concerne plus d'un tiers (36 %) des jeunes et 13 % y jouent au moins une fois par semaine. Plus le milieu est modeste, plus les jeunes ont tendance à jouer

Les effets néfastes de la surexposition aux écrans sur la santé des enfants sont des problèmes de concentration, de mémorisation, des troubles du sommeil, des troubles du comportement et conséquences psychologiques, une fatigue oculaire, des migraines, une mauvaise posture, un surpoids.

La surexposition aux écrans soulève aussi d'autres questions relatives à l'addiction aux jeux vidéo ou aux jeux de hasard en ligne, à un risque accru d'exposition aux contenus choquants ou inadaptés, qui peuvent engendrer cyberharcèlement, arnaques, ou encore mauvaises rencontres en ligne, notamment avec pédophiles, etc.[4]

La consommation de pornographie génère un formatage à haut risque. Un cinquième des 14-24 ans (21 %) regardent au moins une fois par semaine des images pornographiques. Plus d'un tiers (37 %) déclarent avoir déjà visionné ce type de programme, avec une forte différence entre les garçons (46 %) et les filles (28 %). La consommation de pornographie atteint parfois des niveaux dramatiquement élevés : 9 % des jeunes regardent de la pornographie quotidiennement dont 5 % plusieurs fois par jour. Enfin, l'addiction à la pornographie contribue aussi aux addictions à l'écran. Notre enquête révèle d'ailleurs l'existence de liens entre les différentes formes d'addiction aux écrans : 56 % des personnes qui regardent de la pornographie au moins une fois par jour passent plus de 2 heures sur les réseaux sociaux et 46 % consacrent plus de 2 heures aux jeux vidéo. C'est le phénomène des poly-addictions

4. Selon l'étude *Association e-Enfance / 3018-Caisse d'Épargne sur le cyberharcèlement chez les 8-18 ans* (2023), 24 % des jeunes équipés ne tiendraient pas plus d'une heure sans leur smartphone.

Nos émigrés constituent une richesse… surtout s'ils reviennent. L'analyse du traitement de la question migratoire en France laisse apparaître une absence quasi-totale de prise en compte de l'émigration. Selon le ministère des Affaires étrangères, 1 692 978 Français vivaient en dehors du territoire national au 31 décembre 2023 (chiffre actualisé). Une émigration française existe donc bel et bien, et doit être appréhendée par les pouvoirs publics dans sa globalité, en tant que phénomène recouvrant divers profils. Les chercheurs, les détenteurs de patrimoine, les entrepreneurs, ou encore les jeunes diplômés, sont autant d'éléments productifs dont la France se prive et qui augmentent la richesse de nations concurrentes. Il est temps de s'interroger sur les raisons qui poussent de plus en plus de nos compatriotes à quitter leur pays natal. Ne pas s'en inquiéter serait un luxe que notre situation ne permet pas.

Julien Gonsalez, *Trop d'émigrés ? Regards sur ceux qui partent de France*, Fondapol, novembre 2013

2. Les familles, la fraternité

La natalité et la politique familiale. Pendant des décennies, la politique familiale de la France s'est fondée sur un principe d'universalité soutenu par tout l'éventail des partis politiques. Cette politique a satisfait les Français comme en atteste la meilleure fécondité en France tant pendant le renouveau démographique d'après-guerre qu'après. Toutefois, un processus, certes discontinu, a voulu progressivement écarter le principe fondateur pour aller vers une politique de nature différente, essentiellement sociale. Ce processus a atteint son paroxysme au milieu des années 2010, lorsque la politique familiale a subi un « grand soir » engendrant une baisse de la fécondité, une accentuation du vieillissement de la population, et surtout une perte de confiance dans cette politique. Ce « grand soir », prolongé par d'autres décisions l'accentuant, a porté atteinte au libre choix du nombre d'enfants, éloignant la France de la nécessaire solidarité entre les générations. Ceci appelle la refondation d'une politique familiale au service du bien commun, fondée sur des principes de liberté, de simplicité et de pérennité.

Il s'agit notamment de permettre l'accès à un logement adapté aux besoins des familles. Une synthèse de la situation de l'offre de logement peut se résumer ainsi : en dépit des politiques publiques du logement très développées et aux budgets importants – environ le double de la moyenne de la zone euro selon Eurostat –, le besoin de logements en France est insatisfait[5]. Sous l'effet d'importants investissements, le parc social représente 23 % des résidences principales. Mais les plafonds d'accès au parc social englobent près de 70 % des ménages. Puisqu'il est illusoire de penser que le parc social puisse atteindre un tel seuil, il est impératif de développer l'offre locative privée qui ne représente, actuellement que 17 % du parc des logements[6].

Il convient de transformer une politique malthusienne du logement en une politique familiale du logement. Cela suppose de développer et diversifier l'offre locative et les possibilités de devenir propriétaire ou de changer de logement, notamment en fonction de l'évolution de la taille de la famille.

Dans les deux cas, il faut contenir, voire diminuer les coûts du foncier de l'immobilier et des mutations entre deux logements, donc fluidifier le marché. Contenir le coût du foncier suppose inévitablement de repenser la mise en œuvre de la sobriété foncière[7] car, selon le principe malthusien et infondé du « zéro artificialisation nette »[8], elle impose quasiment une fixité de la géographie de l'urbanisation comme si cette dernière devait *ad vitam aeternam* demeurer semblable à la situation, jugée idéale sans que l'on sache pourquoi, des années 2010. Il faudrait aussi engager une réforme fiscale des impôts qui en diminuerait le coût.

Contenir le coût de l'offre immobilière, donc la possibilité pour une famille d'avoir un logement adapté à sa composition, nécessite d'augmenter l'offre de logements ce qui suppose une forte réduction des normes qui n'ont cessé d'être alourdies, comme celle qui pourrait conduire progressivement à l'interdiction de louer des logements considérés comme des « passoires thermiques ».

Il faut sortir de l'alternative « tous propriétaires » ou « tous en HLM » qui semble inscrite dans le marbre des lois, ces dernières ne laissant qu'une place résiduelle au parc locatif privé. Pour que les familles puissent louer un logement correspondant à leur besoin, il faut des propriétaires. Pour que le loyer soit d'un

Gérard-François Dumont, *Pour une renaissance de la politique familiale*, Fondapol, décembre 2024

5. Gérard-François Dumont, « Les besoins en logement et leur géographie. Comment les mesurer ? Quelle prospective ? », *Les analyses de Population & Avenir*, n° 13, décembre 2019, p. 1-27.

6. S'ajoutent 58 % de propriétaires et 2 % logés gratuitement. Je ne comprends pas

7. Jérôme Barrier, Gérard-François Dumont, « Les territoires français face à la sobriété foncière. Une révolution salutaire dans l'aménagement du territoire ? », *Les analyses de Population & Avenir*, n° 44, avril 2023.

8. Certes, la loi ZAN du 20 juillet 2023 et des décrets révisés ont adouci la mise en œuvre du principe, mais ce dernier demeure avec sa logique malthusienne engendrant un augmentation du coût du foncier.

montant accessible[9], la fiscalité des revenus des propriétaires doit être diminuée ; en effet, les loyers perçus relèvent de la catégorie de revenu sans doute la plus taxée. Le développement d'un parc locatif privé est d'autant plus essentiel que les besoins de logements futurs concernent surtout les jeunes générations.

En outre, parce que le logement est une question éminemment territoriale, il faut tout particulièrement combiner sur ce sujet les incitations nationales et les initiatives locales.

L'évolution de la fécondité en France métropolitaine

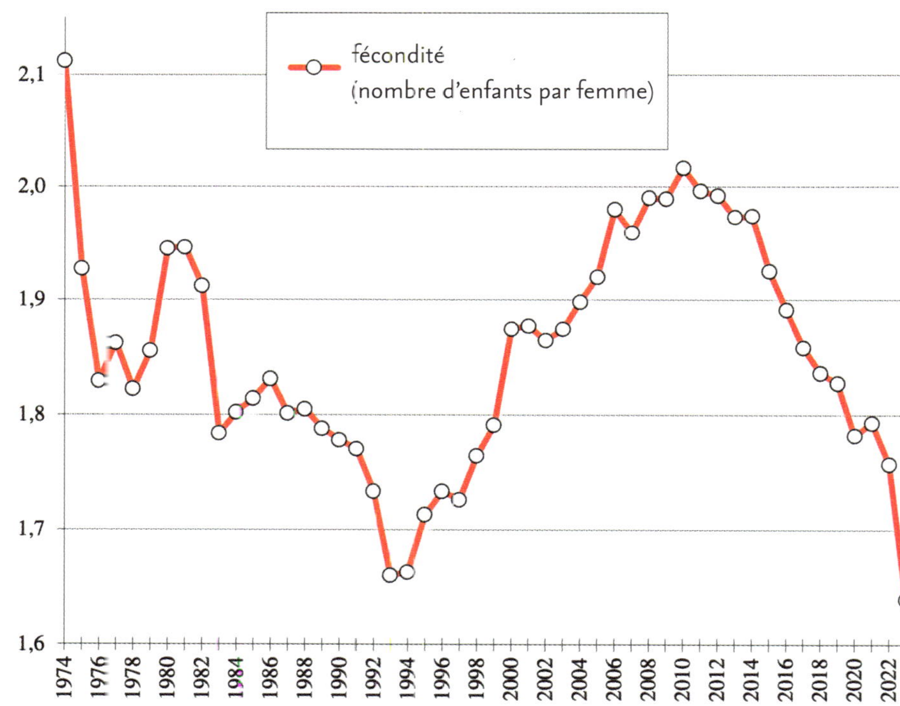

© Gerard-François Dumont - Chiffre Insee France métropolitaine

SUR FONDAPOL.ORG

Guillaume Moukala Same, Nicolas Bouzou, *Complémentaires santé : moteur de l'innovation sanitaire*, octobre 2021

Pascal Perri, *Quatre idées pour renforcer le pouvoir d'achat*, avril 2010

9. Quant aux expériences d'encadrement brutal des loyers, toutes ont montré leurs effets pervers sur l'offre de logement comme l'a résumé dans une phrase choc l'économiste suédois Assar Lindbeck (qui a longtemps présidé le comité du prix Nobel d'économie) : « L'encadrement des loyers semble être la technique la plus efficace qu'on connaisse actuellement pour détruire une ville, à part le bombardement ».

La question de l'accès au mariage des personnes de même sexe a donné lieu à un premier séminaire de recherche à la Fondapol en 2004. Initié par Dominique Reynié, avec la Fondapol, alors dirigée par Franck Debié, ce séminaire a débouché sur une journée d'étude, le 15 décembre 2004, puis sur la publication des exposés qui y ont été présentés et discutés dans le numéro 9 de *La Lettre* dont la première page est reproduite ici. Le séminaire s'est conclu sur une prise de position en faveur du mariage entre personnes de même sexe.

En 2011, la Fondapol, qui est alors dirigée par Dominique Reynié depuis novembre 2008, reprend cette discussion dans la perspective de la campagne présidentielle de 2012. Ce nouveau séminaire donnera lieu à la formalisation d'une proposition incluse dans le document intitulé *12 idées pour 2012*, publié en décembre 2011 : « Couple : famille, pour l'égalité. Ouvrir le mariage et l'adoption aux couples de même sexe ». Le contenu de cette proposition se situe dans le prolongement direct du séminaire de 2004. C'est l'esprit de la loi du 17 mai 2013 instituant le « mariage pour tous ».

La proposition publiée par la Fondapol ne signifie pas que les membres de ses Conseils ont tous été en accord avec cette conclusion. L'idée a d'ailleurs fait l'objet d'une discussion *ad hoc* et particulièrement riche, dans les locaux de la Fondation, au 11 rue de Grenelle. Exceptionnellement, les membres du conseil de surveillance et ceux du conseil scientifique se sont réunis pour débattre du sujet. Il en est ressorti des différences de points de vue et quelques oppositions pures et simples à cette évolution. Il a été cependant décidé, par un accord unanime, de soumettre cette idée au débat public.

FONDATION POUR L'INNOVATION POLITIQUE

53, quai d'Orsay | 75007 Paris - France | Tél. : 33 (0)1 47 53 67 00 | Fax : 33 (0)1 44 18 37 65 | www.fondapol.org | e-mail : contact@fondapol.org

LA LETTRE N°9

Sous la direction de Dominique REYNIÉ

■ Éditorial

Mariage et adoption homosexuels : pourquoi ils mobilisent

Le 14 décembre 2004, la Fondation pour l'innovation politique a essayé de comprendre, à l'occasion d'une journée d'étude dont cette *Lettre* rend compte, pourquoi et comment l'ouverture du mariage civil et de l'adoption aux couples de même sexe mobilisent aujourd'hui dans toute l'Europe.

Il n'aura échappé à personne que la figure du couple, comme forme sociale, ne s'exprime plus seulement sous les traits du couple hétérosexuel marié. Les couples mariés ont ou n'ont pas d'enfants. Les couples mariés avec enfants perdurent ou s'interrompent, donnant le jour à des familles monoparentales ou à des familles recomposées, génératrices de formes nouvelles de coparentalité. Il existe encore des couples non mariés, des couples de fait, des concubins ou des « pacsés »… La revendication de l'ouverture du mariage aux couples homosexuels prend donc place dans un paysage marqué par les profondes transformations de la forme familiale.

Plusieurs pays européens ont décidé d'accorder à tous les couples les mêmes droits au mariage civil. Interrogés par EOS Gallup en janvier 2003, les Européens se sont déclarés favorables à la reconnaissance du mariage entre deux personnes du même sexe (53 %), et les Français plus nettement encore (58 %). Trois variables sont déterminantes pour l'opinion sur cette question. Premièrement, le genre : 61 % des femmes de l'Europe des 15 sont favorables à l'ouverture du mariage aux couples homosexuels, pour 53 % des hommes (les proportions restent les mêmes dans l'Europe des 25, même si les taux d'avis favorables baissent en raison d'une opposition plus marquée dans certains nouveaux États membres). Deuxièmement, l'âge : les jeunes sont les plus favorables à l'ouverture du mariage aux couples homosexuels, et l'approbation reste massive chez les 15-39 ans lorsqu'on passe de l'Union à 15 à l'Union à 25. Enfin, le niveau de diplôme, les diplômés de l'enseignement secondaire et de l'enseignement supérieur se prononçant bien plus souvent en faveur de l'ouverture du mariage aux couples homosexuels que les non diplômés.

L'adoption d'enfants par les couples homosexuels est une question qui, en termes d'opinion, suscite plus de résistance que l'ouverture du mariage, mais les mêmes effets de genre, de génération et de diplôme s'y appliquent. Les plus jeunes, les 15-24 ans, y sont majoritairement favorables et, au sein de cette catégorie, la différence entre l'Europe des 15 et l'Europe des 25 est minime.

« L'affaire Nicolas » annonce-t-elle le retour du délit d'opinion en France ?

Dominique Reynié et Christophe de Voogd, professeurs à Sciences Po, mettent en cause le rôle du parquet dans l'emprisonnement d'un jeune activiste anti-mariage gay.

Le Figaro, le 5 juillet 2013

Aujourd'hui, en 2013, chez nous, en France, un homme a-t-il été jeté en prison pour ses opinions politiques et philosophiques ? Selon la ministre de la Justice, la condamnation de Nicolas Bernard-Buss, activiste anti-mariage gay, à quatre mois de prison dont deux mois ferme avec mandat de dépôt à la barre ne serait, selon elle, que l'effet des « lois de l'ancien quinquennat » et notamment celle du 10 août 2007 relative aux peines planchers en cas de récidive.

La Fondapol et le blog « Trop libre », qui en est l'une des expressions principales, défendent une conception libérale de la société. Au nom de ce libéralisme, nous avons pris position en faveur du mariage gay, lequel constituait l'une des propositions figurant dans notre document programmatique publié en 2011. Nous avons donc apporté notre soutien à la loi qui vient d'être adoptée. Mais c'est au nom de ce même libéralisme que nous considérons que l'emprisonnement dont Nicolas Bernard-Buss vient de faire l'objet est liberticide, et ce pour quatre raisons principales.

1. – De l'avis unanime des observateurs sérieux, cette sanction est d'une sévérité sans égale au vu des condamnations généralement relevées consécutivement à une manifestation sur la voie publique. Il y a une différence de traitement frappante avec tous les cas comparables au cours des années récentes : ni les destructeurs de plants OGM ni les ouvriers d'Aulnay n'ont été sanctionnés à ce niveau de sévérité. Les seules condamnations à la prison ferme ces dernières années ont concerné des faits de violence avérée. Et de la prison prononcée à la prison effective, on connaît le grand écart dans notre pays…

2. – Le recours à la comparution immédiate dans le cas de Nicolas est une application limite de la législation car «la peine d'emprisonnement encourue doit être au moins égale à deux ans ; en cas de délit flagrant, cette peine d'emprisonnement doit être supérieure à six mois ; le prévenu ne peut être mineur et il ne peut s'agir d'un délit de presse, ni d'un délit politique, ni d'une infraction dont la procédure de poursuite est prévue par une loi spéciale ». Et c'est le procureur de la République, donc le parquet soumis à l'autorité du garde des Sceaux, qui détient l'appréciation de la situation et l'initiative de cette procédure. Rappelons d'ailleurs au passage que la loi Perben en la matière ne date pas de « l'ancien quinquennat », mais de 2002.

3. – Toute référence à la loi de 2007 est irrecevable, car elle ne concerne que les cas de récidive pour des faits passibles de trois ans d'emprisonnement au moins. Tel n'est évidemment pas le cas puisque la rébellion n'est punie que d'un an d'emprisonnement et ne relève donc pas des peines planchers, comme d'ailleurs le refus de se soumettre à un prélèvement ADN. Par ailleurs, la qualité de « récidiviste » de Nicolas, invoquée par la garde des Sceaux, est juridiquement infondée, puisque sa récente condamnation (à 200 euros avec sursis !) fait l'objet d'un appel en cours : qui plus est, à la demande du parquet ! Enfin, contrairement à sa légende noire, la loi de 2007 n'impose aucune peine minimum, le juge pouvant écarter, sous réserve de motivation, la peine plancher prévue. Le juge ne peut envisager l'incarcération immédiate d'un jeune prévenu, s'il n'est pas un « récidiviste », que si les faits qui lui sont reprochés sont d'une extrême gravité. Quels sont donc ces

faits d'une « extrême gravité »? Est-ce porter un tee-shirt affirmant une opinion politique ? Est-ce refuser de subir un prélèvement ADN ?

4. – De toute façon, dans le cas de Nicolas, le juge n'a pas utilisé sa latitude d'appréciation. Pour ce qui est de la peine prononcée, il a suivi strictement les réquisitions du parquet, lequel est placé, rappelons-le encore, sous l'autorité de la garde des Sceaux. On remarquera que la ministre n'entend pas revenir sur ce lien de dépendance, malgré les condamnations régulières de la Cour européenne des droits de l'homme, malgré l'engagement n° 53 du candidat François Hollande et nonobstant la réforme très marginale du CSM en cours. La ministre semble s'accommoder fort bien d'un système qu'elle dénonçait il y a peu comme liberticide et qu'elle promettait d'abroger ! Attitude adoptée en fait dans le but explicite de discréditer, par une sorte de démonstration par l'absurde – ou de cynisme ? – « les courtes peines de prison » qu'elle veut, on le sait, remettre en question.

Même les saccageurs lors de la « fête » du PSG n'ont pas subi une telle sévérité !

Autrement dit, dans « l'affaire Nicolas », le gouvernement réussit ce tour de force de « solliciter », contre leur jurisprudence effective, des lois dont l'objet n'était pas de limiter le droit de manifestation mais de combattre la délinquance contre les biens et les personnes ; des lois dont les dispositions laissent le juge souverain en dernier ressort ; des lois dont le parquet n'a pas demandé l'application dans des cas similaires, et même bien plus graves ; des lois, enfin, dont le même gouvernement a promis l'abrogation!

Le cœur juridique de l'affaire n'est donc pas la loi mais l'attitude du parquet qui avait toute latitude pour apprécier différemment les faits et la procédure à suivre.

La vraie question qui, espère-t-on, sera posée par la presse ou par l'opposition, devient donc, bel et bien politique : les opposants au mariage gay font-ils l'objet de mesures d'exception ? On a recensé, semble-t-il, près de 1 000 gardes à vue décidées au seul motif que les personnes manifestaient, arboraient des signes de « la Manif pour tous » ou en portaient le tee-shirt. Peut-on confirmer cette information ? Le caractère liberticide pris par la gestion du maintien de l'ordre face aux manifestations de ces opposants à un projet de loi, puis à une loi, n'est rien de moins que préoccupant.

Le silence, presque complet et inhabituel, qui accompagne cette dérive rend la situation proprement inquiétante. Assiste-t-on, en France, au retour du délit d'opinion ? La mise en garde très claire du Conseil de l'Europe au sujet de l'attitude des pouvoirs publics dans leur gestion de la contestation du mariage gay constitue un signal sérieux. Que se passe-t-il dans la « patrie des droits de l'homme » ?

Intervention de Dominique Reynié à l'université d'été de La Manif Pour Tous le 22 septembre 2018

« Doit-on ne plus parler qu'avec ceux qui partagent nos opinions ? Ce pays la France, où la conversation est un art, le débat une passion, le goût de la controverse une fierté culturelle, est-il en passe de ne plus se parler ? »

Encadrer la GPA et la PMA dans une vraie politique de la vie

Alors que de nouveaux rassemblements de la Manif pour tous auront lieu dimanche, le directeur général de la Fondation pour l'innovation politique estime que la société doit privilégier la vie humaine, quelle que soit la forme de la famille qui l'accueille.

Le Figaro, le 3 octobre 2014

En 2011, la Fondation pour l'innovation politique préconisait l'extension du mariage civil aux couples de même sexe, ainsi que le droit d'adoption, dans les règles d'habilitation existantes. Les propositions étendaient la réflexion sur les conditions dans lesquelles la procréation pouvait être accessible, qu'il s'agisse de la PMA ou de la GPA, y compris aux couples de même sexe. Dans son article publié ici sous le titre « Le mariage pour tous n'est pas un problème accessoire » (24/09/2014), Vincent Trémolet de Villers considérait le risque d'un « affranchissement de tous les déterminismes » et de « l'application de la loi du marché dans les domaines les plus intimes ». Il peut être utile de prolonger la discussion en proposant une justification alternative de ces nouveaux droits.

Il y a longtemps que la famille ne se présente plus seulement sous les traits réputés traditionnels du couple hétérosexuel, marié, avec enfants.

Forme sociale fondamentale, la famille est sans cesse redéfinie, moins par la loi que par les comportements démographiques et sociaux. Le « mariage pour tous » a pris place dans des sociétés où le schéma familial est déjà totalement bouleversé. Il y a longtemps que la famille ne se présente plus seulement sous les traits réputés traditionnels du couple hétérosexuel, marié, avec enfants. De nos jours, les couples mariés n'ont pas toujours d'enfants ; les enfants naissent majoritairement hors mariage (56,4 % en 2013 selon l'Ined) ; plus d'un tiers des mariages s'achèvent par un divorce, la proportion atteint 50 % dans les grandes villes. Les couples avec enfants qui divorcent donnent le jour à des familles monoparentales – soit aujourd'hui 20 % des familles, le chiffre a triplé en quarante ans – ou à des familles recomposées qui concernent 1,5 million d'enfants (Insee), donnant lieu de fait à des nouvelles formes de parentalité. La vie de couple et la vie de famille s'organisent de plus en plus souvent hors mariage : union libre, couple de fait, concubinage ou pacs.

Faut-il craindre cette évolution ? Plus qu'une forme de famille en particulier, c'est la famille qui est essentielle, parce qu'elle est cette unité sociale fondamentale au sein de laquelle des enfants adviennent, sont protégés, éduqués sous la responsabilité de parents qui les conduisent à l'autonomie de la majorité et de la citoyenneté. Il n'y a pas d'ordre social sans famille. Ni l'école, ni l'entreprise, ni l'État ne parviendraient à socialiser les individus, c'est-à-dire à ordonner la communauté, s'il n'y avait pas des millions de cellules familiales. Ainsi, même si les individus sont libres de fonder une famille ou non, il demeure vital pour la société que des familles se constituent pour accueillir des enfants. C'est pourquoi on ne peut pas considérer qu'un couple marié, hétérosexuel et sans enfant plus conforme au principe de la famille qu'un couple de même sexe avec enfants. Pour autant, ce n'est pas au nom d'un « droit à l'enfant » qu'il faut concevoir les nouvelles formes de famille et de parenté, mais depuis le désir d'avoir charge d'âme parce qu'il est conforme à l'intérêt de la société, car elle disparaîtrait si ce désir s'éteignait. Or, si ce désir se manifeste, c'est parce qu'il est, au sens strict, dans la nature des choses, tant il est vrai que le désir de persister dans son être anime tout vivant. À travers ce désir, qui se réalise socialement sous la forme de la famille et de la parentalité, c'est donc aussi la vie qui s'accomplit comme la pure puissance énergétique qui est au principe de toute chose.

Le don de la vie peut devenir l'un de ces actes magnifiques, de grande portée morale et politique. C'est à nous d'imaginer la régulation et la ritualisation qui permettront d'inscrire ces formes d'avènement de la vie humaine dans un cadre consacrant la dignité des individus et les valeurs d'une société exigeante.

L'ouverture du mariage civil aux couples de même sexe et l'accès de ces couples au droit d'adoption et de procréation doivent se comprendre dans le cadre d'une politique de la vie. Les termes techniques de PMA et de GPA font surgir des images repoussoir de chaînes de reproduction industrielle où des femmes seraient comme des machines. Mais le don du sang, de moelle épinière, le don d'organes, au cours de sa vie ou après sa mort constituent autant de gestes d'une gravité exceptionnelle. Ils sont strictement encadrés et l'on n'y voit pas, chez nous, une mise en exploitation des donateurs mais plutôt la générosité, le partage du vivant, et finalement une expression de la vie comme « l'ensemble des fonctions qui résistent à la mort » (Marie-François Xavier Bichat, *Recherches physiologiques sur la vie et la mort*). De même, le don de la vie peut devenir l'un de ces actes magnifiques, de grande portée morale et politique. C'est à nous d'imaginer la régulation et la ritualisation qui permettront d'inscrire ces formes d'avènement de la vie humaine dans un cadre consacrant la dignité des individus et les valeurs d'une société exigeante.

N'est-il pas frappant de constater qu'aujourd'hui les possibilités nouvelles de voir advenir la vie suscitent une opposition plus vigoureuse que celles qui permettent de l'interrompre ? Pourquoi la mobilisation contre la loi Taubira de 2013 a-t-elle été supérieure à celle suscitée, en 2014, par l'évolution du droit d'avortement. La loi Veil de 1975 instaurait un droit à l'avortement pour toute « femme enceinte que son état place en situation de détresse » ; l'amendement du 21 janvier 2014 a remplacé la notion de « détresse » par « le droit des femmes à choisir ou non de poursuivre une grossesse ». Des parlementaires UDI et UMP qui avaient combattu le mariage entre les personnes de même sexe ont accepté de voter un amendement qui efface presque entièrement la tension éthique attachée à l'acte d'interrompre la vie et la violence radicale qu'il implique. Une politique de la vie aurait pu les conduire, à l'inverse, à soutenir le mariage entre les personnes de même sexe et à refuser de supprimer la référence à la détresse des femmes concernées par l'avortement.

Une société est une expression de l'humanité tout entière et, en ce sens, qu'elle lui doit des comptes sur ce qu'elle fait de la vie humaine en particulier, mais aussi de la vie en général.

Il en va de même pour l'évolution du discours sur « la fin de vie ». Nombreux sont celles et ceux qui semblent disposés à installer comme un droit de plus en plus ordinaire la décision de mettre fin à la vie de quelqu'un, qu'il s'agisse de soi-même ou d'un autre. On ne peut s'opposer à l'émergence de nouvelles formes d'avènement de la vie humaine et, en même temps, soutenir le développement des nouvelles pratiques d'interruption de la vie sans y voir une contradiction majeure ni en redouter les conséquences.

Nul n'est propriétaire de lui-même. La société n'est pas non plus la propriété de ses membres ; elle est la condition pratique de leur venue au monde et de leur existence ; elle est aussi la condition politique pour que leur vie, au-delà de l'existence même, accède à la dignité qu'appelle leur humanité. Il en découle qu'une société est une expression de l'humanité tout entière et, en ce sens, qu'elle lui doit des comptes sur ce qu'elle fait de la vie humaine en particulier, mais aussi de la vie en général. C'est le sens de tout universalisme, religieux ou profane. Enfin, c'est l'existence humaine qui appartient au vivant, qu'Emmanuel Levinas a pu décrire comme un surgissement d'être dans un océan de néant (*Totalité et infini*). Le but de la société est la persistance de l'humanité dans l'accomplissement de sa singularité. Son devoir est de repousser aussi loin que possible la venue du temps où l'Univers ira de nouveau sans humanité, sans notre condition, unique, qui est de donner à la vie la conscience de son existence, de sa grande vulnérabilité et de contempler son infinie beauté.

Éradiquer la pauvreté plutôt que prétendre abolir les inégalités. Cette dynamique peut rendre une société plus libre et plus prospère. La disparition des inégalités est un objectif inaccessible en fait et condamnable en droit. C'est l'égalité des chances et non la réduction en soi des inégalités sociales qu'il faut viser ; il faut avant tout donner à chacun les moyens d'exercer sa liberté. C'est à ce titre qu'il est essentiel de contribuer, dès à présent, à l'égalité des chances entre les générations en réduisant, significativement et sans attendre, la charge transmise à nos successeurs par le poids de la dette publique.

La doctrine fondamentale de notre politique sociale doit être de créer un état de sécurité pour l'individu. Cette conception de la solidarité comme « sécurité sociale » était contenue dans le programme français du Conseil national de la Résistance (CNR). Elle n'implique pas de faire de l'État le promoteur de l'égalité entre tous, ni même de présenter l'égalité comme un idéal vers lequel une société progressiste devrait tendre. Les inégalités sociales sont une expression de la différence. À ce titre, elles sont inévitables, irréductibles, et jouent un rôle majeur dans la vie d'une société et dans son dynamisme. Les penseurs les plus « progressistes » de la tradition libérale, tel John Rawls, ont toujours dénoncé les risques de l'égalitarisme, au nom même de l'intérêt des plus défavorisés. Cette acceptation des inégalités est donc indissociable de la « promotion sociale », qui est aussi une dynamique, de même que le désir de réussir, de se dépasser, de s'accomplir au-delà des conditions qui nous sont données à la naissance.

Cinq principes pour un consensus libéral autour de la justice sociale.

1. La justice sociale n'a pas pour but *l'élimination des inégalités* (politique toujours liberticide et contre-productive, comme l'ont démontré les expériences marxistes), mais l'éradication de la pauvreté. C'est là la véritable préoccupation des libéraux ; contrairement à la légende l'idée de l'« allocation universelle » est d'abord une idée libérale.

2. De même, la justice sociale ne cherche pas à brider la réussite, mais à *combattre la rente* sous toutes ses formes : celle du capitaliste monopoliste comme celle du fonctionnaire sous statut, celle du grand céréaliculteur protégé par la politique agricole commune comme celle des professions réglementées. L'établissement d'une concurrence aussi parfaite que possible est souhaité.

3. Dès lors, la justice sociale peut et doit se préoccuper des inégalités qui procèdent d'une rente, c'est-à-dire d'une distorsion du marché par un pouvoir ou un lobby, qu'il soit économique ou social. Or un examen précis des inégalités en France montre que la plupart d'entre elles proviennent bel et bien de notre préférence pour la rente, bien ancrée dans la mentalité collective depuis l'Ancien Régime. Ses formes modernes sont innombrables : sursalaires patronaux, parachutes dorés ou dividendes injustifiés par l'état de l'entreprise, privilèges de la haute fonction publique, mais aussi régimes spéciaux et prestations sociales qui, dans certains cas, incitent à l'inactivité.

4. La justice sociale a pour but de *hiérarchiser les utilités* en renvoyant les revendications catégorielles à ce qu'elles sont – des revendications légitimes mais non des impératifs de justice – et en débusquant, derrière certaines indignations, non le souci d'équité, mais l'effet de l'envie ou du ressentiment.

5. La justice sociale ne vise pas à « changer la vie », mais à créer les conditions favorables à l'épanouissement de chacun, selon un « projet

de vie » qui lui est propre et que ni l'État ni le groupe d'appartenance, quel qu'il soit, ne sont en droit de lui dicter.

Christophe de Voogd

Lutter contre la pauvreté est un impératif politique et moral. C'est un fait désormais bien établi et une information souvent répétée : en France, 20 % des enfants sont comptés comme pauvres. Les pouvoirs publics expertisent et expérimentent en direction de ces quelque trois millions de mineurs vivant dans des ménages dont le niveau de vie est inférieur au seuil de pauvreté. Depuis l'élection d'Emmanuel Macron, une stratégie globale est en cours d'élaboration. Mais de quoi parle-t-on exactement quand on parle d'enfants pauvres ? Sans additionner trop de catégories, il convient d'ajouter aux données désormais classiques celles de certaines enquêtes administratives et associatives qui permettent de mieux cerner le problème dans sa globalité.

La statistique globale porte en effet sur les ménages (c'est-à-dire les logements), or nombre d'enfants pauvres, parmi les plus pauvres, vivent avec des adultes sans domicile, dans des centres d'hébergement, des centres d'accueil, des bidonvilles. À partir d'un panorama technique des sources de données, notre étude brosse un portrait de la pauvreté des enfants dans ses différentes dimensions. Elle propose ensuite des orientations et recommandations pour encore mieux l'appréhender. Enfin, pour contribuer plus efficacement à la réflexion, elle souligne quelques pistes générales pour des révisions de politiques publiques, insistant sur les cas les plus difficiles et les plus indignes.

Comment traiter la mendicité avec enfants ? Voilà un sujet hautement sensible. Le sujet est humainement sensible, car il traite des relations entre parents et enfants tout comme des relations entre habitants logés et pauvres errants. Le sujet est politiquement sensible, car il est lié à de nombreuses controverses contemporaines sur l'immigration, la sécurité, l'assistance, l'Europe. Il est techniquement sensible, car la mise en œuvre du droit demeurera toujours complexe. Contre tout angélisme et tout défaitisme, on plaide ici pour mettre résolument en pratique l'interdiction de la mendicité avec enfants. À cet effet, notre étude propose d'abord que tout un chacun puisse efficacement signaler ces situations.

Elle propose ensuite que les textes, qui pourraient être précisés, soient respectés afin que les enfants concernés soient plus efficacement protégés et, le cas échéant, placés. Enfin, elle invite à situer le sujet à l'échelon européen. Concrètement, quatre directions sont esquissées : 1. Permettre à chacun de signaler ces situations préoccupantes à bien des titres ; 2. Aller vers davantage de placements de ces enfants ; 3. Mobiliser vigoureusement les pouvoirs publics pour agir ; 4. Présenter la facture aux instances européennes. Ces propositions sont des contributions versées aux débats des élections municipales et européennes. Car c'est à ces deux échelles, et non à celui de l'État, que le problème peut être sérieusement abordé. Il en va de la non-assistance à enfance en danger.

Depuis le milieu des années 1980, la pauvreté s'est transformée démographiquement plus qu'elle n'a augmenté. Chaque année, les débats que suscite l'annonce des chiffres de la pauvreté éludent un aspect essentiel de son évolution : depuis le milieu des années 1980, la pauvreté s'est davantage transformée démographiquement qu'elle n'a augmenté statistiquement. Autrefois âgé, issu d'une famille

Julien Damon, *France : combattre la pauvreté des enfants*, Fondapol, mai 2018

Julien Damon, *Faire cesser la mendicité avec enfants*, Fondapol, mars 2014

SUR FONDAPOL.ORG

Julien Damon, *Les chiffres de la pauvreté : le sens de la mesure*, mai 2012

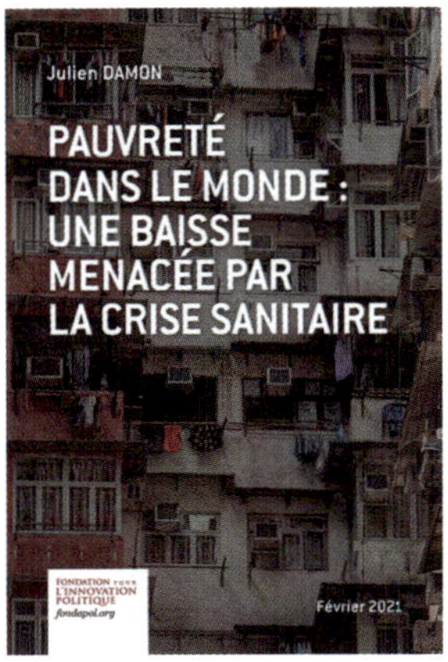

Julien Damon, *Pauvreté dans le monde : une baisse menacée par la crise sanitaire*, Fondapol, février 2021

Julien Damon, *Mesures de la pauvreté, mesures contre la pauvreté*, Fondapol, décembre 2016

nombreuse et vivant en zone rurale, dans la France d'aujourd'hui, le pauvre est souvent issu d'une famille monoparentale, il est nettement plus jeune, il tend à demeurer en zone urbaine et ne parvient pas à s'insérer sur le marché du travail. À trop considérer le phénomène sous un angle comptable, les décideurs publics peinent à en appréhender les mutations profondes.

Objet d'une intervention publique toujours plus dense, la lutte contre la pauvreté gagnerait à se doter d'instruments d'action publique plus génériques, agissant sur les déterminants du phénomène : le travail, la famille et l'immigration. Parallèlement, la rationalisation des outils spécifiques alloués à cette fin en améliorerait sans aucun doute l'efficacité, à l'heure où l'idée d'un « revenu universel » n'a jamais connu autant d'échos dans le débat public

Cette note présente une approche multidimensionnelle et mesurée d'un phénomène devenu la hantise de nos politiques publiques. Au travers d'une série de recommandations, nous avançons des propositions de réformes afin d'améliorer ce système à bout de souffle.

La France a longtemps fait le choix d'isoler les personnes en situation de handicap par souci de protection, un bon sentiment qui s'est peu à peu transformé en une mise à l'écart confortable. L'étude de la pensée philosophique nous éclaire quant à la construction de la représentation du handicap dans nos sociétés contemporaines. Elle contient en effet déjà les germes d'une mise à l'écart et d'une difficulté à appréhender et accepter la différence. Comme l'analyse le philosophe Bertrand Quentin dans *La Philosophie face au handicap*, dès l'Antiquité, les philosophes célébraient le perfectionnement de l'homme, qui doit être beau et bon (concept du *kalos*, idéal moral et esthétique). Platon faisait même demander à Socrate : « La vie vaut-elle d'être vécue avec un corps en loques et en ruines ?[10] » Et, dans *La République*, le même philosophe précisait : « Dans tous les cas où naîtrait [...] un enfant malformé, [ceux qui ont la responsabilité de veiller sur lui] le cacheront comme il convient dans un endroit secret et isolé[11]. » Et quand, plus tard, Pascal affirme que « toute notre dignité consiste en la pensée », considère-t-il dès lors comme un homme celui qui est porteur d'un handicap intellectuel lourd ?

La France a longtemps fait le choix d'isoler les personnes en situation de handicap par souci de protection, un bon sentiment qui s'est peu à peu transformé en une mise à l'écart confortable. Plusieurs raisons expliquent cette dérive progressive. Notre pays est tout d'abord fortement marqué par le fonds historico-culturel du christianisme qui amène à concevoir le handicap comme un objet de compassion, pris en charge par des œuvres de charité.

Les textes du Nouveau Testament rappellent en plusieurs endroits notre devoir vis-à-vis des plus faibles : « Nous nous devons, nous les forts, de prendre en charge les faiblesses de ceux qui n'ont pas notre force », écrit ainsi saint Paul[12]. Ce devoir du plus fort nous a conduits naturellement à protéger les plus faibles mais nous a également conduits à porter sur eux un regard compassionnel. Consciemment ou inconsciemment, serions-nous passés du projet noble de protéger l'autre à celui, moins noble, de nous protéger de l'autre ?

Nous avons longtemps pensé bien faire pour les personnes handicapées, mais nous nous sommes trompés. Nous devons donc aspirer à un nouveau modèle et remettre en question nos actions. Il est temps de passer de l'autre côté du miroir en construisant tous ensemble une société inclusive.

10. Platon, *Criton*, 47e, trad. Luc Brisson, in *Œuvres complètes*, Flammarion, 2008, p. 277.

11. Platon, *La République*, 460c, Georges Leroux, ibid., p. 1625.

12. Rm 15,1, trad. Marie Depussé et Alain Gignac, La Bible, Bayard, 2018, p. 2228.

Retour sur une étude de juillet 2024 détaillant les impacts du revenu universel

Le 22 juillet 2024, le monde académique et l'univers de la technologie se sont retrouvés pour commenter les résultats d'une expérimentation américaine grandeur nature totalement inédite. Le prestigieux National bureau of economic research a mis en ligne une étude détaillant les impacts du revenu universel, autrement dit un transfert monétaire sans condition.

Concrètement, le Bureau a donné à 1 000 personnes à faible revenu en Illinois et au Texas 1 000 dollars par mois pendant 3 ans. Il a également créé un groupe témoin de 2 000 personnes qui n'ont, elles, reçu que 50 dollars par mois. Les participants avaient une application mobile personnalisée qui a permis d'étudier l'utilisation de leur temps et avaient accepté la transmission de leurs relevés bancaires, leurs dossiers médicaux et même les résultats de prises de sang régulières. Le montant de 12 000 dollars par an était substantiel, représentant une augmentation de 40 % du revenu d'un ménage et n'était pas imposable. C'est la première véritable étude de ce type car les expérimentations similaires précédentes, notamment en Finlande en 2017-2018, s'apparentaient à des transferts monétaires plus modestes (560 euros) et en substitution d'allocations. Il est intéressant de noter que c'est Sam Altman qui a abondé la majeure partie des fonds, poussé par la conviction que disparaîtrait l'emploi à cause des progrès de l'intelligence artificielle et de la robotique.

Les conclusions de l'étude sont sans appel. Le programme a entraîné une diminution de 2 points de pourcentage de la participation au marché du travail des heureux bénéficiaires et une réduction de 1,3 à 1,4 heure par semaine des heures de travail, les partenaires des participants réduisant leurs heures de travail d'un montant comparable. Le temps libéré n'a pas été compensé par d'autres activités productives mais par plus de temps consacré aux loisirs. Aucun impact n'a été recensé sur l'emploi. L'investissement dans le capital humain n'a pas significativement augmenté pour les adultes comme pour leurs enfants. Seul fait notable, les personnes âgées entre 20 et 30 ans bénéficiant du transfert ont vu leurs inscriptions à l'enseignement supérieur augmenter de 2 %. L'argent a généré des bénéfices majeurs en termes de stress et de santé mentale au cours de la première année mais cet effet s'est estompé dès la seconde année, l'insécurité alimentaire suivant la même trajectoire. La consommation d'alcool et d'analgésiques a, quant à elle, augmenté.

Cette étude est un coup de massue pour les défenseurs du revenu universel chez les progressistes qui en ont fait le porte-étendard de la lutte contre les inégalités. De nombreux commentaires n'ont pas manqué de tracer le parallèle avec les importantes allocations distribuées sans condition pendant la période Covid aux États-Unis, pays jusqu'alors peu généreux en amortisseurs sociaux, et qui avaient entraîné de forts mouvements sur le marché du travail, la fameuse grande démission.

Le travail a encore de beaux jours devant lui malgré un traitement médiatique très orienté. Le consensus parmi les universitaires est que les résultats de l'étude étaient mitigés et décevants. Pourtant, la plupart des articles de la presse de Forbes à Bloomberg en passant par Vox ou NPR caractérisent les résultats sur un ton positif et ignorent les résultats négatifs. D'autres médias qui ont beaucoup écrit sur le revenu universel, tels que le *New-York Times* ou le *Washington Post*, ont ignoré l'histoire alors que ce dernier journal a couvert la publication le même jour d'une autre étude beaucoup plus étroite sur le revenu universel.

Robin Rivaton
Membre du conseil scientifique et d'évaluation

Pauvreté : les dix transformations

La pauvreté alimente, de façon récurrente, l'actualité. L'augmentation du phénomène est régulièrement annoncée. Si l'on se cantonne à l'approche de l'Insee la plus classique, la tendance depuis les années 1970 est, cependant, à une forte baisse puis à une stabilisation du taux de pauvreté. Celui-ci oscille, depuis trente ans, autour de 14 %. Cette diminution puis cette stabilisation de la pauvreté masque de profondes transformations. En un mot, la pauvreté s'est bien davantage transformée qu'elle n'a augmenté.

1. *Inscription sur l'agenda politique*

Alors que la pauvreté n'était pas un sujet d'importants débats pendant les Trente Glorieuses, elle s'est imposée à partir des années 1980. Certes, les thèmes du quart-monde et des sans-logis avaient émergé, mais ils n'avaient absolument pas la même importance dans le débat public.

2. *Une politique prioritaire*

Alors que la pauvreté n'était pas érigée en risque de sécurité sociale, la lutte contre la pauvreté s'est établie, depuis les années 1990, comme une ambition prioritaire des politiques publiques.

3. *Rajeunissement*

Les pauvres étaient d'abord, pendant les Trente Glorieuses, des personnes âgées qui n'avaient pas encore accès à des régimes de retraite performants. Ce sont, aujourd'hui, d'abord des jeunes et des enfants vivant dans des ménages qui n'ont pas accès à une insertion professionnelle stable.

4. *« Monoparentalisation »*

Alors que les familles nombreuses sont moins nombreuses et les familles monoparentales plus répandues, la pauvreté affecte d'abord des personnes vivant dans des foyers monoparentaux.

5. *Féminisation*

De cette monoparentalisation, mais aussi du veuvage, qui affecte principalement les femmes, découle une relative féminisation de la pauvreté.

6. *Budgets contraints*

Si les taux de pauvreté restent relativement constants, l'augmentation du coût de la vie, singulièrement ceux du logement, a un fort impact sur les budgets modestes.

7. *Pauvreté laborieuse*

Les préoccupations se renforcent à l'égard des travailleurs pauvres. Ces derniers sont des individus en situation professionnelle précaire, mais aussi, la pauvreté se mesurant non pas à l'échelle individuelle mais à celle du ménage, des personnes vivant dans des familles à faibles revenus, même avec des emplois stables.

8. *Dépendance accrue aux prestations*

Si les taux de pauvreté restent relativement constants, c'est, entre autres raisons, parce que les dépenses sociales en général et les dépenses spécifiques pour remédier à la pauvreté augmentent.

9. *Urbanisation*

Tandis que la pauvreté se stabilisait en moyenne nationale, elle augmentait dans les métropoles. Plus que l'urbanisation de la pauvreté, c'est sa concentration urbaine qui inquiète.

10. *Dimension migratoire plus prononcée*

Pour illustrer la plus grande part prise par l'immigration dans la pauvreté, signalons qu'au milieu des années 1980, à la création des Restos du Cœur, il suffisait de parler français pour se faire comprendre. Dans les années 1990, il a fallu trouver des traducteurs pour des langues de l'ex-bloc soviétique. Aujourd'hui, il faut pouvoir se débrouiller avec un ensemble bien plus étendu de langues du monde.

Au-delà de ces dix transformations, se pose, de façon très perceptible, la question de la grande pauvreté. Incarnée singulièrement par les sans-abri à la rue, les bidonvilles et les campements de migrants aux statuts variés, elle échappe à la statistique commune qui s'élabore à partir des ménages logés. Cette dimension matérialise concrètement les réalités et les évolutions du dénuement.

Julien Damon

Membre du conseil scientifique et d'évaluation

La société inclusive est une société qui accueille chacun de ses membres sans distinction. Plutôt que de les nier ou de les exclure, elle prend en compte les singularités et fait en sorte d'offrir à chacun la possibilité de bénéficier des mêmes chances. Une société inclusive est une société qui appartient à tous, qui fait des singularités sa richesse, sans viser à la normalisation comme dans les politiques d'assimilation, ni en rejetant ces singularités dans les marges sous prétexte de protection.

Sophie Cluzel

Depuis 2001, l'utilisation de critères liés à l'âge est susceptible de constituer une discrimination. Quelles en sont les conséquences ? En France, depuis longtemps, entreprises et autorités publiques se réfèrent à l'âge pour définir leur politique en matière d'emploi, en faisant appel à des catégories telles que les jeunes ou les seniors, par exemple. Or, depuis 2001, l'utilisation de critères liés à l'âge est susceptible de constituer une discrimination. Quelles sont les dynamiques qui sous-tendent la lutte contre ce type de discrimination en matière d'emploi ?

Qui en sont les acteurs et de quels moyens disposent-ils pour promouvoir l'égalité dans ce domaine ? Quelle est l'ampleur du chemin à parcourir pour éliminer les préjugés liés à l'âge dans le monde du travail ? Ces questions sont d'une importance particulière à l'heure où il s'agit de favoriser l'accès des jeunes actifs à un premier emploi tout en maintenant plus longtemps les seniors dans la vie professionnelle.

En santé, un jumeau numérique exécute de nombreuses simulations afin d'étudier une multitude de processus. Dans le monde industriel, un jumeau numérique est la représentation virtuelle d'un objet ou d'un système mis à jour à partir de données en temps réel et qui utilise la simulation, l'apprentissage automatique et le raisonnement pour faciliter la prise de décision. C'est un ensemble de fichiers numériques qui dupliquent la réalité, et sur lesquels des traitements sophistiqués sont appliqués.

Un jumeau numérique dépasse le simple outil de simulation. Une simulation s'inscrit généralement dans un processus particulier alors qu'un jumeau numérique peut lui-même exécuter toutes sortes de simulations afin d'étudier plusieurs processus, incluant maintenant tout ce que les outils d'intelligence artificielle (IA) apportent.

En disposant de données de meilleure qualité et constamment mises à jour, relatives à un large éventail de domaines, combinées à la puissance de calcul qui accompagne un environnement virtuel, les jumeaux numériques sont en mesure d'étudier davantage de questions à partir de points de vue bien plus nombreux que ne le permettent les simulations standards. Leur potentiel d'amélioration des produits et des processus est bien supérieur.

Tout comme elle a révolutionné nos méthodes de communication et nos systèmes financiers, l'application de la technologie au domaine de la santé transforme la façon dont les soins sont dispensés. Face à l'évolution de la démographie médicale, aux inégalités territoriales d'accès aux soins, à la hausse de la prévalence des maladies chroniques ou encore au vieillissement de la population et à la prise en charge de la dépendance, les technologies numériques recèlent d'énormes ressources pour améliorer les systèmes de santé.

De la santé mobile à la génomique, en passant par l'exploitation des données issues de l'intelligence artificielle et la possible création

Sophie Cluzel, *Politique du handicap : pour une société inclusive*, Fondapol, avril 2019

SUR FONDAPOL.ORG

Christophe Marques, Nicolas Bouzou, « *Éradiquer l'hépatite C en France : quelles stratégies publiques ?* », janvier 2015

Nicolas Bouzou, *Un accès équitable aux thérapies contre le cancer*, novembre 2013

Nicolas Bouzou, *Réformer la santé : trois propositions*, novembre 2011

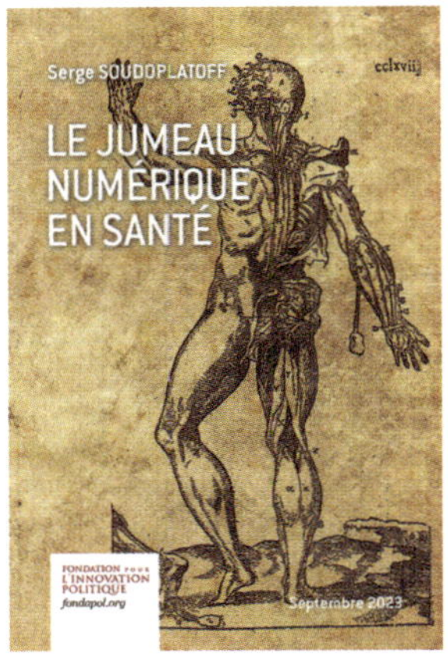

Serge Soudoplatoff, *Le jumeau numérique en santé*, Fondapol, septembre 2023

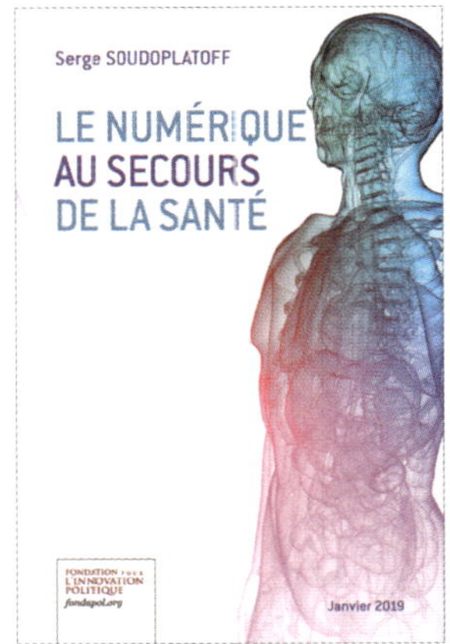

Serge Soudoplatoff, *Le numérique au secours de la santé*, Fondapol, janvier 2019

Élisabeth de Castex, *L'utérus artificiel et la reproduction humaine*, Fondapol, décembre 2024

de notre double numérique, la médecine est sur le point d'être révolutionnée.

Le domaine de la santé est extrêmement complexe, dans tous les sens du terme. Le corps humain est un objet très sophistiqué. À cette complexité physiologique s'ajoute une complexité organisationnelle. Les traditionnelles méthodes de gestion hiérarchique et les silos ne sont pas très efficaces lorsqu'il s'agit d'appréhender un individu dans son fonctionnement systémique. Le médecin de ville, l'infirmier, l'hôpital, le kinésithérapeute, l'acuponcteur, etc., œuvrent tous sur un même individu. Et pourtant, ils ne communiquent pas toujours efficacement entre eux, laissant souvent cette fonction à la charge du patient lui-même.

Il reste une complexité, celle du modèle économique. La santé n'a peut-être pas de prix, mais elle a un coût. Malheureusement, c'est un système opaque : qui paye quoi est une question souvent difficile à aborder, d'autant plus que les pays ont des modèles économiques fondamentalement différents, rendant la comparaison difficile. La logique économique n'inclut pas tout ce qui contribue à la santé. Pourtant, si l'on prend la définition de la santé par l'Organisation mondiale de la santé (OMS), qui inclut les aspects de bien-être, alors passer un week-end reposant à la montagne devrait être remboursé par la Sécurité sociale.

Tous ces problèmes d'organisation sont bien connus dans d'autres industries. Le numérique est la technologie qui a permis de faire face à ces complexités, d'améliorer les processus, et donc de rendre le système plus efficace.

La grande innovation qu'apporterait le jumeau numérique en santé serait, *a minima*, d'être le support numérique qui permettrait à toutes les parties prenantes de la santé d'avoir une vision commune sur un même individu.

Serge Soudoplatoff

Le monde de la santé est entré dans une ère d'innovations radicales. Télémédecine, big data, intelligence artificielle, robotique ou encore génomique, ces disciplines médicales naissantes et aux progrès fulgurants vont propulser l'avènement d'une médecine plus prédictive, préventive, personnalisée et participative. Le système, en proie à de fortes inerties, se trouve donc confronté au défi de son adaptation en continu. Freinées par un cadre réglementaire rigide, une administration en manque de réactivité, des structures lourdes et des ressources financières

Comment l'humain se reproduira-t-il à la fin du siècle

Depuis une cinquantaine d'années, de nouvelles technologies médicales permettent de réaliser des étapes de la reproduction humaine en laboratoire, en dehors du corps humain : fécondation en laboratoire, apport de gamètes (ovocytes et spermatozoïdes) et d'embryons provenant de tierces personnes, congélation de gamètes et d'embryons, choix d'embryons après séquençages génétiques… D'autres technologies pourraient compléter ce processus d'externalisation de la reproduction humaine : des recherches ont pour objectif la création en laboratoire de pseudo-gamètes et de pseudo-embryons* à partir de cellules souches ; des utérus artificiels sont testés dans l'idée de sauver les enfants prématurés ; l'hypothèse d'interventions sur le génome des embryons fait l'objet de débats…

Ce processus d'externalisation et de technicisation de la reproduction humaine s'inscrit dans un contexte caractérisé par :

– Une tendance internationale de baisse de la fertilité ;

– Une pénurie de gamètes en France face aux demandes croissantes de fécondation in vitro[1] et un objectif d'« *d'autosuffisance nationale* » pour ces gamètes ;

– La mise en place d'une économie de la reproduction, marché de gamètes et d'embryons en ligne, tourisme médical et cliniques de la fertilité, favorisant le développement d'intermédiaires du secteur lucratif.

Des avancées technologiques se conjuguent à de nouveaux enjeux sociaux et économiques. Désir d'enfant, d'une parentalité génétique pour les familles, enjeu fondamental de la reproduction et de la survie de la société à travers sa descendance : jusqu'où aller, dans ce contexte, entre extraordinaires avancées en santé reproductive et volonté de contrôle de la reproduction ?

Il devient nécessaire de réfléchir aux différents scénarios possibles liés à l'usage de ces technologies, aux enjeux découlant de la possibilité pour les humains de procréer et pour les enfants de venir au monde, dans les deux cas, de différentes manières. Si certaines de ces technologies sont considérées, dans certains pays, comme des lignes rouges infranchissables, il semble raisonnable, dès lors qu'elles sont techniquement envisageables, de se pencher sur les enjeux de leur éventuelle utilisation, voire de leur banalisation.

Pour l'ensemble des technologies de la reproduction humaine externalisée, la même vigilance s'impose vis-à-vis d'enjeux d'égalité d'accès aux technologies, de normalisation des générations à venir, du risque de contraintes implicites et de discriminations ; et plus généralement à l'égard du respect intangible de l'humain.

La nécessité de disposer d'un cadre stable pour la recherche, le besoin pour la société de parvenir à un consensus dans un domaine portant sur la reproduction humaine, rendent ainsi impérative l'ouverture d'une discussion publique portant sur le statut des « pseudo-embryons" et ce qui les distingue des embryons « classiques ». Le problème réside dans le fait que certains des « pseudos-embryons », ceux qui sont « intégrés », ressemblent de plus en plus à des embryons classiques, même si « *à ce jour* » ils ne constituent pas des embryons, précise un avis du conseil d'orientation de l'Agence de biomédecine**.

Élisabeth de Castex
Membre du conseil scientifique et d'évaluation

* Voir ministère des Solidarités et de la Santé : Plan ministériel pour la procréation, l'embryologie et la génétique humaines (PEGh), pour la période 2022-2026, [en ligne].
** Agence de Biomédecine. Avis du Conseil d'Orientation de l'Agence de la biomédecine. Octobre 2023.

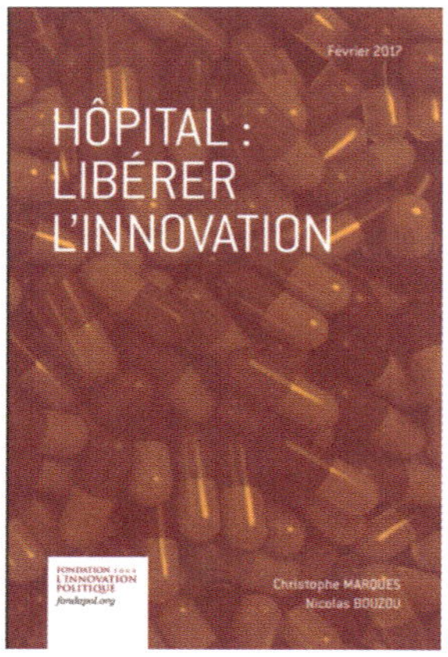

Christophe Marques, Nicolas Bouzou, *Hôpital : libérer l'innovation*, Fondapol, février 2017

Patrick Negaret, *De l'assurance maladie à l'assurance santé*, Fondapol, février 2017

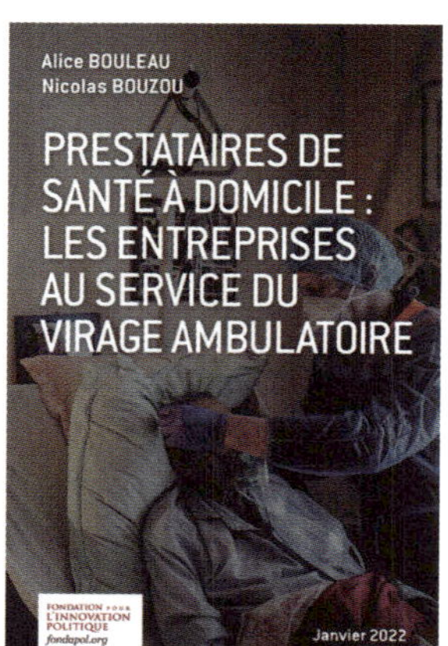

Alice Bouleau, Nicolas Bouzou, *Prestataires de santé à domicile : les entreprises au service du virage ambulatoire*, Fondapol, janvier 2022

limitées, les adaptations organisationnelles et technologiques du secteur hospitalier sont dramatiquement lentes. La problématique du numérique est un cas d'école. Alors que la société française entre de plain-pied dans l'ère du digital, l'hôpital affiche en la matière pas moins de quinze années de retard. Dans un environnement aux progrès technologiques aussi rapides que radicaux, il faut aider l'hôpital à faire preuve d'initiative, de flexibilité et de réactivité afin de se maintenir à la pointe de la modernité et assurer aux patients les meilleurs soins possibles.

Pour l'y aider, nous formulons ici trois préconisations :

– Enclencher un ambitieux programme de simplification propre au domaine de la santé, avec notamment une adaptation rapide et évolutive de la réglementation, des régimes d'autorisation et des tarifs réglementés. Le législateur doit notamment gagner en réactivité sur le sujet de la télésanté ;

– Introduire de nouveaux outils de financement de l'innovation hospitalière, notamment en sollicitant des fonds privés. Pour cela, nous préconisons l'expérimentation de *Health Impact Bonds* ;

– Intégrer aux hôpitaux des incubateurs pour les start-up de la santé. Le but est de rapprocher de jeunes entreprises innovantes et prometteuses de leur clientèle pour les aider à développer des produits plus adaptés aux besoins et aux contraintes de terrain.

Les soins ne sont qu'une partie de la santé. La dégradation lente et inéluctable de notre système de santé nécessiterait des mesures fortes, structurelles, qui s'attaquent aux causes de cette situation. Continuer dans la voie actuelle aboutit à une lente érosion de la prise en charge par l'assurance maladie, à une augmentation régulière des prélèvements, et à la permanence du déficit. Malgré des soins de haut niveau et une certaine qualité des soins courants, les faits sont éloquents : difficultés d'accès aux soins, résultats sanitaires souvent moyens, mécontentement des établissements de soins et des professionnels de santé, voire des assurés sociaux, gaspillages récurrents.

Outre les nécessaires réformes pour remédier à ces problèmes multiples, un constat devrait guider l'action : la partie la plus importante et dynamique des dépenses de santé repose sur les affections chroniques. Et il est possible de parvenir à limiter cette progression en modifiant notamment les comportements individuels.

Les soins ne sont qu'une partie de la santé et une véritable politique de santé ne saurait se résumer à toujours dépenser plus pour les soins. Au-delà de son rôle traditionnel de prise en charge des frais de santé, l'assurance maladie doit évoluer dans son approche et donner aux individus qu'elle est censée protéger les moyens de gérer leur capital santé.

Les prestataires de soins à domicile. La crise sanitaire actuelle provoquée par la Covid-19 a montré à quel point un système de santé universel efficace et réactif était crucial. Depuis plusieurs années maintenant, pour faire face à l'augmentation de la demande de soins, les politiques publiques cherchent des solutions adaptées. Le système des prestataires de soin à domicile (PSAD) fait partie de la solution. C'est ainsi que s'est développée une médecine ambulatoire, ne sollicitant qu'une brève présence du patient dans les lieux de soins traditionnels. De tous les outils nécessaires à ce type de prise en charge, les PSAD sont de loin les plus méconnus. En permettant à des millions de personnes d'être suivies et soignées à domicile, ils sont au cœur du virage ambulatoire.

Ces entreprises et associations sont aujourd'hui insuffisamment reconnues et régulées, leur place même dans le domaine de la santé est parfois vue comme problématique. Notre étude présente leur fonction exacte, la contribution que les PSAD peuvent apporter au système de santé, et éclaire le débat qui entoure les relations entre les entreprises et la santé. *In fine*, nous avançons trois propositions pour redonner aux PSAD un rôle moteur dans le virage ambulatoire : l'organisation d'États généraux du soin à domicile, la définition d'une liste encadrant précisément les missions des PSAD et l'instauration d'un nouveau mode de fixation des prix.

3. Perpétuer les valeurs de l'humanisme

Le débat sur la fin de vie est empêché par l'euphémisation du vocabulaire. Si la question de la mort programmée occupe depuis quelques mois une place médiatique importante, elle s'inscrit dans de subreptices glissements sémantiques qui génèrent de graves confusions. La fin de la vie est nécessairement redoutée. L'euphémisation du vocabulaire voudrait laisser croire que la suppression des mots efface la crudité des actes et la méconnaissance du sens exact des termes altère fondamentalement le débat.

Le militantisme pro-euthanasie commence par la transformation délibérée du lexique. Qu'il s'agisse de la lénifiante expression d'« aide à mourir » pour signifier la mort provoquée ou du mésusage du vocable « euthanasie », employé pour évoquer un arrêt de traitement, les mots peuvent être trompeurs. Leur restituer leur signification exacte est un préalable indispensable à tout débat juste sur ce sujet d'une immense complexité.

On ne peut parler d'« aide active à mourir », sans considérer les leçons inquiétantes des législations étrangères. Le débat sur la légalisation de ce que nous sommes peu à peu invités à désigner par « l'aide active à mourir » c'est-à-dire l'euthanasie et/ou le suicide assisté, peut être appréhendé sous un angle philosophique, éthique et médical. Mais les arguments échangés de part et d'autre laissent une part importante à la rhétorique et sont souvent marqués par des expériences personnelles faisant appel à l'émotion. Les leçons des législations étrangères ayant choisi cette voie au nom de l'autonomie de la personne ont le mérite, elles, d'être objectives. L'analyse de ces expériences, nourrie par des statistiques officielles, des études scientifiques, de la jurisprudence, livre plusieurs enseignements. Le plus souvent l'aide active à mourir s'apparente à de l'euthanasie.

L'élargissement des conditions légales initiales, la liberté d'interprétation de l'état des personnes, la perception par celles-ci d'être un fardeau pour la société, l'absence effective de contrôle expliquent la hausse régulière de ces pratiques. Ce bilan permet de douter de l'effet bénéfique de cette législation sur la réalité du mal mourir dans nos sociétés. Parce qu'incompatible avec les actes médicaux, cette réglementation présentée comme complémentaire des soins palliatifs, n'a pas été intégrée dans le droit de la santé publique. Cette rupture anthropologique aurait en revanche pour conséquence des réductions de dépenses de santé, sans que cet objectif ne soit ouvertement assumé.

Pascale Favre, *Les mots de la fin de vie. Na pas occulter les termes du débat*, Fondapol, mars 2024

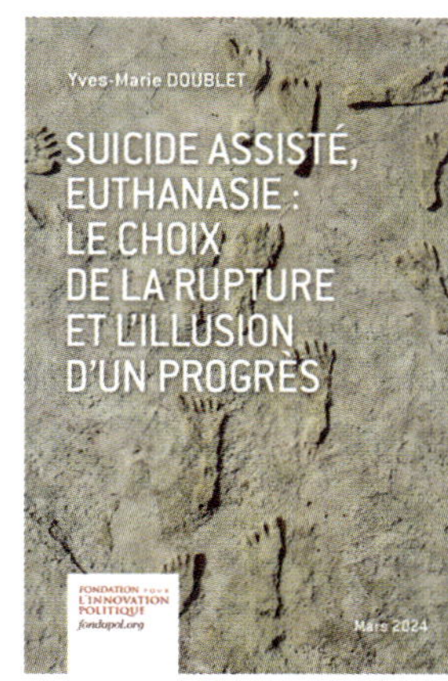

Yves-Marie Doublet, *Suicide assisté, euthanasie : le choix de la rupture et l'illusion d'un progrès*, Fondapol, mars 2024

Emmanuel Hirsch, *L'hospitalité : une éthique du soin*, Fondapol, décembre 2011

La dignité humaine est inconditionnelle. Lorsque, au cœur de la nuit, un soignant anonyme puise dans la singularité de son humanité les mots qui permettent de renouer avec la vie, dissipant l'effroi et l'envie « d'en finir au plus vite ». Lorsqu'à travers de longues heures de lutte, une équipe chirurgicale sauve de la mort celui que la maladie avait semblé condamner. Lorsque, dans un établissement d'hébergement pour personnes âgées dépendantes, une personne atteinte de la maladie d'Alzheimer est accompagnée avec sollicitude et tendresse dans son errance jusqu'au terme d'un étrange parcours. Lorsqu'à la clinique des Libertés, à Bagneux, des professionnels n'abdiquent pas et préservent la qualité d'une relation de soutien, y compris avec la personne toxicomane qui renonce à poursuivre ses traitements. Lorsque dans nos rues, toutes les nuits, les bénévoles et les professionnels de la maraude persévèrent dans leur exigence de témoigner une présence à celle ou à celui qui n'a plus même le sentiment d'exister. Lorsque, au nom de la Cité, les membres du collectif « Les Morts de la rue » accompagnent vers le cimetière de Thiais les « sans-noms » disparus bien avant leur mort, auxquels ils reconnaissent une inconditionnelle dignité… Ces quêteurs de l'éthique, constamment en position d'éveil, et parfois en posture de résistance, défendent et préservent une conception universelle de l'engagement éthique et des valeurs du soin. Je suis convaincu qu'ils permettent, aujourd'hui encore, de vivre dans leur plénitude les valeurs de dignité, de respect, d'égalité et de fraternité. Celles qu'il m'a été donné de découvrir avec une telle intensité dans nos hôpitaux, ce cœur de la Cité.

EMMANUEL HIRSCH

La triade républicaine, « Liberté, Égalité, Fraternité », frappe par sa cohérence. Loin d'amalgamer au hasard des bons sentiments ou des slogans publicitaires, l'ensemble des trois idéaux véhicule une vision du monde indivisible, où une certaine idée (absolue) de la liberté appelle une pratique désenchantée de l'égalité et la construction d'une fraternité profane des déracinés. La cohésion ainsi dessinée doit être qualifiée de « laïque » – en l'acception française du mot – parce qu'elle coupe nos valeurs cardinales de toute fondation religieuse ou théologique.

En invoquant le renversement socratique – qui substitue aux soucis célestes une enquête très terrestre –, la pensée française, dès Montaigne, rompt avec l'éthique religieuse en général et chrétienne en particulier. Le plus long chapitre des *Essais*, l'Apologie de Raymond Sebond, constitue le manifeste à peine déguisé d'une laïcité radicale, désormais intrinsèquement nationale, « l'absolu possible de la foi s'efface sous les preuves quotidiennes de la relativité humaine[13] ».

L'unicité de la triade républicaine est athéologique. Pourquoi trois idéaux clés, sinon qu'ils répondent en toute inconscience mais point par point aux trois valeurs théologiques censées rattacher les créatures au Créateur ?

À la foi – *fides*, ce lien indissoluble entre l'homme et Dieu –, succède une liberté plus forte que n'importe quelle foi, puisqu'elle est capable de révoquer en doute les certitudes et les sentiments supposés inébranlables :

« Il est toujours possible de nous retenir de poursuivre un bien clairement connu ou d'admettre une vérité évidente, pourvu que nous pensions que c'est un bien d'affirmer par là notre libre arbitre. » (Descartes, *Lettre au Père Mesland*, 9 février 1645).

13. Hugo Friedrich, *Montaigne*, Gallimard, 1967, p. 115.

Cette liberté première et suprême met hors-jeu la primauté de la foi prescrite par le Credo[14].

À la charité, vertu théologique, se substitue l'égalité, lutte de tous avec tous pour la reconnaissance et la dignité. On l'a vu, l'égalité ne peut être fondée en nature, c'est l'inégalité qui est naturelle. L'égalité ne relève pas davantage d'une grâce surnaturelle, c'est ici et maintenant, dans la prose de la vie quotidienne, qu'opère le travail sans fin de l'égalisation des inégalités.

La charité vise une image de l'Homme que l'acte charitable restitue dans la religion céleste ou crée *ex nihilo* dans des idoles profanes. En revanche, l'égalité n'a pas de modèle extérieur, ni Adam régénéré ou rédimé ni homme futur. Distinguons ici deux types d'engagement inconciliables. Le premier – dont relève entre autres la charité – implique une production qui s'accomplit dans une œuvre extérieure, une statue, une paire de souliers. Le second est une action, où produit et producteur ne font qu'un ; c'est le travail de soi sur soi qu'exerce un individu qui s'auto-éduque ou une société qui s'invente un mode de vie. La lutte pour l'égalisation relève de ce deuxième type. Aristote la désigne comme « praxis » par opposition à la « poiésis », production du premier type.

L'espérance, troisième vertu théologique, cède la place à la vertu quasi-antonyme de la fraternité du désespéré, celle du citoyen qui – ébranlé, désenchanté ou déraciné – s'oblige, par lucidité, à se méfier de ses espérances. Rien, là, n'introduit au pessimisme le plus noir. La mise en doute des espoirs trop affirmatifs est une règle prudentielle constitutive de la philosophie grecque : l'espérance était cadeau empoisonné des Dieux (via Pandore), spécifiquement ourdi pour affoler et perdre les hommes (selon Hésiode). L'expérience des guerres de religion confirma cette révocation, « À tuer les gens, il faut une clarté lumineuse et nette », dit Montaigne. Trouvez clarté plus lumineuse que l'espérance, elle guide la bombe humaine.

Jadis (souvent aujourd'hui encore), les préceptes qui conduisaient l'action paraissaient déduits de vérités incorruptibles : le ciel ne ment pas, la révolution ne ment pas, la terre ne ment pas… Mal nous en prend, la terre, le sang, la révolution, le peuple sont des puissances trompeuses, et même si Dieu ne ment pas, les hommes se mentent à son sujet. Nos valeurs ne peuvent se soutenir d'une divinité qui soit n'existe pas, soit (selon Pascal) se cache. Ni la liberté, ni l'égalité, ni la fraternité ne se réclament en France d'un bien suprême, mais toutes trois de son absence. La France a inversé l'ordre des fondements éthiques, elle ne part pas du plus haut, elle raisonne en partant du plus bas que terre. Le socle des valeurs ne réside plus dans la recherche de Cythère. Depuis les guerres de religion, l'antidestin français parie que l'entente citoyenne fondée sur (et contre) les maux est première. À chacun son dieu, à tous l'expérience partagée ou partageable du mal. Les terribles épreuves du XXe siècle ont convaincu l'Europe, et parfois la planète, de la nécessité de combattre l'inhumain avant que de s'atteler au surhumain. Ce qui confère aux valeurs françaises un dynamisme contagieux et un certain parfum d'universalité.

La liberté lutte contre la liberté du crime. L'égalité combat l'inégalité sans cesse renaissante. La fraternité est une union sans communion. Mystiques et platoniciens se récrient : le mal n'est que défaillance du bien. Pour le citoyen, confronté aux durs pépins de la réalité, le bien est la défaillance souhaitée du mal. Ce fut la voie choisie par la médecine occidentale décidant d'être à l'affût des désordres, définissant la santé avec modestie comme ce qui résiste aux

André Glucksmann, *Liberté, égalité, fraternité*, Fondapol mai 2011

SUR FONDAPOL.ORG

François Ewald, *Une ambition pour les Français. Transformer la mondialisation en civilisation*, mars 2007

Dominique Reynié (dir.), 2011, *La jeunesse du monde. Une enquête internationale*, Éditions Lignes de Repères, septembre 2011

14. Ferdinand Alquié, *La Découverte métaphysique de l'homme chez Descartes*, PuF, 1959, p. 292.

Luc Ferry, *Révolution des valeurs et mondialisation*, Fondapol, janvier 2012

maladies. À vouloir en revanche distribuer une santé reine, le gourou se substitue au soignant et le trou de la sécurité sociale devient aussi infini que les thérapies censées conférer l'immunité des corps et le ravissement des âmes. Retour sur terre, où les vertus sont nos garde-fous et où le fou, c'est nous.

André Glucksman

Quel monde allons-nous laisser à ceux que nous aimons le plus ? Avec l'invention du mariage d'amour, c'est-à- dire du mariage choisi par amour et pour l'amour, ce n'est pas seulement le divorce qui devient légal et nécessaire, c'est aussi un lien aux enfants jusqu'alors inconnu qui s'installe dans les familles : les produits de l'amour, en général, sont aimés, eux aussi. On a sans doute toujours plus ou moins aimé les enfants – encore que le Moyen Âge ne semblât guère porté à cet amour-là si l'on en croit les travaux des plus grands médiévistes, par exemple ceux de Jean-Louis Flandrin, sur le sujet –, mais ce qui est clair, c'est que la fondation du mariage sur le sentiment va changer radicalement la donne et susciter un amour passionnel des enfants jusqu'alors inconnu. C'est à l'évidence cette mutation fondamentale qui va, sans qu'on s'en aperçoive, faire émerger une nouvelle question politique cruciale, celle qui est en passe de remplacer les vieilles lunes de la politique traditionnelle : quel monde allons-nous laisser à ceux que nous aimons le plus ? Cette question va rouvrir l'avenir, elle donnera du sens et permettra dans une certaine mesure de légitimer à nouveau certaines formes de sacrifice.

Mais, dans cette affaire, la nouveauté la plus remarquable, c'est qu'à la différence des anciennes valeurs mortifères de la nation et de la révolution, elle n'est pas transcendante par rapport à l'humanité, mais incarnée en elle, de sorte que les efforts qu'elle requiert ne sont plus nécessairement mortels. Ce sont ainsi toutes les questions cruciales de la grande politique qui vont se recomposer sous son égide, c'est-à-dire sous la bannière du souci à moyen et long terme des générations futures : celle de la dette publique, bien sûr, mais aussi du choc des civilisations, de la régulation financière et écologique, de la protection sociale dans ce jeu de dumping économique et commercial qu'on appelle la « mondialisation ».

Par où un espoir commence à poindre qu'on puisse un jour dépasser enfin ce fléau des sociétés occidentales qu'est le «courtermisme», redonner, grâce au souci de ceux qui viennent après nous, non seulement le goût de l'effort, voire le sens du sacrifice, mais aussi le souci du long terme, comme on le voit déjà dans l'écologie contemporaine qui n'est pas pour rien le seul mouvement politique nouveau depuis deux siècles : malgré tous les défauts qu'on peut bien lui trouver, force est de reconnaître qu'il fut, en effet, le premier à comprendre le sens et la portée de la question des générations futures. C'est à partir de ce nouveau foyer de sens qu'il faudra désormais bâtir un programme politique digne de ce nom, en regroupant et hiérarchisant sous son égide toute la multiplicité des projets particuliers.

Luc Ferry

La démocratie est une tâche commune. Que la fraternité soit la démocratie mise en œuvre, du moins la démocratie moderne, cela éclate au moment de sa fondation. D'une manière moins exaltante, elle est aussi l'exigence qui s'impose quand, comme actuellement, la démocratie semble épuisée et énervée, près de passer la main au régime de la nécessité, que le droit et l'économie paraissent qualifier pour imposer universellement. Cette mise en œuvre de la démocratie qualifie les relations sociales qu'elle suppose et appelle en même temps le style d'implication civique qui y correspond. Il est logique que ce soit dans la France d'après 1789 que cette idée s'est implantée, non sans hésitations mais de manière tenace : la nouveauté démocratique y a été reçue de front, sans la transition qu'ont constituée ailleurs les régimes où l'identité confessionnelle de l'État a été conservée tout en s'effaçant progressivement. Aujourd'hui, les démocraties postprotestantes, dont l'Angleterre est l'archétype, voient s'affaiblir les appuis dont elles bénéficiaient, aussi bien le nationalisme que le consensus moral hérité. Comme le montrent aussi bien la crise de leurs systèmes « multiculturalistes » que l'explosion des inégalités et l'acceptation publique de tous les moyens de s'enrichir, ces nations sont en manque d'une éthique sociale et même d'un langage commun. Les difficultés des Français sont différentes. Depuis une bonne vingtaine d'années, on les voit régulièrement manifester leur refus d'un système aussi cynique que celui dont la City est le centre, en Europe. Leur État dispense tant de garanties et de compensations que la montée de l'inégalité y est mieux maîtrisée qu'ailleurs. Il est pourtant évident que s'il y a dans notre comportement collectif une part d'attachement obstiné à la fraternité, c'est un attachement nostalgique qui se manifeste plus par des refus que par des engagements.

Cela s'explique par le fait qu'affirmée en principe, la fraternité est souvent restée à l'arrière-plan de notre éthique collective, en fait relayée par des visions sociales plus actives qui ont contribué aussi à l'occulter : le patriotisme rationalisé en solidarisme et le sentiment de classe chargé de ferveur et d'utopie qu'on a célébré en 1936 et même, à contretemps, en 1981. L'effacement de ces relais fait aujourd'hui apparaître la fraternité comme une question qui fait retour sans qu'on puisse pour autant l'identifier comme une entreprise actuelle.

Que l'on considère sa branche française ou sa branche anglaise, la démocratie en Europe apparaît incontestée et seule, devant désormais assurer son incarnation sans aide extérieure. Seule, mais aussi déchirée entre son programme égalitaire et son anthropologie individualiste qui fait exploser la concurrence des droits, les inégalités, le cynisme du gagnant. De ces effets mal anticipés de 1989, on se plaint beaucoup, du moins en France, mais sur un mode déresponsabilisant, puisque la démocratie est pour nous, non pas une tâche commune, mais un droit absolu, ce qui devrait être, ce qu'on exige d'un État qui n'en peut mais. Ainsi dogmatisée et idéologisée, la démocratie est une manière de culpabiliser les citoyens qui fuient l'espace public ou bien renvoient les reproches qu'on leur adresse aux censeurs et aux victimes qu'ils disent défendre. Dans ce drame de la démocratie encensée et ébranlée, la fraternité, rappelant que la démocratie est une tâche commune, n'est qu'une idée, mais une idée indispensable pour activer et rapprocher les ressources civiques, morales et spirituelles d'un peuple, de la même manière qu'elle peut, particularité non close, l'ouvrir à l'humanité.

Paul Thibaud

Plus la société repose sur les seuls liens « civiques » plus elle s'expose à ne tisser entre les individus que des liens fragiles. La définition que l'on peut appeler morale ou spirituelle, l'engagement à l'égard de soi et à l'égard de l'Autre, l'« action de se lier par une promesse ou une convention », la « promesse

Paul Thibaud, *La fraternité*, Fondapol, juin 2011

SUR FONDAPOL.ORG
Michel Maffesoli, *Morale, éthique, déontologie*, octobre 2011

de fidélité en amour, liaison ou union qui en résulte », pour reprendre la formule du Petit Robert, garde un horizon transcendantal. C'est un lointain écho de la promesse chrétienne héritée de la promesse qui lie Dieu à son peuple élu, que le mariage chrétien, puis civil, traduisait dans l'ordre humain et renouvelait en acte lors de chaque cérémonie de mariage. Elle tend aujourd'hui à s'affaiblir.

Le lieu « vide » du pouvoir démocratique, pour reprendre une formule de Claude Lefort, est fondé sur l'utopie d'une volonté collective d'hommes, purement et seulement humains, réunis par le débat rationnel en vue de régler les affaires de leur vie commune. La société démocratique se veut autonome, exclusivement humaine, elle n'accepte plus de principe de légitimité hétéronome, qu'il soit de l'ordre de la tradition ou du sacré. Or les hommes ne se comportent pas toujours de manière rationnelle et raisonnable. L'idée que, de leurs débats, peut naître nécessairement la volonté générale, ou le bien commun, n'est pas fondée sur l'observation directe de leurs comportements. Plus la société repose sur les seuls liens « civiques », ceux qui sont entretenus, au nom de la citoyenneté, par les institutions juridiques et politiques, moins elle fait appel aux passions religieuses ou ethniques qui relient les hommes autour de pratiques et de rituels en entretenant la participation des individus au projet collectif, plus elle s'expose à ne tisser entre les individus que des liens fragiles.

Si la société démocratique devient « extrême », les individus risquent de céder au vertige de leur aspiration à l'indépendance en négligeant les contraintes de l'ordre social ainsi que les divers engagements, personnels et collectifs, qui assurent toutes les formes de « sûreté », pour reprendre le terme de l'article 2 de la Déclaration des droits de l'homme et du citoyen de 1789. L'individualisme et l'affaiblissement du sentiment du bien commun menacent des sociétés fondées sur la seule idée de l'autonomie des individus-citoyens et du projet de construire une société humaine ignorant toute légitimité hétéronome et repoussant toute forme de transcendance. La démocratie « extrême » est-elle bien armée pour faire face aux défis du temps et aux menaces extérieures ?

Seule pourtant la valeur accordée à l'engagement par lequel se transmettent les valeurs communes et qui garantit la sécurité permet de compenser les dérives qui peuvent naître de l'individualisme et de l'immédiateté de la démocratie « extrême ». Seule elle permet de donner un sens à l'avenir, donc au destin individuel et collectif.

DOMINIQUE SCHNAPPER

La « distanciation sociale » peut-elle donner lieu à une « distanciation intime » ? Avec la Covid-19, l'obligation des « gestes barrières » a reconfiguré les seuils et les frontières délimitant notre espace personnel et le préservant de toute intrusion de l'autre, devenu potentiellement dangereux et contaminateur. Quels changements cette nouvelle grammaire relationnelle entraînera-t-elle, en tout cas pour un temps, pour l'économie intime et affective de nos vies ? La « distanciation sociale » instaurée et acceptée dès lors qu'elle engage une présence dans l'espace public peut aussi se transformer en « distanciation intime » et éloigner même les plus proches. Verra-t-on plus de partage, de générosité, de conscience de l'altérité ou plus de repli, de fermeture et d'égoïsme ?

ANNE MUXEL

Dominique Schnapper, *L'engagement*, Fondapol, mai 2011

Anne Muxel, *De la distanciation sociale à la distanciation intime*, Fondapol, juin 2020

SUR FONDAPOL.ORG

Corine Pelluchon, *Écologie et libéralisme*, août 2011

Madeleine Hamel, *Covid-19 : cartographie des émotions en France*, mai 2020

4. Transmettre vivantes nos libertés

Eu égard au passé et à l'état du monde contemporain, ce que nos sociétés ont réalisé le plus complètement est sans doute la liberté. Nous vivons dans un système institutionnel et politique libéral et démocratique. Hélas, le plus souvent, en France le mot « libéral » est ignoré, défiguré ou rejeté. De gauche ou de droite, beaucoup confondent, sciemment ou pas, le « libéralisme » avec l'idée de jungle, alors qu'il appelle au contraire l'idée de régulation. Beaucoup ignorent, ou feignent d'ignorer, que la liberté, dont ils dénoncent les manques, le caractère fictif, derrière laquelle ils trouvent même les dominations les plus tyranniques, est ce dont ils jouissent le plus et, ce à quoi ils tiennent profondément. Malgré eux, parfois contre eux, mais pour eux aussi, il faut protéger la liberté. Ce n'est pas un objet que nous pouvons détenir ; nous ne pouvons en être que les gardiens. La liberté est une faculté de l'humanité dont la jouissance n'est pas assurée alors qu'elle est essentielle à la dignité humaine. La liberté s'accomplit vivante. Elle doit être transmise vivante. La culture et les institutions qui l'incarnent doivent être préservées des attaques, doivent s'opposer à l'ignorance, doivent s'offrir en partage avec le plus grand nombre, contre le monopole de quelques-uns, et se transmettre dans leur intégrité aux nouvelles générations.

Or il se peut que le XXIe siècle soit marqué par un déclin de la liberté. Des signes tangibles nous le suggèrent : retour de la censure, wokisme… Paradoxalement, ce qui était à l'origine une promesse d'universalisation de la liberté par les technologies de l'internet, s'est mué peu à peu, au travers des réseaux sociaux, en une forme de contrôle et de restriction des libertés. Le nouvel espace virtuel, ouvert à tous, s'est laissé investir par des militants, des activistes de nature diverses, qui en appellent à la censure ; ce sont parfois les héritiers de traditions libertaires, et il arrive même qu'ils s'en réclament.

On peut illustrer le sort de la liberté au XXIe siècle en considérant trois grandes menaces qui pèsent sur elle. Le nouvel espace public et les plateformes qui le contrôlent, l'islamisme et les États despotiques.

Les menaces de privatisation de l'espace public. Nous avons mené une enquête dans 55 pays intitulée *Libertés : l'épreuve du siècle*. Ainsi, parmi les 47 408 personnes interrogées, 88 % d'entre elles dénoncent la perturbation des campagnes électorales par des puissances étrangères utilisant Internet et les réseaux sociaux. Ces dernières années, les cas se sont multipliés. Outre la Russie, la Turquie ou l'Iran, on a vu la Chine tenter également de peser sur les scrutins. Ainsi, les Philippines ont été la cible d'une campagne de désinformation et d'influence menée par Pékin sur Facebook, en soutien à la candidature à l'élection présidentielle de Rodrigo Duterte, en 2016. La Chine a continué à manipuler la politique philippine jusqu'à ce qu'en septembre 2020 Facebook supprime les réseaux menant cette campagne de désinformation sur son site. De toutes les populations interrogées dans notre enquête, les Philippins sont ceux que l'ingérence de puissances étrangères dans les campagnes électorales inquiète le plus (96 %).

Pour les trois quarts des répondants (73 %), les plateformes numériques, les « Big Techs » ont un pouvoir trop important en matière d'information et de débat public. Il est largement admis que les gouvernements devraient les contrôler davantage. La proportion atteint 82 % en France. Il est certain qu'à l'image des législateurs de la seconde moitié du XIXe siècle, ceux de notre époque requièrent un nouveau cadre régulateur

Les attentats islamistes dans le monde. 1979-2021. Données collectées jusqu'au 31 mars 2021, Fondapol, septembre 2021

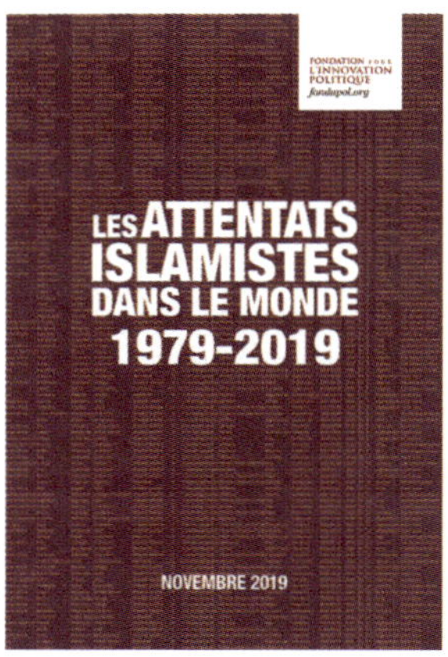

Les attentats islamistes dans le monde. 1979-2019, Fondapol, novembre 2019

Les attentats islamistes dans le monde. 1979-2024. Données collectées jusqu'au 12 avril 2024, Fondapol, octobre 2024

fournissant aux démocraties la protection des droits et libertés qui fondent leur édifice juridique et institutionnel. Francis Fukuyama[15] revendique également une législation antitrust ainsi que le contrôle de la régulation des contenus par la puissance publique. Mais pour les États démocratiques qui n'ont pas le pouvoir des États-Unis, notamment parce que ces plateformes sont américaines, la réponse efficace ne peut pas être nationale.

L'Union européenne est précisément l'acteur capable de répondre. La puissance publique européenne est dimensionnée pour agir. Sa réponse a donné lieu à deux règlements qu'a portés la Commission, et dont la paternité revient particulièrement à Thierry Breton, dans ses fonctions de Commissaire au marché intérieur. Il s'agit du Digital Markets Act (DMA), entré en application en 2023, et du Digital Services Act (DSA) mis en place en 2024. L'ambition est de réguler l'activité des plateformes et des services numériques opérant au sein de l'Union européenne. Le DMA doit s'appliquer aux entreprises qualifiées de «contrôleurs d'accès» en leur imposant un ensemble de règles et d'obligations limitant les abus de position dominante sur le marché. De son côté, le DSA demandera aux plateformes d'assumer la responsabilité des contenus qu'elles diffusent. Nous verrons avant dix ans l'efficacité de ces règlements, et il faudra particulièrement veiller à ce que la Commission européenne ne devienne pas à son tour opératrice d'une censure politique.

L'expansion de la violence terroriste islamiste. En 2017, la Fondapol s'est attelée à un travail ambitieux de quantification et d'analyse du terrorisme islamiste dans le monde. Ce travail a donné lieu à un rapport publié pour la première fois en 2019, puis en 2021. Une troisième édition est mise à jour en 2024. Elle met en évidence la poussée spectaculaire de la violence islamiste au cours de ces dix dernières années. Le président américain Joe Biden le soulignait en août 2021, à la suite du retrait des troupes américaines d'Afghanistan et de la prise de Kaboul par les talibans : « La menace terroriste a métastasé dans le monde entier, bien au-delà de l'Afghanistan. Nous sommes confrontés aux menaces d'Al-Shabaab en Somalie, des réseaux d'Al-Qaïda en Syrie et dans la péninsule arabique, et de l'État islamique qui tente de créer un califat en Syrie et en Irak, et d'établir des réseaux en Afrique et en Asie »[16]. Trois ans plus tard, nos données documentent la pertinence de ces propos. L'expansion du terrorisme islamiste depuis 2012-2013 est indiscutable, en particulier en Afrique de l'Ouest, en Afrique subsaharienne, et au Moyen-Orient, une expansion tragiquement illustrée par les attentats du Hamas sur le territoire israélien, le 7 octobre 2023. En octobre 2024, nous établissons que depuis 1979, 66 872 attentats islamistes ont été commis dans le monde, et qu'ils ont provoqué la mort d'au moins 249 941 personnes.

15. Cf. Francis Fukuyama : « Making the Internet Safe for Democracy », *Journal of Democracy*, vol. 32, n° 2, 2021, pp. 37-44.

16. "Transcript of Biden's Speech on the U.S. Withdrawal From Afghanistan", *The New York Times*, 31 août 2021 [en ligne].

Le plus célèbre conseiller du président russe, Vladislav Sourkov, a publié une tribune retentissante en février 2019. Il y annonce, dans le contexte de l'essor des populismes, la proche victoire du modèle poutinien. La Fondapol en a publié la traduction intégrale, suivie d'une analyse de Michel Eltchaninoff, philosophe et journaliste français. La dernière partie de cette note est consacrée à la version originale du texte russe de Vladislav Sourkov.

Le peuple profond n'est pas naïf. Il ne considère pas la bonté du tsar comme une valeur primordiale « Qu'ils aient le choix n'est qu'une illusion. » Ces paroles frappent par leur profondeur et leur audace. Prononcées il y a une quinzaine d'années, elles sont aujourd'hui oubliées et on ne les cite jamais. Mais les lois de la psychologie montrent que ce que nous avons oublié nous affecte beaucoup plus que ce dont nous nous souvenons. Et ces paroles, bien au-delà du contexte dans lequel elles ont été prononcées, sont devenues le premier axiome de la nouvelle gouvernance russe, sur laquelle reposent toutes les théories et les pratiques de la politique actuelle.

L'illusion d'avoir le choix est la ruse suprême du mode de vie occidental, plus particulièrement de la démocratie occidentale qui adhère depuis longtemps davantage aux idées de Barnum qu'à celles de Clisthène d'Athènes. Le rejet de cette illusion, qui favorise un réalisme fataliste, a d'abord amené notre société à réfléchir sur son propre modèle, souverain, de développement démocratique*. Il l'a ensuite conduite à se désintéresser totalement de la question de savoir ce que doit être la démocratie, et même si elle doit exister en principe**.

* Dans son commentaire du texte, Michel Eltchaninoff précise ici que Vladislav Sourkov s'attribue la paternité du concept de « démocratie souveraine », distincte des « démocraties libérales », dans la première moitié des années 2000.
** *Matrix Reloaded* (2003), écrit par Lana et Lilly Wachowski.

Jean-Pierre Cabestan, Laurence Daziano, *Hongkong : la seconde rétrocession*, Fondapol, juillet 2020

Vladislav Sourkov, *La longue gouvernance de Poutine*, Fondapol, mai 2019

Face aux États despotiques. Entrée en vigueur le 30 juin 2020, soit la veille de l'anniversaire de la rétrocession de Hongkong à la Chine (1er juillet 1997), la loi de sécurité nationale (LSN) vise à intimider la société civile hongkongaise et à supprimer toute contestation. De nouveaux « crimes » sont désormais lourdement punis. Certaines dispositions vont très loin dans la notion d'insécurité juridique. Directement subordonnées à Pékin, de nouvelles institutions de sécurité chargées de traiter ces « crimes » ont été mises en place.

Les libertés publiques sont les premières à pâtir de cette nouvelle loi. La société civile hongkongaise balance entre résignation et contestation. Le monde des affaires et la place financière sont également peu à peu obligés de rentrer dans le rang.

Limitées, les sanctions américaines ne devraient pas directement perturber le monde des affaires hongkongais. Mais la LSN peut affecter les milieux d'affaires à travers les risques sur la confidentialité des données et les pouvoirs exceptionnels dont jouissent désormais la police et les organes de sécurité de Pékin.

Pour autant, peut-on parler de la fin du principe « Un pays, deux systèmes » ? L'intégration complète de Hongkong à la Chine continentale semble peu probable. Cependant, le maintien d'une large autonomie de la région administrative spéciale (RAS) est désormais exclu. Pékin veut imposer une plus grande emprise, directement sur la gouvernance et la société civile de Hongkong, ainsi que, indirectement, sur les milieux économiques et financiers. La LSN s'apparente à une « seconde rétrocession ».

JEAN-PIERRE CABESTAN,
LAURENCE DAZIANO

Il est temps que les défenseurs de la liberté comprennent l'ampleur de la menace

9 novembre 1989, 23h30. Le Mur de Berlin s'effondre et entraîne dans sa chute les régimes communistes d'Europe centrale et orientale comme des dominos, suivis en décembre 1991 par l'effondrement de l'URSS puis son implosion et le retour à l'indépendance de quinze nations – dont l'Ukraine et la Géorgie. En un temps record, la guerre froide s'évanouit, le totalitarisme soviétique est partout stigmatisé, y compris en Russie où l'association Memorial, développe un vaste travail d'histoire et de mémoire de la tragédie stalinienne. La plupart des ex- « démocraties populaires » rejoignent l'Union européenne et aussi l'OTAN. Même la Russie donne l'impression d'adhérer à ce cours nouveau, en accord avec un Occident démocratique confronté à l'irruption sur la scène de l'histoire d'un totalitarisme islamiste inédit, inauguré en 1979 par l'ayatollah Khomeiny en Iran, puis par les attentats spectaculaires du 11 septembre 2001 aux États-Unis. La Chine communiste elle-même semble condamner l'époque sanguinaire du maoïsme. L'espoir émerge qu'un bloc démocratique constitué des principales puissances puisse engager le monde dans des voies pacifiées.

Or il n'en a rien été. Dès 2005, Vladimir Poutine a donné un signal inquiétant, estimant que l'effondrement de l'URSS avait été « la plus grande catastrophe géopolitique du XXe siècle ». En réalité, une chronologie précise des événements semble démontrer que cet ancien officier du KGB, rompu à toutes les techniques de manipulation, a caché son jeu. Dès 2008, il attaquait la Géorgie, en adoptant un discours néotsariste sur la grandeur du « monde russe » tout en réhabilitant Staline pour justifier doublement ses visées impérialistes. Celles-ci se sont intensifiées lors de la révolte démocratique du Maïdan ukrainien de novembre 2013, avec le massacre de quatre-vingt-deux manifestants et plus de six-cents blessés par un régime inféodé à Moscou qui ne parvint pas à mater la révolte. La réponse de Poutine à l'émancipation politique des Ukrainiens fut à la fois rapide et violente, avec l'invasion de la Crimée en 2014, à peine les Jeux Olympiques de Sotchi terminés et en contravention de tous les traités internationaux signés par la Russie elle-même, notamment le mémorandum de Budapest de 1994 garantissant la souveraineté et l'intégrité territoriale de l'Ukraine en échange de sa dénucléarisation.

Cette violation du droit international n'a provoqué que des discours dilatoires et des sanctions modérées de l'Occident, notamment en raison du chantage au gaz russe exercé sur l'Allemagne. Cette attitude a sans doute fini par inciter Poutine à lancer en février 2022 une guerre totale contre Kiev. Au-delà de cette guerre, un totalitarisme de haute ou basse intensité est de retour en Chine, en Russie, en Iran, dans l'Afghanistan des Talibans, et contamine jusque l'Afrique. Dans nos démocraties mêmes, des mouvements autoritaires, surfant sur des problèmes majeurs souvent niés par certaines élites, créent ou exploitent des peurs ou des passions collectives pour attirer les électeurs. Verra-t-on nos sociétés se désagréger sous les coups de boutoir de la propagande et des ingérences russes ou autres, dans une complicité croissante et de plus en plus affichée avec l'action déstabilisatrice de la mouvance islamiste ? Il est grand temps que les défenseurs de la liberté comprennent l'ampleur de la menace et fassent front.

Stéphane Courtois
Membre du Conseil scientifique et d'évaluation

La Fondapol et la Fondation pour la Mémoire de la Shoah se sont associées pour une étude internationale portant sur la memoire du XXe siècle auprès des nouvelles générations. Qu'ont retenu de l'histoire du XXe siècle les nouvelles générations ? Qu'en pensent les générations, de plus en plus nombreuses, à n'avoir pas vécu, sinon leur enfance, au XXe siècle ? De quelles mémoires du XXe siècle seront-elles détentrices ? La question est d'importance puisqu'il leur reviendra de faire vivre non seulement l'histoire du XXe siècle, mais aussi les leçons que renferment les événements qui l'ont constituée.

Les jeunes que nous avons interrogés, avec la Fondation pour la mémoire de la Shoah, ne l'ont pas été comme historiens mais comme citoyens. Nous avons cherché à recueillir leur qualification politique et leur évaluation morale des grands événements du XXe siècle : les deux guerres mondiales, la révolution russe de 1917, le nazisme, le communisme, les bombardements de Hiroshima et Nagasaki, les génocides dont ont été les victimes les Arméniens, les Juifs et les Tutsis, la décolonisation… Nous les avons également interrogés sur les sources de leurs connaissances du passé, sur le rôle de l'école, sur celui des livres, des fictions ou des documentaires, mais aussi sur la place de la transmission familiale ou celle d'Internet et encore sur l'utilité des lieux de mémoire, la pertinence des commémorations.

Enfin, nous avons voulu savoir quels événements, à leurs yeux, constituent leur époque, car le cours de l'histoire ne s'interrompt pas et les événements qui suivent forment les couches les plus récentes de la mémoire collective ; elles viennent, et elles viendront sans cesse, se superposer à des strates plus anciennes de souvenirs dont elles modifieront inévitablement l'image et l'interprétation.

Or, si l'on peut être attaché à la commémoration en tant que telle, précisément parce qu'elle permet de faire communauté, d'éprouver l'être ensemble – ce qui peut satisfaire notre désir de socialité –, il n'en demeure pas moins que la commémoration vaut pour les valeurs qu'elle porte autant que par le fait qu'elle opère leur partage, d'abord entre tous les membres de la nation, ensuite avec les autres nations, et enfin, par la transmission, avec les nouvelles générations qui feront la communauté et l'humanité de demain. Cela revient à interroger la place qu'occupent les valeurs de liberté et de justice parmi les nouvelles générations et leur avenir à l'âge de la globalisation. Cette étude nous laisse espérer voir l'avenir de notre humanité, mais aussi y contribuer.

Il n'y a pas eu un « Nuremberg du communisme ». Si le nazisme a fait l'objet d'une condamnation absolue, le stalinisme continue de bénéficier d'un statut plus favorable dans l'histoire et dans l'opinion. On reste stupéfait de constater que l'idéologie communiste, pas tant dans sa version doctrinale marxiste-léniniste que sous la forme vague de l'« anticapitalisme », de l'idée révolutionnaire et de l'égalitarisme, non seulement persiste dans certains secteurs de l'opinion – en particulier dans les milieux de l'enseignement, de la recherche, et les médias –, mais bénéficie d'un certain prestige et de puissants échos médiatiques.

Le communisme est une idée fort ancienne qui considère que les injustices et les dysfonctionnements de la société sont dus à l'enrichissement personnel, et ne peuvent être corrigés que par la suppression de la propriété privée et son remplacement par la « communauté des biens ». Cette idée a été retravaillée tout au long du XIXe siècle tant par la visée utopique

Mémoires à venir. Une enquête sur la mémoire du XXe siècle, Fondation pour la mémoire de la Shoah/Fondapol, janvier 2015

Pour réaliser cette enquête, nous avons interrogé 31 172 jeunes de 16 à 29 ans, dans 31 pays, en 24 langues différentes. Les 31 pays de l'enquête sont : l'Allemagne, l'Australie, l'Autriche, la Belgique, le Canada, la Chine, la Croatie, le Danemark, l'Espagne, l'Estonie, les États-Unis, la Finlande, la France, la Grèce, la Hongrie, l'Inde, Israël, l'Italie, le Japon, la Lettonie, la Lituanie, les Pays-Bas, la Pologne, la République tchèque, la Roumanie, le Royaume-Uni, la Russie, la Serbie, la Suisse, la Turquie et l'Ukraine.

Stéphane Courtois (dir.), *Sortir du communisme, changer d'époque. Après la chute du Mur*, Paris, Presses universitaires de France, 2011

Stéphane Courtois, *1939, l'alliance soviéto-nazie : aux origines de la fracture européenne*, Fondapol, septembre 2019

Bruno Tertrais, *Quel avenir pour la dissuasion nucléaire ?*, Fondapol, octobre 2022

venue de la Renaissance, que par la passion révolutionnaire issue de la Révolution française, puis par la certitude scientiste du marxisme. Elle a cependant acquis une autre dimension sous l'impulsion de Lénine, nourri d'une tradition révolutionnaire russe marquée au coin de l'utopisme et de la figure du révolutionnaire démiurge d'un Tchernychevski, et de la violence destructrice radicale d'un Netchaiev. Lénine a inventé, en 1902-1903, un instrument révolutionnaire inédit : un parti de révolutionnaires professionnels. Ce groupe, formé d'hommes sélectionnés, soumis à une discipline de fer sous l'autorité d'un idéologue d'action, a fait irruption sur la scène de l'histoire, le 7 novembre 1917 à Saint-Pétersbourg, en tant que prototype du mouvement totalitaire ; et le bolchevisme s'est bientôt répandu comme la forme générale du communisme au XXe siècle.

À la surprise générale, à commencer par celle des dirigeants est-allemands et soviétiques, le mur de Berlin est tombé dans la nuit du 8 au 9 novembre 1989, semblant entraîner dans sa chute les régimes communistes d'Europe centrale et orientale, et même, un peu plus tard, l'URSS elle-même.

Les observateurs avaient, dès les années 1920, imaginé de nombreux scénarios susceptibles de mener les régimes communistes à leur fin. Beaucoup espéraient que ceux-ci seraient renversés par les armes : pour les uns, d'extrême droite, par une contre- révolution rétablissant le régime antérieur ; pour les autres, d'extrême gauche, par une révolution sociale. D'autres, en particulier en Europe centrale et orientale au début de la guerre froide, aspiraient à une libération par une action militaire ou diplomatique des États-Unis. Or, la sortie de communisme n'a été le fait ni d'une révolution – même si l'on a par antiphrase parlé de « révolution de velours » –, ni d'une guerre internationale, mais le résultat d'un effondrement.

Cet événement majeur est donc intervenu dans un laps de temps, novembre-décembre 1989, extrêmement court au regard du temps historique, un événement de portée mondiale : l'effondrement de l'un des phénomènes centraux du XXe siècle, le communisme soviétique.

STÉPHANE COURTOIS

Nous devons renouer avec l'idée de puissance. Si nous voulons transmettre la liberté aux générations qui viennent, et pas seulement nos dettes, nous devons œuvrer collectivement à la prospérité et à la puissance. C'est pourquoi il faut défendre la science. Transmettre la liberté, c'est préserver, et si possible renforcer, les conditions de la croissance économique, de la connaissance scientifique et de l'innovation technique. Il faut beaucoup de ressources pour maintenir le progrès social et humain qui est sa raison d'être et la condition de sa légitimité. Mais il doit aussi assurer le développement de sa puissance, y compris de sa puissance militaire. En ce XXIe siècle, il peut être préoccupant de comparer les gigantesques efforts financiers programmés pour la transition écologique avec la faiblesse des investissements assurant la prospérité et la capacité des sociétés démocratiques à garantir leur sécurité dans un monde à l'évidence plus dangereux.

À nouveau, les Européens sont confrontés à la guerre. Certes, elle n'avait pas disparu du monde ni même du continent, mais l'invasion de l'Ukraine par la Russie de Poutine, le 24 février 2022, a clos une période sans conflit majeur d'une durée inédite. En 2024, la guerre contre l'Ukraine lancée par la Russie est considérée comme le conflit armé le plus meurtrier dans le monde. Évoquant « des sources proches du dossier », le *Wall Street Journal* du 17 septembre 2024 nous informe qu'« une estimation confidentielle ukrainienne datant du début de l'année 2024 estime à 80 000 le nombre de soldats ukrainiens tués et à 400 000 le nombre des blessés. Les estimations des services de renseignements occidentaux sur le nombre des victimes russes varient, certaines évaluant le nombre de tués à près de 200 000 et le nombre de blessés autour de 400 000 ».

Il ne fait pas de doute que la Russie, la Corée du Nord, la Chine, l'Iran, leurs alliés ou leurs partenaires, étatiques ou non-étatiques, multiplient les comportements hostiles, voire agressifs, à l'égard des pays occidentaux sans dissimuler l'intention de réorganiser à leur profit la direction des affaires mondiales, et à tout le moins de réduire l'importance de l'Occident.

Pour les Européens, et plus encore pour ceux de l'Ouest, il s'agit de procéder à une profonde reconfiguration intellectuelle et de revoir la manière de penser l'avenir. S'ouvre une époque de déstabilisation existentielle, dès lors que presque tout ce qui a été mené avec succès depuis 1945 rend plus difficile le raidissement moral, politique et militaire qu'exige la nouvelle situation historique. En effet, le confort émollient d'une culture pacifiste et assurantielle, la générosité démobilisatrice de l'État providence, la douceur soporifique d'une civilisation des loisirs engendre une futilité qui imprègne le débat public et qui n'épargne pas la politique. En 2012, la candidate d'Europe Écologie-Les Verts à l'élection présidentielle, Eva Joly, proposait de mettre fin au défilé militaire du 14 juillet et de lui substituer un « défilé citoyen ». À l'époque, l'idée a provoqué la protestation de presque toute la classe politique, mais elle avait tout de même reçu le soutien de Noël Mamère, de José Bové, jugeant que « montrer les muscles comme on le voit, ça fait un peu has-been », ou encore de Daniel Cohn-Bendit, y voyant « une proposition de bon sens. Le défilé du 14 Juillet ne peut pas se résumer à une parade martiale avec seulement des blindés et des militaires. Cela me paraît hors du temps.[17] ». Le déclin du sentiment patriotique, voire le soupçon de nationalisme xénophobe qui en accompagne l'expression, les divisions politiques internes, mais aussi désormais religieuses, tout montre les obstacles qui s'opposent à la réforme intellectuelle pourtant nécessaire, en France comme dans de nombreux pays européens.

Jusqu'à présent, la plus vaste étude réalisée par la Fondapol est *Libertés : l'épreuve du siècle*. Dans le monde des enquêtes d'opinion, elle est aussi d'une ampleur rare. Lancée à notre initiative, cette enquête a mobilisé un groupe international de think tanks : l'International Republican Institute (États-Unis), Community of Democracies (organisation intergouvernementale), la Konrad-Adenauer-Stiftung (Allemagne), la Genron NPO (Japon), la Fundación Nuevas Generaciones (Argentine) et República do Amanhã (Brésil).

Outre les 27 États membres de l'Union européenne, le questionnaire a été administré dans les pays des Balkans occidentaux (Albanie, Bosnie-Herzégovine, Kosovo, Macédoine du Nord, Monténégro, Serbie), dans des pays européens qui ne sont pas membres de l'Union européenne (Biélorussie, Géorgie, Moldavie, Norvège, Suisse, Ukraine), ou qui l'ont quittée (Royaume-Uni), et enfin en Australie, au Brésil, au Canada, en Corée du Sud, aux États-Unis, en Inde, en Indonésie, en Israël, au Japon, au Liban,

École de Saint-Cyr Coëtquidan, Fondapol, *Le soldat augmenté : regards croisés sur l'augmentation des performances du soldat*, décembre 2019

Actes du colloque « Le soldat augmenté : regards croisés sur l'augmentation des performances du soldat » du 15 janvier 2019 à l'école militaire de Paris, organisé par le CREC Saint-Cyr et la Fondapol, avec le soutien de la DGA et de l'Agence de l'innovation de défense.

SUR FONDAPOL.ORG

Le nouveau pouvoir français et la coopération franco-japonaise, Fondapol, Tokyo University of Foreign Studies, décembre 2018

Guillaume Lagane, *Quelle industrie pour la défense française ?*, mai 2011

Victor Delage, *Covid-19. États-Unis, Chine, Russie, les grandes puissances inquiètent l'opinion*, juin 2020

17. *Le Parisien* du 15 juillet 2011.

Dominique Reynié (dir.), *Libertés : l'épreuve du siècle. Une enquête planétaire sur la démocratie dans 55 pays*, Fondapol, janvier 2022

au Mexique, au Nigeria, en Nouvelle-Zélande, aux Philippines et en Tunisie.

Au total, 47 408 personnes ont été interrogées, en 45 langues (l'étude a été menée sur la base d'échantillons nationaux représentatifs de la population âgée de 18 ans et plus. La méthode des quotas de sexe, d'âge, de profession, de région ainsi que de catégorie d'agglomération a été utilisée pour assurer une bonne représentativité des échantillons).

En janvier 2022, la publication et l'analyse des résultats a donné lieu à une édition en six langues : en français, en anglais, en espagnol, en arabe, en portugais et en japonais.

Réalisée six mois avant l'invasion de l'Ukraine par la Russie, notre enquête internationale *Libertés : l'épreuve du siècle* témoigne d'un haut niveau de préoccupation des populations interrogées. Une partie significative de l'opinion redoute déjà le retour de la guerre. Ainsi, à la question sur la possibilité qu'« une nouvelle guerre mondiale éclate dans les prochaines années », la moitié des personnes interrogées (50 %) répondent qu'elle est « probable ». Les populations qui croient le plus à un nouveau conflit planétaire sont les Indonésiens (66 %), les Mexicains (60 %), les Américains (59 %), les Libanais (58 %), les Australiens (57 %), les Ukrainiens (55 %), les Chypriotes et les Croates (54 %).

Cependant, malgré les tumultes du monde, déjà perceptibles, notamment dans la montée des tensions sino-américaines, l'irénisme des Européens se confirme : seuls 38 % des personnes interrogées au sein de l'Union européenne jugent probable « une nouvelle guerre mondiale dans les prochaines années ». Étrangement, certains pays pourtant exposés par leur proximité géographique avec la Russie, dont l'histoire a montré combien elle pouvait être dangereuse, ce qui sera confirmé six mois plus tard, en février 2022, semblent moins inquiets. Ainsi, le niveau de crainte est inférieur à la moyenne européenne (38 %) en Estonie (24 %), en Finlande (24 %), en Allemagne (25 %), aux Pays-Bas (28 %), en Suède (32 %), au Danemark (32 %), en Lituanie (33 %), en Italie (34 %) et en Slovaquie (37 %).

L'irénisme des Européens se retrouve aussi, plus largement, chez les Occidentaux. Ainsi, dans les pays membres de l'OTAN, c'est en moyenne la moitié des personnes interrogées (46 %) qui estiment probable une nouvelle guerre mondiale, si l'on inclut dans le calcul de cette

moyenne l'opinion américaine (59 %). Mais le chiffre tombe à 38 % si l'on ne prend pas en compte la population des États-Unis.

On voit clairement que depuis le début de l'invasion de l'Ukraine par la Russie, les Européens ont modifié leur perception de la menace. C'est l'une des raisons pour lesquelles l'idée d'une armée européenne n'a jamais été aussi largement acceptée et populaire qu'en 2024.

Mais c'est dans la puissance d'une nation que se trouve ce qui la préserve le plus du risque de guerre. Une partie de cette puissance doit immanquablement provenir de ses capacités militaires, de ses alliances, notamment avec l'OTAN, qui reste nécessaire même si l'on comprend qu'il est impossible de la juger suffisante ; une autre partie de cette puissance réside dans notre souveraineté alimentaire, énergétique, dans notre croissance économique, dans nos innovations technologiques et scientifiques, en particulier dans le domaine des biotechnologies et de l'édition du génome, dans l'intelligence artificielle et les supercalculateurs, dans la maîtrise de l'espace… Très vite, les nations qui ne seront pas suffisamment industrieuses et savantes risqueront de ne plus pouvoir assurer leur propre sécurité. Nous devons renouer avec l'impératif de puissance.

Libéralisme économique et libéralisme politique en Europe centrale

« Parallèlement à cette recomposition du champ intellectuel et politique favorable à une redécouverte du libéralisme politique, la décomposition de l'économie socialiste et l'échec des réformes ont favorisé la redécouverte du libéralisme économique. Ainsi, surtout en Pologne et en Hongrie, puis en Tchécoslovaquie, la pensée économique libérale s'affichait comme une alternative à l'échec de l'étatisme. Les auteurs connaissaient fort bien les blocages de l'économie administrée, mais fort peu le fonctionnement du "capitalisme réel" en Occident. Après quarante ans d'étatisme, l'État minimal paraissait être la réponse adéquate à la crise et dans le contexte des années 1980, marqué par l'influence du "néo-libéralisme" en Occident, les libéraux du socialisme finissant se tournèrent volontiers vers les théoriciens du marché libre de l'École de Chicago qui – juste retour des choses – se trouvaient être… originaires d'Europe centrale ! L'historien Tony Judt parle, à propos du néolibéralisme des années Reagan-Thatcher, de "la revanche des Autrichiens" : Hayek, von Mises, Schumpeter, Popper, Drucker, nés aux quatre coins de l'Empire austro-hongrois, tous marqués par la catastrophe autrichienne et la question : pourquoi et comment une démocratie libérale avait-elle succombé, entre février 1934 et l'Anschluss de 1938, à la tentation totalitaire. La meilleure garantie pour préserver une "société ouverte", avaient-ils conclu, consistait à minimiser l'ingérence de l'État dans l'économie et la société. Un message retenu par les économistes libéraux qui élaborèrent les réformes économiques pour la sortie du communisme après 1989. »

Jacques Rupnik, « La crise du libéralisme en Europe centrale », *Commentaire*, n° 160, hiver 2017.

Éthique et politique : la leçon de Max Weber

Par le très gros temps que traversent aujourd'hui l'Europe, où la guerre à grande échelle a ressurgi, et la France, confrontée à une situation politique inédite sous la Ve République, les choix cruciaux que doivent faire les responsables publics pourraient utilement être éclairés par la célèbre analyse de Max Weber sur l'éthique de responsabilité et l'éthique de conviction.

Pour Weber, qui élabora lui-même son analyse dans les remous révolutionnaires de l'Allemagne de 1918-1919, « il y a une opposition abyssale entre l'attitude de celui qui agit selon les maximes de l'éthique de conviction – dans un langage religieux nous dirions : "Le chrétien fait son devoir et en ce qui concerne le résultat de l'action il s'en remet à Dieu" –, et l'attitude de celui qui agit selon l'éthique de responsabilité qui dit : "Nous devons répondre des conséquences prévisibles de nos actes*" ».

Non que cette dernière attitude soit chose aisée. S'il existe une science de l'éthique, l'éthique elle-même n'est pas une science. En effet, « aucune éthique au monde ne peut nous dire non plus à quel moment et dans quelle mesure une fin moralement bonne justifie les moyens et les conséquences moralement dangereuses. » Et toute action est irrémédiablement exposée au risque de l'incompréhension, de l'imprévu, du contre-temps, ou de l'effet boomerang...

Weber est ici l'héritier d'une longue tradition attachée à souligner la spécificité – et la difficulté de l'action politique où la qualité maîtresse, prudentia antique ou virtu machavélienne, est l'art – et non la science – d'opérer des choix difficiles entre des solutions toutes incertaines. Weber lui-même parle du « coup d'œil » (Augenmass), comme l'une des qualités essentielles du vrai politique.

Et c'est là que divergent fondamentalement les deux éthiques : toutes deux sont finalisées et toutes deux sont confrontées aux incertitudes de l'action, mais seule la deuxième admet « les défaillances communes de l'homme », adapte ses objectifs à ses moyens et assume sa propre responsabilité. La première peut tourner aisément au désastre, voire au crime de masse au nom des grands principes, pour préserver « la flamme de la pure doctrine » – y compris la plus philanthropique comme « la protestation contre l'injustice sociale » évoquée par Weber : on sait ce qu'a donné le rousseauisme, réinterprété par Robespierre et le marxisme par Lénine...

Encore faut-il voir que l'homme de conviction et l'homme de responsabilité wébériens ne sont pas des individus réels mais des types-idéaux (idealtypen), concept central chez Weber, permettant de caractériser la logique interne des divers comportements sociaux : les deux dimensions coexistent dans les politiques de chair et de sang. Et c'est bien pourquoi Weber écrit plus loin que « l'éthique de conviction et l'éthique de responsabilité ne sont pas contradictoires mais elles se complètent l'une l'autre et constituent ensemble l'homme authentique, c'est-à-dire l'homme qui peut prétendre à la vocation politique ». L'éthique de conviction renvoie ainsi à la passion qui anime l'homme politique et aux valeurs qui le guident, comme l'égalité pour le socialiste, l'ordre pour le conservateur et la liberté pour le libéral : faute de quoi il ne serait qu'un opportuniste, un « politicien professionnel sans vocation » (berufspolitiker ohne beruf). A fortiori – l'on sait que Weber avait bien vu la montée du phénomène bureaucratique en politique – si l'homme en question est à la fois sans conviction et sans esprit de responsabilité.

Christophe de Voogd

Président du Conseil scientifique et d'évaluation

*. Tous les extraits cités sont tirés de Max Weber, *Le Savant et le politique* (trad française, Plon, Coll. 10/18, 1963).

Le libéralisme, un passé révolu ? Même si nombre de ses citoyens et de ses élites intellectuelles semblent l'avoir oublié, la France n'est pas simplement le pays de Colbert et de la centralisation napoléonienne. Elle est *aussi* l'un des principaux berceaux de la philosophie libérale contemporaine et compte dans son riche patrimoine intellectuel un certain nombre d'auteurs majeurs qui se sont attachés à penser les rapports complexes entre l'individu, la société civile et l'État.

Ainsi, le XIXe siècle – période hantée dans l'Hexagone par le souvenir de la Révolution française – a vu l'apogée du libéralisme, même si celui-ci était composé de courants distincts. À côté du libéralisme conservateur, autoritaire et largement étatique, incarné par quelqu'un comme Guizot, cet âge d'or de la philosophie politique française a également vu l'éclosion d'un libéralisme de l'individu *face à* l'État. Non pas *contre* l'État, ni même contre un État fort, mais contre l'*étatisme*, c'est-à-dire contre un État obèse, instrumentalisé par les groupes de pression, et prétendant se mêler de tout sans même pouvoir assumer convenablement ses fonctions élémentaires.

Ce faisant, les libéraux français du long XIXe siècle qui, de Benjamin Constant à Alain, en passant par l'école libérale de Paris, ont cherché à défendre résolument les droits de l'individu face à un État jacobin et autoritaire hérité de plusieurs siècles de centralisation ont tracé la voie d'une réflexion politique qui reste éminemment précieuse aujourd'hui, alors que nous traversons une très grave crise de la représentation, doublée d'une quasi-faillite de notre modèle social.

Si, au XIXe siècle, les libéraux français – sans jamais être hégémoniques dans le champ politique ou académique – ont à l'évidence constitué un courant très influent situé au cœur de tous les grands enjeux idéologiques de l'époque, les choses sont quelque peu différentes lorsque l'on prend pour objet d'étude le siècle suivant. En effet, au XXe siècle, l'histoire du libéralisme français paraît synonyme de déclin, *a fortiori* lorsqu'on s'intéresse, comme nous le faisons ici, à la mouvance la plus anti-étatiste du libéralisme français. Outre que la montée en puissance de l'État et de ses champs d'intervention semble condamner ce courant critique à n'être qu'une sorte de butte-témoin d'un passé apparemment révolu, une partie du monde intellectuel français, jusqu'à une date très tardive, a été influencée par la vision marxiste de la société qui identifiait les libéraux à de fieffés réactionnaires, nostalgiques d'un vieil ordre bourgeois honni.

JÉRÔME PERRIER

La question de savoir quel est le poids des idées dans la vie politique d'un pays et dans l'élaboration des politiques publiques est un sujet de débat récurrent au sein des sciences humaines et sociales. Au XXe siècle, des penseurs aussi différents que Friedrich A. von Hayek et John M. Keynes n'ont cessé de répéter leur conviction selon laquelle « les idées comptent » (« ideas matter »), ce qu'expriment parfaitement ces célèbres lignes tirées de la *Théorie générale de l'emploi, de l'intérêt et de la monnaie* : « Les idées, justes ou fausses, des philosophes de l'économie et de la politique ont plus d'importance qu'on ne le pense généralement. À vrai dire le monde est presque exclusivement mené par elles. Les hommes d'action qui se croient parfaitement affranchis des influences doctrinales sont d'ordinaire les esclaves de quelque économiste passé. Les visionnaires influents, qui entendent des voix dans le ciel, distillent des utopies nées quelques années plus tôt dans le cerveau de

Jérôme Perrier, L'individu contre l'étatisme. Actualité de la pensée libérale française (XIXe siècle) ; (XXe siècle), Fondapol, septembre 2016

quelque écrivailleur de faculté. Nous sommes convaincus qu'on exagère grandement la force des intérêts constitués, par rapport à l'empire qu'acquièrent progressivement les idées[18].

Rien n'illustre mieux la pertinence d'un tel propos que la situation présente de notre pays. En effet, beaucoup s'interrogent sur la résistance des Français devant la perspective de réformes engagées partout ailleurs depuis longtemps et sur leur étrange incapacité à appréhender la mondialisation autrement que sous la forme d'une menace vitale pour notre modèle social, voire notre identité nationale. D'aucuns attribuent cette singularité hexagonale au fait que des pans entiers de la société française jugeraient – non sans raison – que la libéralisation de l'économie remettrait profondément en cause certains avantages acquis et que, par conséquent, ils auraient plus à y perdre qu'à y gagner. En d'autres termes, le rejet par des secteurs entiers de la société française de la « mondialisation libérale » serait principalement le résultat d'un intérêt bien compris.

Un tel diagnostic soulève toutefois deux problèmes. D'abord, nul ne peut nier que le modèle social français, depuis déjà un certain temps, a atteint ses limites puisqu'il ne fonctionne guère plus pour une large partie de la population, tout en végétant au prix d'un surendettement qui en transfère la charge sur les générations futures, au point de nous conduire aujourd'hui au bord de la banqueroute.

De plus, comme les marxistes jadis, nous avons trop souvent tendance à exagérer l'importance des intérêts dans l'explication des phénomènes sociaux (la surprise du Brexit en a apporté récemment une illustration éclatante), aux dépens des passions idéologiques, si vivaces dans un pays comme la France. Pour parler comme le philosophe Alain – que l'on a bien tort de ne pas relire davantage –, les intérêts transigent toujours, à l'inverse des passions, inflexibles par nature. Qui plus est, il n'y a pas d'intérêt *en soi*, mais uniquement l'idée que chacun se fait de ses intérêts. C'est pourquoi il paraît chaque jour plus évident que le blocage français est d'abord et avant tout un blocage de nature essentiellement idéologique. L'incapacité française à percevoir la mondialisation autrement que comme une menace relève d'abord et avant tout d'une idiosyncrasie idéologique qui est profondément enracinée dans notre culture politique. Un biais conceptuel qui confère aux élites intellectuelles françaises une immense responsabilité dans le profond désarroi que traverse notre pays (à ce propos, il ne faut pas hésiter à parler d'une nouvelle « trahison des clercs »), et qui rend d'autant plus urgente la nécessité de s'interroger sur les racines de cette fièvre spéculative obsidionale, ainsi que sur les moyens d'y remédier au plus vite.

Car, bien entendu, il ne suffit pas de constater l'unicité de notre rapport à la mondialisation, encore faut-il l'expliquer. L'hypothèse qui, de notre point de vue, est la plus vraisemblable est que le biais intellectuel qui affecte notre appréhension de la réalité économique et sociale contemporaine est intimement lié à une autre singularité française, bien plus ancienne, à savoir notre rapport à l'État. Il est en effet assez manifeste que la mondialisation, telle qu'elle s'est développée depuis une trentaine d'années, a très profondément bouleversé la notion même de souveraineté étatique et la façon dont le pouvoir politique national prétend régir – ou tout au moins orienter – un phénomène aussi puissant et subversif. Or il est évident que dans un pays où l'État occupe une place aussi centrale et aussi ancienne que dans l'Hexagone, où la construction nationale est historiquement, plus

18. John Maynard Keynes, *The General Theory of Employment, Interest and Money*, London, Palgrave Macmillan, 1936, pp. 383-384. On retrouve la même idée dans un célèbre texte de Friedrich A. von Hayek, « Les intellectuels et le socialisme » [1949], repris dans *Essais de philosophie, de science politique et d'économie*, Les Belles Lettres, 2007, p. 292.

que nulle part ailleurs, le produit de longs siècles de centralisation politique et administrative, la mondialisation actuelle ne peut qu'engendrer un désarroi intellectuel de très grande ampleur.

Et pourtant, la France jacobine, le pays de Colbert et de la centralisation napoléonienne, est aussi le berceau de l'une des plus riches traditions libérales – aux côtés du Royaume-Uni et des États-Unis. Mieux, bien que les Français (à commencer par le monde intellectuel et académique) semblent l'avoir complètement oublié, notre pays a vu naître et se développer, depuis plus de deux siècles, une école libérale d'une immense richesse et dont l'une des spécificités tient précisément à son rapport soupçonneux, et même franchement critique, à l'État.

Qui sait par exemple que pour désigner un libéralisme délibérément anti-interventionniste, les Anglo-Saxons utilisent communément un terme français, celui de « laissez-faire » ?

JÉRÔME PERRIER

La dignité humaine, une aspiration fondamentale de chaque individu. Un simple relevé de caractère anthropologique témoigne de l'importance du principe de la dignité humaine : il révèle que l'être humain a eu de tout temps et dans toutes les sociétés le sens de sa dignité et de ses intérêts vitaux et qu'il a toujours eu la capacité d'apprécier dans quelle mesure les institutions en vigueur y répondent. Émile Durkheim l'a dit plus fortement que quiconque à la fin du XIXe siècle : « L'individualisme, a-t-il écrit, la libre pensée ne datent ni de nos jours, ni de 1789, ni de la réforme, ni de la scolastique, ni de la chute du polythéisme gréco-latin ou des théocraties orientales. C'est un phénomène qui ne commence nulle part, mais qui se développe, sans s'arrêter, tout le long de l'histoire »[19]. En d'autres termes, l'être humain a eu depuis les origines et partout le souci de sa dignité et de ses intérêts vitaux ; en ce sens, il a toujours été individualiste. En même temps, cet individualisme était appelé à s'approfondir constamment sous l'effet de la libre pensée, à savoir de la capacité de jugement dont dispose l'être humain. Durkheim n'affirme bien entendu nullement que ce souci de dignité et cette capacité de jugement aient pu et puissent s'exprimer aussi aisément à toutes les époques et dans toutes les sociétés. Il affirme seulement qu'ils caractérisent les êtres humains de tous les temps et qu'ils manifestent une tendance à se concrétiser au cours de l'histoire.

Max Weber, la seconde grande figure fondatrice de la sociologie, a donné la réponse la plus profonde à cette question. Il propose de voir l'histoire des idées morales, sociales, politiques, économiques et juridiques comme ayant été animée de façon latente en Occident par un processus de rationalisation diffuse, à l'instar des idées scientifiques et techniques

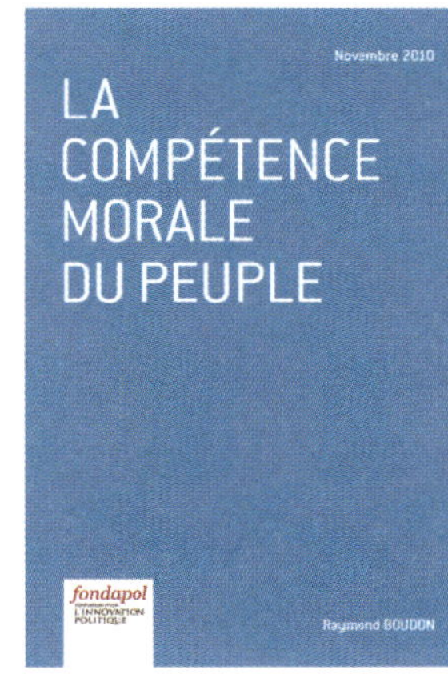

Raymond Boudon, *La compétence morale du peuple*, Fondapol, novembre 2010

SUR FONDAPOL.ORG

Jean Sénié, Suzanne Baverez, *Le changement, c'est tout le temps ! 1514-2014*, novembre 2013

Raymond Boudon et postface de Dominique Lecourt, *Renouveler la démocratie. Mode d'emploi*, février 2007

19. Émile Durkheim, *De la division du travail social*, 1893.

(*Durchrationalisierung*). Ce processus se caractérise par le fait que des idées nouvelles ont été plus ou moins régulièrement mises sur le marché et sélectionnées à plus ou moins long terme par l'opinion, dès lors que celle-ci a eu l'impression qu'elles avaient pour effet de mieux respecter la dignité et les intérêts vitaux de chacun. Ce processus a rencontré des circonstances particulièrement favorables dans le monde occidental même s'il s'y est développé, non dans la sérénité, mais dans le bruit et la fureur. Ce processus se manifeste, en Occident par exemple, au premier siècle de notre ère, explique Weber, lorsque l'Épître aux Galates met sur le marché des idées la notion de la vocation de tous à la citoyenneté, à travers l'anecdote[20] où Paul réprimande Pierre parce que, ayant vu arriver des Juifs, ce dernier avait cru devoir s'écarter d'un groupe de Gentils avec lesquels il était attablé. Max Weber déclare qu'il faut voir dans ce passage de la prédication de Paul un épisode capital de l'histoire de l'Occident. Il « sonne l'heure de la naissance de la citoyenneté en Occident », affirme-t-il. Rien de moins. L'anecdote est en effet porteuse de l'idée que, quelles que soient leurs différences, tous les hommes doivent pouvoir manifester leur égale dignité en s'asseyant à la même table.

Les analyses de Durkheim et de Weber se retrouvent dans des termes différents chez Tocqueville. Il n'hésite pas à imputer la mutation des sociétés aristocratiques en sociétés démocratiques à la Providence, parce qu'il jugeait inéluctable que la dignité humaine finisse par être consentie à tous. C'est sans doute sur la base de cette conviction que le député qu'il fut sous la monarchie de Juillet défendit en priorité deux dossiers : l'abolition de l'esclavage dans les Antilles françaises et l'introduction du suffrage universel. La notion même de dignité humaine n'est tombée dans le domaine public qu'avec Kant. Aujourd'hui encore, des philosophes pointilleux lui reprochent d'être floue. Elle l'est effectivement. Mais cela traduit le fait que son contenu était voué, pour parler comme Durkheim, à « s'approfondir au cours du temps ». Pour caractériser ces notions floues par essence, mais significatives et déterminantes, les sociologues parlent volontiers de notions programmatiques. En tout cas, la convergence de grands auteurs comme Tocqueville, Durkheim et Weber témoigne du rôle moteur joué dans l'installation des valeurs démocratiques par le sens dont dispose l'être humain de sa dignité et de ses intérêts vitaux et par sa capacité d'évaluer les institutions à cette aune.

RAYMOND BOUDON

« Je crois que tout est toujours en question, que tout est toujours à sauver, que rien n'est définitivement acquis, et qu'il n'y aura jamais de repos sur la terre pour les hommes de bonne volonté. »

Raymond Aron, entretien avec Georges Suffert, émission *Un certain regard*, ORTF, 7 décembre 1969

20. Max Weber [1920], *Gesammelte Aufsätze zur Religionssoziologie*, Tübingen, Mohr, 1986.

Institutions partenaires de nos travaux

American Jewish Comittee Paris

ANR

AFD

Cerdi – Centres d'Études et de Recherches sur le Développement International

CERI

CESE

Collège des Bernardins

Crif

Ecoles de Saint-Cyr Coëtquidan

Fondation Gabriel Péri

Fondation Jean-Jaurès

Fondation pour la mémoire de la Shoah

Fonds Actions Addictions

Institut Montaigne

Les Juifs, l'Europe, le XXIe siècle

Lire la société

Mouvement Européen France

Next Humanity

Place de la Santé

Sciences Po CEVIPOF

Terra Nova

Konrad Adenauer Stiftung (Allemagne)

Maison Heinrich Heine (Allemagne)

Stiftung Genshagen (Allemagne)

Fundacion Nuevas Generaciones (Argentine)

Fundacao Fernando Henrique Cardoso (Brésil)

República do amanhã (Brésil)

Université de Montréal (Canada)

American Jewish Comittee (États-Unis)

Harvard Business School (États-Unis)

International Republican Institute (États-Unis)

National Democratic Institute (États-Unis)

Think Tanks and Civil Societies Program (États-Unis)

Alma Mater Studiorum (Italie)

European University Institute (Italie)

Fondazione Magna Carta (Italie)

LUISS Guido Carli di Roma (Italie)

Universita Commerciale Luigi Bocconi (Italie)

The Japan Forum on International Relations (Japon)

The Genron NPO (Japon)

Teikyo University (Japon)

University Mohamed VI Polytechnic (Maroc)

Policy Center for the New South (Maroc)

Community of Democracies (Pologne)

University of York (Royaume-Uni)

La Fondapol dans le monde

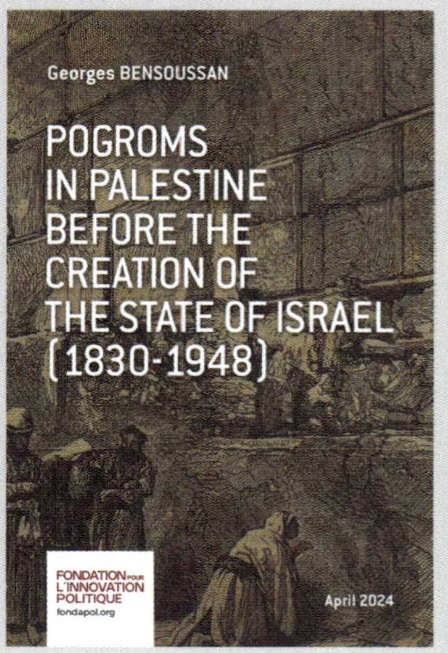

Christophe de VOOGD
VICTORY FOR POPULISM IN THE NETHERLANDS: A NATIONAL PHENOMENON OR A EUROPEAN PATTERN?
FONDATION POUR L'INNOVATION POLITIQUE
fondapol.org
April 2024

Marco TARCHI
FRATELLI D'ITALIA: NEO-FASCIST HERITAGE, POPULISM AND CONSERVATISM
FONDATION POUR L'INNOVATION POLITIQUE
fondapol.org
March 2024

Patrick MOREAU
THE EMERGENCE OF A CONSERVATIVE LEFT IN GERMANY: THE SAHRA WAGENKNECHT ALLIANCE – REASON AND JUSTICE (BSW)
FONDATION POUR L'INNOVATION POLITIQUE
fondapol.org
February 2024

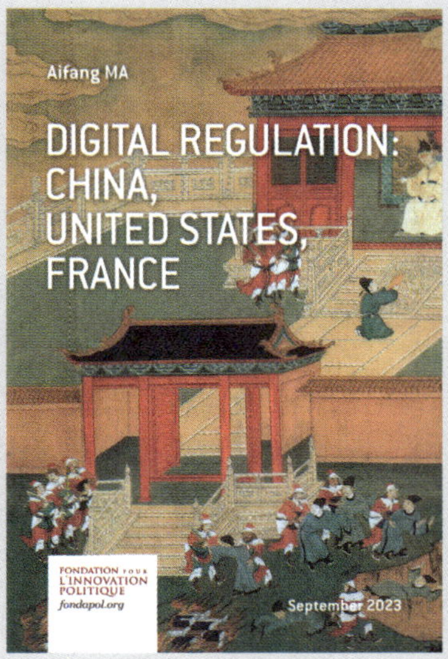
Aifang MA
DIGITAL REGULATION: CHINA, UNITED STATES, FRANCE
FONDATION POUR L'INNOVATION POLITIQUE
fondapol.org
September 2023

Édouard BALLADUR
EUROPE AND OUR SOVEREIGNTY
EUROPE IS NECESSARY, FRANCE TOO
FONDATION POUR L'INNOVATION POLITIQUE
fondapol.org
August 2023

DANISH IMMIGRATION POLICY: A CONSENSUAL CLOSING OF BORDERS
FONDATION POUR L'INNOVATION POLITIQUE
fondapol.org
January 2023

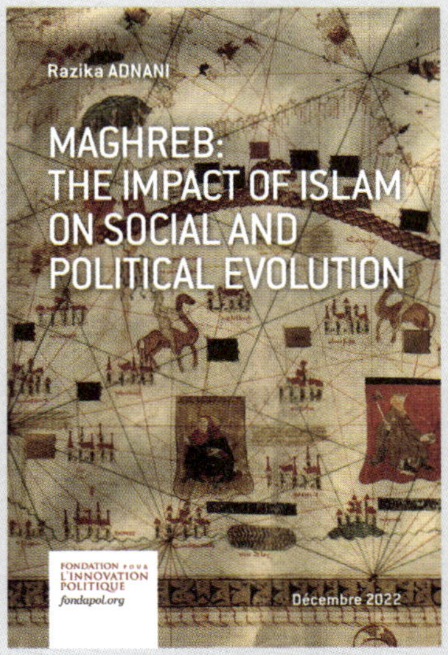
Razika ADNANI
MAGHREB: THE IMPACT OF ISLAM ON SOCIAL AND POLITICAL EVOLUTION
FONDATION POUR L'INNOVATION POLITIQUE
fondapol.org
Décembre 2022

رزيقة عدناني
تأثير الإسلام على التطور الاجتماعي والسياسي لبلدان المغرب الثلاث
يوليو 2023
FONDATION POUR L'INNOVATION POLITIQUE
fondapol.org

Bruno TERTRAIS
WHAT FUTURE FOR NUCLEAR DETERRENCE?
FONDATION POUR L'INNOVATION POLITIQUE
fondapol.org
October 2022

FONDATION POUR L'INNOVATION POLITIQUE
fondapol.org
Jean-Paul BOUTTES
NUCLEAR WASTE: A COMPREHENSIVE APPROACH

Jean-Paul BOUTTES
NUCLEAR WASTE: A COMPREHENSIVE APPROACH (1)
WASTE AND NUCLEAR WASTE: DECAY PERIODS AND POTENTIAL HAZARDS
FONDATION POUR L'INNOVATION POLITIQUE
fondapol.org
October 2022

Jean-Paul BOUTTES
NUCLEAR WASTE: A COMPREHENSIVE APPROACH (2)
SOLUTIONS TO LIMIT EFFECTIVE RISKS
FONDATION POUR L'INNOVATION POLITIQUE
fondapol.org
October 2022

Jean-Paul BOUTTES
NUCLEAR WASTE: A COMPREHENSIVE APPROACH (3)
THINKING ABOUT FUTURE GENERATIONS
FONDATION POUR L'INNOVATION POLITIQUE fondapol.org
October 2022

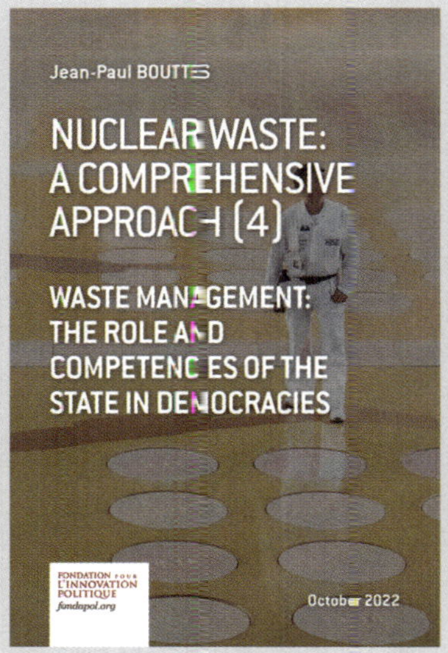
Jean-Paul BOUTTES
NUCLEAR WASTE: A COMPREHENSIVE APPROACH (4)
WASTE MANAGEMENT: THE ROLE AND COMPETENCES OF THE STATE IN DEMOCRACIES
FONDATION POUR L'INNOVATION POLITIQUE fondapol.org
October 2022

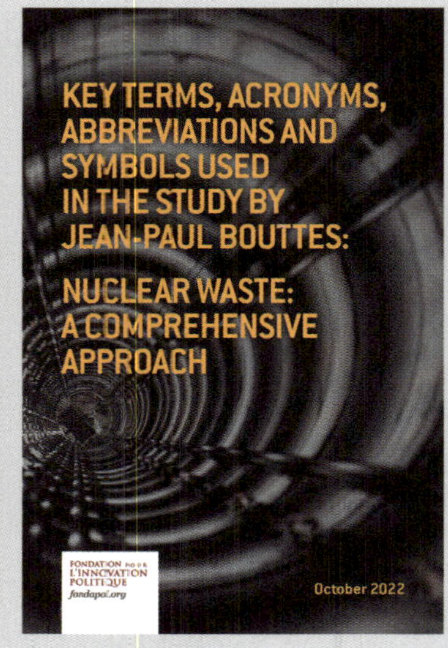
KEY TERMS, ACRONYMS, ABBREVIATIONS AND SYMBOLS USED IN THE STUDY BY JEAN-PAUL BOUTTES:
NUCLEAR WASTE: A COMPREHENSIVE APPROACH
FONDATION POUR L'INNOVATION POLITIQUE fondapol.org
October 2022

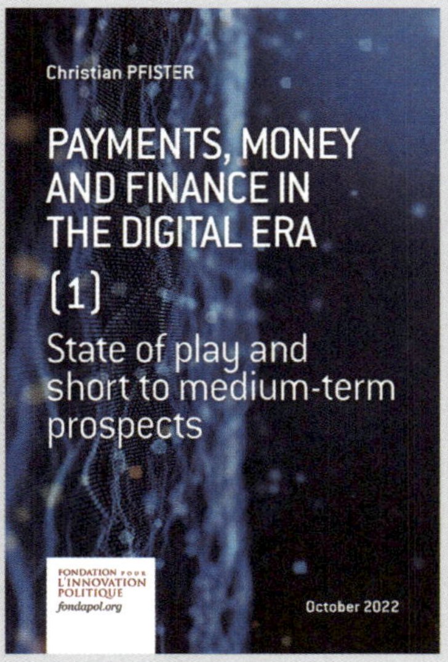
Christian PFISTER
PAYMENTS, MONEY AND FINANCE IN THE DIGITAL ERA
(1)
State of play and short to medium-term prospects
FONDATION POUR L'INNOVATION POLITIQUE fondapol.org
October 2022

Christian PFISTER
PAYMENTS, MONEY AND FINANCE IN THE DIGITAL ERA
(2)
Longer-term issues
FONDATION POUR L'INNOVATION POLITIQUE fondapol.org
October 2022

FONDATION POUR L'INNOVATION POLITIQUE fondapol.org
POLITICAL SHIFTS AND GOVERNMENT MAJORITY IN RIGHT-LEANING FRANCE
Edited by Dominique Reynié
A study on the electoral results of 2022 by the Fondation pour l'innovation politique
SEPTEMBER 2022

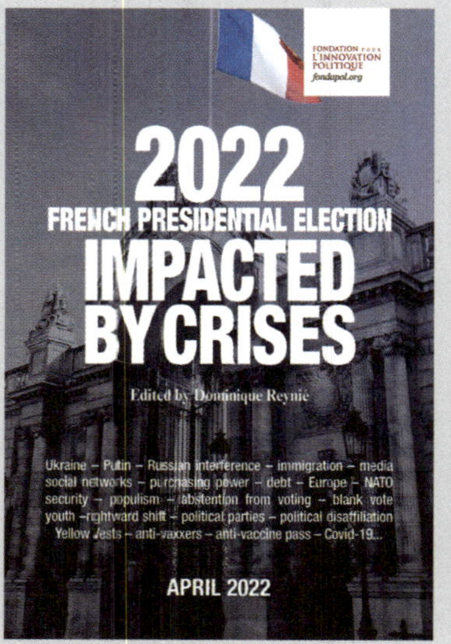
FONDATION POUR L'INNOVATION POLITIQUE fondapol.org
2022
FRENCH PRESIDENTIAL ELECTION
IMPACTED BY CRISES
Edited by Dominique Reynié
Ukraine – Putin – Russian interference – immigration – media social networks – purchasing power – debt – Europe – NATO security – populism – abstention from voting – blank vote youth – rightward shift – political parties – political disaffiliation Yellow Vests – anti-vaxxers – anti-vaccine pass – Covid-19...
APRIL 2022

Pierre VALENTIN
L'IDEOLOGIA WOKE
1 ANATOMIA DEL WOKISMO
FONDATION POUR L'INNOVATION POLITIQUE fondapol.org
Aprile 2022

Pierre VALENTIN
L'IDEOLOGIA WOKE
2 DI FRONTE AL WOKISMO
FONDATION POUR L'INNOVATION POLITIQUE fondapol.org
Aprile 2022

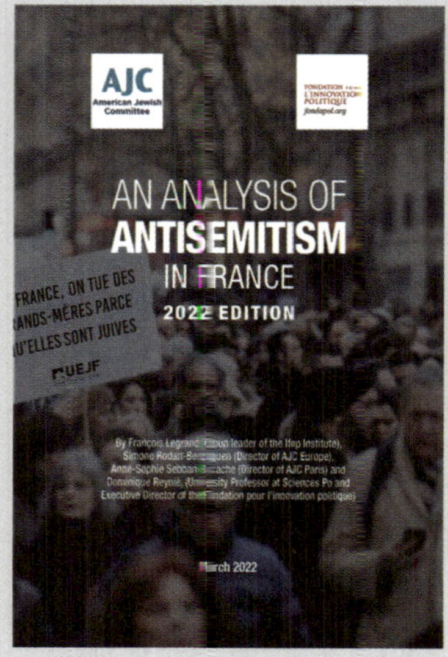
AJC American Jewish Committee
FONDATION POUR L'INNOVATION POLITIQUE fondapol.org
AN ANALYSIS OF ANTISEMITISM IN FRANCE
2022 EDITION
March 2022

FONDATION POUR L'INNOVATION POLITIQUE fondapol.org
FREEDOMS AT RISK: THE CHALLENGE OF THE CENTURY
A global survey on democracy in 55 countries
Edited by Dominique Reynié
2022
Community of Democracies
KONRAD ADENAUER STIFTUNG

FONDATION POUR L'INNOVATION POLITIQUE fondapol.org
LIBERTADES: EL DESAFÍO DEL SIGLO
Un estudio global sobre la democracia en 55 países
Editado bajo la coordinación de Dominique Reynié
2022
Community of Democracies
KONRAD ADENAUER STIFTUNG

FONDATION POUR L'INNOVATION POLITIQUE
fondapol.org
LIBERDADES:
O DESAFIO DO SÉCULO
Uma pesquisa planetária sobre
a democracia em 55 países
Sob direção de Dominique Reynié
2022

FONDATION POUR L'INNOVATION POLITIQUE
fondapol.org
危機に瀕する自由：
今世紀の課題
世界55か国民主主義世論調査
ドミニク・レニエ編集
2022

FONDATION POUR L'INNOVATION POLITIQUE
fondapol.org
الحريات: اختبار القرن
دراسة استقصائية عالمية للديمقراطية في
55 بلدا
تحت إشراف دومينيك ريني
2022

FONDATION POUR L'INNOVATION POLITIQUE
fondapol.org
2022
THE POPULIST
RISK IN FRANCE
Edited by
Dominique Reynié
An electoral protest indicator
designed by the Fondation pour l'innovation politique
NOVEMBER 2021
– WAVE 5 –

FONDATION POUR L'INNOVATION POLITIQUE
fondapol.org
ISLAMIST
TERRORIST
ATTACKS
IN THE WORLD
1979-2021
New edition
Data collected through 31 May 2021
SEPTEMBER 2021

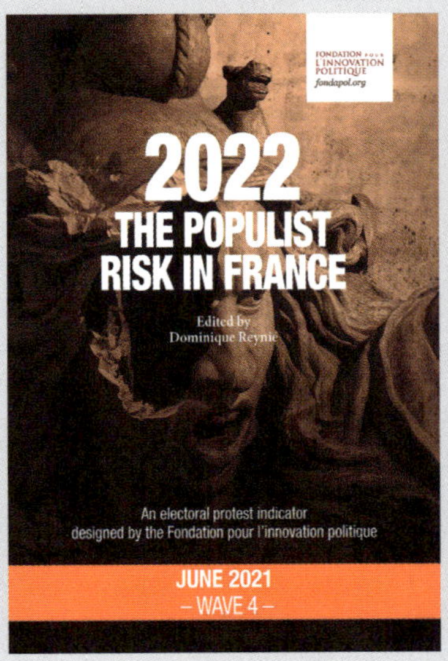
FONDATION POUR L'INNOVATION POLITIQUE
fondapol.org
2022
THE POPULIST
RISK IN FRANCE
Edited by
Dominique Reynié
An electoral protest indicator
designed by the Fondation pour l'innovation politique
JUNE 2021
– WAVE 4 –

FONDATION POUR L'INNOVATION POLITIQUE
fondapol.org
Victor Delage
THE CONVERSION
OF EUROPEANS
TO RIGHT-WING
VALUES
France,
Germany,
Italy and
the United Kingdom
May 2021

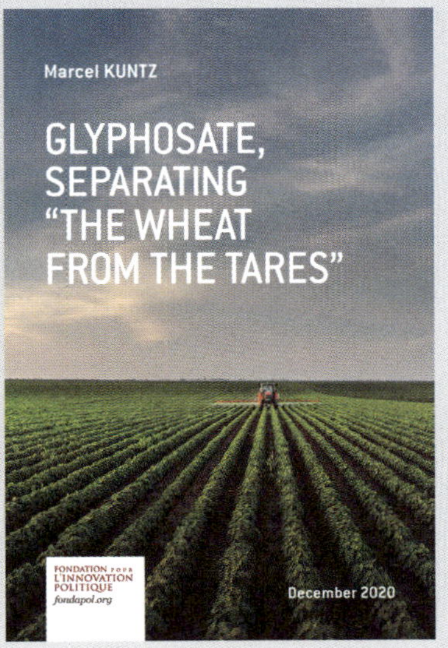
Marcel KUNTZ
GLYPHOSATE,
SEPARATING
"THE WHEAT
FROM THE TARES"
FONDATION POUR L'INNOVATION POLITIQUE
fondapol.org
December 2020

Emmanuel COMBE
Didier BRÉCHEMIER
BEFORE COVID-19
AIR TRANSPORTATION
IN EUROPE:
AN ALREADY
FRAGILE SECTOR
FONDATION POUR L'INNOVATION POLITIQUE
fondapol.org
Roland Berger
December 2020

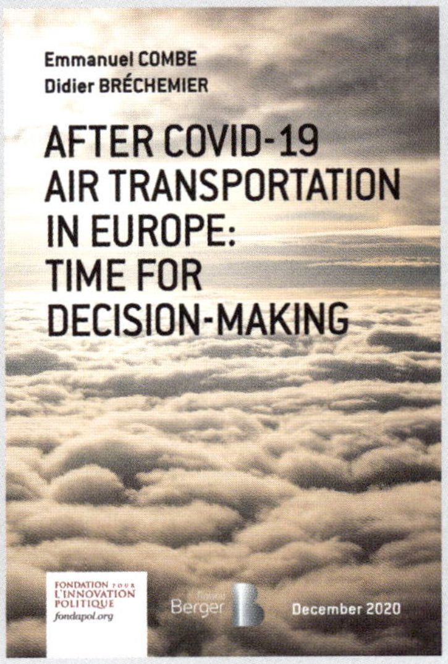
Emmanuel COMBE
Didier BRÉCHEMIER
AFTER COVID-19
AIR TRANSPORTATION
IN EUROPE:
TIME FOR
DECISION-MAKING
FONDATION POUR L'INNOVATION POLITIQUE
fondapol.org
Roland Berger
December 2020

Marco BARONI
NUCLEAR ENERGY:
CHANGING THE
BALANCE OF POWER?
FONDATION POUR L'INNOVATION POLITIQUE
fondapol.org
December 2020

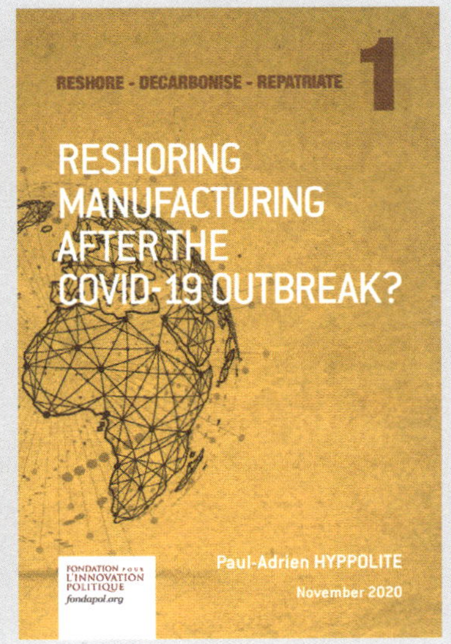
RESHORE - DECARBONISE - REPATRIATE
1
RESHORING
MANUFACTURING
AFTER THE
COVID-19 OUTBREAK?
FONDATION POUR L'INNOVATION POLITIQUE
fondapol.org
Paul-Adrien HYPPOLITE
November 2020

Maygane JANIN
Flora DEVERELL
COVID-19:
FAR RIGHT VIOLENT
EXTREMISM AND
TECH PLATFORMS'
RESPONSE
FONDATION POUR L'INNOVATION POLITIQUE
fondapol.org
November 2020

FONDATION POUR L'INNOVATION POLITIQUE
fondapol.org
2022
THE POPULIST
RISK IN FRANCE
Edited by
Dominique Reynié
An electoral protest indicator
designed by the Fondation pour l'innovation politique
OCTOBER 2020
– WAVES 2 AND 3 –

Christian PFISTER
Natacha VALLA
WHOEVER PAYS OFF
THEIR DEBT
GETS RICH
FONDATION POUR L'INNOVATION POLITIQUE
fondapol.org
October 2020

Jean-Pierre CABESTAN
Laurence DAZIANO
HONG KONG:
THE SECOND
HANDOVER
Legislative Council
Complex
立法會綜合大樓
FONDATION POUR L'INNOVATION POLITIQUE
fondapol.org
July 2020

高敬文(Jean-Pierre Cabestan)
勞倫斯·達齊亞諾(Laurence Daziano)
香港：
二次回歸
Legislative Council
Complex
立法會綜合大樓
FONDATION POUR L'INNOVATION POLITIQUE
fondapol.org
2020年9月

高敬文(Jean-Pierre Cabestan)
劳伦斯·达齐亚诺 (Laurence Daziano)
香港：
二次回归
Legislative Council
Complex
立法會綜合大樓
FONDATION POUR L'INNOVATION POLITIQUE
fondapol.org
2020年10月

Josef KONVITZ
PARADIGM
SHIFTS
FONDATION POUR L'INNOVATION POLITIQUE
fondapol.org
July 2020

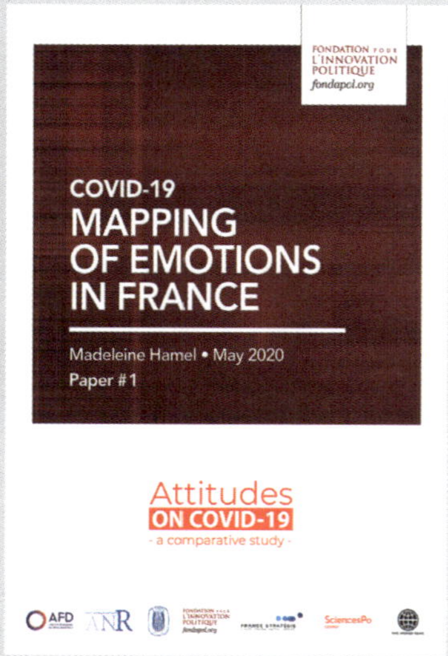
FONDATION POUR L'INNOVATION POLITIQUE
fondapol.org
COVID-19
MAPPING
OF EMOTIONS
IN FRANCE
Madeleine Hamel • May 2020
Paper #1
Attitudes
ON COVID-19
- a comparative study -

FONDATION POUR L'INNOVATION POLITIQUE
fondapol.org
COVID-19
UNITED STATES, CHINA AND RUSSIA
GREAT POWERS WORRY
PUBLIC OPINION
Victor Delage • June 2020
Contribution #2
Attitudes
ON COVID-19
- a comparative study -

FONDATION POUR L'INNOVATION POLITIQUE
fondapol.org
COVID-19
ESTADOS UNIDOS, CHINA, RÚSSIA
GRANDES POTÊNCIAS
PREOCUPAM
OPINIÃO PÚBLICA
Victor Delage • junho de 2020
Artigo #2
Attitudes
ON COVID-19
- a comparative study -

FONDATION POUR L'INNOVATION POLITIQUE
fondapol.org
新冠肺炎
美国、中国和俄罗斯
大国引发公众焦虑
Victor Delage • 2020年六月
文章 #2
Attitudes
ON COVID-19
- a comparative study -

FONDATION POUR L'INNOVATION POLITIQUE
fondapol.org
كوفيد-19
الصين،الولايات المتحدة و روسيا
القوى الكبرى تقلق الرأي العام
فيكتور ديلاج، جوان 2020
مساهمة #2
Attitudes
ON COVID-19
- a comparative study -

Josef KONVITZ
DON'T WASTE A CRISIS
April 2020

Kristoffer LUNDBERG
RETIREMENT: LESSONS FROM THE SWEDISH REFORMS
April 2020

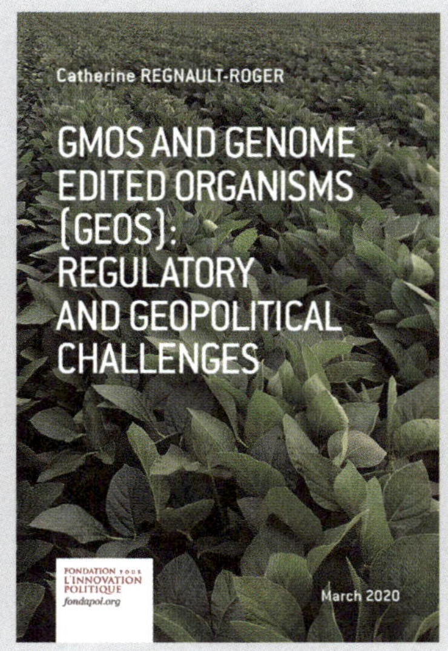
Catherine REGNAULT-ROGER
GMOS AND GENOME EDITED ORGANISMS (GEOS): REGULATORY AND GEOPOLITICAL CHALLENGES
March 2020

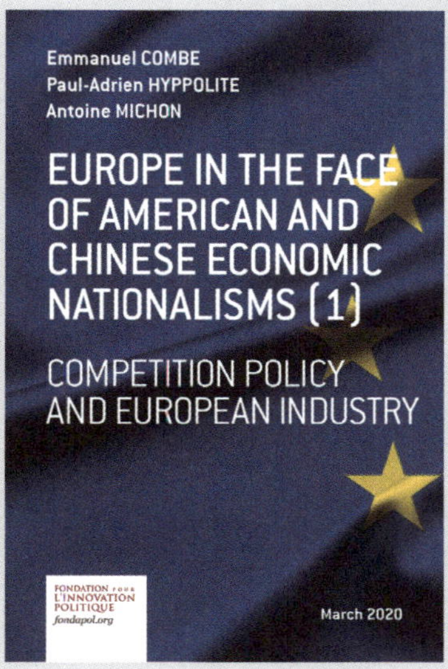
Emmanuel COMBE
Paul-Adrien HYPPOLITE
Antoine MICHON
EUROPE IN THE FACE OF AMERICAN AND CHINESE ECONOMIC NATIONALISMS (1)
COMPETITION POLICY AND EUROPEAN INDUSTRY
March 2020

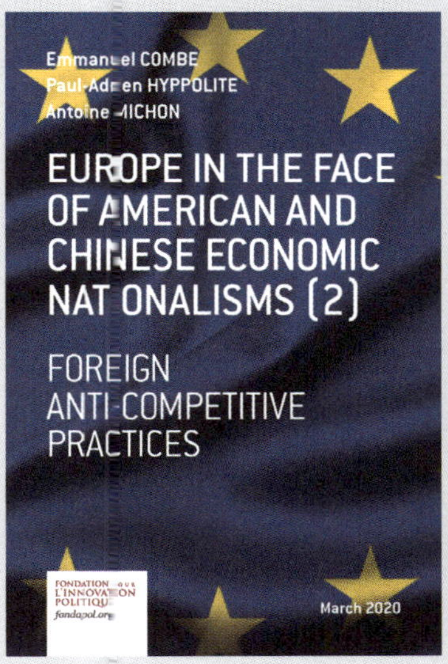
Emmanuel COMBE
Paul-Adrien HYPPOLITE
Antoine MICHON
EUROPE IN THE FACE OF AMERICAN AND CHINESE ECONOMIC NATIONALISMS (2)
FOREIGN ANTI-COMPETITIVE PRACTICES
March 2020

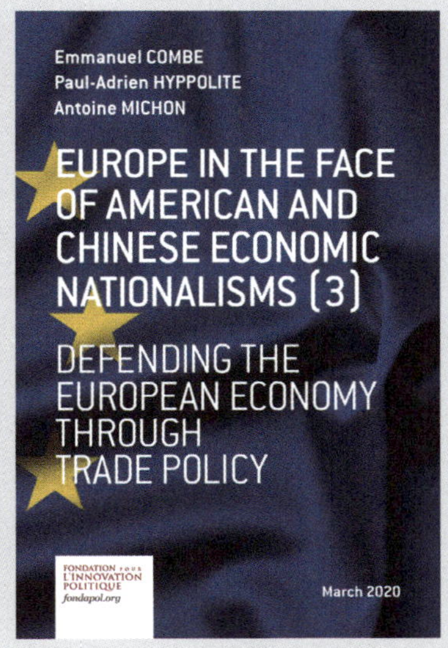
Emmanuel COMBE
Paul-Adrien HYPPOLITE
Antoine MICHON
EUROPE IN THE FACE OF AMERICAN AND CHINESE ECONOMIC NATIONALISMS (3)
DEFENDING THE EUROPEAN ECONOMY THROUGH TRADE POLICY
March 2020

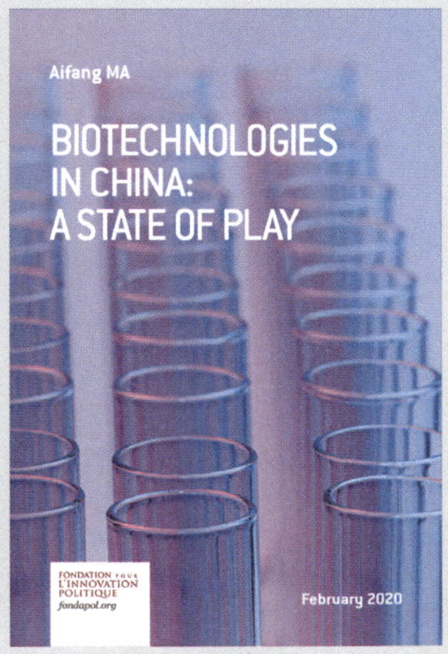
Aifang MA
BIOTECHNOLOGIES IN CHINA: A STATE OF PLAY
February 2020

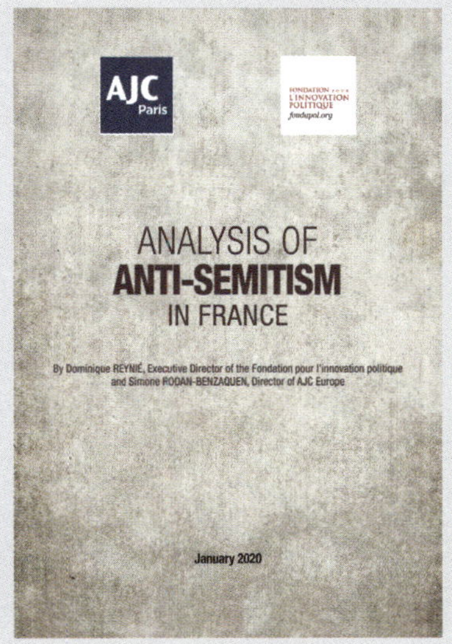
AJC Paris
ANALYSIS OF ANTI-SEMITISM IN FRANCE
By Dominique REYNIÉ, Executive Director of the Fondation pour l'innovation politique and Simone RODAN-BENZAQUEN, Director of AJC Europe
January 2020

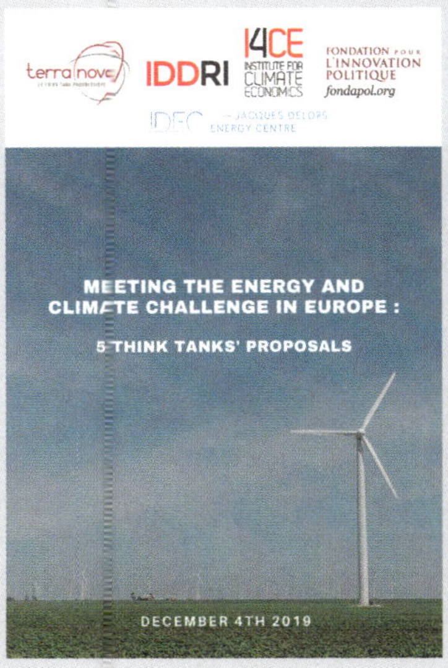
MEETING THE ENERGY AND CLIMATE CHALLENGE IN EUROPE :
5 THINK TANKS' PROPOSALS
DECEMBER 4TH 2019

Emmanuel COMBE
TOWARDS PERSONALISED PRICING IN THE DIGITAL ERA?
December 2019

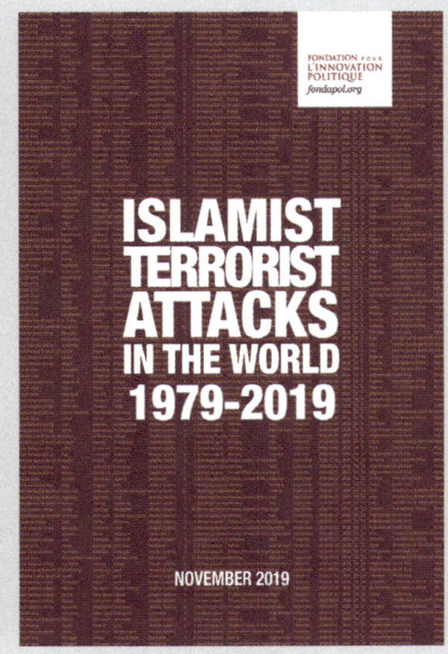
ISLAMIST TERRORIST ATTACKS IN THE WORLD 1979-2019
NOVEMBER 2019

الهجمات الإسلامية المتطرفة
في العالم 1979-2019
مارس 2020

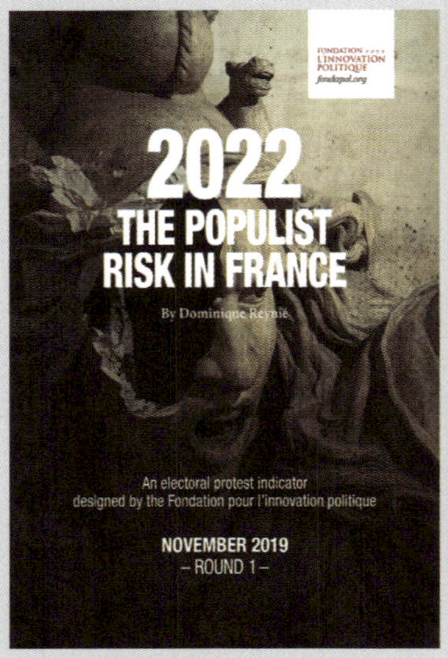
FONDATION POUR L'INNOVATION POLITIQUE
fondapol.org
2022
THE POPULIST RISK IN FRANCE
By Dominique Reynié
An electoral protest indicator designed by the Fondation pour l'innovation politique
NOVEMBER 2019
– ROUND 1 –

Marcel KUNTZ
THE SÉRALINI AFFAIR
THE DEAD-END OF AN ACTIVIST SCIENCE
FONDATION POUR L'INNOVATION POLITIQUE
fondapol.org

FONDATION POUR L'INNOVATION POLITIQUE
fondapol.org
2019
European Elections
The weight of the electorates compared to the electoral weight of the parliamentary groups
July 2019

Eva JANADIN
Anne-Sophie MONSINAY
AN INTEGRATED MOSQUE FOR A SPIRITUAL AND PROGRESSIVE ISLAM
FONDATION POUR L'INNOVATION POLITIQUE
fondapol.org
June 2019

إيفا جنادان
آن-صوفي مونسيناي
مسجد مختلط لإسلام روحاني وتقدمي
FONDATION POUR L'INNOVATION POLITIQUE
fondapol.org
جويلية 2019

DEMOCRACIES UNDER PRESSURE
A GLOBAL SURVEY
THE ISSUES
THE COUNTRIES

Paul-Adrien HYPPOLITE
Antoine MICHON
BIG TECH DOMINANCE (1):
THE NEW FINANCIAL TYCOONS
FONDATION POUR L'INNOVATION POLITIQUE
fondapol.org
December 2018

Paul-Adrien HYPPOLITE
Antoine MICHON
BIG TECH DOMINANCE (2):
A BARRIER TO TECHNOLOGICAL INNOVATION?
FONDATION POUR L'INNOVATION POLITIQUE
fondapol.org
December 2018

Michel MARTONE
PENSIONI : LEZIONI DELLE RIFORME ITALIANE
FONDATION POUR L'INNOVATION POLITIQUE
fondapol.org
Novembre 2018

AJC Europe
fondapol.org
Immigration, Populism, Trump, Europe...

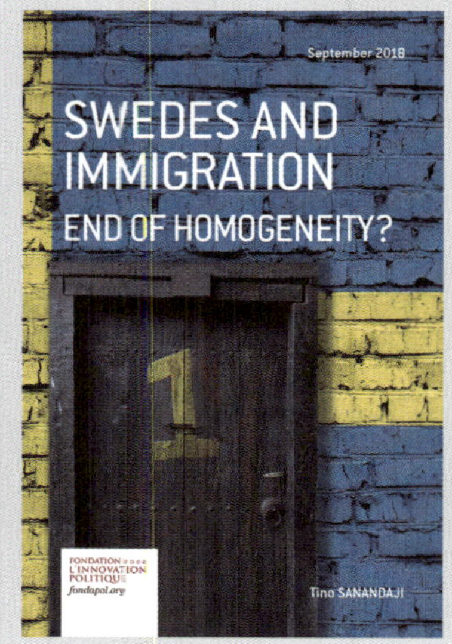
September 2018
SWEDES AND IMMIGRATION
END OF HOMOGENEITY?
FONDATION POUR L'INNOVATION POLITIQUE
fondapol.org
Tino SANANDAJI

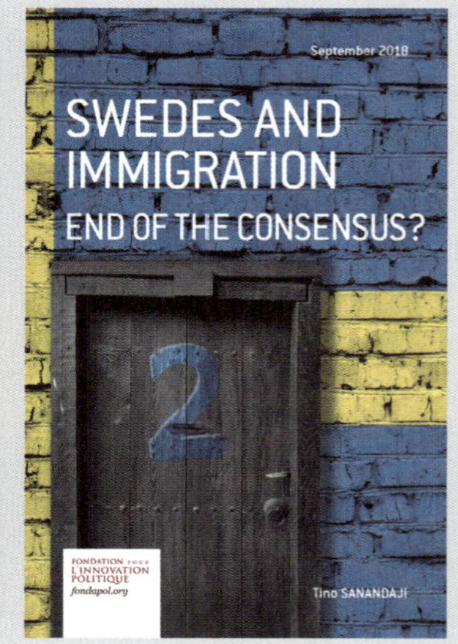
September 2018
SWEDES AND IMMIGRATION
END OF THE CONSENSUS?
FONDATION POUR L'INNOVATION POLITIQUE
fondapol.org
Tino SANANDAJI

September 2018
"SWEDEN DEMOCRATS": AN ANTI-IMMIGRATION VOTE
Johan MARTINSSON

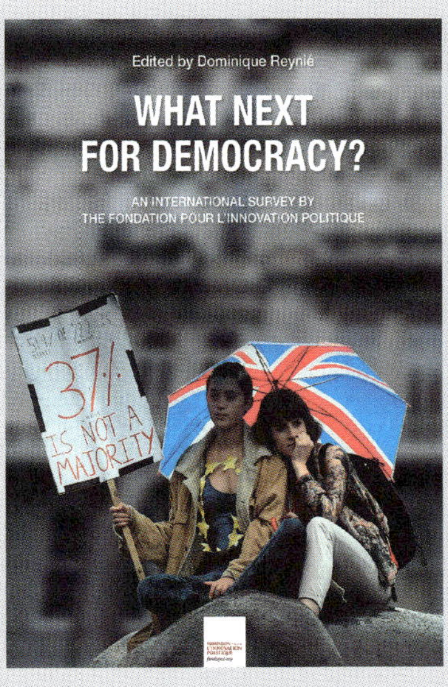
Edited by Dominique Reynié
WHAT NEXT FOR DEMOCRACY?
AN INTERNATIONAL SURVEY BY THE FONDATION POUR L'INNOVATION POLITIQUE
37% IS NOT A MAJORITY

January 2017
DIGITAL SOVEREIGNTY
Farid GUEHAM

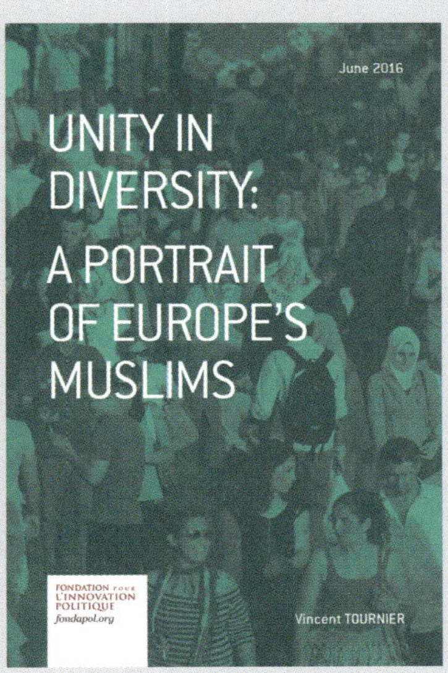
June 2016
UNITY IN DIVERSITY:
A PORTRAIT OF EUROPE'S MUSLIMS
Vincent TOURNIER

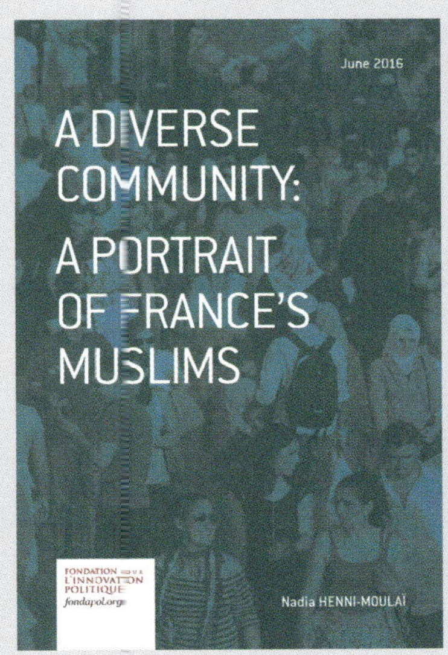
June 2016
A DIVERSE COMMUNITY:
A PORTRAIT OF FRANCE'S MUSLIMS
Nadia HENNI-MOULAÏ

June 2016
THE BLOCKCHAIN, OR DISTRIBUTED TRUST
Yves CASEAU
Serge SOUDOPLATOFF

June 2016
COMPANIES GOVERNANCE AND SOCIETY NEEDS
Daniel HURSTEL

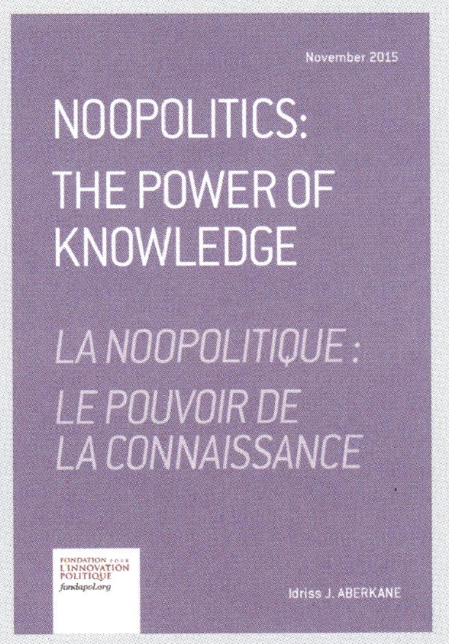
November 2015
NOOPOLITICS:
THE POWER OF KNOWLEDGE
LA NOOPOLITIQUE :
LE POUVOIR DE LA CONNAISSANCE
Idriss J. ABERKANE

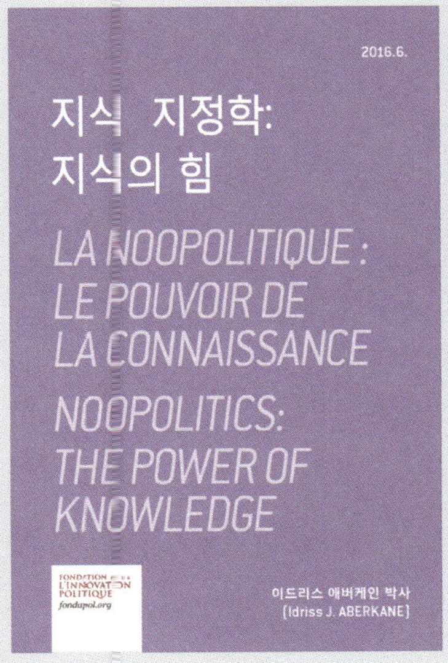
2016.6.
지식 지정학:
지식의 힘
LA NOOPOLITIQUE :
LE POUVOIR DE LA CONNAISSANCE
NOOPOLITICS:
THE POWER OF KNOWLEDGE
이드리스 애버케인 박사
[Idriss J. ABERKANE]

May 2015
ECONOMY OF KNOWLEDGE
知识经济
ÉCONOMIE DE LA CONNAISSANCE
지식 경 제
Idriss J. ABERKANE

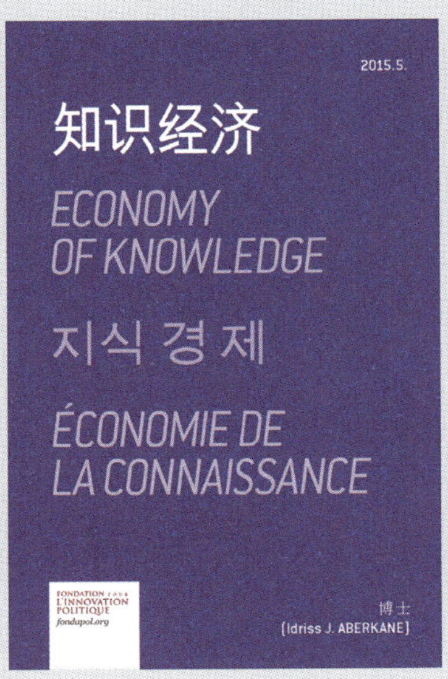
2015.5.
知识经济
ECONOMY OF KNOWLEDGE
지식 경 제
ÉCONOMIE DE LA CONNAISSANCE
博士
[Idriss J. ABERKANE]

2015.5.
지식 경 제
ECONOMY OF KNOWLEDGE
知识经济
ÉCONOMIE DE LA CONNAISSANCE
이드리스 애버케인 박사
[Idriss J. ABERKANE]

قيم الإسلام 1

التعددية الدينية
في الإسلام،
أو الوعي بالغيرية

إيريك جوفروا
جانفي 2015

FONDATION POUR L'INNOVATION POLITIQUE fondapol.org

قيم الإسلام 2

القرآن،
مفاتيح للقراءة

طارق أوبرو
أفريل 2015

FONDATION POUR L'INNOVATION POLITIQUE fondapol.org

قيم الإسلام 3

الإنسانية والإنسية
في الإسلام

أحمد بويردان
أفريل 2015

FONDATION POUR L'INNOVATION POLITIQUE fondapol.org

قيم الإسلام 4

التصوف:
روحانية ومواطنة

باريزا الخياري
جوان 2015

FONDATION POUR L'INNOVATION POLITIQUE fondapol.org

قيم الإسلام 5

الإسلام
والميثاق الاجتماعي

فيليب موليني
أوت 2015

FONDATION POUR L'INNOVATION POLITIQUE fondapol.org

قيم الإسلام 6

الإسلام
وقيم الجمهورية

سعد الخياري
جوان 2015

FONDATION POUR L'INNOVATION POLITIQUE fondapol.org

قيم الإسلام 7

التربية في الإسلام

مصطفى الشريف
أكتوبر 2015

FONDATION POUR L'INNOVATION POLITIQUE fondapol.org

قيم الإسلام 8

النساء والإسلام،
رؤية إصلاحية

أسماء المرابط
أكتوبر 2015

FONDATION POUR L'INNOVATION POLITIQUE fondapol.org

قيم الإسلام 10

الإسلام والديمقراطية
في مواجهة الحداثة

محمد بدّي ابنو
ديسمبر 2015

FONDATION POUR L'INNOVATION POLITIQUE fondapol.org

قيم الإسلام 9

الإسلام والديمقراطية:
الأسس

أحمد الريسوني
نوفمبر 2015

FONDATION POUR L'INNOVATION POLITIQUE fondapol.org

قيم الإسلام 11

الشيعة والسنّة:
سلام مستحيل ؟

ماتيو تيرّييه
جانفي 2016

FONDATION POUR L'INNOVATION POLITIQUE fondapol.org

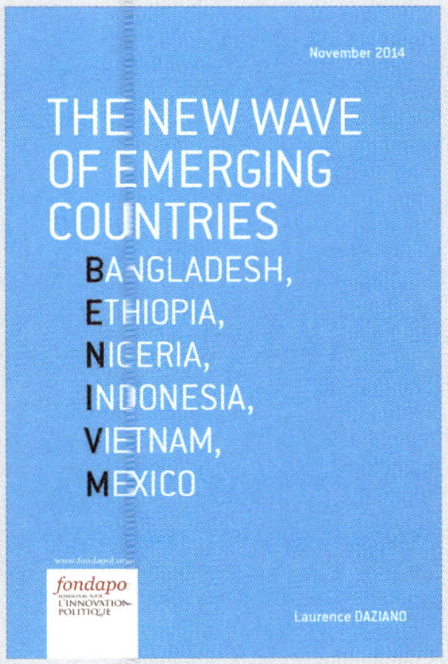
November 2014
THE NEW WAVE OF EMERGING COUNTRIES
BANGLADESH,
ETHIOPIA,
NIGERIA,
INDONESIA,
VIETNAM,
MEXICO
fondapol
Laurence DAZIANO

AJC
Paris
FONDATION POUR L'INNOVATION POLITIQUE
fondapol.org
ANTISEMITISM IN FRENCH PUBLIC OPINION
NEW INSIGHTS
Dominique REYNIÉ
Novembre 2014

scenario 2012
Youth and Sustainable Development
fondapol
nomadéis

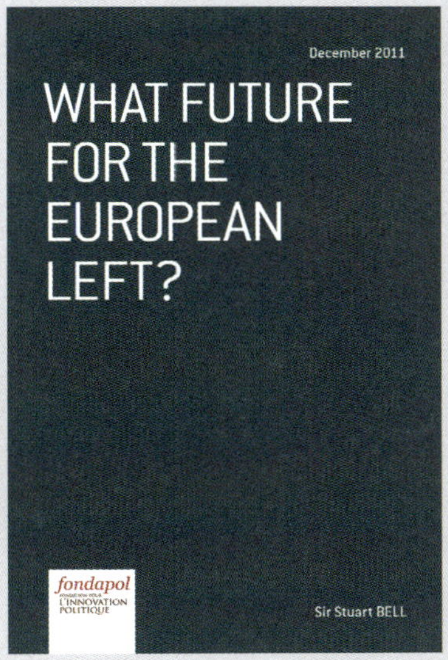
December 2011
WHAT FUTURE FOR THE EUROPEAN LEFT?
fondapol
Sir Stuart BELL

March 2011
THE STATE OF THE RIGHT: THE NETHERLANDS
fondapol
Niek PAS

February 2011
THE STATE OF THE RIGHT: AUSTRIA
fondapol
Patrick MOREAU

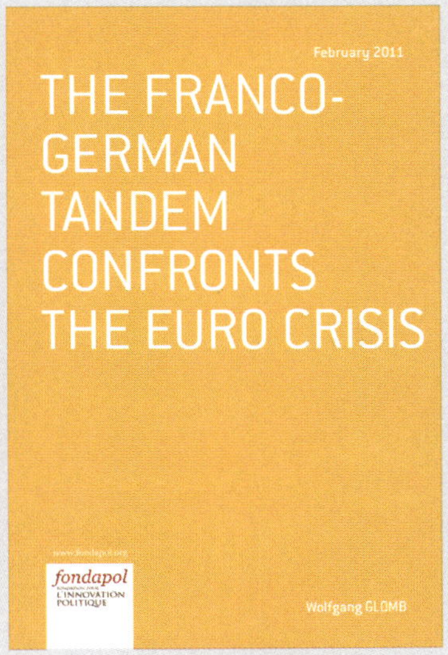
February 2011
THE FRANCO-GERMAN TANDEM CONFRONTS THE EURO CRISIS
fondapol
Wolfgang GLOMB

Edited by
Dominique Reynié
2011 World Youths
a Worldwide Survey
by the Fondation pour l'innovation politique
fondapol

December 2010
THE STATE OF THE RIGHT: BULGARIA
fondapol
Antony TODOROV

November 2010
FOOD SECURITY: A GLOBAL CHALLENGE
fondapol
FARM
Bernard BACHELIER

November 2010
ACHIEVING A NEW COMMON AGRICULTURAL POLICY
fondapol
FARM
Bernard BACHELIER

October 2010
REFORMING THE CONSTITUTION TO REDUCE GOVERNMENT DEBT
fondapol
Jacques DELPLA

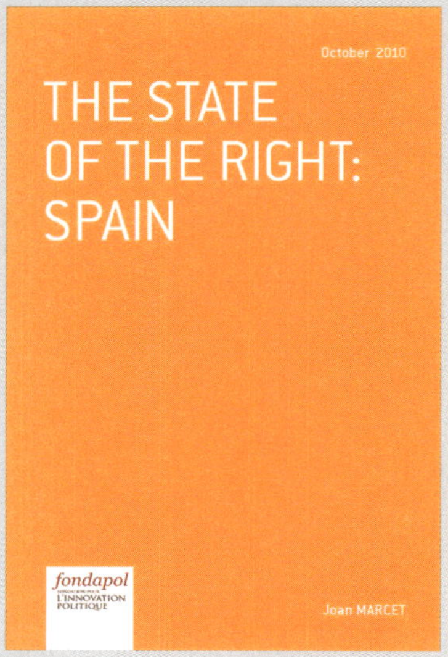
October 2010
THE STATE OF THE RIGHT: SPAIN
fondapol
L'INNOVATION POLITIQUE
Joan MARCET

August 2010
THE STATE OF THE RIGHT: POLAND
fondapol
L'INNOVATION POLITIQUE
Dominika TOMASZEWSKA-MORTIMER

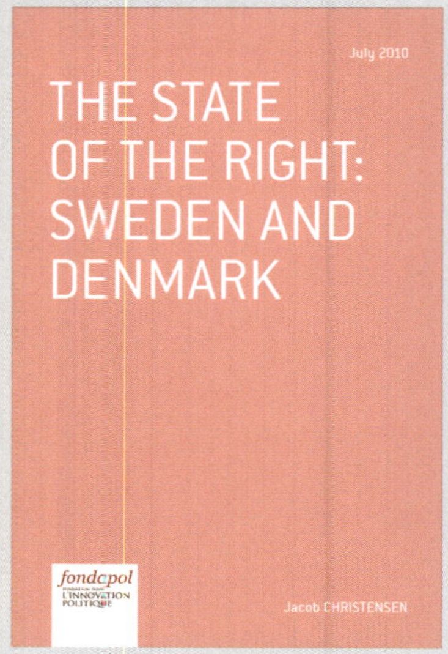
July 2010
THE STATE OF THE RIGHT: SWEDEN AND DENMARK
fondapol
L'INNOVATION POLITIQUE
Jacob CHRISTENSEN

July 2010
THE STATE OF THE RIGHT: ITALY
fondapol
L'INNOVATION POLITIQUE
Sofia VENTURA

June 2010
BANKING REGULATION FOR SUSTAINABLE GROWTH
fondapol
L'INNOVATION POLITIQUE
Nathalie JANSON

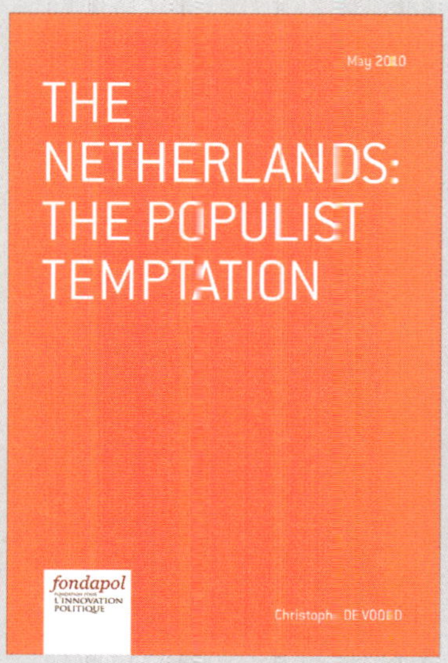
May 2010
THE NETHERLANDS: THE POPULIST TEMPTATION
fondapol
L'INNOVATION POLITIQUE
Christophe DE VOOGD

April 2010
THE STATE OF THE RIGHT: GREAT BRITAIN
fondapol
L'INNOVATION POLITIQUE
David HANLEY

FONDATION POUR L'INNOVATION POLITIQUE
fp
NOVEMBER 2009
www.fondapol.org
Iran: civil revolution?
Nader VAHABI
Centre d'études sur la diaspora iranienne (France)

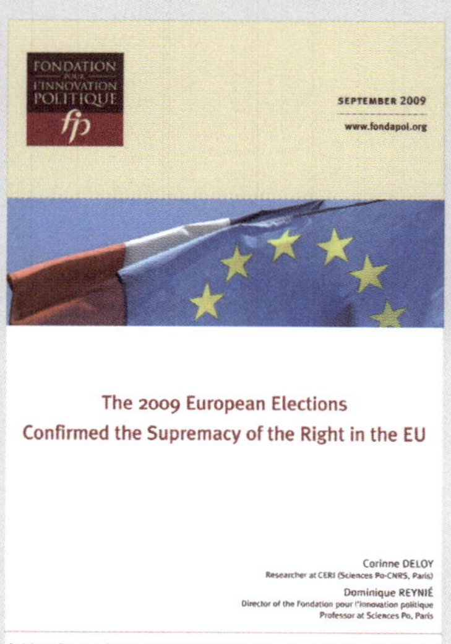
FONDATION POUR L'INNOVATION POLITIQUE
fp
SEPTEMBER 2009
www.fondapol.org
The 2009 European Elections Confirmed the Supremacy of the Right in the EU
Corinne DELOY
Researcher at CERI (Sciences Po-CNRS, Paris)
Dominique REYNIÉ
Director of the Fondation pour l'innovation politique
Professor at Sciences Po, Paris

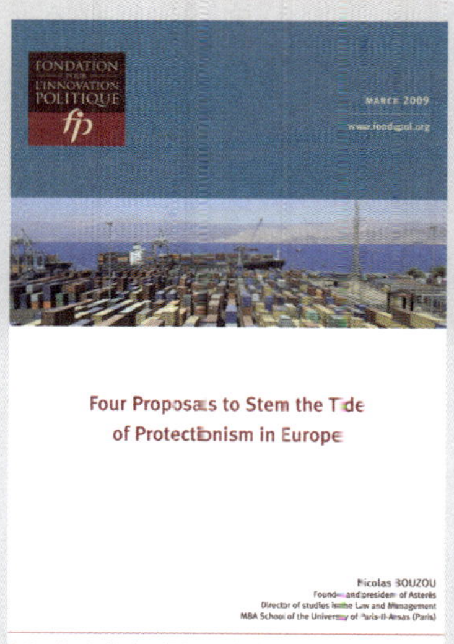
FONDATION POUR L'INNOVATION POLITIQUE
fp
MARCH 2009
www.fondapol.org
Four Proposals to Stem the Tide of Protectionism in Europe
Nicolas BOUZOU

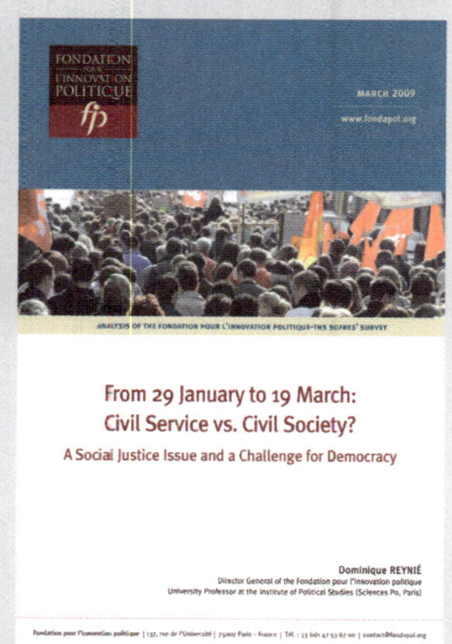
FONDATION POUR L'INNOVATION POLITIQUE
fp
MARCH 2009
www.fondapol.org
From 29 January to 19 March: Civil Service vs. Civil Society?
A Social Justice Issue and a Challenge for Democracy
Dominique REYNIÉ
Director General of the Fondation pour l'innovation politique
University Professor at the Institute of Political Studies (Sciences Po, Paris)

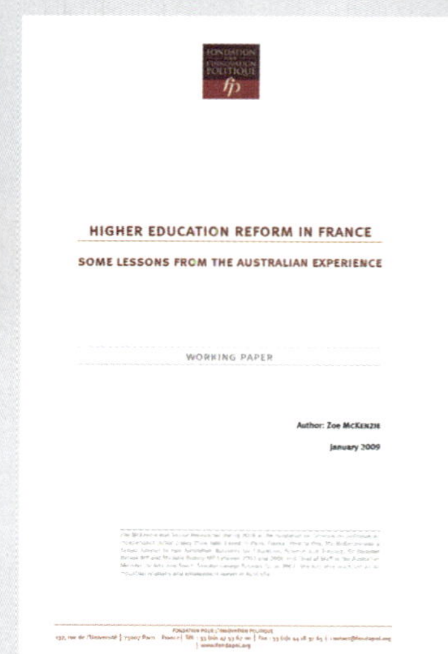
HIGHER EDUCATION REFORM IN FRANCE
SOME LESSONS FROM THE AUSTRALIAN EXPERIENCE
WORKING PAPER
Author: Zoe McKENZIE
January 2009

Bulletin de soutien

FONDATION POUR L'INNOVATION POLITIQUE
fondapol.org

Le débat public a besoin de la Fondation et la Fondation a besoin de vous !

☐ **Je soutiens la Fondation pour l'innovation politique**
voici ma contribution de :

☐ 100 € ☐ 500 € ☐ 1 000 € ☐ 5 000 €
☐ 10 000 € ☐ 50 000 € ☐ Autre montant..................€

Je choisis de faire un don :

☐ À titre personnel
☐ Au titre de la société suivante : ____________________

Destinataire du reçu fiscal : ____________________

N° _____ Rue ____________________

Code postal _________ Ville ____________________

☐ Par chèque, à l'ordre de la **Fondation pour l'innovation politique**

☐ Par virement bancaire daté du : ....
au profit du compte Fondation pour l'innovation politique à la Caisse des dépôts et consignations : IBAN : FR77 4003 1000 0100 0029 9345 Z16
BIC : CDCGFRPPXXX

À renvoyer à :

Fondation pour l'innovation politique
11, rue de Grenelle
75007 Paris

Contact :

Anne Flambert
Responsable administratif et financier
01 47 53 67 09

anne.flambert@fondapol.org

Régime fiscal des dons versés par des personnes physiques ou morales fiscalement domiciliées en France

Reconnue d'utilité publique par décret en date du 14avril 2004, la Fondation pour l'innovation politique peut recevoir des dons et legs des particuliers et des entreprises.

Au titre des versements effectués :

- **Les contribuables** bénéficient d'une réduction d'impôt sur le revenu égale à 66 % de leur montant, dans la limite de 20 % du revenu imposable (art. 200-1 du CGI) et/ou au titre de l'IFI, d'une réduction de 75 % de leur montant dans la limite de 50 000 euros.
- **Les entreprises** assujetties à l'impôt sur le revenu ou à l'impôt sur les sociétés bénéficient d'une réduction d'impôt de 60 % pris dans la limite de 10 000 euros ou de 0,5 % du chiffre d'affaires HT lorsque ce dernier est plus élevé (art. 238 *bis* du CGI), avec report possible sur les cinq années suivantes de la déduction en cas de dépassement du seuil.

Vous trouverez au verso de ce bulletin un tableau récapitulant les réductions fiscales possibles dans le cadre de votre don à la Fondation pour l'innovation politique.

FONDATION POUR L'INNOVATION POLITIQUE
fondapol.org

Bulletin de soutien

Exemples de soutiens aux actions de la Fondation pour l'innovation politique et calcul de la contribution réelle après déduction fiscale (IS/IR/ISF)

Exemples de contribution annuelle	Contribution réelle après déduction de 60 % au titre de l'impôt sur les sociétés	Contribution réelle après déduction de 66 % au titre de l'impôt sur le revenu	Contribution réelle après déduction de 75 % au titre de l'impôt sur la fortune immobilière
100 €	40 €	34 €	25 €
500 €	200 €	170 €	125 €
1 000 €	400 €	340 €	250 €
5 000 €	2 000 €	1 700 €	1 250 €
10 000 €	4 000 €	3 400 €	2 500 €
50 000 €	20 000 €	17 000 €	12 500 €

À renvoyer à :

Fondation pour l'innovation politique
11, rue de Grenelle
75007 Paris

Contact :

Anne Flambert
Responsable administratif et financier
01 47 53 67 09

anne.flambert@fondapol.org

Merci de noter ci-dessous vos coordonnées pour nous permettre d'établir votre reçu fiscal :

Organisme ou particulier

Nom ________________ Prénom ________________

Nom de l'organisme ________________

N° ______ Rue ________________

____

Code postal ______ Ville ________________

Pays ________________

Téléphone ________________

Courriel ________________

Date ______ Signature ________________

Crédits iconographiques :

p. 34 : © Gamma-Rapho, Gilles Bassignal, 2006 • p. 49 haut : © Paris Musées / Musée Carnavalet - Histoire de Paris • p. 49 bas : © gallica.bnf.fr • p. 52 haut gauche : © BY-SA 3.0 • p. 52 haut droit : Imprimerie Lamy • p. 52 bas : © gallica.bnf.fr • p. 53 : © gallica.bnf.fr • p. 54 : © 2004 GrandPalaisRmn (musée du Louvre) / Jean-Gilles Berizzi • p. 55 : © gallica.bnf.fr • p. 58 : © Paris Musées / Musée Carnavalet - Histoire de Paris • p. 59 : Collection Jean-Louis Debauve (1926-2016). Paris, commerce d'art. Paris, collection particulière. • p. 60 : © Collection Catharine Lorillard Wolfe, fonds Wolfe, 1907 • p. 61 : Musée de l'Ermitage-Saint-Pétersbourg. • p. 62 gauche : © EDR archives / Alamy Banque D'Images • p. 62 droit : © RMN-Grand Palais (Musée d'Orsay) / Adrien Didierjean • P. 63 gauche : © Archivart / Alamy Banque d'Images • p. 63 droit : © Art Collection 3 / Alamy Banque d'Images • p. 70 : © Collection Julien Paganetti - Autographe des Siècles • p. 81 : Alamy • p. 82 : © Éditions de la Sorbonne • p. 83 haut : © World History Archive / Alamy Banque D'Images • p. 83 bas : © Capi-Chef / Alamy photo d'archives • p. 84 haut : BnF, département des Estampes et de la Photographie • p. 88 : © by Keystone-France/Gamma-Rapho via Getty Images • p. 125 : UCL Library Services, Special Collections • p. 135 : Eric D ricochet69 / Alamy Stock Photo • p. 150 : © Johnny Silvercloud/shutterstock.com

Imprimé en Lettonie

Achevé d'imprimer : octobre 2024

Dépôt légal : novembre 2024